공간데이터 분석과 활용, 시각화를 위한 실무매뉴얼

QGIS Cookbook with 3.x

이준호, 유병혁, 김태훈 공저

도서출판 구미서관

추천사 FOREWORD

우리가 살아가기 위한 모든 활동은 공간에서 이루어집니다. 그런데 그 모든 활동은 경쟁적입니다. 그래서 더 가성비가 좋은 방법을 찾고, 더 효율성이 높은 활동을 추구합니다. 그것을 위해 활동공간에 대해서 잘 알아야 합니다.

활동공간은 다양한 자연적 인문적 요소들이 얽히고설킨 구성체입니다. 또한 그 사이는 영향을 주고받고 상호작용을 합니다. 우리의 활동공간은 그 만큼 복잡하고 역동적이지요. 이와 같은 활동공간을 과학적으로 분석하여 필요한 정보를 도출하는 유용한 기술이 GIS입니다. 특히 다양한 요소를 종합적으로 반영하여 데이터 기반의 공간의사결정을 할 수 있도록 지원하는 유용한 수단입니다.

이 책은 활동공간을 과학적으로 다루는 공개 GIS 소프트웨어인 QGIS 사용 설명서입니다. QGIS는 2009년 공개된 이래, 다양한 기능이 안정적이며 지속적으로 발전되어 왔습니다. 전세계 수 많은 개발자들이 커뮤니티에 참여하여 QGIS의 발전을 뒷받침하고 있습니다. 그 만큼 안정적이고 발전적인 기술입니다. 그 어느 유명한 상용 GIS 소프트웨어에 비해 전혀 뒤지지 않는다고 말할 수 있습니다.

세상은 점점 더 다양해지고 복잡해지고 있습니다. 그럼에도 활동공간에서 의사결정은 신속하고 의미있는 정보를 요구합니다. 공간을 다루는 QGIS을 적절하게 활용하는 방법을 아는 사람은 그 만큼 역량이 크다할 것입니다. 이 책은 공간을 다루는 역량을 갖추고자 하는 사람들에게 큰 도움이 될 것으로 생각되어 추천합니다. 특히 업무적인 의사결정을 해야 하는 실무자에게, 공간을 이해하고 다루는 방법을 배우는 학생에게 유용한 안내서로 널리 애용되기를 기대합니다.

2023년 3월

전 국토지리정보원 원장

최 병 남

머리말 PREFACE

빅데이터 시대에 도시문제 해결을 위해 공간분석 기법은 매우 유용한 방법이다. 버스노선의 배치, 밀도분석, 범죄지도 작성, 공공시설 및 CCTV 위치 선정 등 다양한 분야의 행정업무에서 GIS 기술이 활용되고 있다. 행정정보의 약 80% 이상이 위치정보를 가지고 있으므로 공간분석은 효율적인 행정업무 수행을 위하여 매우 중요하다고 할 수 있다.

과거에는 공간분석을 위해 고가의 프로그램이 필요하였기 때문에 소수의 전문가들만 활용할 수 있었다. 최근에는 QGIS와 같은 오픈소스 프로그램으로 인하여 누구나 공간데이터를 활용하여 분석할 수 있게 되었다. 또한 많은 공공데이터가 개방되고 다양한 데이터들이 위치정보를 함께 제공하고 있어 공간정보에 대한 활용도는 점점 높아지고 있다고 할 수 있다.
하지만 QGIS를 실무에 적용하고 학습하기 위한 자료는 많이 부족한 실정이었다. QGIS Cookbook은 그동안 현업에서 업무를 수행하며 경험했던 내용을 중심으로 정리한 자료이다.
이번 정식 개정판에선 실습데이터를 충실하게 제공하고자 하였다. 실습데이터를 가능하면 GeoPackage로 패키징하고 실습에 용이하도록 프로젝트 파일을 제공하였다.

실습환경을 QGIS 영어버전에 맞춰 정리하였다. 유튜브나 구글링 등으로 자료를 접하다 보니 영어와 한글을 혼용하여 사용하는데 어려웠던 기억이 있었다. 처음엔 낯설겠지만 영어 메뉴에 익숙해지는 것이 다음 단계에서 QGIS를 활용하는데 유리하다 판단되었다.

마지막으로 실무에서 쓰는 기능들 위주로 내용을 정리하고자 하였다. 복잡하고 이론적인 내용들은 최소화하고 처음 GIS를 접하는 분들이 업무에 바로 적용할 수 있도록 쉽게 내용을 담고자 하였다.

자료를 정리하다 보니 자꾸 내용이 추가되어서 이 정도에서 타협하고자 한다. 직접 실무에서 QGIS를 활용했던 경험을 토대로 정리한 자료이기 때문에 같은 어려움을 겪었던 독자들에게 조금이라도 도움이 되었으면 한다.

이 책이 나올 수 있도록 오픈소스 생태계를 이끌고 계신 가이아쓰리디 신상희 대표님, 망고시스템 이민파 대표님, 그리고 묵묵히 OSGeo한국어지부에서 기여하고 계신 회원분들에게 지면을 빌어 감사드린다.

끝으로 이 책의 출판을 결정하고 노력해주신 구미서관 임직원분들에게 감사의 마음을 전한다.

2023년 3월

저자 일동

목차 CONTENTS

CHAPTER 01 QGIS 기초

CHAPTER 02 데이터 불러오기

목차 CONTENTS

CHAPTER 03 데이터의 표현

CHAPTER 04 데이터베이스 관리

목차 CONTENTS

목차 CONTENTS

CHAPTER 01

GIS 개요

CHAPTER 01

GIS 개요

01. GIS 개요

1) GIS란 무엇인가?

가. GIS(Geographic Information System)의 정의

- 지구상에서 발생하는 시공간상의 제반 현상들의 위치정보(Vector, Raster)와 속성정보를 결합하여 컴퓨터를 통해 입력, 저장, 검색, 갱신 등 정보를 관리하고 적절한 조작, 처리, 분석을 하여 사용자에게 원하는 정보를 제공하는 정보 시스템

나. 지리정보의 의미

- 지형, 지리 및 공간에 관련되는 모든 정보의 통칭으로, 지표면에 존재하는 각종 자연적이고 인위적인 정보를 말함
- 지리정보는 GIS에서 대상을 하는 모든 정보를 의미하는데 이러한 지리정보는 지리적 위치에 존재하는 객체에 의하여 발생

다. 공간자료와 속성자료의 관계

- 도형자료와 속성자료의 상호연계
  - 지리정보는 도형자료와 속성자료가 상호 연계되어 있어 도형자료에 의한 속성자료 검색, 즉 도형자료의 선택을 통한 관련된 속성자료의 검색이 가능한 특수성을 지니고 있음
  - 속성자료에 의한 도형자료 검색도 가능한데 이는 속성자료에 대한 조건을 선정하고 이를 통해 부합되는 도형자료를 검색하는 것을 말함
  - 속성자료와 도형자료는 두 자료를 이용한 상호 동시검색이 가능함. 도형자료와 속성자료를 일정한 논리적 또는 산술적 연산에 의해 동시에 검색하는 경우가 이에 해당함

• 동적인 공간자료의 기능

- 지리정보는 일정 시점이나 일정 기간에 대한 공간상의 변화에 관한 자료를 수집, 정리 하는 것을 포함하며, 지리정보가 수집된 시간을 파악하고 저장함으로써 시간과 관련된 분석이 가능

2) GIS의 5가지 구성요소

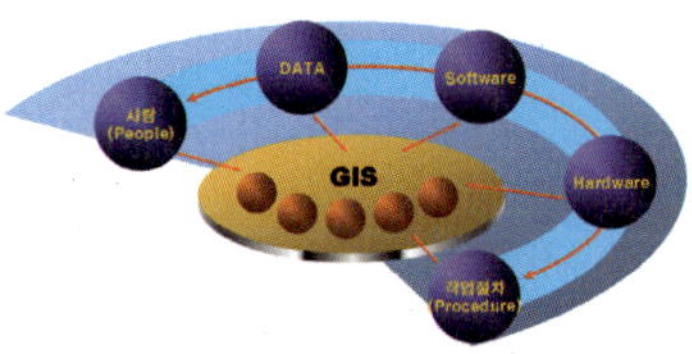

GIS 는 5가지 기본요소의 통합체

사람	GIS를 구성하는 요소 중 가장 중요한 요소. 절차를 개발하고 GIS 업무를 정의
데이터	유효성과 정확성은 분석결과에 영향미침
하드웨어	작업속도, 사용자의 용이, 출력물에 영향
소프트웨어	다양한 DB, 그리기, 통계 등의 S/W포함
작업절차	잘 정의되고 일관성 가진 방법 필요

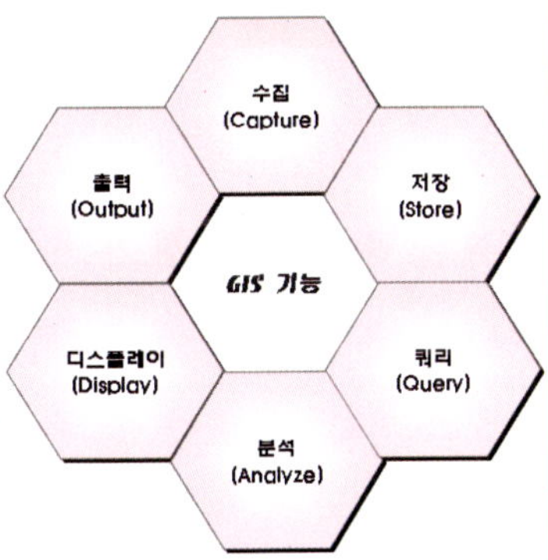

GIS의 기능

수집	지리데이터(좌표정보)와 테이블 데이터를 입력하기 위한 방법 제공
저장	Vector와 Raster 모두 저장가능
쿼리	특정 Feature 검색하는 Utility제공
분석	인접, 중첩, 네트워크 공간적 상호관계
디스플레이	다양한 symbol 사용하여 Feature 시각화
출력	지도, 보고서, 그래프 등의 출력 기능

02. QGIS Software

1) QGIS

- QGIS는 공간데이터 조회, 편집, 분석기능을 제공하는 대표적인 오픈소스 데스크탑 지리정보시스템으로 2002년 Gary Sherman박사가 개발에 착수하면서 시작 [1)]
- 2007년부터 오픈소스지리공간재단(OSGeo : Open Source Geo-spatial Foundation)의 Incubator project로 선정되었으며, 1.0 버전은 2009년 1월에 공개
- 공식홈페이지: http://www.qgis.org
- 한국어페이지: http://www.qgis.org/ko/site
- 지원운영체제
  - MS Windows
  - Mac OSX
  - Linux
  - BSD(오픈소스 Unix 계열)
  - 안드로이드

- 라이선스
  - GNU General Public License (GPL)
  - 그 외 QGIS가 활용하는 라이브러리에 따라 추가 복합 라이선스 존재 가능
- 기반언어
  - C++, Python

2) 릴리스 정보

- 짝수버전 번호(2.18, 3.2 등)은 Release version(배포버전), 홀수버전 번호(2.99, 3.1 등)은 Development version(개발버전)
- 새 버전은 4개월마다 배포 : 3개월은 개발, 1개월은 기능동결(feature freeze), 테스트, 버그수정, 번역 배포준비
- 장기배포(LTR) : 안정화된 버전으로 새버전이 3회 발생할 때까지 유지

---

1) 개발자블로그 : http://spatialgalaxy.net

Release Date	Version	Codename
2002년 7월	0.0.1-Alpha	Start!!!
2008년 5월	0.1	"Io"
2008년 7월	0.11.0	"Metis"
2009월 1월	1.0.0	"Kore"
2009월 5월	1.1.0	"Pan"
2009년 9월	1.2.0	"Daphnis"
2009년 9월	1.3.0	"Mimas"
2010년 1월	1.4.0	"Enceladus"
2010년 7월	1.5.0	"Tethys"
2010년 11월	1.6.0	"Copiapó"
2011년 6월	1.7.0	"Wrocław"
2012년 6월	1.8.0	"Lisboa"
2013년 9월	2	"Dufour"
2014년 2월	2.2	“Valmiera”
2014년 6월	2.4	“Chugiak”
2014년 11월	2.6	“Brighton”
2015년 2월	2.8 LTR	“Wien”
2015년 6월	2.1	"Pise"
2015년 10월	2.12	"Lyon"
2016년 2월	2.14 LTR	“Essen”
2016년 6월	2.16	"Nodebo"
2016년 10월	2.18	"Las Palmas"
2018년 2월	3.0	"Girona"
2018년 9월	3.2	"Bonn"
2018년 11월	3.4.7 LTR	"Madeira"
2019년 2월	3.6.2	"Noosa"
2019년 6월	3.8	“'Zanzibar”
2019년 12월	3.10 LTR	“A Coruña”
2020년 2월	3.12	'București'
2020년 6월	3.14	“Pi”
2020년 10월	3.16 LTR	“Hannover”
2021년 2월	3.18	“Zurish”
2021년 6월	3.20	“Odense
2021년 10월	3.22 LTR	“Białowieża”
2022년 2월	3.24	“Tisler”
2022년 6월	3.26	“Buenos Aires”
2022년 10월	3.28	“Firenze”

03. QGIS 설치

1) 설치

- http://www.qgis.org/ 에 접속하여 QGIS 장기지원(LTR)버전 혹은 최신 버전을 내려 받음

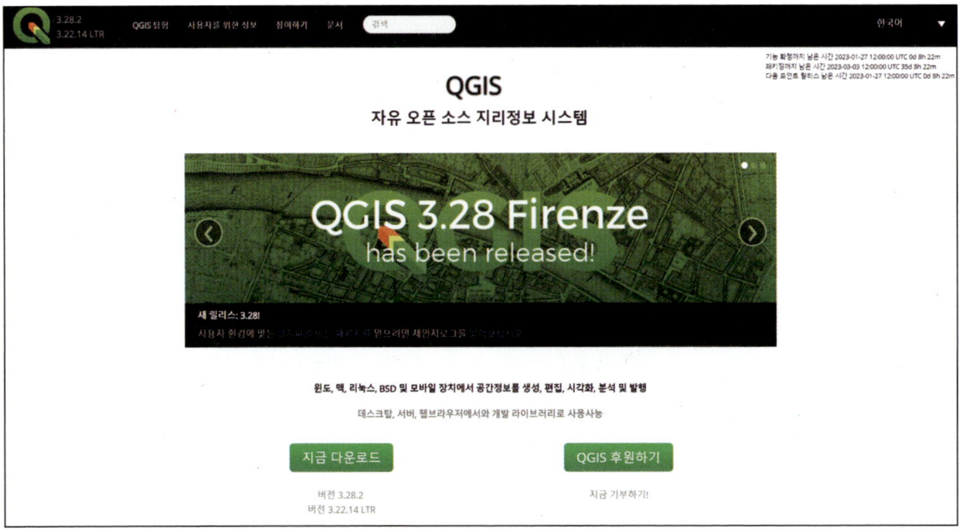

- LTR은 장기 유지 버전으로 1년 이상 계속적인 업데이트를 하는 버전
  - 일반사용자 및 반복되는 업무를 기존에 진행하고 있다면 LTR 버전 사용 권장
  - 성능, 기능 등 새로운 변경을 원한다면 최신버전 사용
- 설치 파일을 더블클릭하여 설치를 시작
- QGIS 프로그램 외의 GIS 자료는 설치하지 않음
- 기본적인 설정에 따라 설치를 완료
- 바탕화면 혹은 [시작] 메뉴의 QGIS Desktop 3.* 아이콘을 클릭하여 QGIS를 실행

2) 장점

- (No License Fee) 초기비용, 유지비용이 없음
- (Free Update) 최신버전이 나올 때까지 기다리지 않고 직접 수정 가능
- (Continuous Upgrading) 여러 참여 개발자가 지속적으로 기능 개선
- (Document) 광범위한 문서 및 도움을 받을 수 있음
- (Cross Platform) Windows, Mac, Linux, 안드로이드

3) QGIS 환경설정

가. 언어설정

- 본 교재의 실습을 위하여 영어버전으로 변경
  - 메뉴바에서 설정 〉 옵션을 선택하고 일반탭에서 '시스템 로케일 무시' 체크박스 체크
  - 사용자 인터페이스 번역 〉 American English로 선택하고 확인을 클릭한 후 프로그램 재시작
  - 로케일은 "Korean South Korea" 선택
- 한글버전으로 다시 전환하기 위해서는 '시스템 로케일 무시' 체크박스를 해제하고 프로그램 재시작

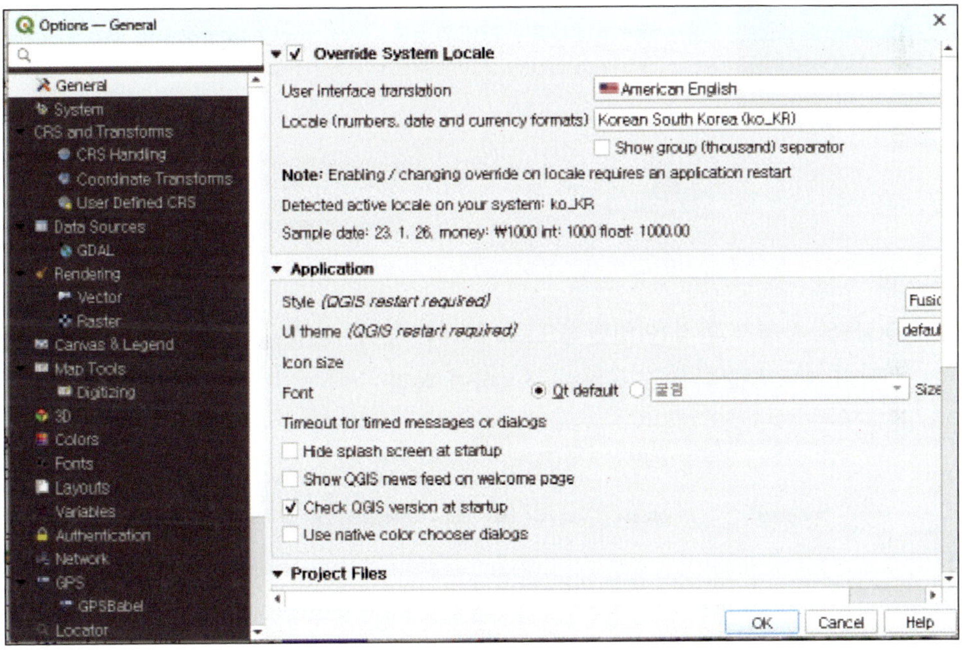

나. 플러그인 최신정보 유지

- QGIS는 플러그인을 통해 새로운 기능을 수시로 추가하여 기능을 강화하고 있으며, 플러그인의 최신정보를 유지하는 것이 중요
  - Menu 〉 Plugins 〉 Manage and Install Plugins 〉 Settings에서 Check for Updates on Startup

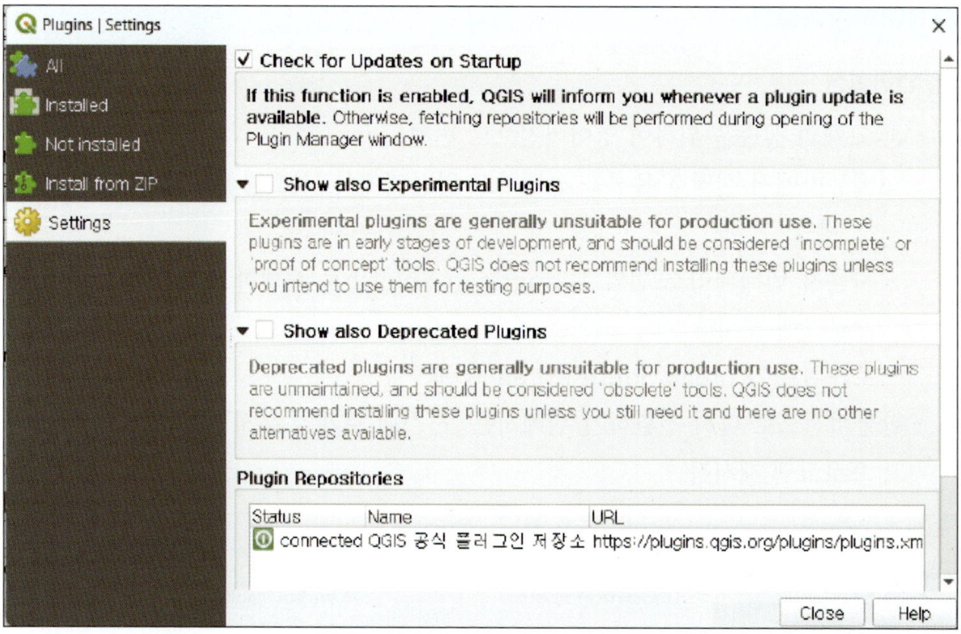

04. QGIS 사용자 인터페이스

1) 구성

- QGIS의 사용자 환경은 일반적으로 메뉴바, 툴바, 탐색기 패널, 레이어 패널, 공간처리 툴박스를 다음 그림처럼 구성하여 작업

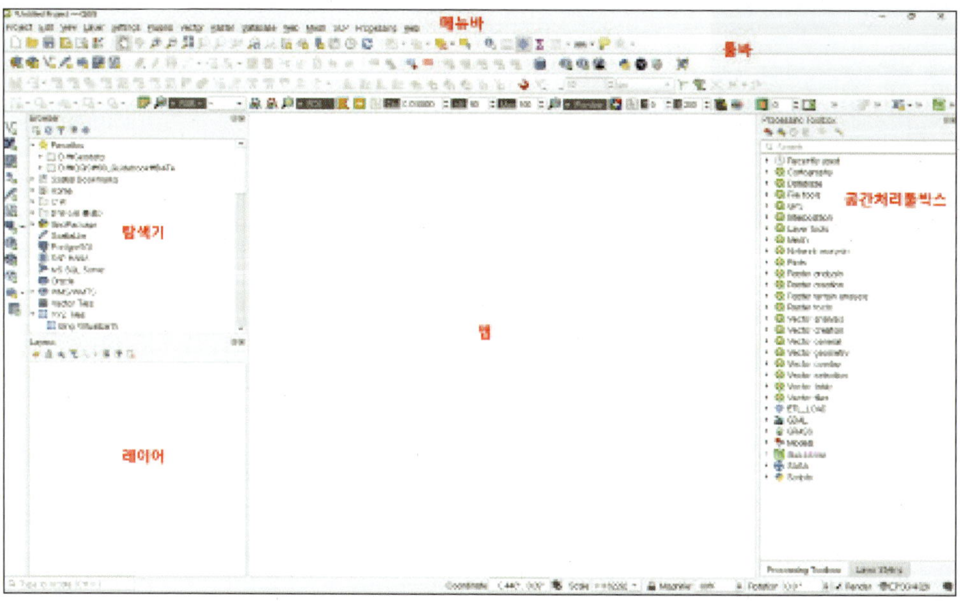

2) 메뉴바(Menu bar)

- 메뉴바의 옵션 중 자주 사용되는 도구모음은 툴바로 만들 수 있음

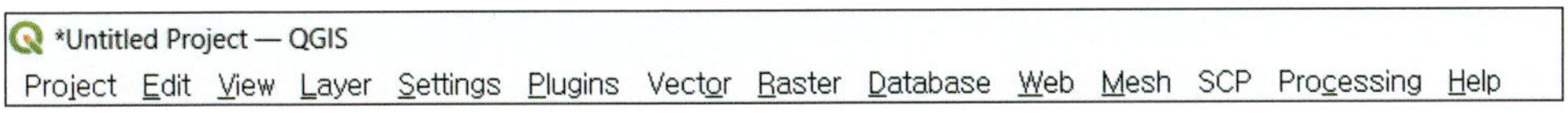

3) 툴바(Tool bar)

- 프로젝트 툴바

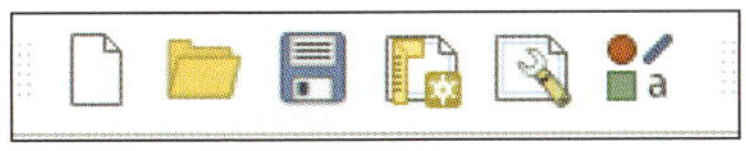

- 맵 네비게이션 툴바

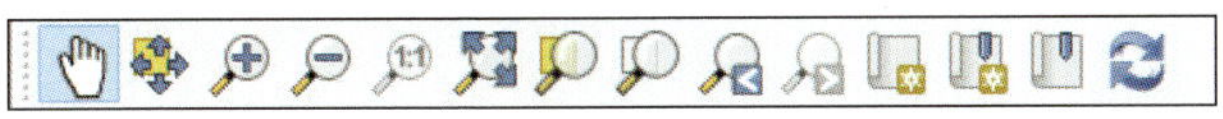

- 속성 툴바

- 라벨 툴바

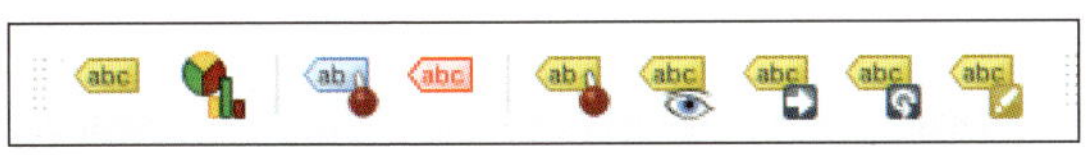

- 레이어 관리 툴바

- 디지타이징 툴바

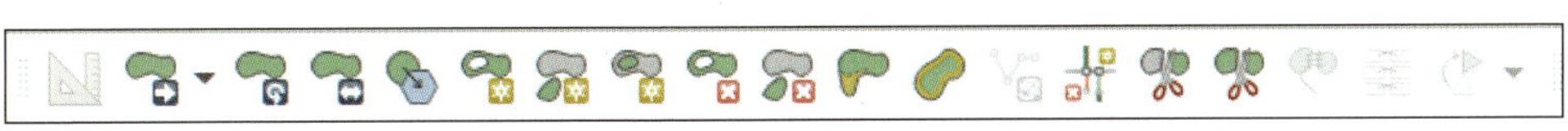

- 데이터소스 매니저 툴바

4) 상태바(Information bar)

- 현재 맵에 관련된 정보를 보여줌. 맵축척을 조정하거나 현재 맵상에서 마우스 위치의 좌표를 확인할 수 있으며, 프로젝트 좌표계를 보여줌

- 검색창을 통해 도구 또는 레이어를 찾을 수 있음

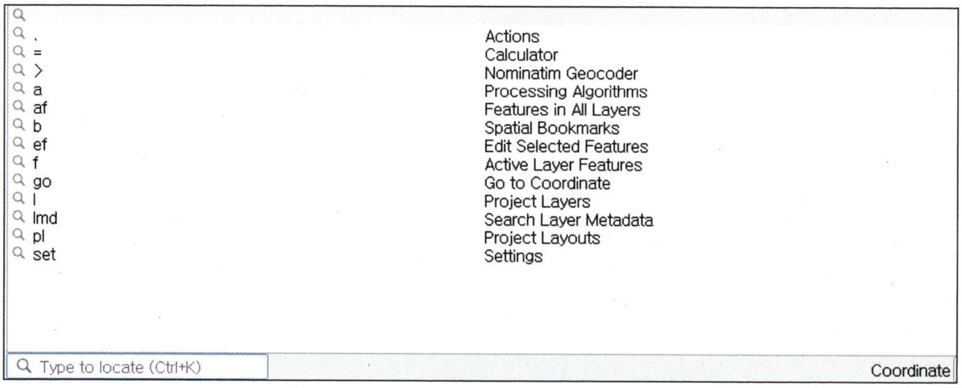

5) 레이어 패널(Layer panel)과 탐색기 패널(Browser panel)

- 탐색기 패널과 레이어 패널은 데이터가 어디에 저장되어 있고 어떻게 표시되는지 데이터가 저장된 경로와 데이터 유형을 표시함

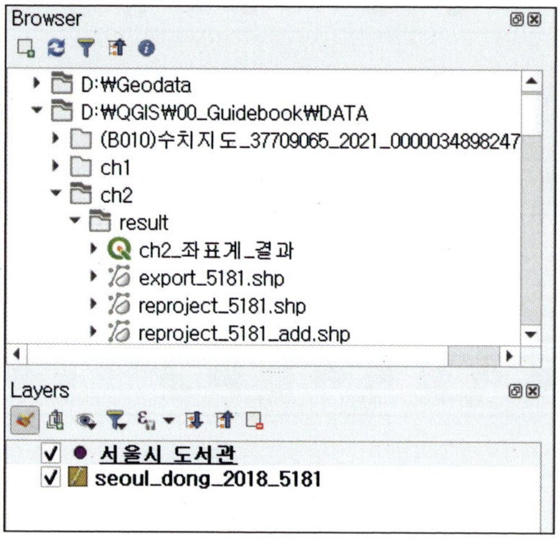

6) 맵(Map)

- 메뉴바에서 Project 〉 Open을 선택

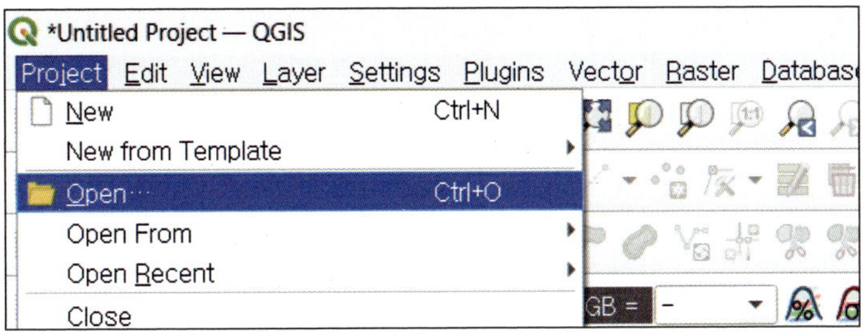

- 실습데이터에서 ex1_first map.qgz 프로젝트 파일을 불러옴
- *.qgz 파일은 QGIS의 프로젝트 파일로서 프로젝트의 작업환경과 데이터의 상대경로만 저장
- 프로젝트 파일을 불러오면 맵 창에 서울시 구경계(면), 지하철역(점), 도로망 (선) 레이어가 맵캔버스에 표출됨

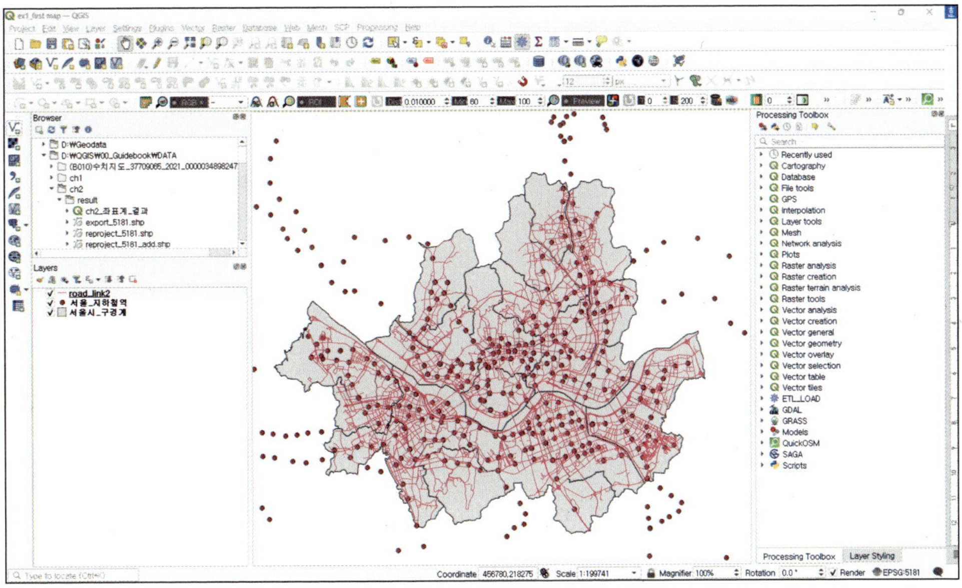

CHAPTER 02

데이터 불러오기

CHAPTER 02

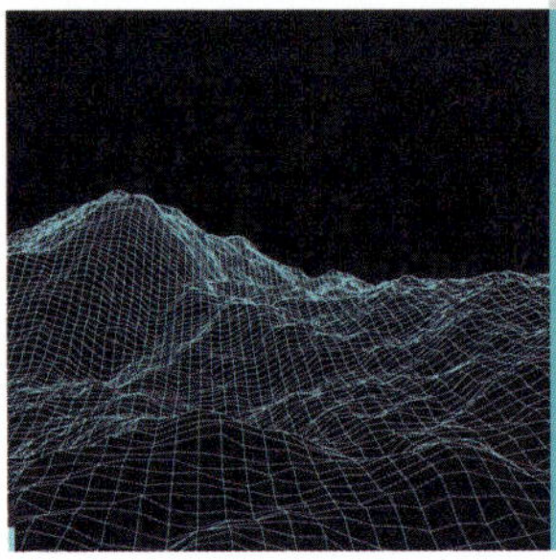

데이터 불러오기

01. 배경지도의 설정

1) XYZ Tiles

- XYZ Tiles이란 하나의 이미지가 아닌 복수 개의 지도 이미지를 사용자가 원하는 영역에 축척별로 제공하여 지도를 완성하는 방식
  - 구글, ESRI, 브이월드 등에서 URL을 통해 제공

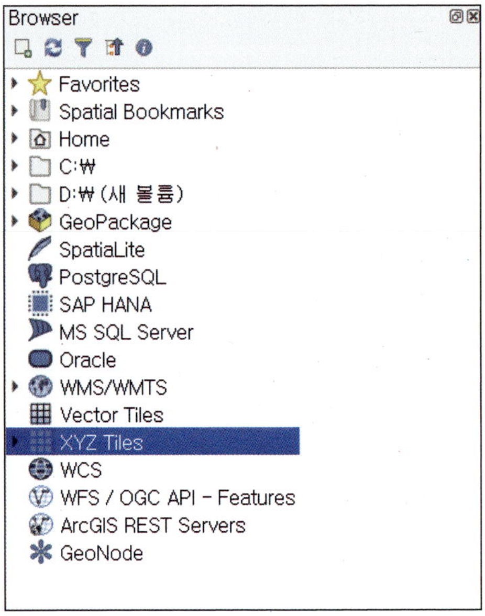

- 여기서는 다양한 배경지도를 파이썬 코드를 이용하여 일괄적으로 등록하도록 함 [1)]

1) https://twitter.com/klaskarlsson/status/972757121933733889

• 부록 폴더에서 XYZ타일.txt 파일을 열어서 전체 내용을 복사

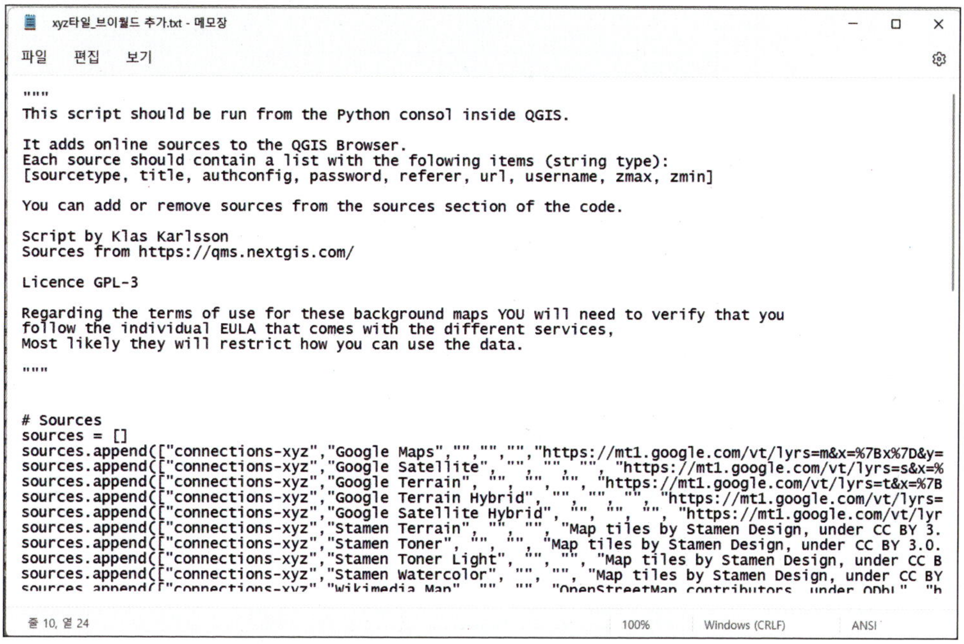

• 메뉴바에서 Plugins 〉 Python Console 클릭

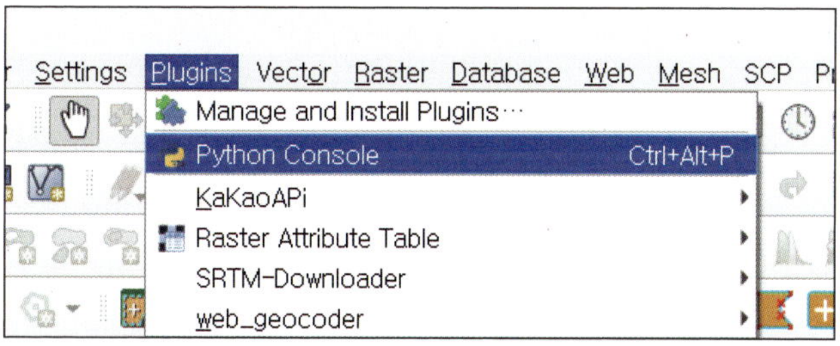

• 복사한 코드를 명령어 창에 붙여넣고 실행(▶)

- 탐색기(Browser) 패널의 XYZ Tiles에 다양한 배경지도가 생성된 것을 확인할 수 있음

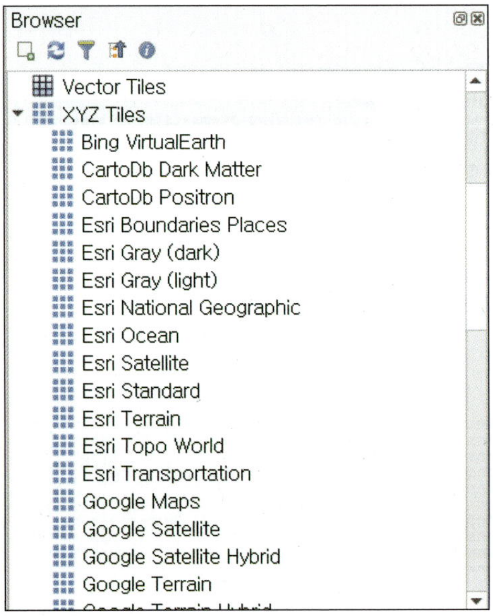

Bing 버츄얼 어스

CartoDb Dark Matter

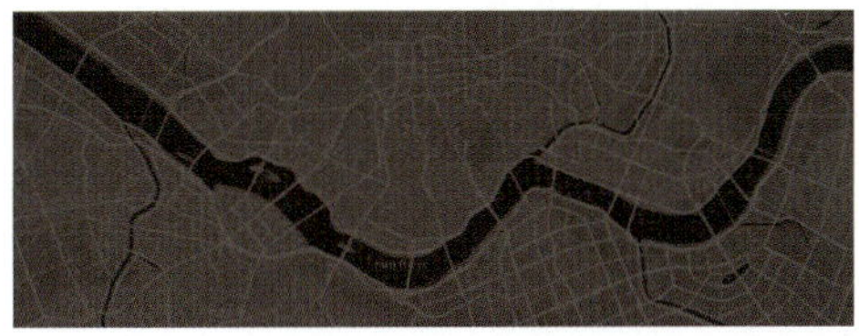

CartoDb Positron

Esri Gray (dark)

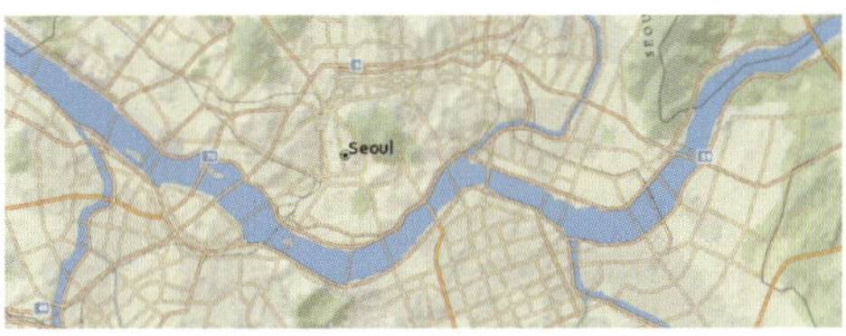

Esri National Geographic

Esri Standard

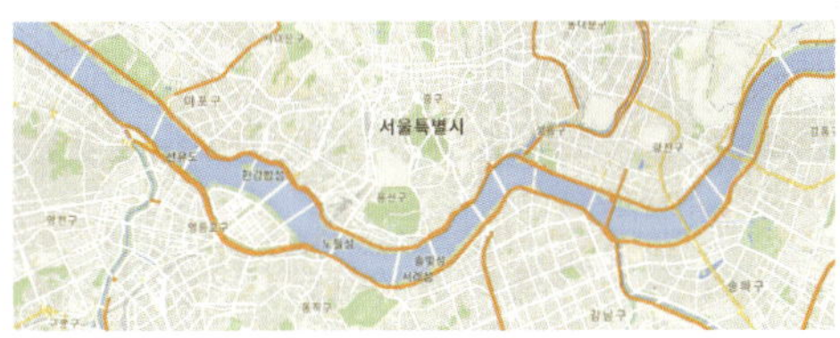

Google Satellite

Google Street

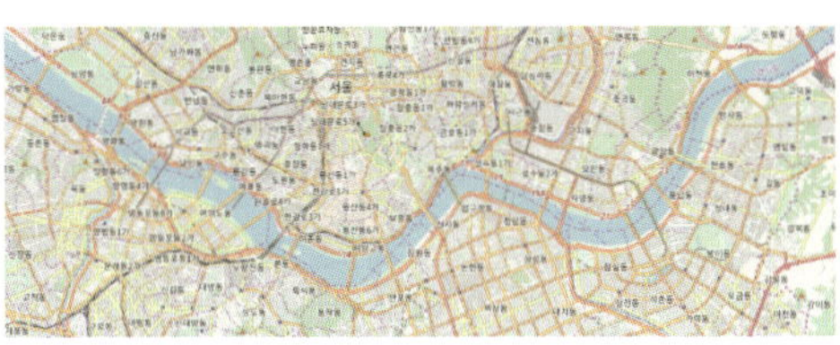

OpenStreetMap

Stamen 수채화

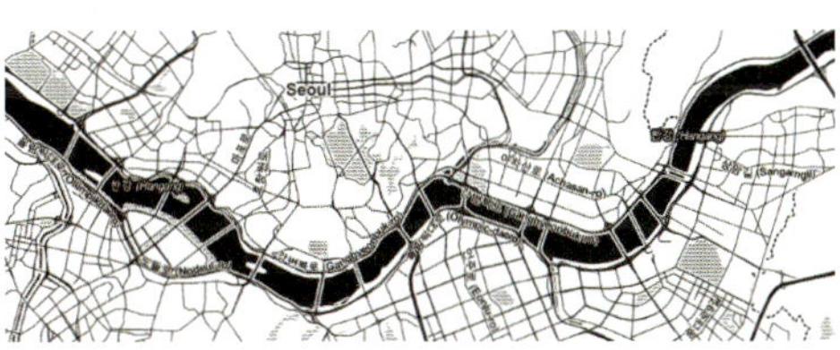

Stamen 인쇄체(toner)

브이월드 일반도

2) 플러그인을 이용한 배경지도 설치

가. TMS for Korea 플러그인

- 네이버, 카카오 또는 브이월드 등 국내 지도를 사용하기 위해서는 별도의 플러그인 설치가 필요
- 메뉴바에서 Plugins 〉 Manage and Install Plugins를 실행하고 TMS for korea 검색하여 설치

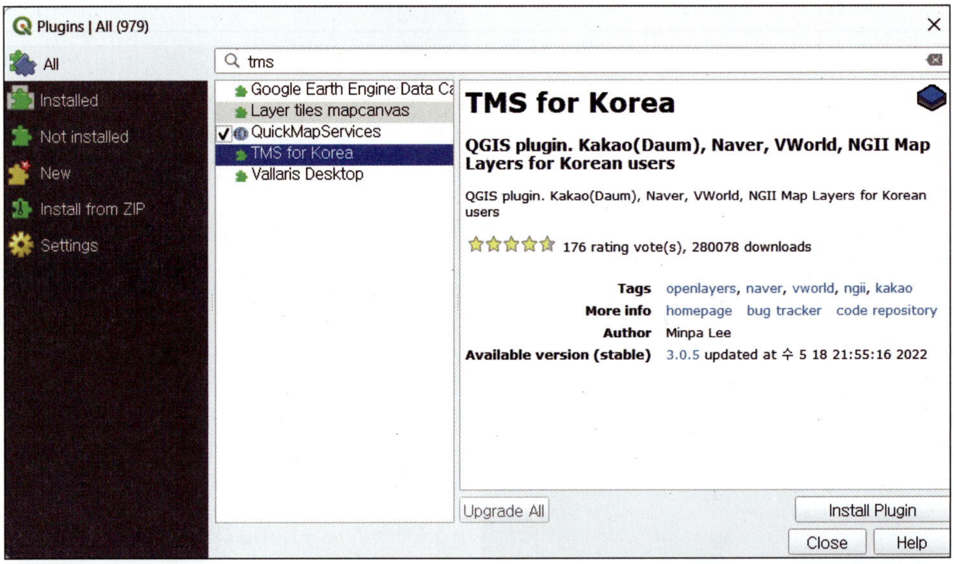

- Web 〉 TMS for Korea가 생성되고 카카오, 네이버, 브이월드 등의 배경지도를 사용할 수 있음

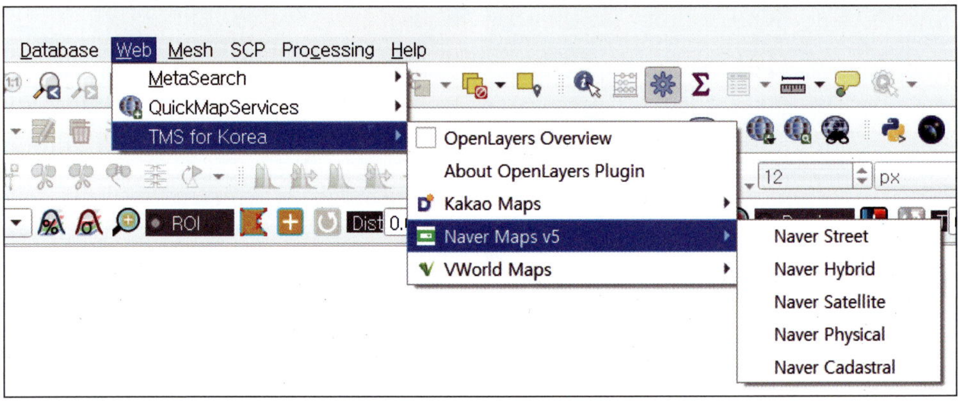

나. QMS 플러그인

- XYZ 타일을 등록하지 않고 배경지도를 사용하기 위해 QuickMapServices 플러그인 설치

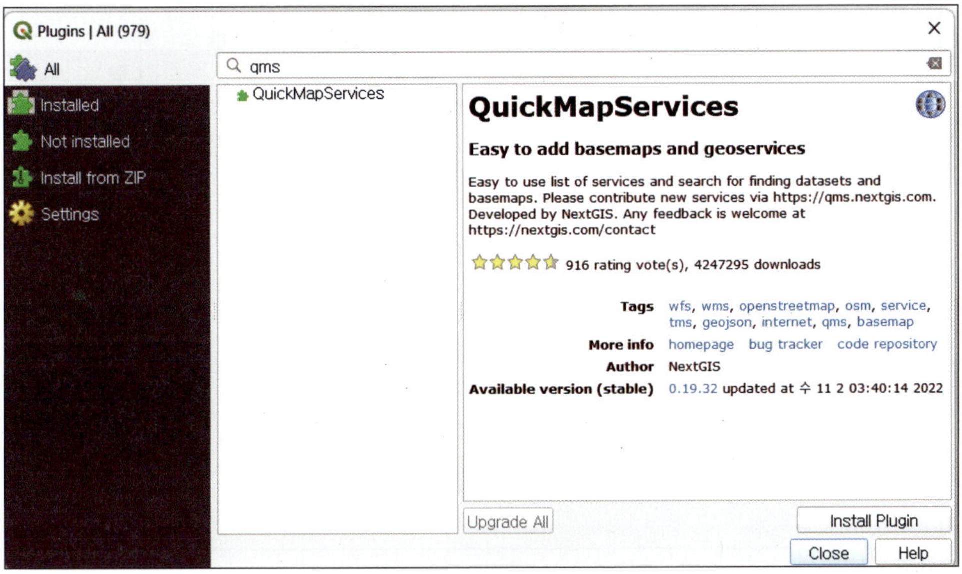

- QuickMapServices 플러그인을 설치한 후 배경지도를 사용하기 위해서는 별도의 설정 필요
  - 메뉴바에서 Web 〉 QuickMapServices 〉 Settings 실행하고 More services 탭에서 Get contributed pack 실행하고 저장

QGIS COOKBOOK 18 19

- QuickMapServices 아이콘( )를 클릭해보면 다양한 배경지도가 등록된 것을 확인할 수 있음

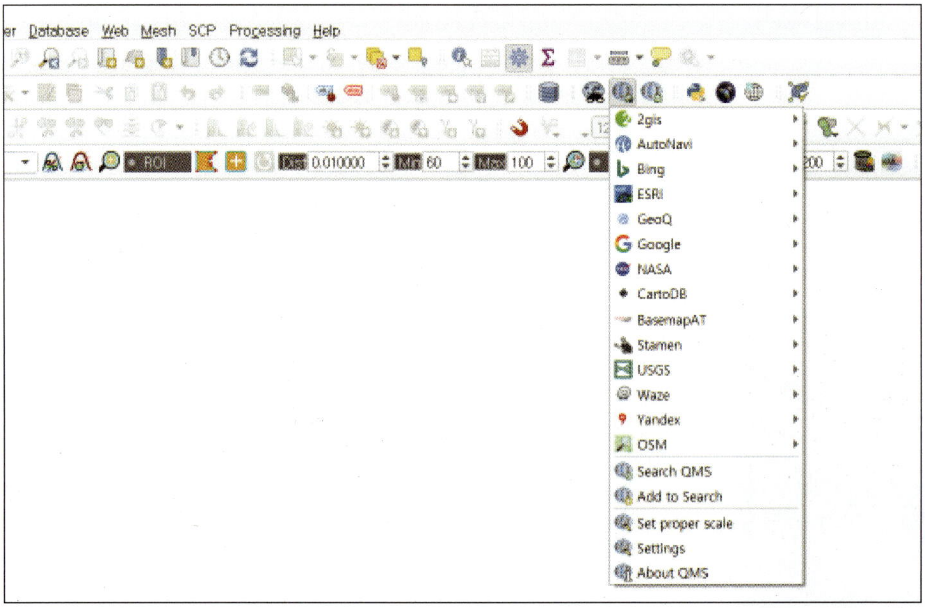

- 이외에도 HCMGIS 플러그인 등 다양한 플러그인에서 배경지도를 제공
- 배경지도는 공간정보를 풍부하게 표현하기도 하지만 공간데이터가 제대로 된 위치에 있는지 확인하는데 유용하게 활용할 수 있음

02. 데이터 불러오기

1) QGIS로 데이터 가져오는 방법

- QGIS로 공간데이터를 가져오는 방법은 크게 세 가지가 있음
  - 윈도우 탐색기 폴더에서 데이터(*.shp)를 직접 맵으로 드래그(drag)해서 가져오는 방법
  - QGIS 탐색기(Browser) 패널에서 맵으로 가져오는 방법
  - 메뉴바에서 Layer 〉 Add Layer 〉 레이어 타입을 선택하여 불러오는 방법

2) 벡터데이터(vector data)

가. SHP파일(shapefile)

- 벡터는 점과 점을 연결하는 수학적 함수관계에 의해 이미지를 표현하여 점선면으로 표현함
  - (포인트) 위도, 경도가 교차하는 지점을 하나의 점으로 매핑하는 기법
  - (라인) 점이 이동한 자취 또는 교차지점을 표현하는 기법
  - (폴리곤) 폐합된 선으로 표현되며 넓이를 가지는 공간을 평면으로 표현하는 기법

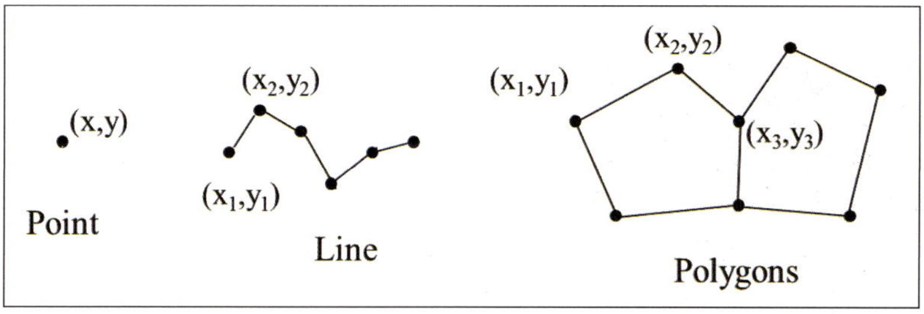

- shp파일은 ESRI사의 벡터데이터 저장형식으로 ArcGIS, ArcView 등 ESRI 제품군 뿐만 아니라 QGIS, AutoCAD 등 다양한 GIS 프로그램에서 사용되는 공용화된 표준 데이터 모델임
- shp 파일을 복사할 때에는 동일한 폴더에 저장된 공통 파일이름 접두사를 가지고 있는 파일을 함께 복사하고 이동하여야 함

확장자	내 용	비고
*.shp	공간정보 (피처의 지오메트리(형상)를 저장하는 기본 파일)	필수
*.shx	공간정보색인 (피처의 기하학의 색인을 저장하는 인덱스 파일)	
*.dbf	속성 정보 (피처의 속성 정보를 저장하는 dBASE테이블)	
*.sbn	공간 인덱스를 저장하는 파일	선택
*.sbx	spatial join등의 기능을 수행하거나, shape 필드에 대한 인덱스를 생성	
*.prj	좌표체계정보	
.cpg	인코딩 정보	
*.qix	QGIS공간색인	

나. 벡터 데이터(Vector Data)

- 벡터데이터를 불러오기 위해 툴바에서 Data Source Manager( ) 클릭

- Data Source Manager(데이터 원본관리자) 창이 나타남
  - 데이터 소스탭과 Browser(탐색기)를 확인할 수 있음

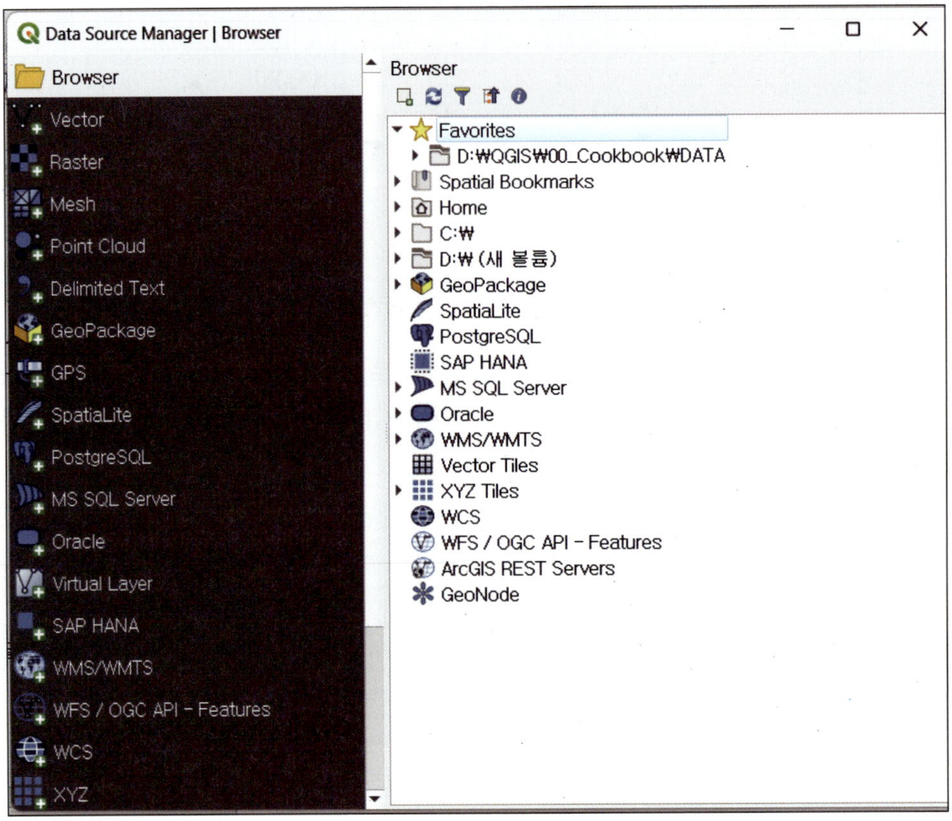

• Browser에서 실습데이터가 있는 폴더를 선택하고 우클릭하여 'Add as a Favorite'를 클릭하면 즐겨찾기 목록에서 실습데이터에 접근할 수 있음

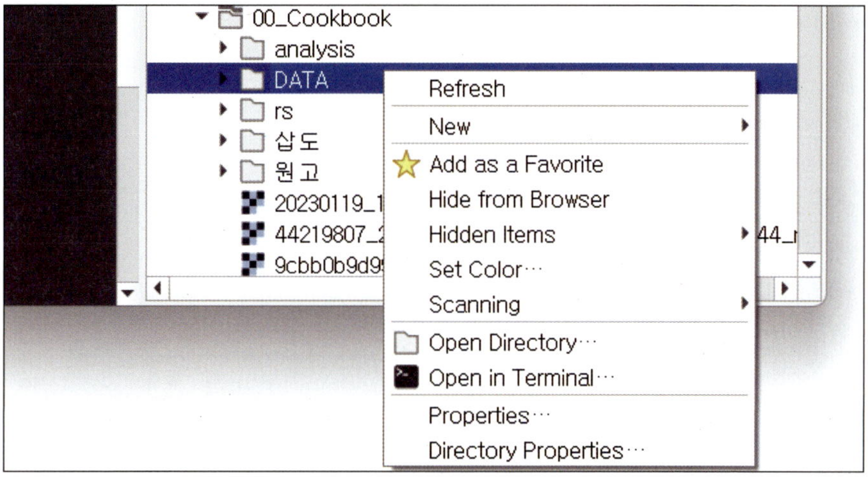

• Vector 탭에서 Source의 ellipsis(…)을 클릭하고 shp파일을 탐색하여 선택

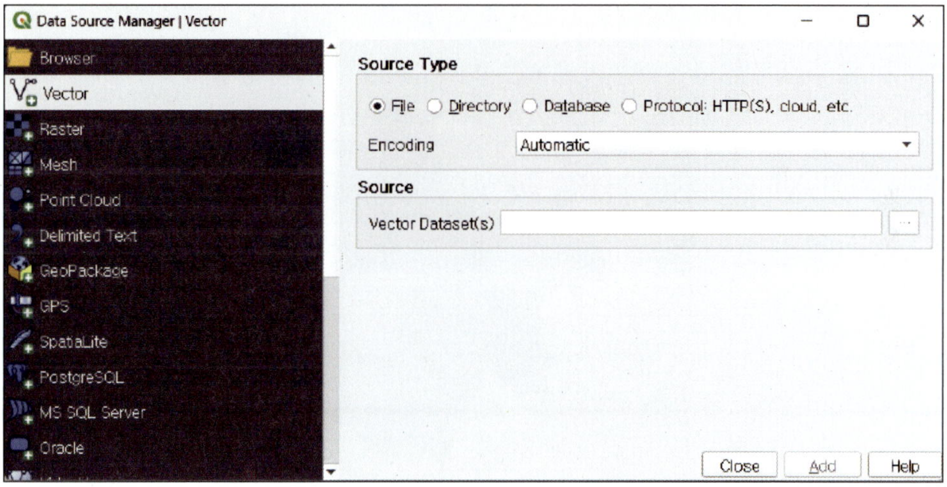

- 파일형식을 ESRI Shapefile을 선택하면 shp파일만 필터링되어 쉽게 선택할 수 있음

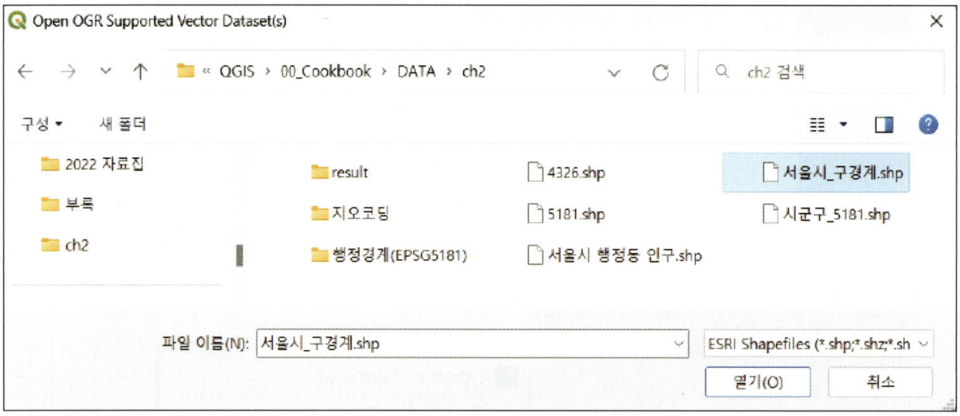

- 실습데이터에서 서울시_구경계.shp를 불러오도록 함

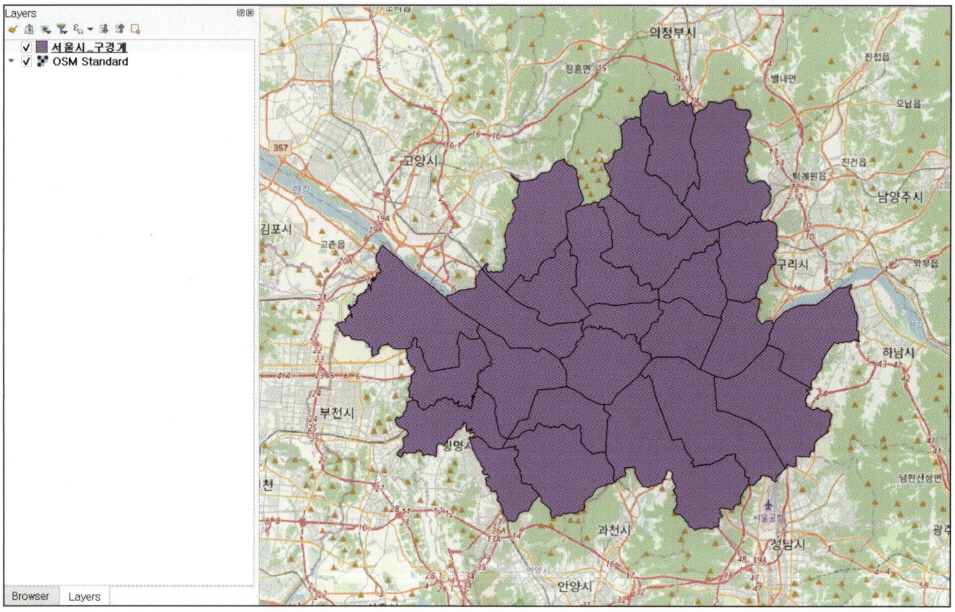

- 레이어 창에서 서울시 구경계 레이어를 우클릭하고 팝업메뉴에서 Open Attribute Table 선택하거나 툴바에서 속성테이블(▤) 버튼 클릭(단축키 F6)
- 속성테이블 창이 열리고 서울시 구경계 레이어에 대한 속성을 확인할 수 있음

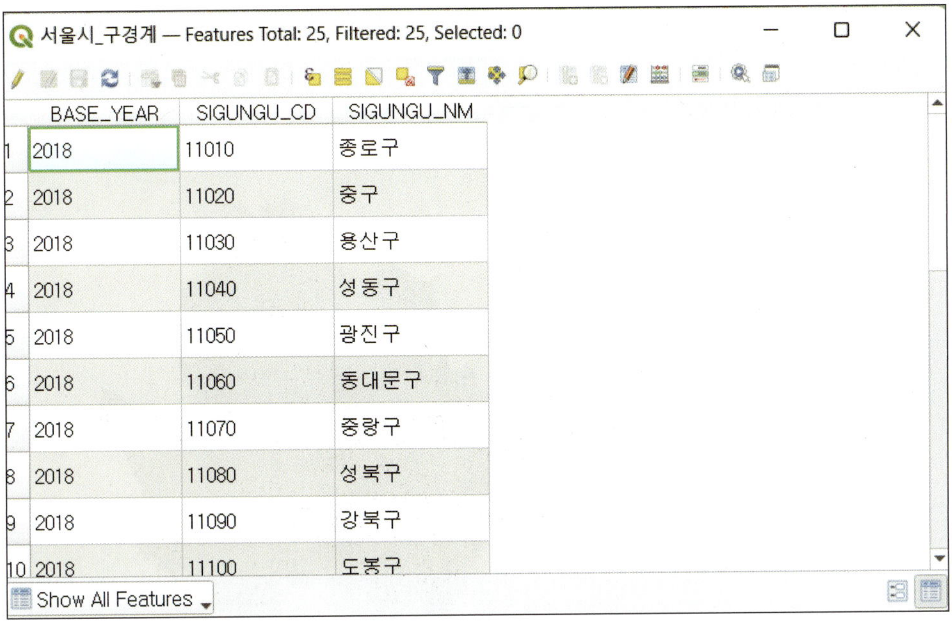
서울시_구경계 — Features Total: 25, Filtered: 25, Selected: 0

	BASE_YEAR	SIGUNGU_CD	SIGUNGU_NM
1	2018	11010	종로구
2	2018	11020	중구
3	2018	11030	용산구
4	2018	11040	성동구
5	2018	11050	광진구
6	2018	11060	동대문구
7	2018	11070	중랑구
8	2018	11080	성북구
9	2018	11090	강북구
10	2018	11100	도봉구

Show All Features

3) 래스터 데이터(Raster Data)

- 벡터데이터가 실세계를 기하학적 형태(점, 선, 면)로 나타내지만, 래스터는 격자형의 픽셀 형태로 실세계를 표현함[2)]
- 래스터 데이터 셋은 열과 행으로 이루어진 격자로 구성되며, 각각의 개별 격자들은 각각 지리적 특성을 가지게 됨

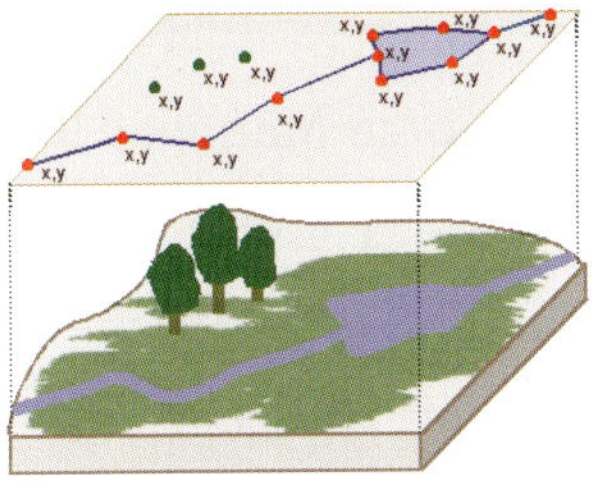
벡터데이터

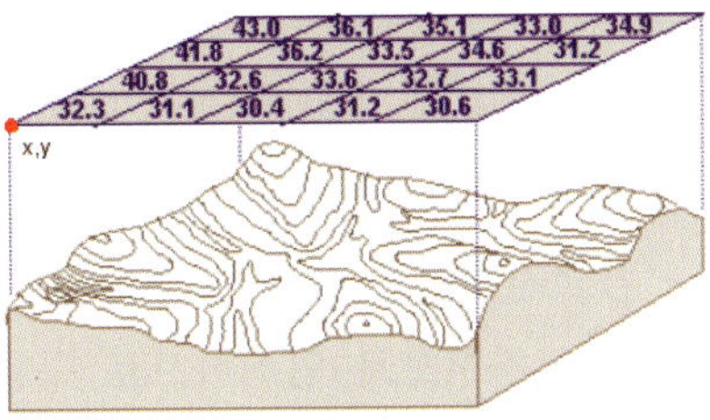

래스터데이터

2) http://www.geography.hunter.cuny.edu/~jochen/gtech361/lectures/ lecture05/concepts/03%20-%20Geographic%20data%20models.html

- Data source Manager에서 래스터 탭(Raster)을 클릭하고 래스터 데이터 셋을 검색
- 실습데이터에서 seoul_dem.tif 데이터를 불러오도록 함
  - 래스터 데이터는 이미지 데이터로 각 픽셀에 높이값을 가지고 있는 것을 알 수 있음

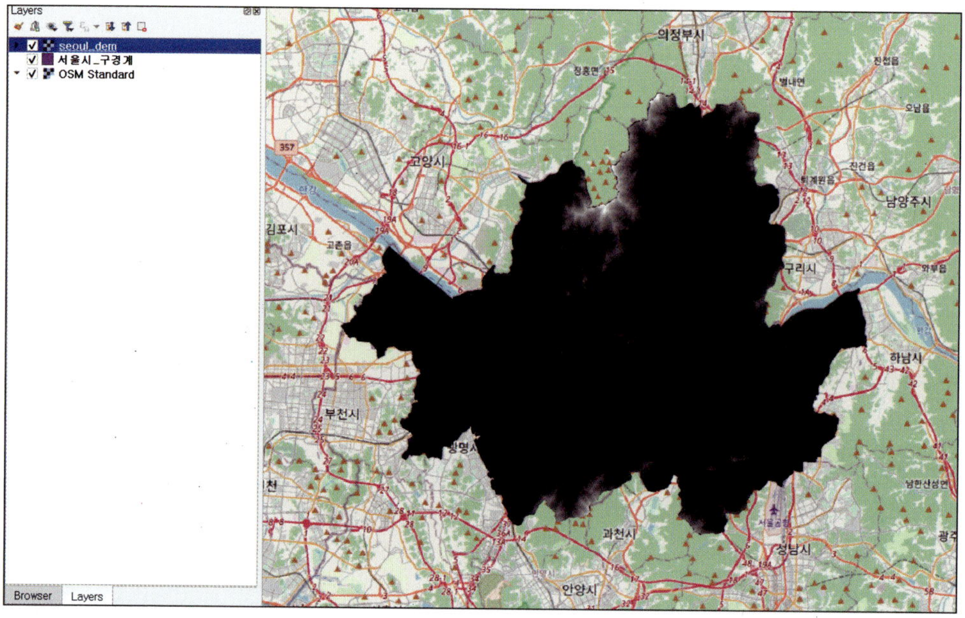

4) 텍스트 데이터

가. Delimited Text(구분자로 분리된 텍스트)

- 구분자로 분리된 텍스트란 데이터를 쉼표, |, 탭 등으로 구분된 텍스트 데이터를 말함
- 경위도 좌표가 있는 텍스트 데이터(csv)는 Data Suorce Manager 또는 레이어 툴바에서 Add Delimited Text Layer ( )를 이용하여 불러옴
  - 탐색기에서 드래그(drag)해서 텍스트 데이터를 가져오게 되면 숫자형 데이터를 문자형으로 인식하므로 구분자로 분리된 텍스트 가져오기 기능 사용하여야 함
- Data Source Manager 창이 나타나면 실습데이터에서 Library.csv 파일을 불러옴
- File Format은 csv(쉼표로 구분된 값) 선택, Record and Fields Options에서

필드명이 있는 경우 첫 번째 레코드를 필드 이름으로 지정

- Geometry Definition(도형 정의)에서 Point coordinates(포인트 좌표)을 X field = 경도, Y field = 위도에 해당하는 필드를 선택, Geometry CRS(도형좌표계)는 경위도 좌표계에 해당하는 'EPSG:4326 – WGS84' 지정하고 Add 클릭
  - 만일 공간 좌표가 없는 텍스트 데이터는 Geometry Definition에서 No geometry(attribute only table) 선택
- Sample Data에 테이블이 나타나지 않으면 Encoding을 UTF-8 또는 windows-949 등으로 변경
- Sample Data의 테이블 내용이 정수형, 텍스트형 등 제대로 올라왔는지 확인하고 숫자가 텍스트로 인식되는 등 오류가 있으면 수정해주도록 함

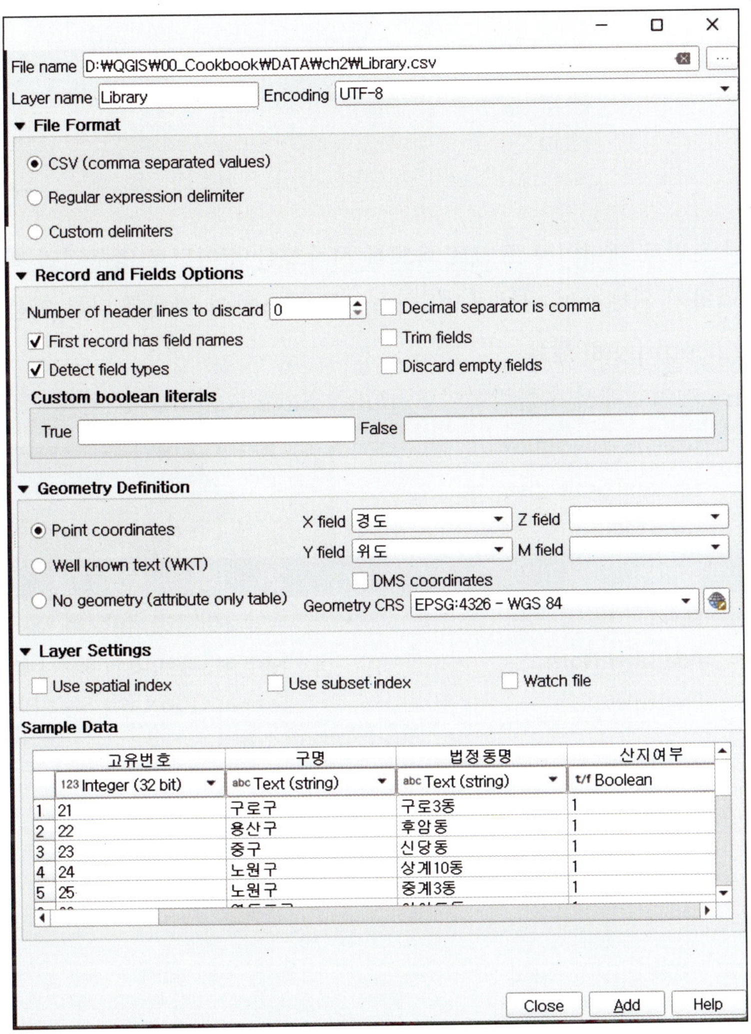

• 다음과 같이 포인트 레이어가 맵에 추가된 것을 확인할 수 있음

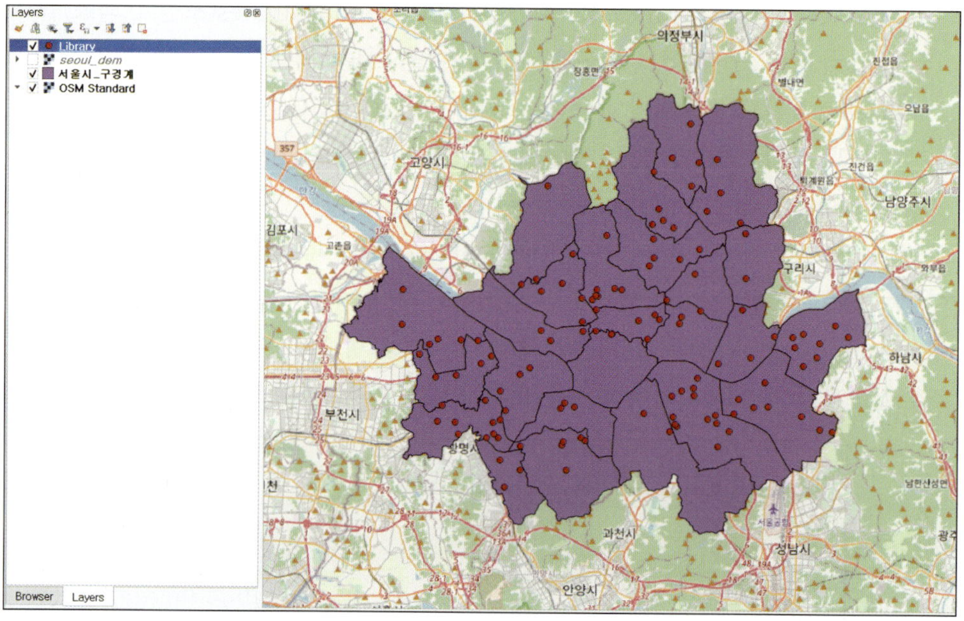

• 생성된 포인트 레이어는 포인트 좌표를 시각화한 것이므로 영구적인 벡터 레이어로 관리하기 위해서는 내보내기(Export)를 이용하여 객체를 다른 이름으로 저장(Save Feature As) 필요

• Library 레이어에서 우클릭하여 Export 〉 Save Feature As 선택

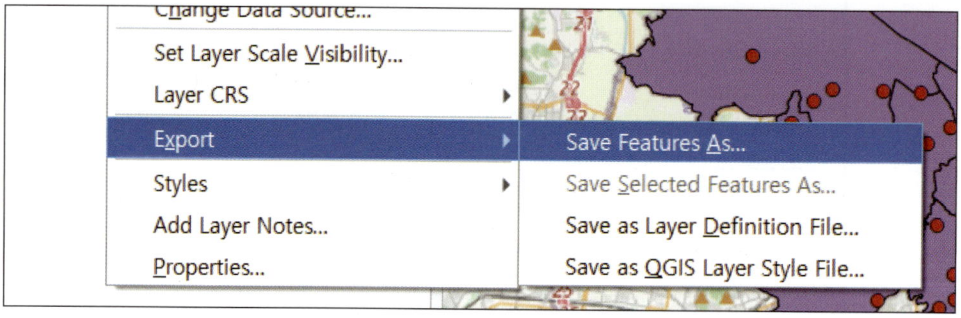

- 포맷은 ESRI shapefile 선택하고 파일이름은 저장할 경로를 지정한 후 서울시 도서관으로 입력하고 좌표계는 EPSG 5181을 지정한 후 확인 클릭
- 맵에 서울시 도서관 레이어가 추가된 것을 확인할 수 있음

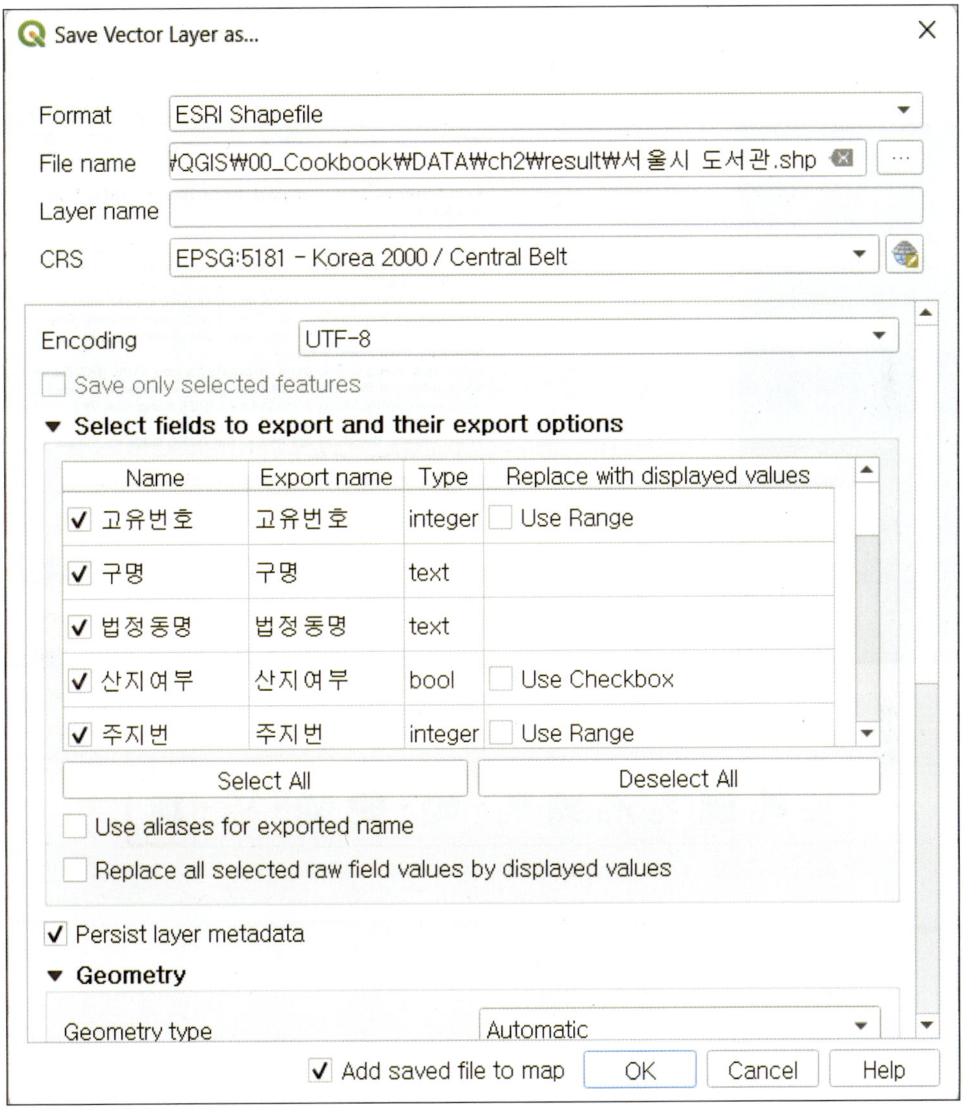

나. 엑셀 데이터

- 엑셀 데이터를 불러오기 위해서는 별도의 플러그인 설치 필요
- Plugins 〉 Manage and Install Plugins에서 'Spreadsheet Layers' 플러그인을 검색하여 설치

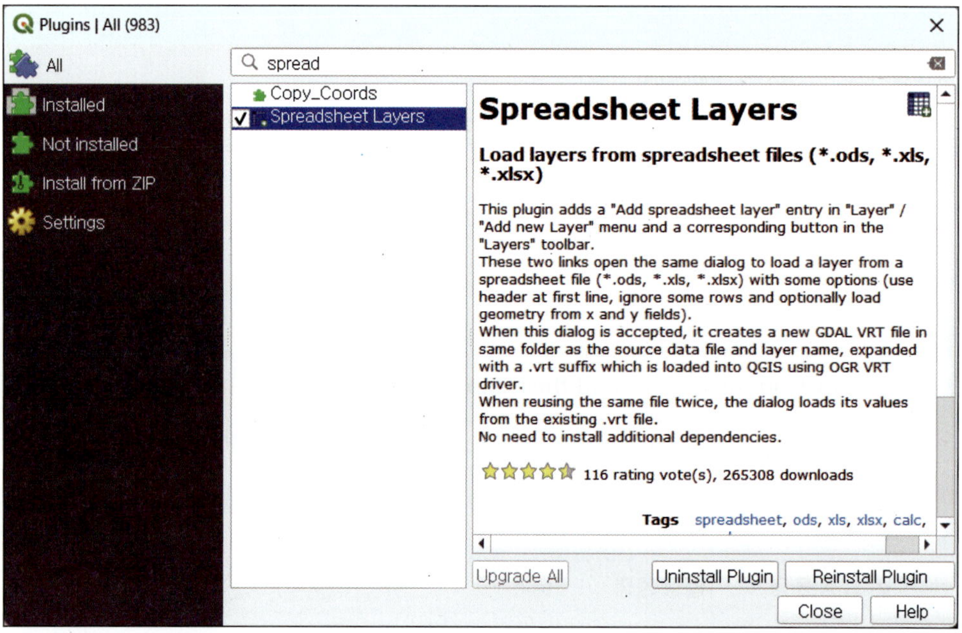

- Manage Layers Toolbar에 spreadsheet Layers 도구가 생김

- Spreadsheet Layers를 실행하고 실습데이터에서 전국 도서관 표준데이터 엑셀 파일을 불러옴
- 데이터가 있는 시트를 선택하고 레이어 이름을 지정하여 테이블을 가져옴
  - 첫 행이 필드명인 경우 Header at first line 체크박스 체크
  - 경위도 좌표가 있는 경우에는 Geometry를 체크하고 X field에 경도, Y field에 위도를 선택하고 좌표계는 EPSG 4326 지정

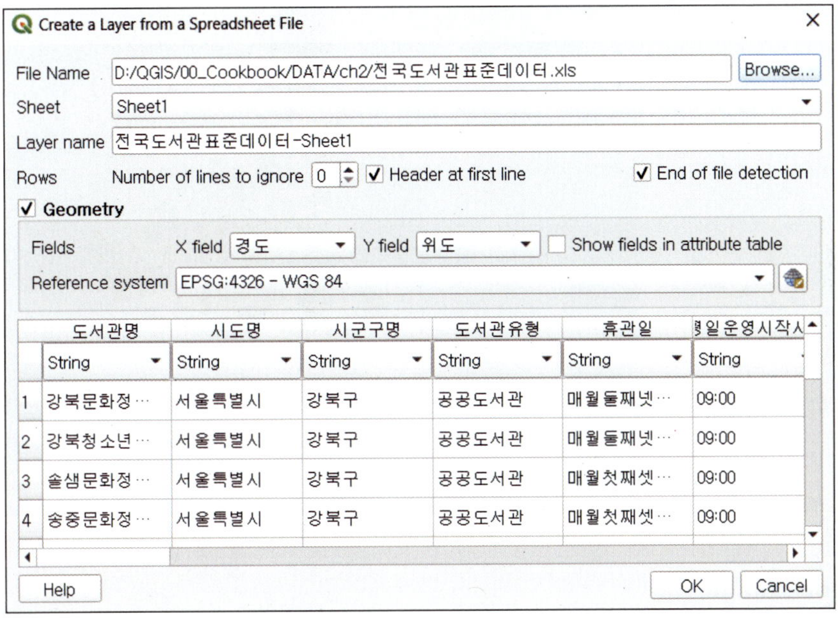

- 전국 도서관 표준데이터가 레이어에 추가되고, 해당 레이어를 우클릭하여 팝업 메뉴 〉 zoom to layer 선택하여 전국 도서관 위치가 공간상에 불러온 것을 확인
  - 엑셀 데이터를 시각화 한 것이므로 공간데이터로 관리하기 위해서는 Export를 통해 벡터데이터로 저장해야 함

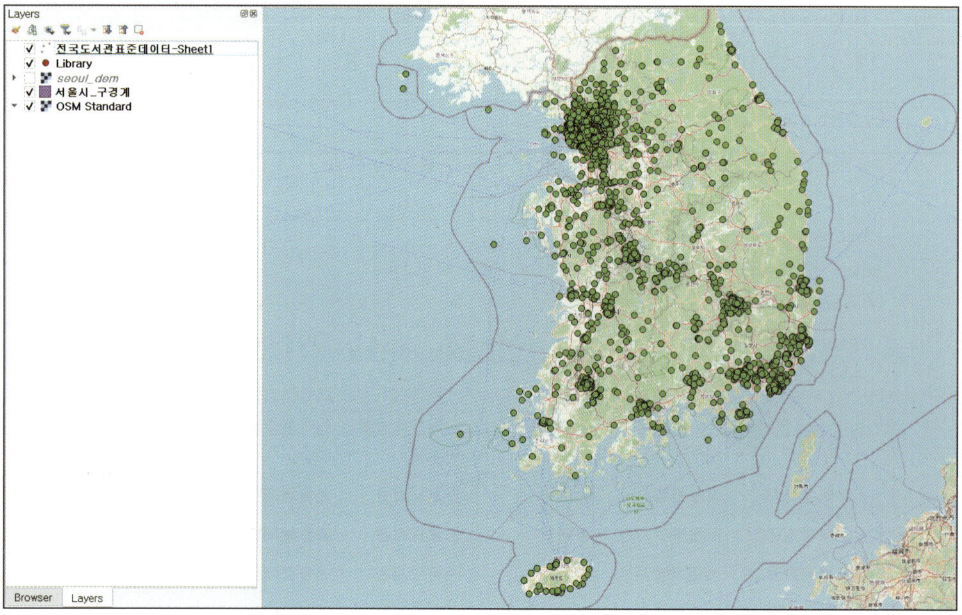

5) GeoPackage

- GPKG(OGC GeoPackage)는 SQLite 데이터베이스 컨테이너로 구현된 지리정보시스템을 위한 개방적이고 비독점적인 플랫폼으로 독립적이고 표준 기반 데이터 형식
  - shp파일이 가지고 있는 단점과 한계를 극복하기 위해 데이터 형식을 Shapefile에서 GeoPackage로 전환하고 있음
- GeoPackage를 사용하면 shp파일보다 로딩, 패닝 및 확대/축소 속도가 훨씬 빨라짐
- Shp파일에서 속성 길이 제약 문제를 해결할 수 있음

	Geopackage	Shapefile
장점	• Open OGC 표준 • 광범위하게 구현(GDAL, QGIS, R, Python, Esri 등) • 실제 지오 데이터베이스보다 가볍지만 지리 데이터베이스만큼 빠름 • 모든 파일이 단일 GeoPackage에 포함 (Esri Shapefile보다 GeoPackage를 통해 쉬운 관리 가능) • Shapefile보다 빠른 작업 흐름 • 거의 제한이 없음	• 사실상의 표준이며 잘 확립
단점	• 비교적 짧은기간(Encoding Standard(1.0) adopted by OGC in 2014) • 래스터 지원은 상대적 제한적	• 독점적 (Esri가 관리) • 다중 파일 형식(.shp, .dbf.,. shx, .prj, 인코딩, 기타 색인 등) • 속성 이름은 10자로 제한 • 파일에 토폴로지를 저장할 수 없음 • Esris WKT를 사용 • 파일 크기는 2GB로 제한 • 파일 당 하나의 지오메트리 유형 만 포함 • 실제 3D 지원 없음

자료 : https://www.gis-blog.com/geopackage-vs-shapefile/

6) ZIP 파일

- shp 파일의 경우 다중파일로 관리됨에 따라 관리가 어려움
- shp 파일을 ZIP으로 압축하면 QGIS에서 압축 해제없이 불러올 수 있음
- 국토정보플랫폼 [3] 에서 북한산생태탐방원이 위치한 37705022도엽의 수치지형도를 내려받으면 shp 파일을 ZIP파일로 압축하여 제공
  - QGIS 탐색기(Browser)에서 ZIP파일을 맵 캔버스로 끌어옴(drag)

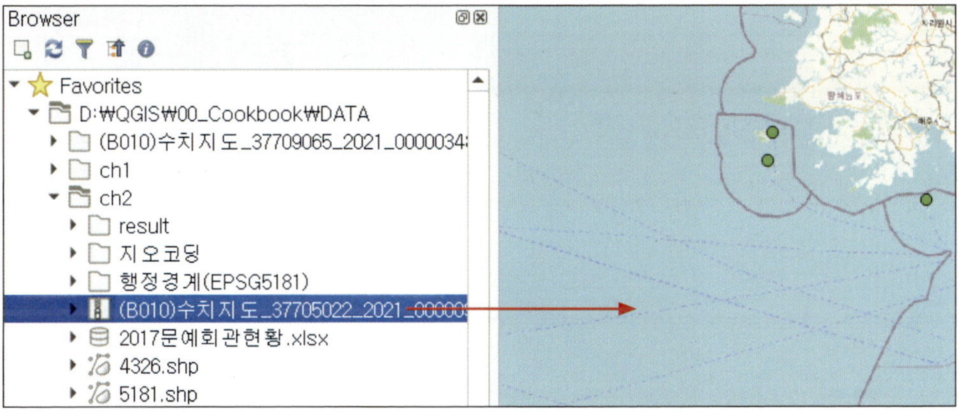

3) http://map.ngii.go.kr/ms/map/NlipMap.do

• 여러 레이어가 압축된 경우 필요한 레이어만 선택하여 불러올 수 있음. 수치지도 압축파일에서 N3A_B0010000.shp(건물레이어) 파일을 선택하여 가져옴

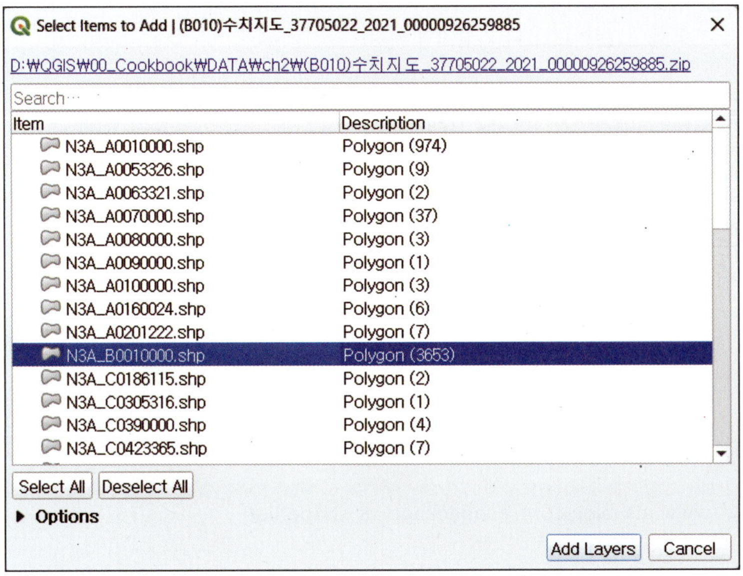

• ZIP 파일에서 가져온 레이어는 수정 및 편집을 할 수 없으며, Export를 통해 다른 이름으로 저장한 후 편집이 가능함

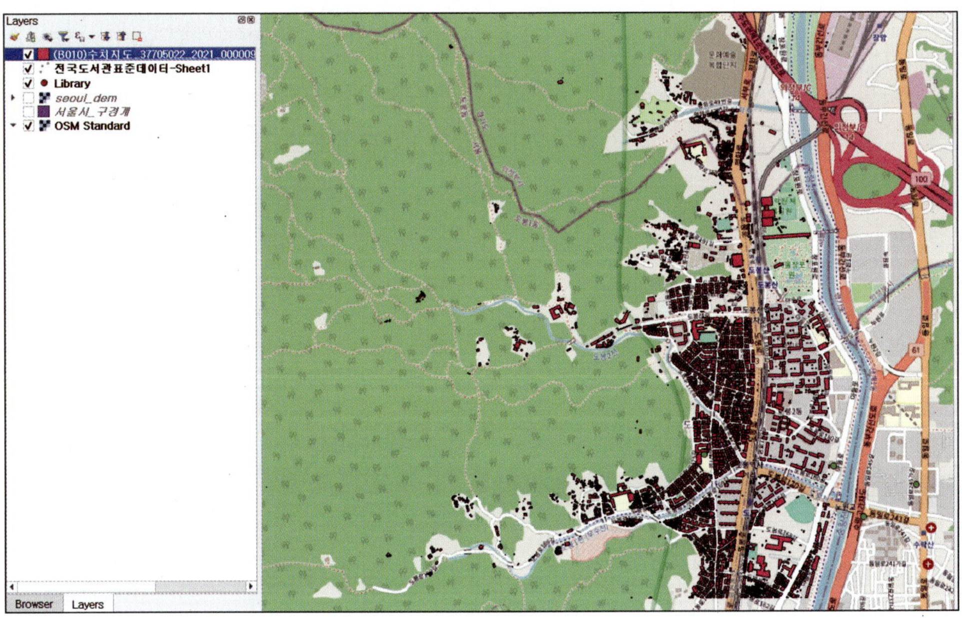

03. 지오코딩(Geocoding)

1) 개요

- 지오코딩이란 고유명칭(주소, 산, 호수의 이름)을 가지고 위도와 경도의 좌표를 갖는 것을 말함
- 데이터에 주소정보만 있을 때 좌표정보를 부여하여 공간데이터로 가져올 때 사용

2) 카카오 앱 API를 이용한 지오코딩

- 카카오 앱 API를 이용하여 지오코딩을 수행하기 위한 web_geocoder [4] 이용
- 카카오 앱 개발자 플랫폼(https://developers.kakao.com) 접속하고 카카오 계정으로 로그인
- 서비스 이용정책에 대한 동의 후 이메일주소와 이름을 입력하고 개발자 등록 확인하고, 내 애플리케이션에서 애플리케이션 추가하기를 클릭하고 앱이름과 사업자명 등을 입력

4) 망고시스템 김지현 연구원님 기여

- 애플리케이션 요약정보에서 REST API키 값을 복사

- 부록의 web_geocoder 플러그인 설치를 위해 Plugins 〉 Manage and Install Plugins을 실행하고 Install from ZIP 선택하여 설치

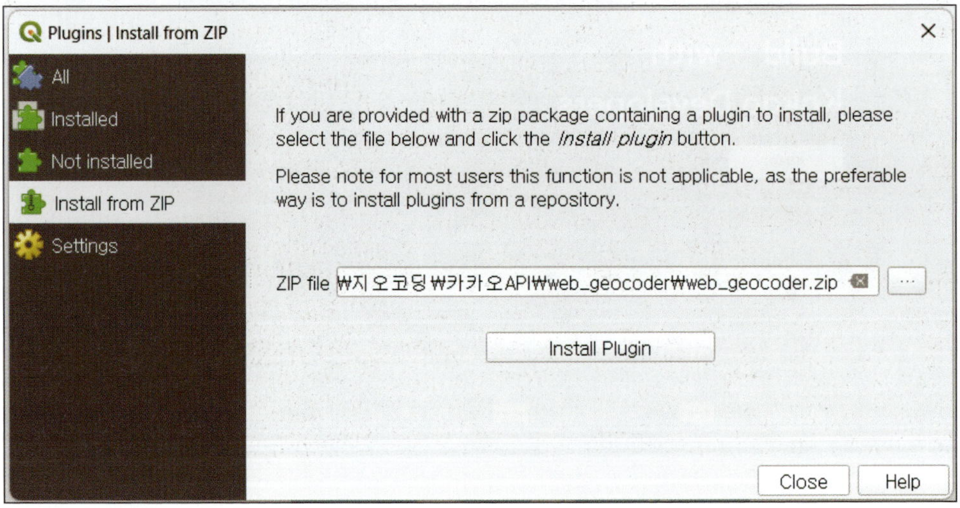

- Plugins 〉 web_geocoder 〉 web_geocoder 플러그인 실행

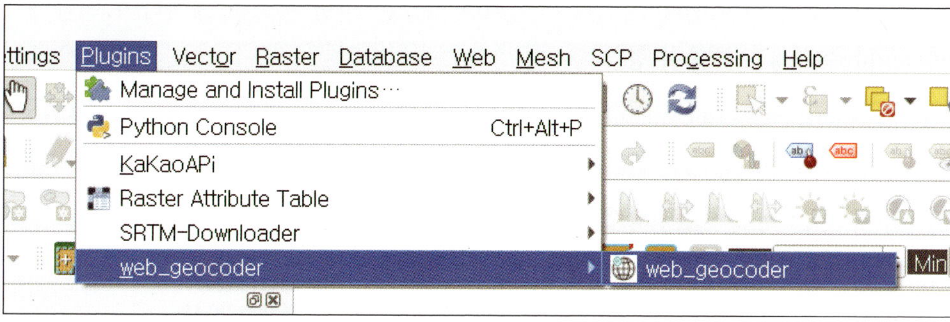

- 발급받은 REST API키를 붙여넣고 주소 텍스트 데이터와 좌표를 설정하고 지오코딩 텍스트를 저장할 경로를 지정하고 RUN 실행

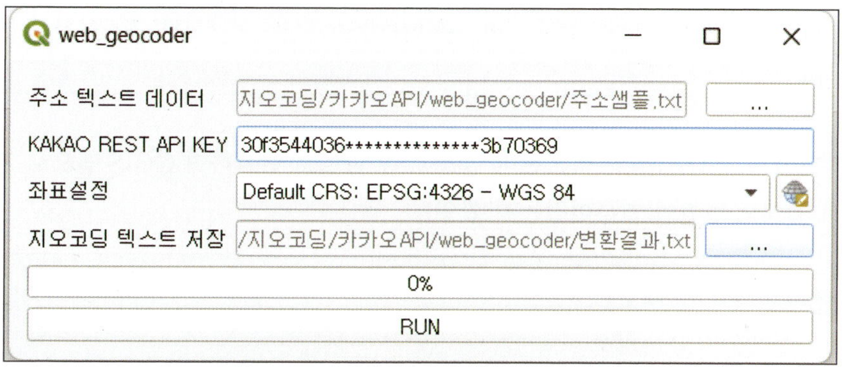

- 변경할 주소는 주소샘플.txt처럼 입력하여 텍스트 파일로 저장
  - 텍스트 파일의 인코딩 UTF-8로 저장해야만 플러그인에서 작동

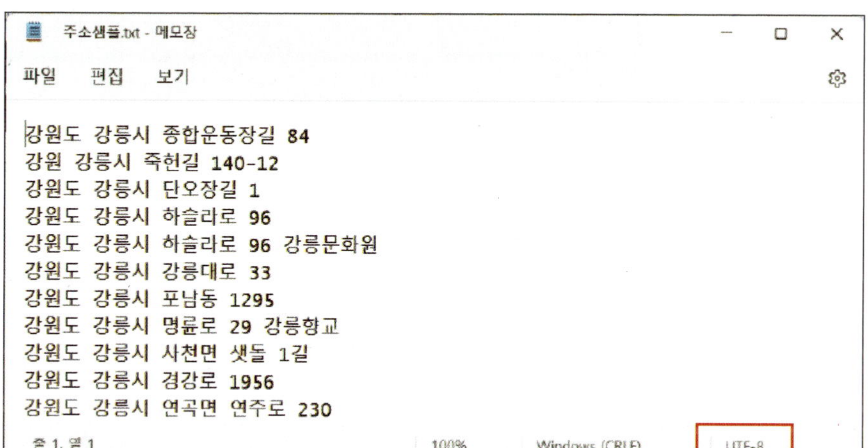

- 지오코딩을 실행한 결과 x, y 좌표가 생성된 것을 확인할 수 있음
  - 지오코딩 결과(result) 변환이 실패한 주소는 지번 주소로 표기하여 변환하거나 주소의 오류를 수정

지오코딩 결과.txt - 메모장

파일 편집 보기

```
result, address, x_coord, y_coord
success| 강원도 강릉시 종합운동장길 84| 128.89545323886074| 37.7722299249216
success| 강원 강릉시 죽헌길 140-12| 128.8802591363272| 37.77812711050234
success| 강원도 강릉시 단오장길 1| 128.89503967534299| 37.748202117112974
success| 강원도 강릉시 하슬라로 96| 128.87384577369457| 37.75876388179545
success| 강원도 강릉시 하슬라로 96 강릉문화원| 128.87384577369457| 37.75876388179545
success| 강원도 강릉시 강릉대로 33| 128.87533561602618| 37.75323781464825
success| 강원도 강릉시 포남동 1295| 128.91331896342058| 37.773396852142945
success| 강원도 강릉시 명륜로 29 강릉향교| 128.89514249543456| 37.76325894637204
success| 강원도 강릉시 사천면 샛돌 1길| 128.83873724713737| 37.82079072306013
success| 강원도 강릉시 경강로 1956| 128.88398642952671| 37.74771995698109
success| 강원도 강릉시 연곡면 연주로 230| 128.83136642838346| 37.874307272478234
```

줄 18, 열 70 | 100% | Windows (CRLF) | UTF-8

- 지오코딩 결과 생성된 텍스트 파일을 CSV 파일로 변환하여 QGIS 맵으로 가져와서 제대로 변환이 이루어졌는지 확인

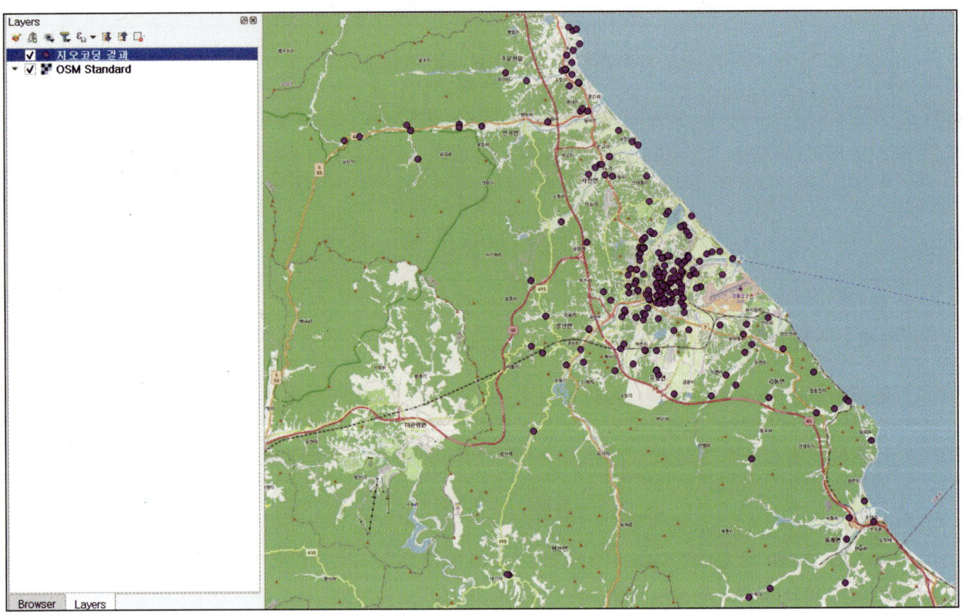

3) Google sheet를 이용한 지오코딩

- 구글에서 제공하는 스프레드시트의 부가기능인 Geocode by Awesome Table을 이용하여 지오코딩 실행

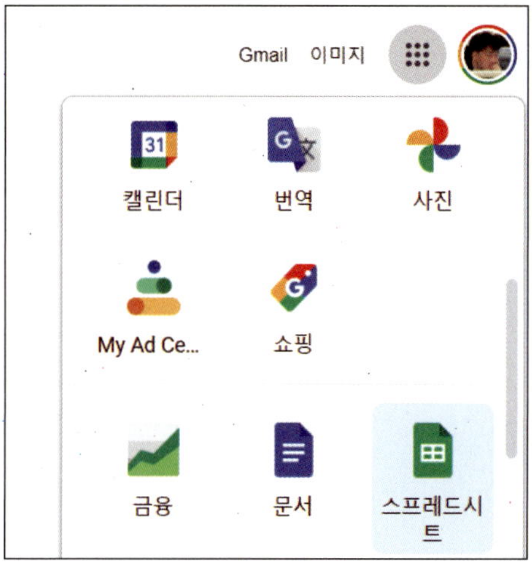

- 실습데이터에서 '2017 문예회관 현황.xlsx' 파일을 구글 스프레드시트에서 가져온후 Google Sheets로 저장

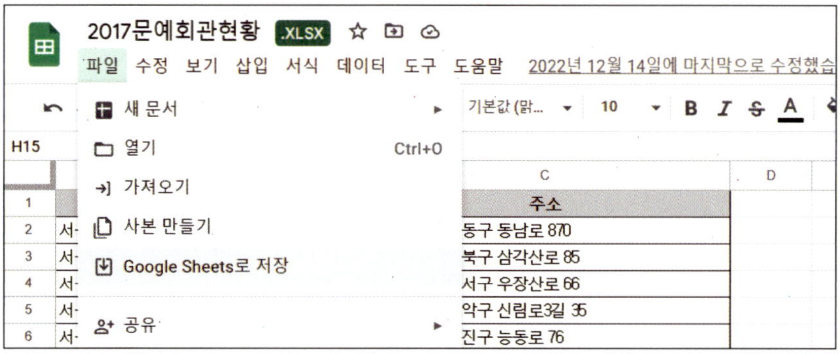

• 부가기능 설치하기를 통해 Geocode by Awesome Table 설치

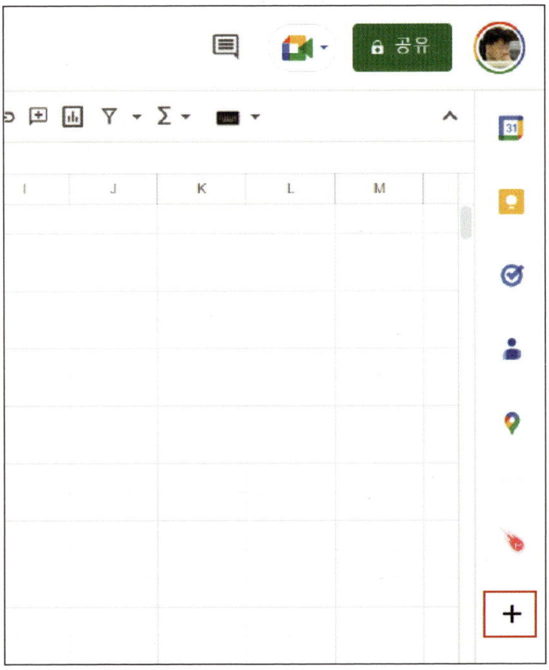

• Google Workspace Marketplace에서 Geocode by Awesome Table 검색하여 설치

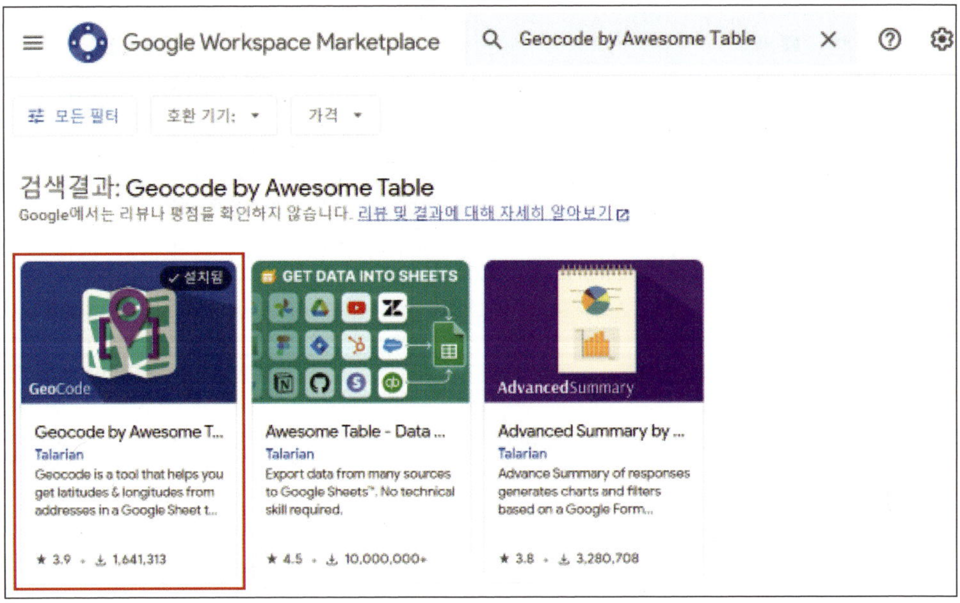

- 확장프로그램 〉 Geocode by Awesome Table 〉 Start Geocoding 실행

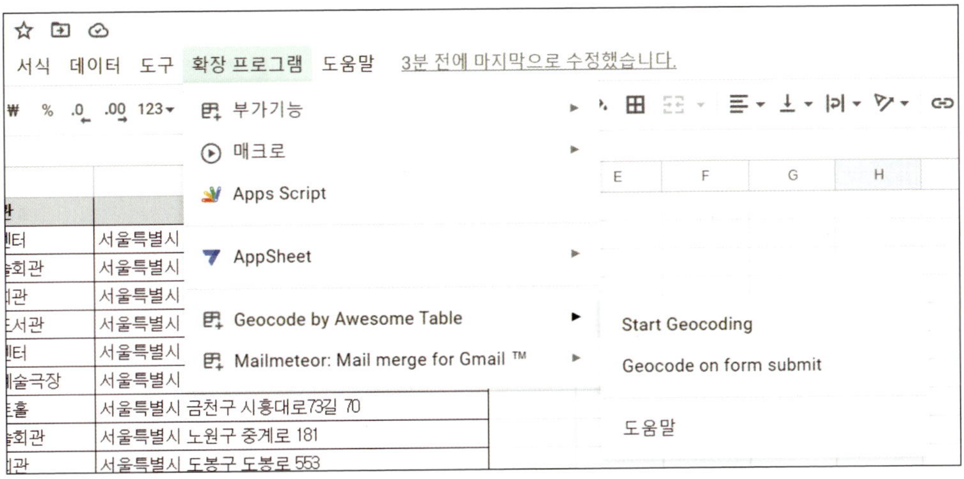

- Geocode창이 나타나면 주소 컬럼(Address column)에 해당하는 열을 지정하고 Geocode 실행

• 지오코딩이 실행된 결과를 확인

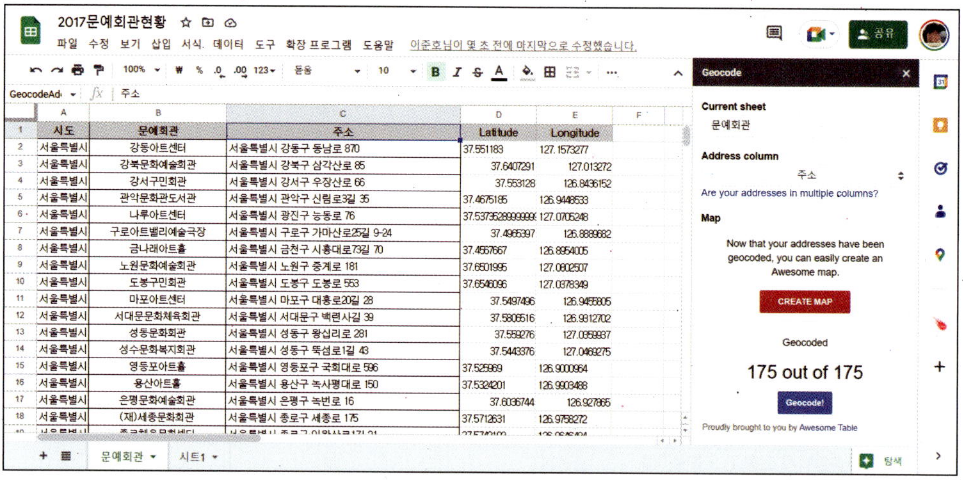

• Create Map을 클릭하면 변환결과를 지도상에서 확인할 수 있음

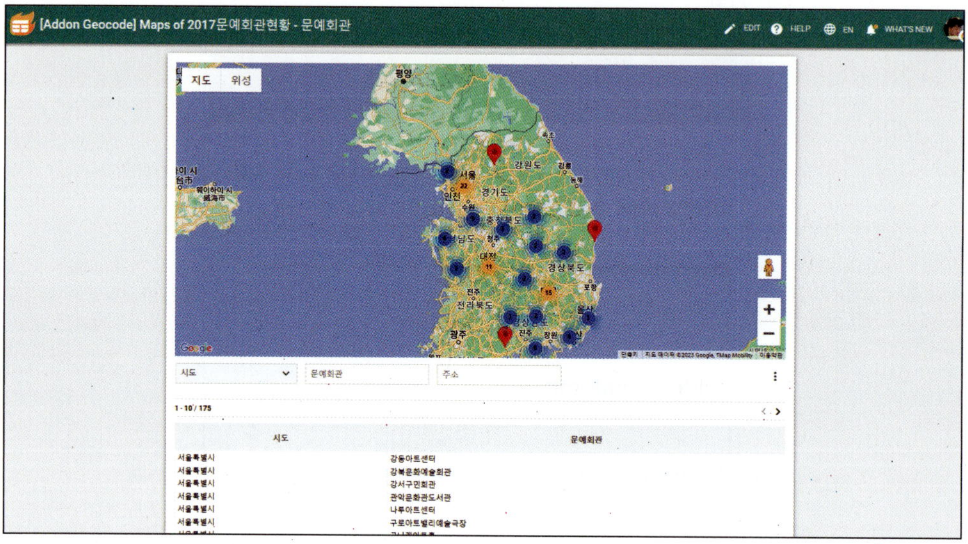

• 지오코딩 결과는 다운로드를 통해 엑셀 또는 CSV 형태로 내려받을 수 있음

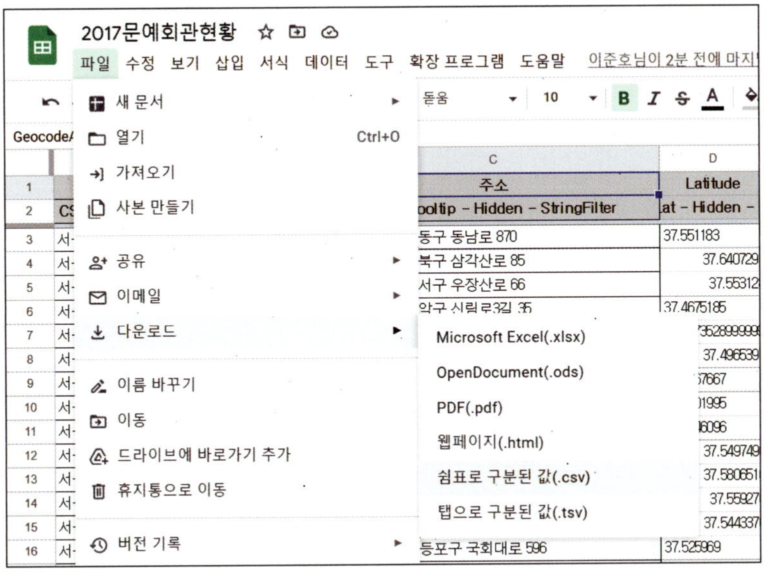

04. 좌표계의 설정

1) 개요 5)

• 좌표계란 지리적 객체를 위치시키는데 사용되는 좌표기반체계로 지리좌표계(GCS)와 투영좌표계(PCS)로 구분

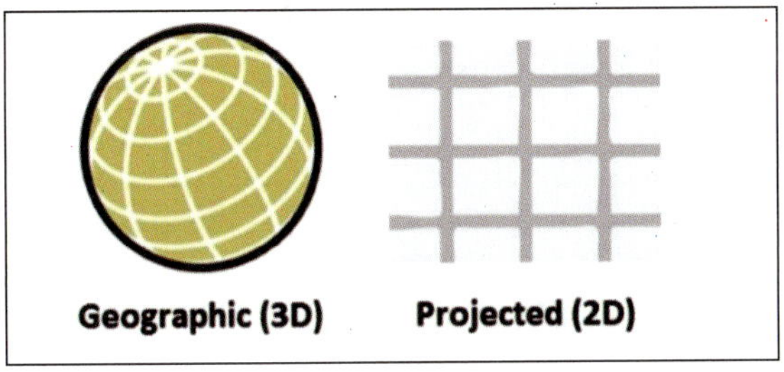

2) 지리좌표계(GCS : Geographic Coordinate System)

• 지리좌표계(GCS)란 지구상에 위치를 정의하는데 3차원의 구면을 이용하는 좌표계로서 한 지점을 경도(longitude)와 위도(latitude)로 나타냄

• 위도와 경도는 지구 중심에서 지표면 상에 지점까지 측정된 각으로 흔히 도(degree)로 표시

5) https://www.slideshare.net/ybh0616/gis-2-114849096

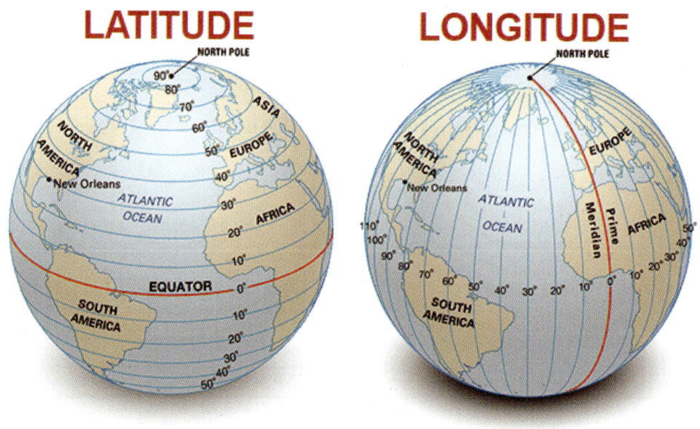

자료: https://adenilsongiovanini.com.br/blog/wp-content/uploads/2021/04/coordenadas-geograficas.png

3) 투영좌표계(PCS : Projected Coordinate System)

- 투영좌표계(PCS)란 타원체인 지구의 표면을 2차원 지도로 변환하기 위해 지리좌표를 평면상에 투영한 좌표계
- 하나의 타원체를 투영하는데 다양한 방식의 투영법이 존재
- 적도를 기준선으로 설정하는 메르카토르 투영법은 적도가 아닌 지역에서 왜곡이 발생
- 이러한 문제를 개선하기 위해 적도가 아닌 자오선을 기준으로 하는 횡 메르카토르 투영법(Transverse Mercator)이 사용
  - 같은 경도에서는 위도에 따른 왜곡이 발생하지 않으므로 우리나라와 같이 위아래로 긴 지역에서 유용

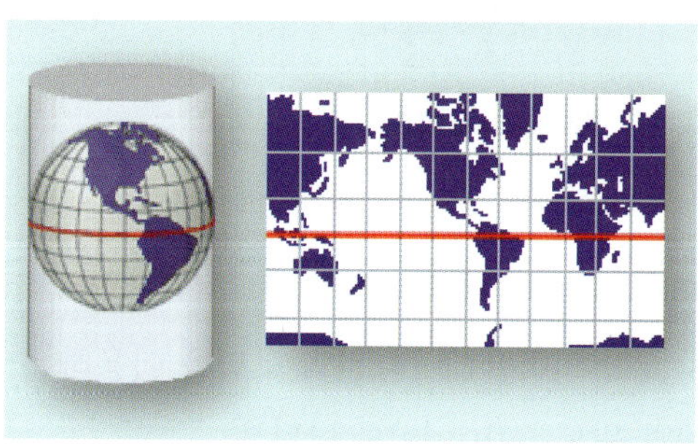

Mercator

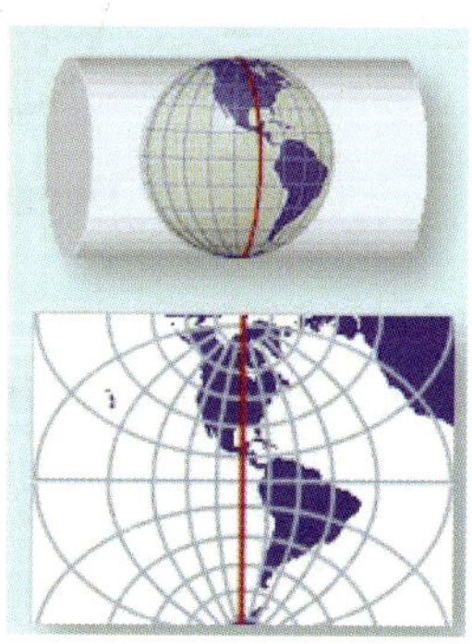

Tranverse Mercator

- 우리나라의 경우 북위는 38°로 고정되어 있고, 경도는 125(서부원점)°, 127°(중부원점), 129°(동부원점), 131°(동해원점)의 4가지로 구분되어있는 TM 좌표계를 국가기본도의 기본좌표계로 사용

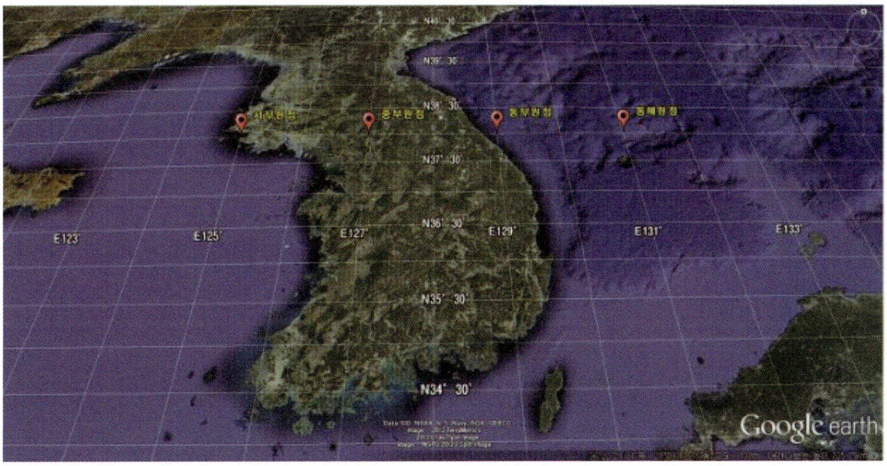

자료 : 강태완, 2005, 지적측량, 한울

- 지도를 이동(panning)해 보면 지리좌표계(GCS)에서는 지도의 위치에 따라 축적이 변하고 투영좌표계(PCS)에서는 축적이 변하지 않는 것을 확인할 수 있음
  - GCS는 구면이기 때문에 위치에 따라 면적이 달라지고, 도분초로 표기
  - PCS는 평면이기 때문에 위치에 따라 면적의 변화가 없고 미터로 표기

4) 자주 사용되는 좌표계

- 우리나라에서 주로 사용되는 EPSG 좌표계 [6]
  - 경위도(EPSG:4326), KLIS중부(EPSG:5174), 네이버(EPSG:5179), 다음(EPSG:5181), 구글(EPSG:3857), 국토지리정보원 중부(EPSG:5186), 동부(EPSG:5187)

구분	EPSG	명칭	투영법	위도원점	경도원점
전지구좌표	4326	WGS84	경위도		
	4166				
	4004	Bessel 1841			
	4162				
	4019	GRS80			
	4737				
	3857	웹메르카토르	메르카토르		
UTM	32652	UTM zone 52N	UTM		
	32651	UTM zone 51N			
현 지리원 표준 (GRS80)	5185	서부원점	횡축 메르카토르 도법	38	125
	8186	중부원점			127
	5187	동부원점			129
	5188	동해(울릉)원점			131
옛 지리원 표준 (Bessel)	5173	서부원점	횡축 메르카토르 도법	38	125.00289
	5174	중부원점			127.00289
	5175	제주원점			127.00289
	5176	동부원점			129.00289
	5177	동해(울릉)원점			131.00289
(보정안된) 지리원표준 (Bessel)	2096	동부원점	횡축 메르카토르 도법	38	129
	2097	중부원점			127
	2098	서부원점			125
(타원체바꾼) 지리원표준 (GRS80)	5180	서부원점		38	125
	5181	중부원점			127
	5182	제주원점			127
	5183	동부원점			129
	5184	동해(울릉)원점			131
KATEC계열	5178	UTM-K(Bessel)	횡축 메르카토르 도법	38	127.5
	5179	UTM-K(GRS80)			127.5

자료: OSGeo 한국어지부(https://www.osgeo.kr/252) 재정리

6) EPSG(European Petroleum Survey Group: 유럽석유탐사그룹)는 전 세계 다양한 좌표계를 표준 코드화하여 제공(https://www.osgeo.kr/17)

5) 좌표계 설정

가. 프로젝트 좌표계 설정

- QGIS에서 사용되는 좌표계는 프로젝트 좌표계와 레이어 좌표계로 구분됨
- 레이어 좌표계는 공간데이터에 지정된 좌표계를 의미하며, 프로젝트 좌표계는 프로젝트 내에서 공간데이터들이 프로젝트 좌표계로 실시간 투영(on the fly)되어 렌더링 되도록 사용되는 좌표계
  - 프로젝트에 있는 특정 맵 레이어의 기본 좌표계(CRS)에 관계없이 항상 프로젝트에 정의된 공통 좌표계로 자동 변환되어 투영됨

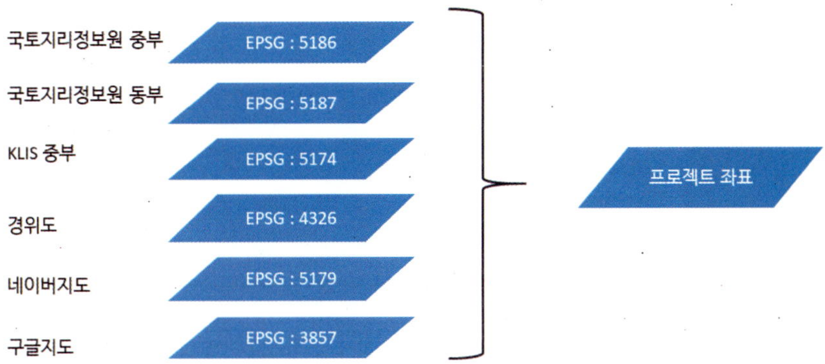

- 부적절한 프로젝트 좌표계를 선택하면 지도가 왜곡되어 실제 세계와 상대적 크기와 지형지물의 위치를 제대로 반영하지 못할 수 있으므로 적절한 프로젝트 좌표계의 설정이 중요함
- 프로젝트 좌표계는 Project 〉 Properties 대화상자의 CRS 탭 또는 상태바의 프로젝트 좌표계를 클릭하여 변경할 수 있음

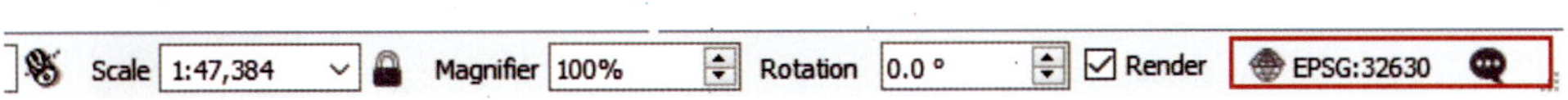

• 프로젝트 속성 대화상자가 나타나면 CRS 탭에서 프로젝트에 적용할 좌표계 설정

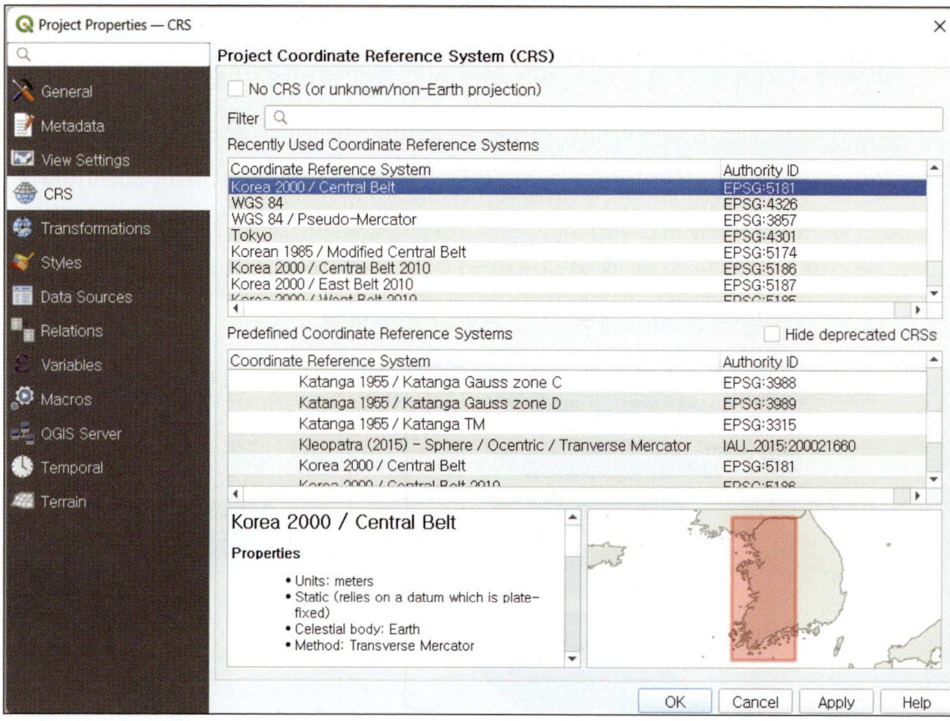

• 작업 중인 레이어 좌표계로 프로젝트 좌표계를 설정할 경우에는 해당 레이어를 우클릭하여 팝업메뉴에서 Layer CRS 〉 Set Project CRS from Layer를 선택

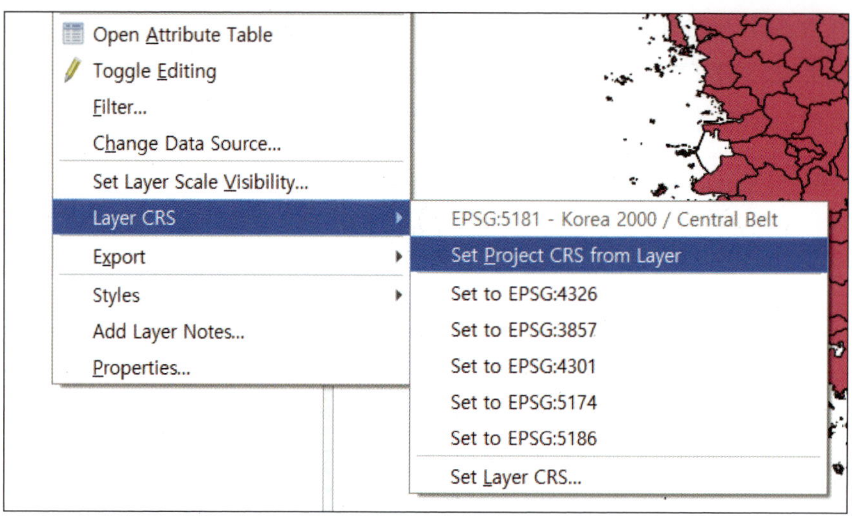

- 공간분석시에는 각 데이터의 좌표계를 좌표계 변환을 통해 하나의 좌표계로 일치시켜주어야 공간분석 상에 나타나는 오류를 줄일 수 있음

나. 레이어 좌표계 설정(Set Layer CRS)

- 레이어 좌표계 설정은 좌표계가 없는 레이어에 좌표계를 임시로 지정할 때 사용하며, 좌표계 파일(*.prj)파일을 생성하지는 않음
- 맵에 배경지도를 불러온 후 실습데이터의 행정경계 폴더에서 시도.shp 파일을 가져오면 지구본 모양에 물음표가 있는 아이콘이 나타남

- 행정경계 폴더를 살펴보면 시도.shp 데이터에 대한 좌표계 정보를 가지고 있는 파일(*.prj)이 없는 것을 확인할 수 있음

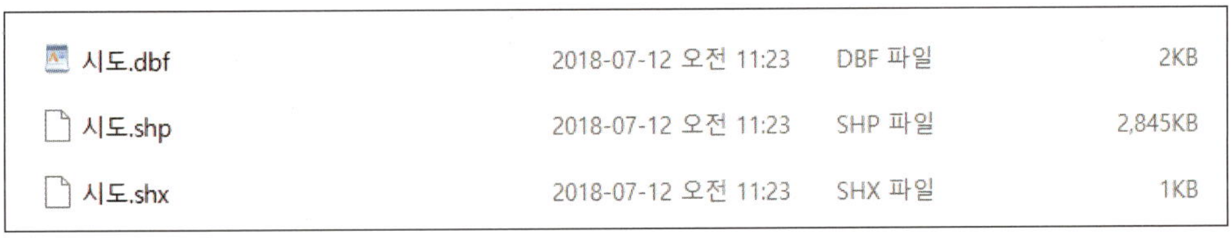

시도.dbf	2018-07-12 오전 11:23	DBF 파일	2KB
시도.shp	2018-07-12 오전 11:23	SHP 파일	2,845KB
시도.shx	2018-07-12 오전 11:23	SHX 파일	1KB

- *.prj 파일이 없으면 맵 캔버스 내에 데이터의 위치를 제대로 반영하지 못함
- 레이어에 좌표계를 지정해주기 위하여 시도 레이어에서 우클릭하고 Layer CRS 〉 Set to EPSG 5181 선택

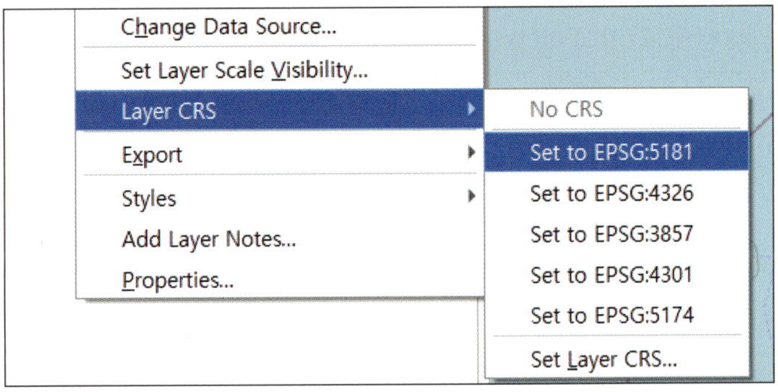

• 시도 레이어가 배경지도 위에 제대로 나타난 것을 확인할 수 있음

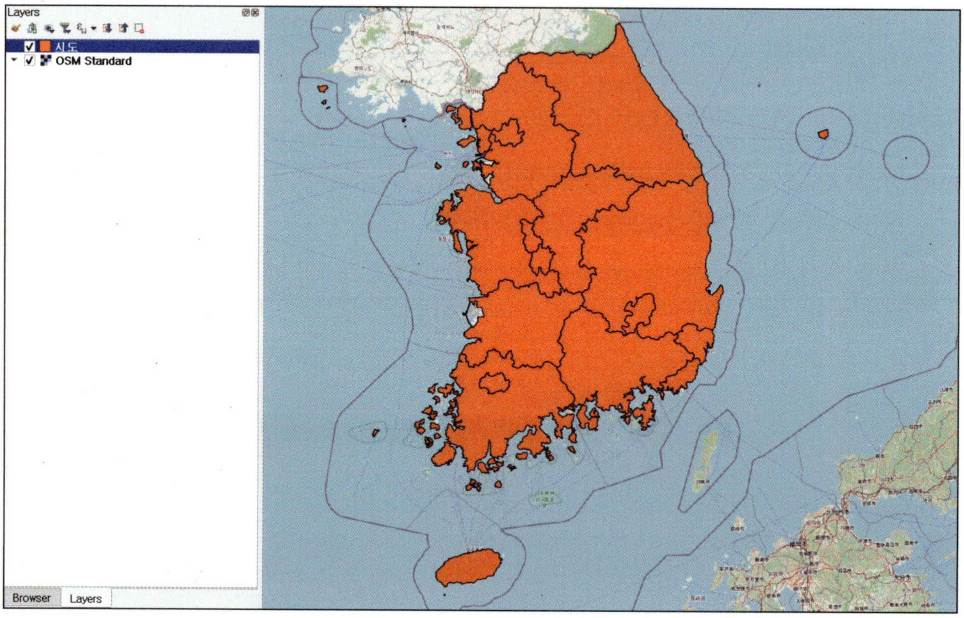

• 여기서는 실습데이터의 좌표계가 EPSG 5181인 것을 알기 때문에 바로 적용하였지만, 좌표계를 알 수 없는 경우에는 올바른 좌표계를 설정할 수 없으므로 데이터 제공기관에서 해당 데이터의 좌표계가 무엇인지 확인하는 것이 중요함

다. 레이어 좌표계 정의(Define layer projection)

• 레이어 좌표계 설정을 통해 좌표계를 지정해주었지만 아직까지 데이터에 대한 프로젝션 파일(*.prj)이 생성되지 않았음
• 데이터에 대한 올바른 좌표계를 설정하였다면 데이터에 대한 프로젝션 파일(*.prj)을 생성하는 것이 필요함
• Menu 〉 Processing 〉 Toolbox를 체크하고 Processing Toolbox에서 Vector general 〉 Define Shapefile projection 실행

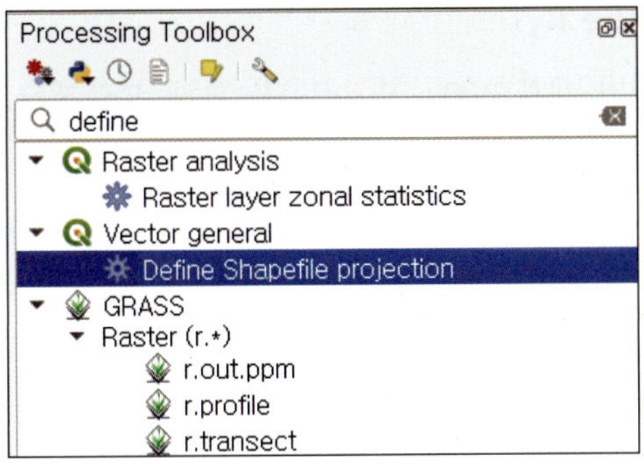

• Define Shapefile Projection에서 CRS는 EPSG 5181 선택하고 실행

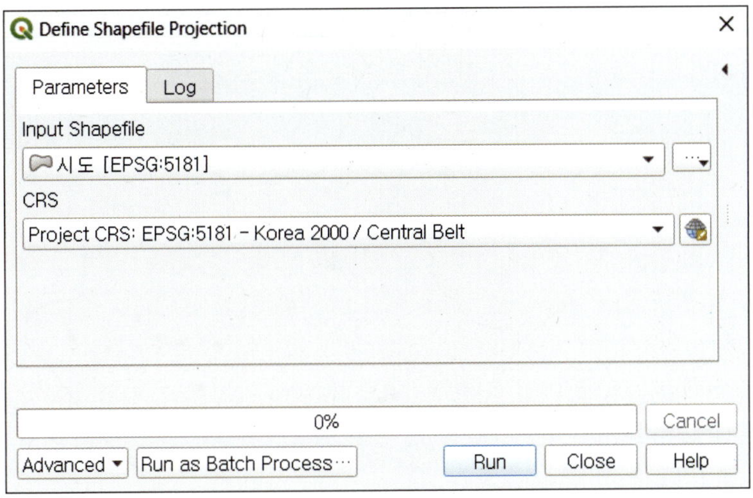

• 행정경계 폴더를 살펴보면 시도.prj파일이 생성된 것을 확인할 수 있음

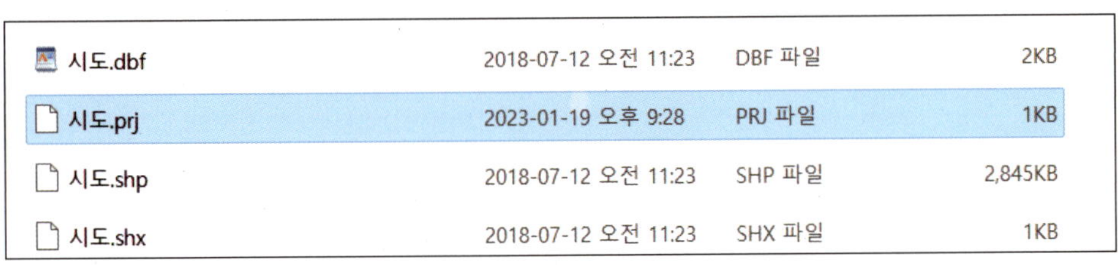

6) 실시간 재투영(On the fly)

- QGIS에서는 실시간 재투영(On the fly)을 통해 프로젝트의 모든 레이어를 프로젝트 좌표계로 재투영함
- 실시간 재투영(On the fly)이란 여러 좌표계를 가진 도면을 프로젝트 좌표계에 맞춰 자동으로 실시간 보정하여 화면에 투영하는 기능을 말함
  - 만약 실시간 재투영 기능이 없다면 좌표계가 다른 레이어에 대해 일일이 좌표계를 일치하는 작업이 필요함
- 실습데이터에서 '4326.shp'과 '5181.shp' 레이어를 불러오면 같은 위치에 포인트가 나타나는 것을 확인할 수 있음

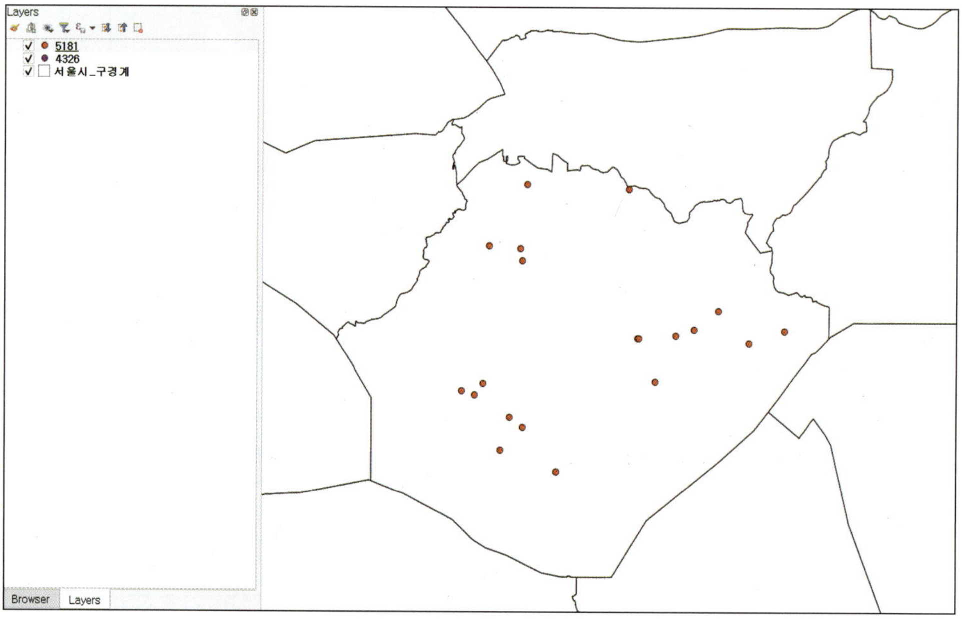

- 각 레이어의 속성정보를 확인해 보면 좌표계가 각각 EPSG 4326, EPSG 5186으로 다르지만 QGIS에서 실시간 재투영으로 프로젝트 좌표계로 투영하기 때문에 같은 위치에 포인트가 나타남

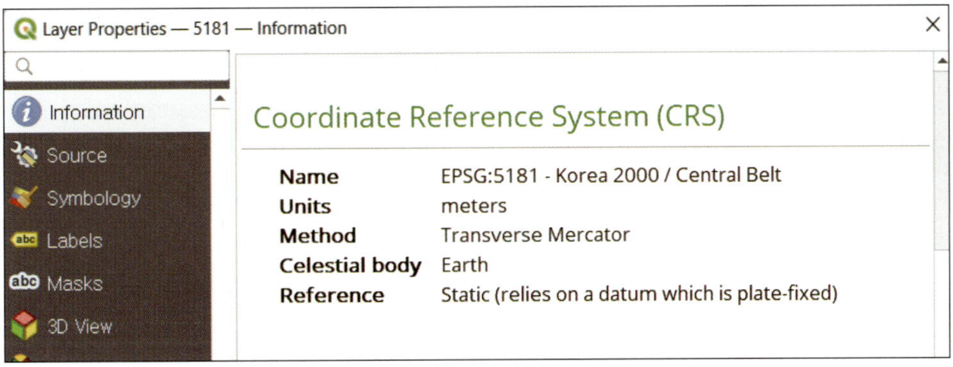

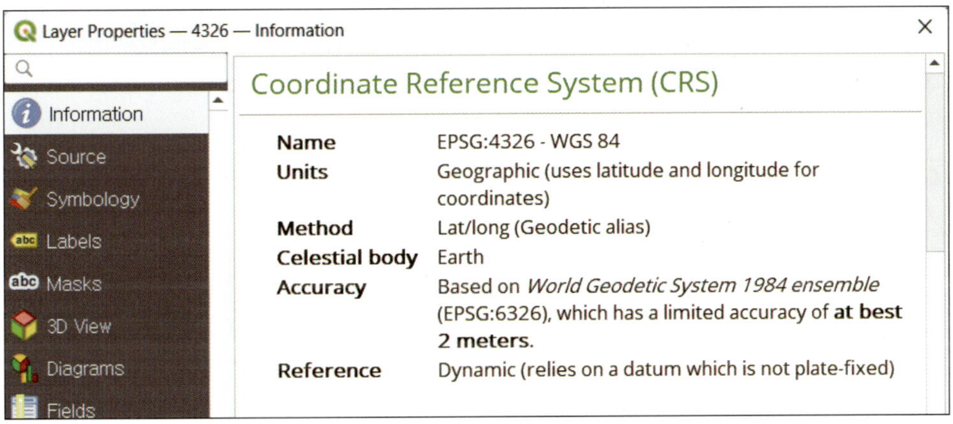

• 각 레이어에 대한 속성테이블을 확인하면 '4326.shp'과 '5181.shp' 의 X, Y 좌표가 다른 것을 확인할 수 있음

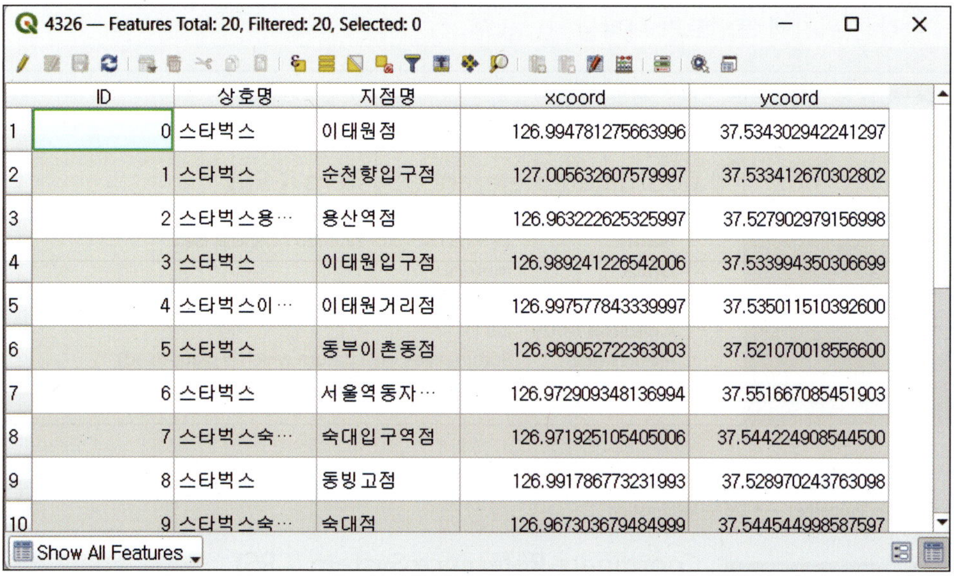
4326 — Features Total: 20, Filtered: 20, Selected: 0

	ID	상호명	지점명	xcoord	ycoord
1	0	스타벅스	이태원점	126.994781275663996	37.534302942241297
2	1	스타벅스	순천향입구점	127.005632607579997	37.533412670302802
3	2	스타벅스용…	용산역점	126.963222625325997	37.527902979156998
4	3	스타벅스	이태원입구점	126.989241226542006	37.533994350306699
5	4	스타벅스이…	이태원거리점	126.997577843339997	37.535011510392600
6	5	스타벅스	동부이촌동점	126.969052722363003	37.521070018556600
7	6	스타벅스	서울역동자…	126.972909348136994	37.551667085451903
8	7	스타벅스숙…	숙대입구역점	126.971925105405006	37.544224908544500
9	8	스타벅스	동빙고점	126.991786773231993	37.528970243763098
10	9	스타벅스숙…	숙대점	126.967303679484999	37.544544998587597

Show All Features

4326 좌표정보

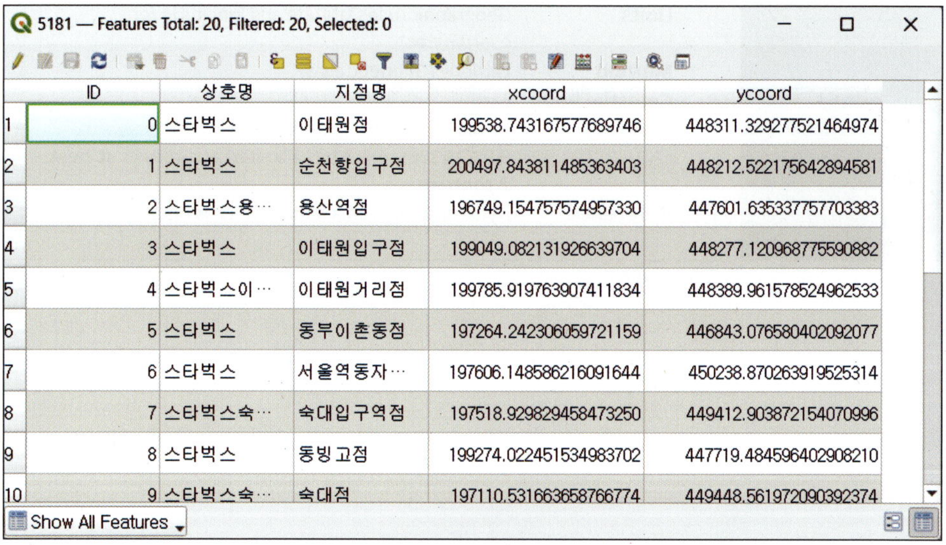
5181 — Features Total: 20, Filtered: 20, Selected: 0

	ID	상호명	지점명	xcoord	ycoord
1	0	스타벅스	이태원점	199538.743167577689746	448311.329277521464974
2	1	스타벅스	순천향입구점	200497.843811485363403	448212.522175642894581
3	2	스타벅스용…	용산역점	196749.154757574957330	447601.635337757703383
4	3	스타벅스	이태원입구점	199049.082131926639704	448277.120968775590882
5	4	스타벅스이…	이태원거리점	199785.919763907411834	448389.961578524962533
6	5	스타벅스	동부이촌동점	197264.242306059721159	446843.076580402092077
7	6	스타벅스	서울역동자…	197606.148586216091644	450238.870263919525314
8	7	스타벅스숙…	숙대입구역점	197518.929829458473250	449412.903872154070996
9	8	스타벅스	동빙고점	199274.022451534983702	447719.484596402908210
10	9	스타벅스숙…	숙대점	197110.531663658766774	449448.561972090392374

Show All Features

5181 좌표정보

- 두 레이어가 On the fly 기능으로 같은 위치에 보이더라도 레이어의 좌표계가 다르기 때문에 x, y좌표가 다른 것을 확인할 수 있음
  - 실시간 재투영(On the fly)을 위한 공간 좌표변환은 레이어를 원래 데이터 원본 그대로 사용하기 때문에 객체의 좌표는 변하지 않음
- 여러 레이어가 필요한 공간분석의 경우 좌표계 변환 등을 통해 하나의 좌표계로 일치시키는 것이 좋음

7) 좌표계 변환

가. Reproject 알고리즘을 이용한 변환

- 이미 좌표계가 지정되어 있는 레이어의 좌표계를 변환하기 위해서는 레이어 재투영(Reproject layer) 알고리즘을 실행하거나 내보내기(Export)를 통해 새로운 객체를 저장하여 좌표계를 변경할 수 있음
- Processing Toolbox에서 Vector general 〉 Reproject layer 알고리즘 실행

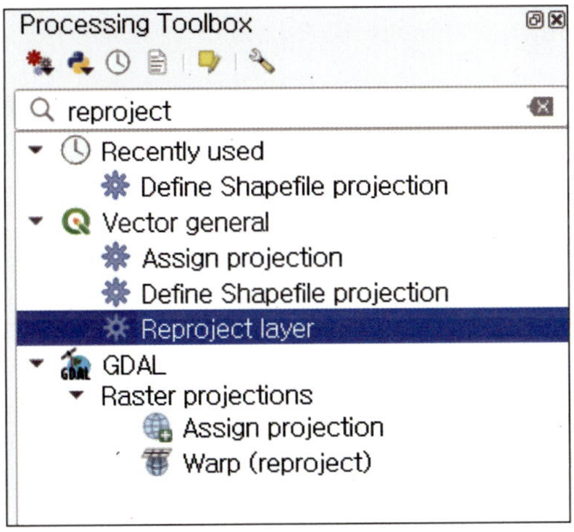

• Reproject layer 창에서 입력레이어와 변경할 대상 좌표계를 지정하고 실행
  - 여기서는 EPSG 4326좌표계를 EPSG 5181좌표계로 변경

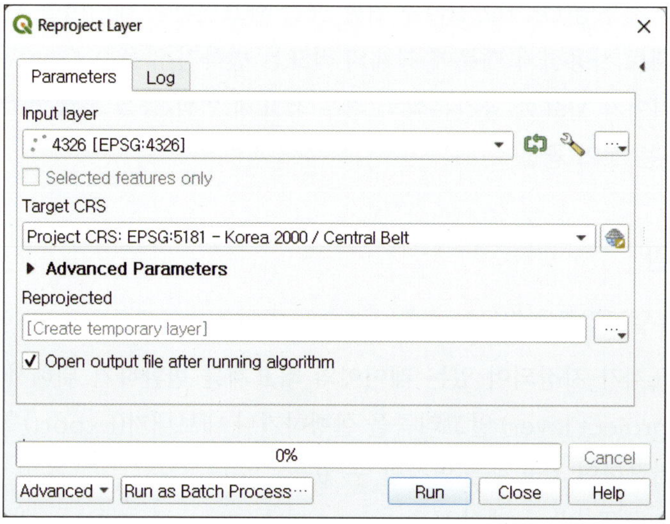

나. 내보내기를 통한 변환

• 레이어의 Export 기능을 통해 객체를 다른 이름으로 저장하면서 좌표계를 변경할 수 있음
  - 레이어에서 우클릭하고 Export 〉 Save Vector Layer as를 통해 5181좌표계로 지정

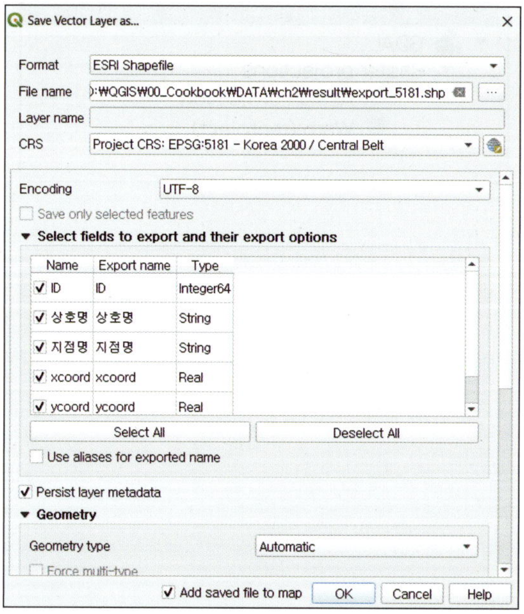

- 좌표계를 재투영한 레이어에 대해 Vector 〉 Geometry Tools 〉 Add Geometry Attributes 실행하면 좌표계가 변경된 x, y좌표가 추가된 것을 확인할 수 있음

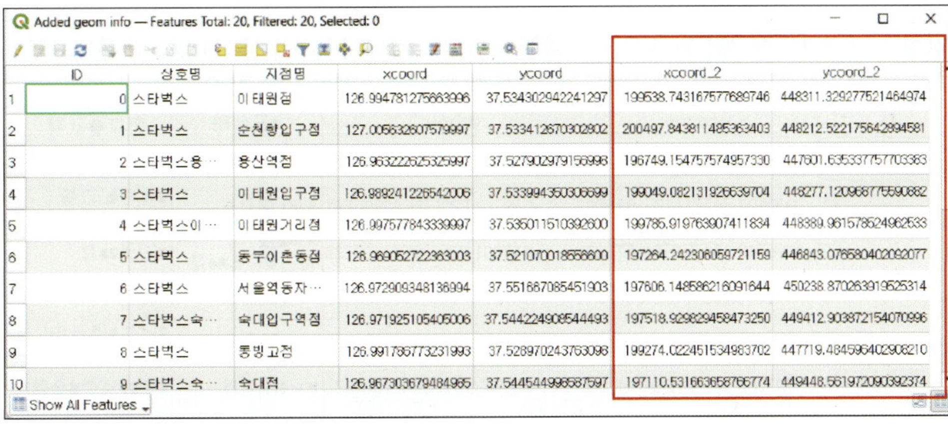
Added geom info — Features Total: 20, Filtered: 20, Selected: 0

	ID	상호명	지점명	xcoord	ycoord	xcoord_2	ycoord_2
1	0	스타벅스	이태원점	126.994781275663996	37.534302942241297	199538.743167577689746	448311.329277521464974
2	1	스타벅스	순천향입구점	127.005632607579997	37.533412670302802	200497.843811485363403	448212.522175642994581
3	2	스타벅스용…	용산역점	126.963222625325997	37.527902979156998	196749.154757574957330	447601.635337757703363
4	3	스타벅스	이태원입구점	126.989241226542006	37.533994350306699	199049.082131926639704	448277.120968775590682
5	4	스타벅스이…	이태원거리점	126.997577843339997	37.535011510392600	199785.919763907411834	448389.961578524962533
6	5	스타벅스	동부이촌동점	126.969052722363003	37.521070018558600	197264.242306059721159	446843.076580402092077
7	6	스타벅스	서울역동자…	126.972909348136994	37.551667085451903	197606.148586216091644	450238.870263919525314
8	7	스타벅스숙…	숙대입구역점	126.971925105405006	37.544224908544493	197518.929829458473250	449412.903872154070996
9	8	스타벅스	동빙고점	126.991786773231993	37.528970243763098	199274.022451534983702	447719.484596402908210
10	9	스타벅스숙…	숙대점	126.967303679484965	37.544544996587597	197110.531663658766774	449448.561972090392374

Show All Features

다. 종합

- 레이어 좌표계 설정은 객체가 정확한 위치에 있도록 레이어에 대한 원점과 투영 방법을 지정해주는 과정이라 할 수 있음
- 반면에 좌표계 변환은 좌표계가 정의된 레이어를 다른 좌표계로 가져옴에 따라 원점이 달라지는 만큼 그 값을 변환해주는 것임
  - 그림에서 보는 것처럼 좌표계 변환을 통해 원점이 (0,0)에서 (100,70)으로 변환되는 만큼 객체에도 그 값을 반영

좌표계 설정(Set)

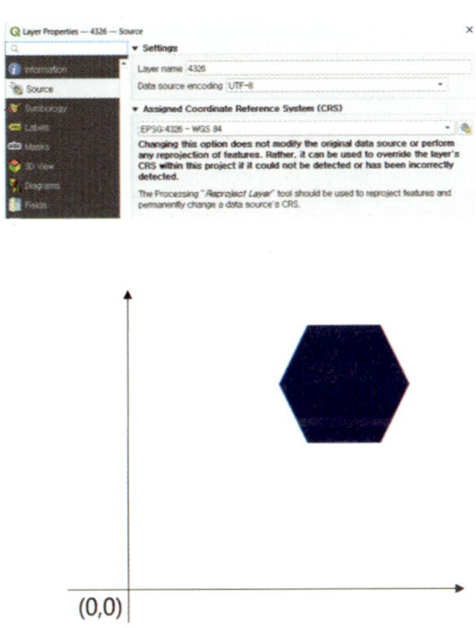

좌표계 변환(Transfer)

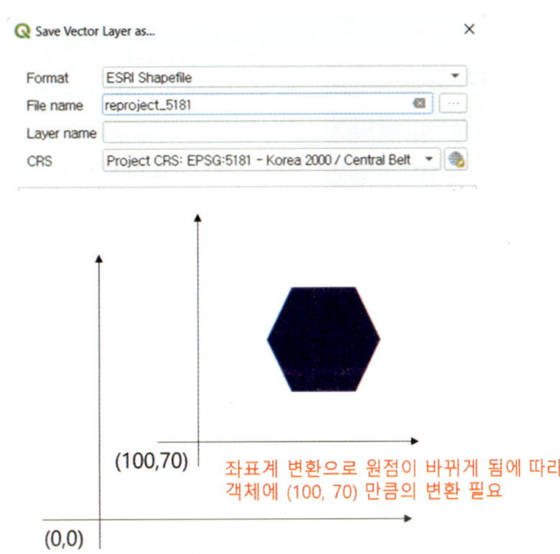

(출처 : https://youtu.be/Ie3Dxek8jys)

■ 참고

- 속성테이블의 폰트가 깨진 경우 인코딩을 변경해야 함

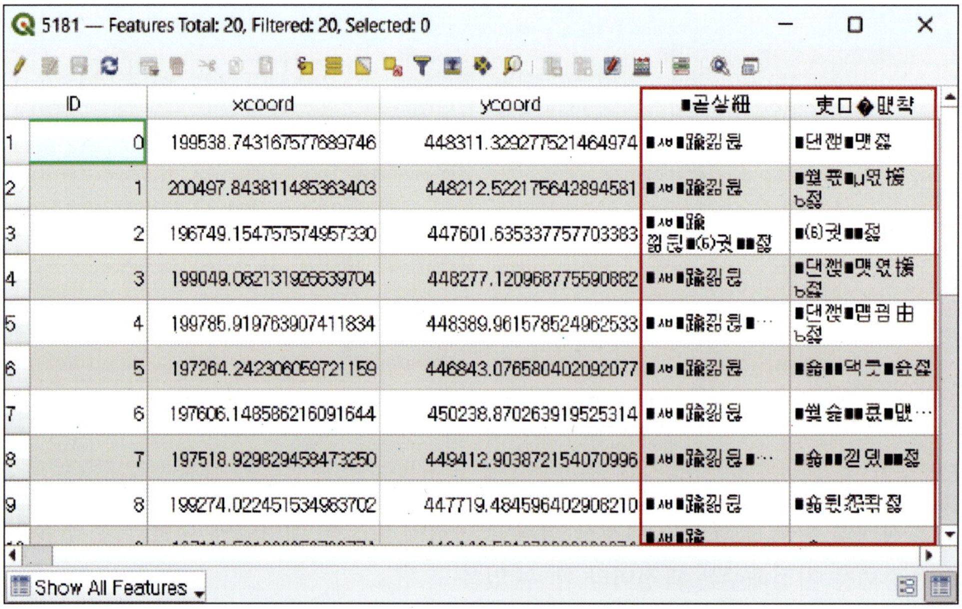

- 해당 레이어를 더블클릭하여 Layer Properties를 열고 Source 탭에서 Data source encoding을 UTF-8, window-949, cp949 등으로 변경

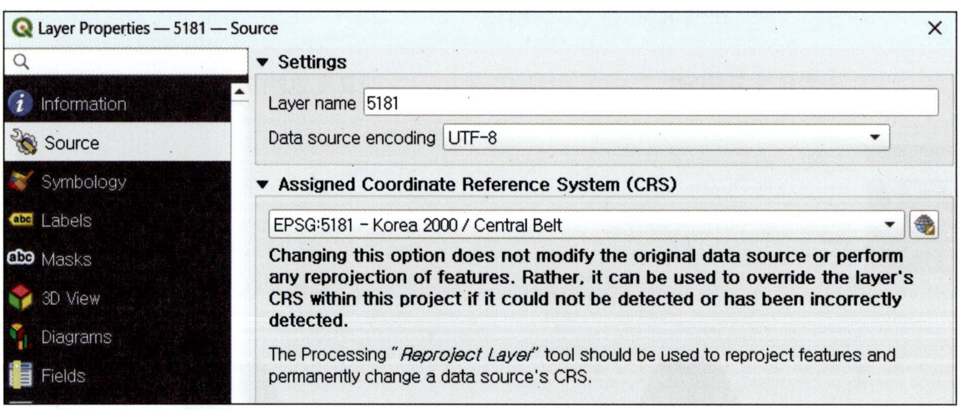

CHAPTER 03

데이터의 표현

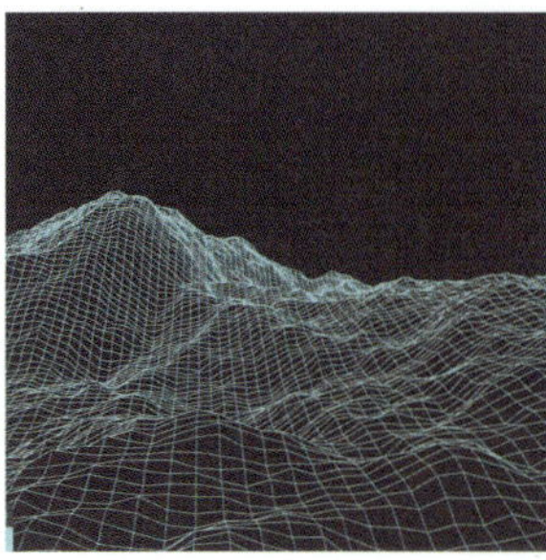

CHAPTER 03

데이터의 표현

01. 벡터 레이어 스타일링

1) Single Symbol(단일심볼)

- GIS데이터를 의미있게 만들기 위해서는 데이터에 대한 시각화가 필요
- 실습데이터에서 ex3_1 벡터스타일링.qgz 프로젝트 파일을 불러오면 시도경계, 경기도 개발제한구역, 서울시 개발제한구역 레이어가 있음

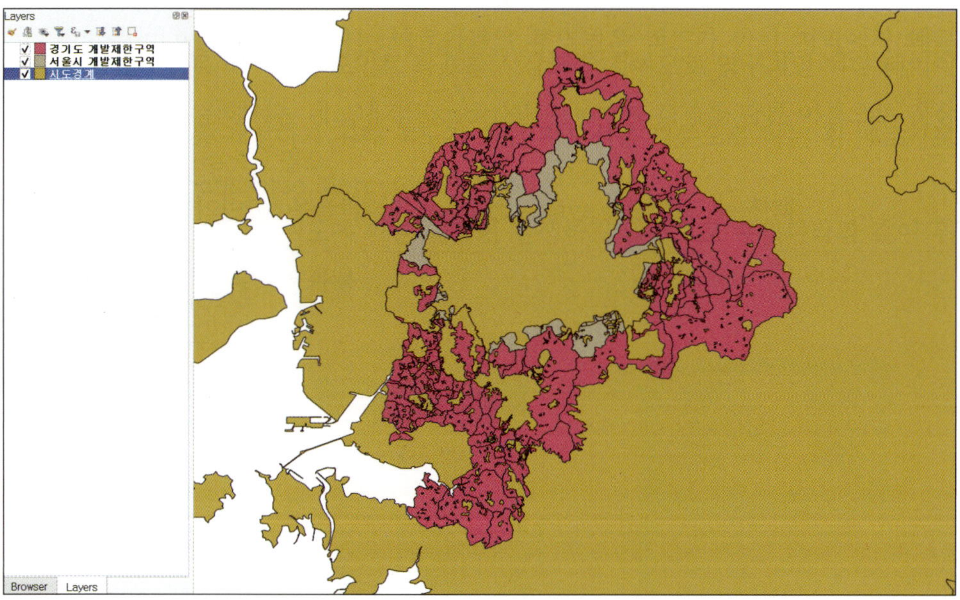

- 시도경계 레이어를 더블클릭하여 Layer Properties를 열고 Symbology() 클릭
- Single Symbol에서 Simple Fill(단순 채우기) 선택

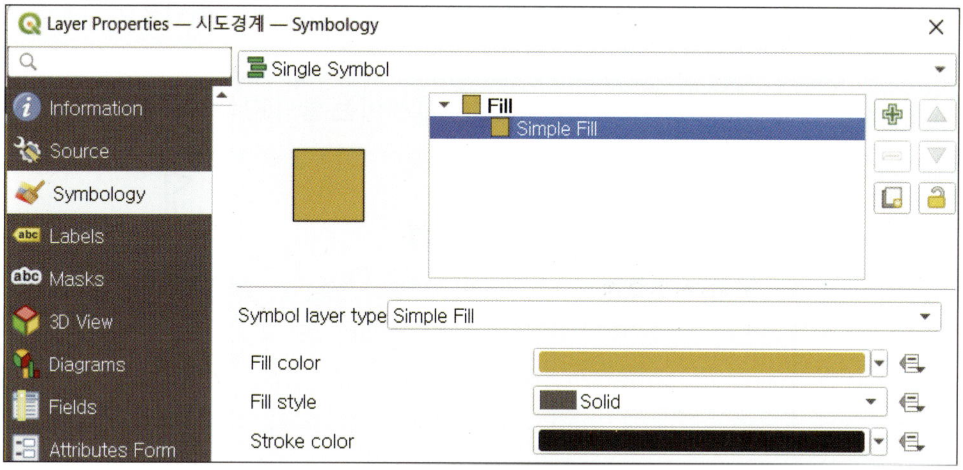

- Fill color에서 색상을 클릭하면 색상 선택창(Select Fill Color)이 나타나고 색상표, 색상환, 색상견본, 색상선택기 등을 이용하여 레이어의 색상 선택
  - HSV, RGB, HTML 표기 등을 이용하여 색상을 직접 입력할 수도 있고, 레이어의 불투명도(Opacity) 조정 가능 1)
  - 여기서는 HTML 표기창에 '#e6e6e6' 입력

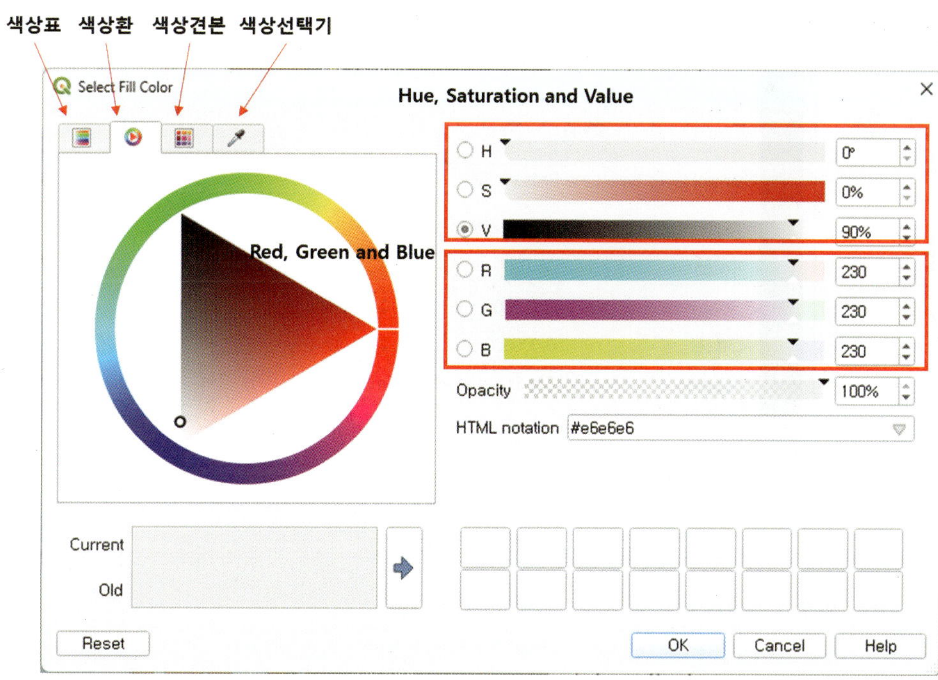

1) https://htmlcolorcodes.com

- 경기도 개발제한구역 레이어의 스타일을 Simple Fill의 라인 패턴으로 적용해보도록 함
- 레이어 패널에서 레이어 스타일 작업창( ) 아이콘 클릭(단축키 F7)

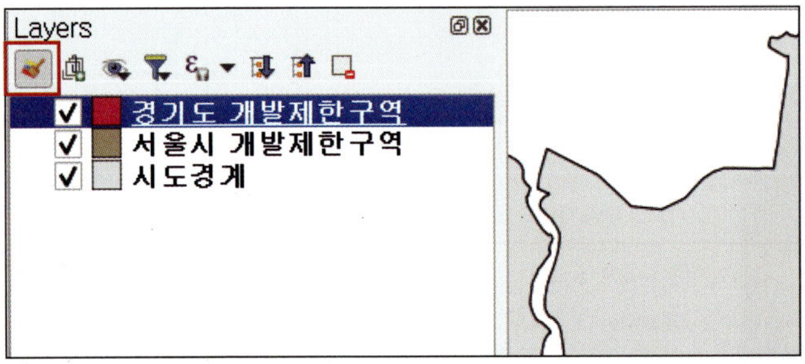

- 레이어 스타일 작업창이 나타나면 Simple Fill을 선택하고 Symbol layer type을 Line Pattern Fill로 선택하고 Spacing(간격)은 1.5로 변경

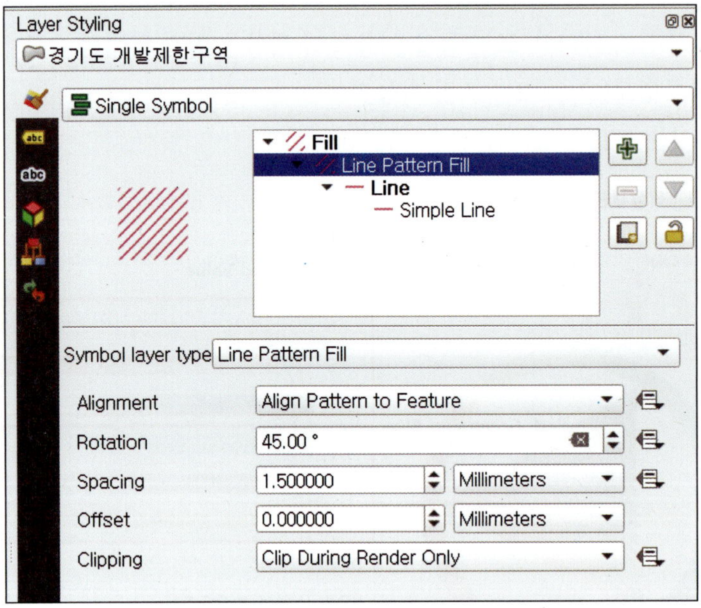

• Simple Line 선택하고 Color 색상을 클릭한 후 Select Line Color 창에서 RGB 0, 255, 0로 설정

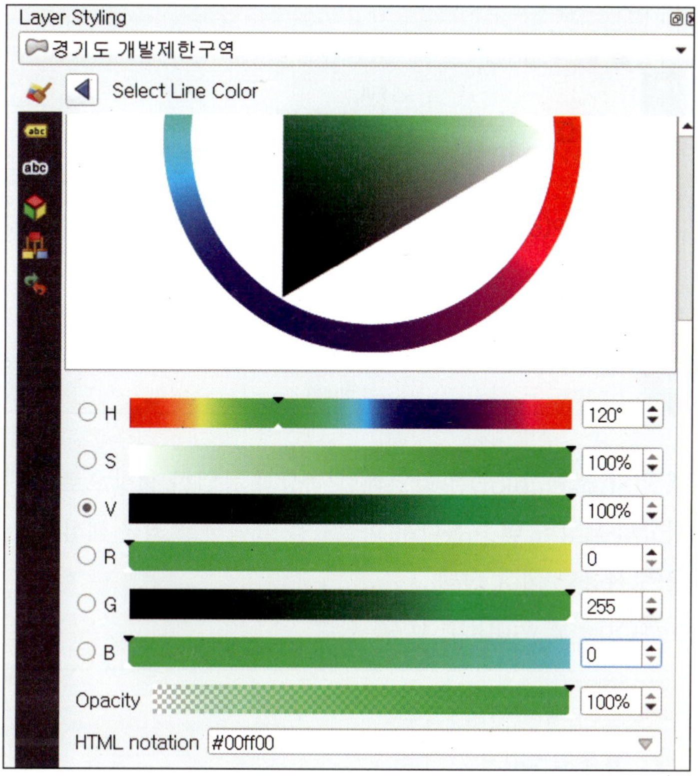

• 개발제한구역에 외곽선을 나타내주기 위하여 Fill에서 심볼레이어 추가(➕) 클릭

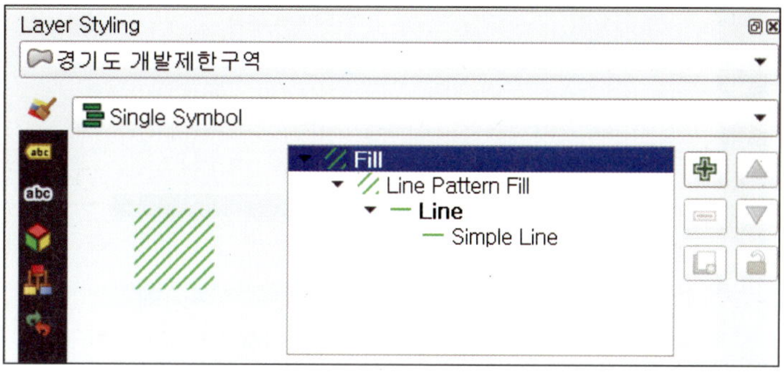

• 새로 추가한 단순 채우기(Simple Fill)의 채우기 스타일을 No Brush로 선택

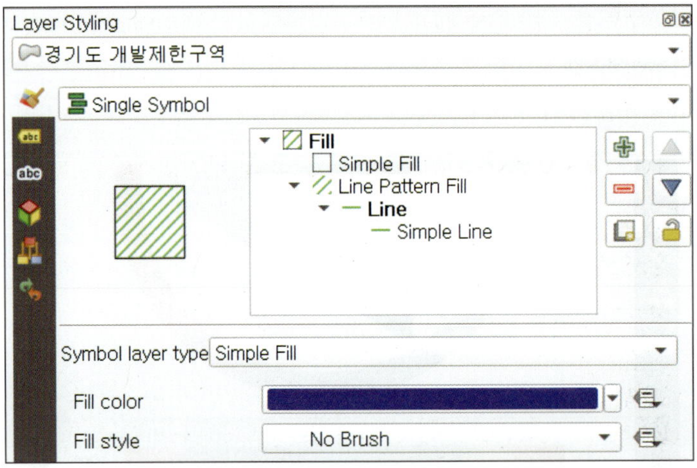

• 윤곽선 색상(Stroke color)은 라인패턴 색상과 동일한 색상으로 선택하기 위하여 윤곽선 색상의 색상바 옆 드롭다운 화살표를 클릭하고 최근 색상(Recent Colors)에서 최근에 사용한 색상 선택
• 윤곽선 두께(Stroke width)은 0.46 지정

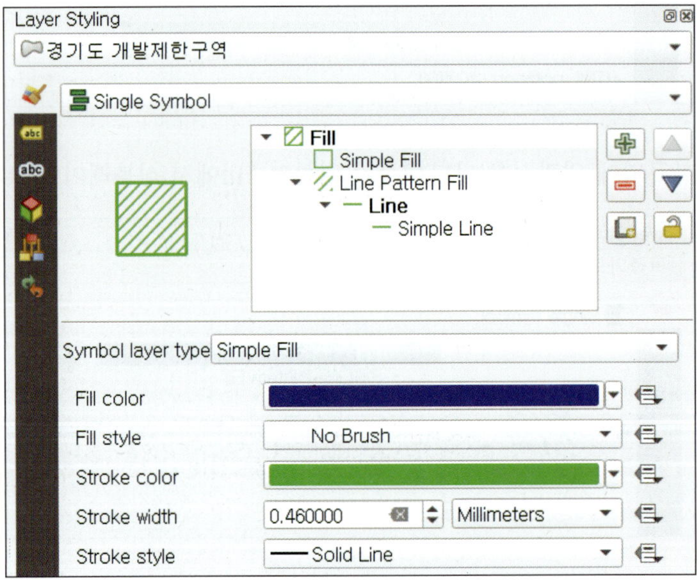

• 맵을 살펴보면 경기도 개발제한구역에 스타일이 적용된 것을 확인할 수 있음

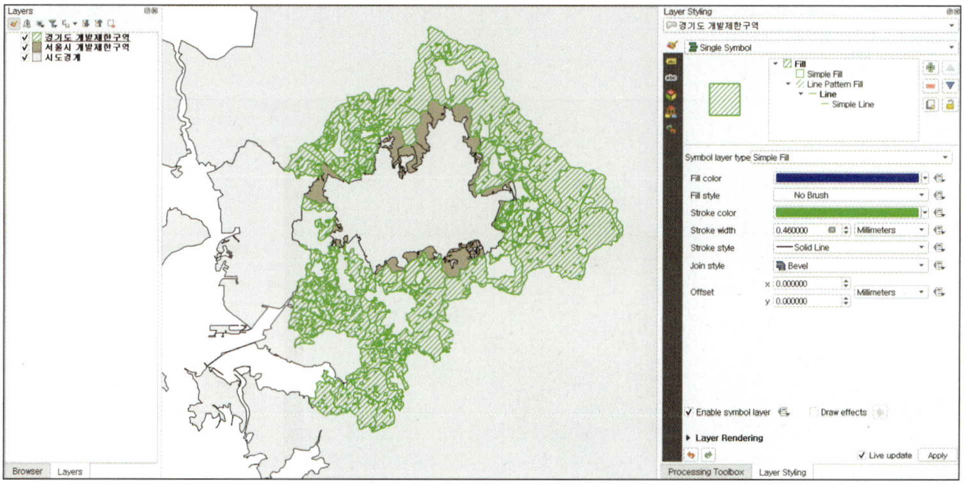

• 서울시 개발제한구역에 경기도 개발제한구역 스타일을 적용하기 위해 경기도 개발제한구역 레이어에서 우클릭하고 Style 〉 Copy Style 〉 All Style Categories를 선택하여 스타일 복사

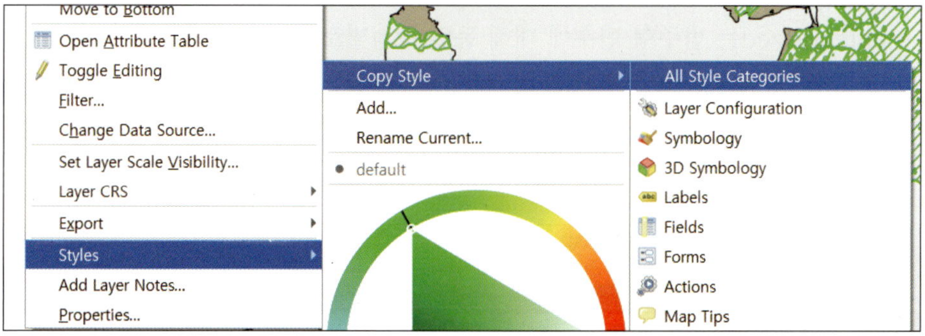

- 서울 개발제한구역에서 우클릭하고 Style 〉 Paste Style 〉 All Style Categories 선택하면 경기도 개발제한구역 레이어 스타일이 서울시에도 적용된 것을 확인할 수 있음

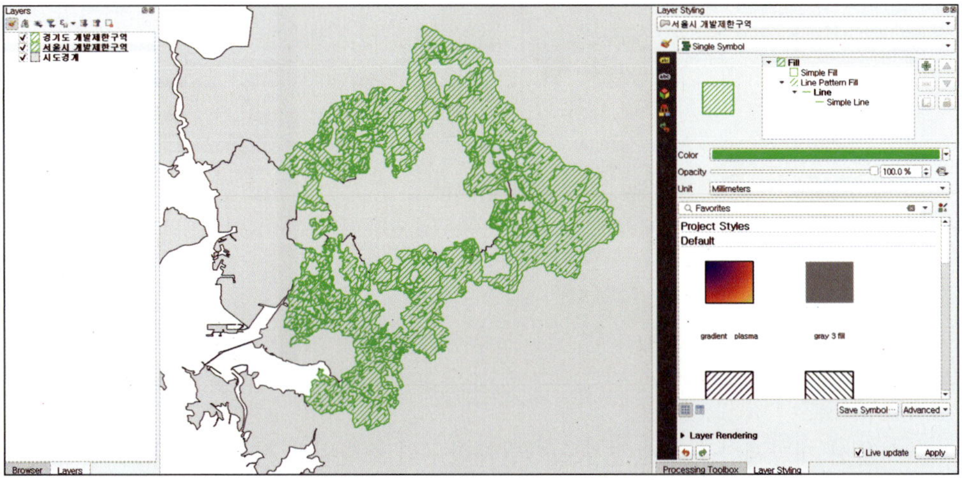

2) Categorized(분류값 사용)

- categorized는 범주형 변수에 대해 동일 속성별로 색상을 부여
- 실습데이터에서 ex3_2 분류값 사용.qgz 프로젝트 파일을 불러오고 서울_동_인구 레이어 확인
  - Layer Properties를 열고 Symbology에서 유형을 Categorized 선택

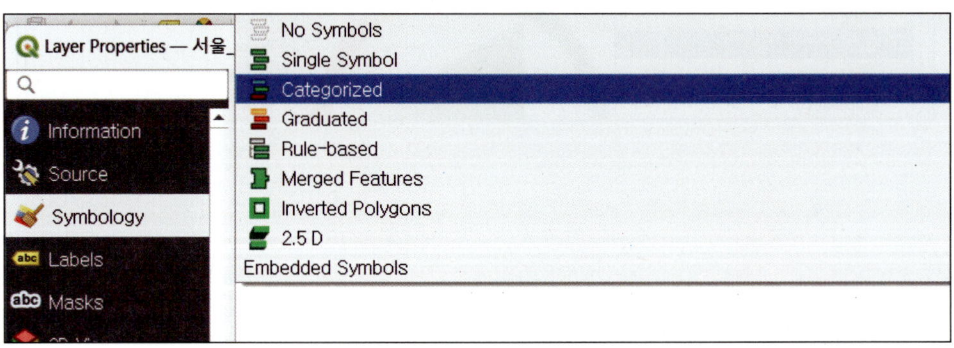

- Value는 행정동을 자치구별로 분류하기 위해 드롭다운 메뉴에서 자치구를 선택하고 Classify 클릭

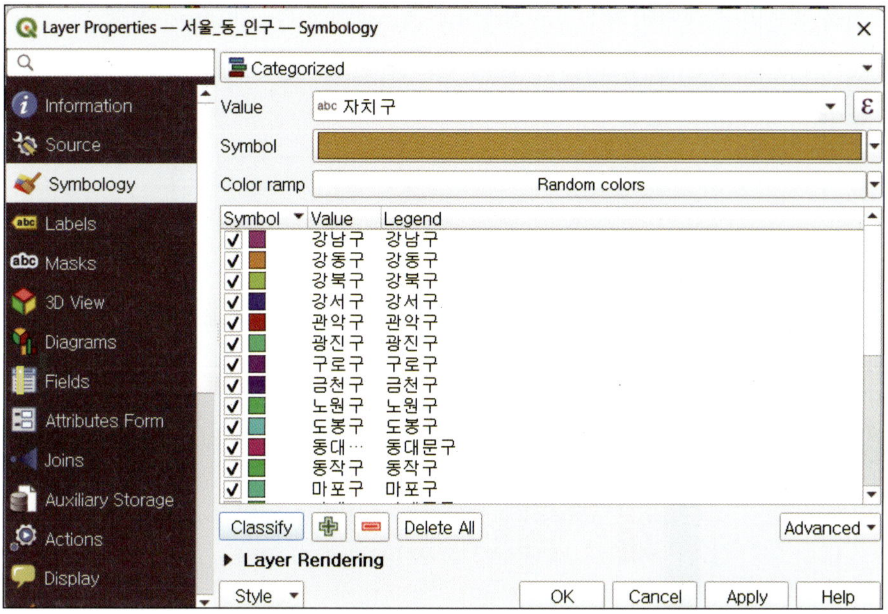

- 자치구 속성필드의 고유한 값을 기반하여 다양한 색상으로 표시된 것을 확인할 수 있음

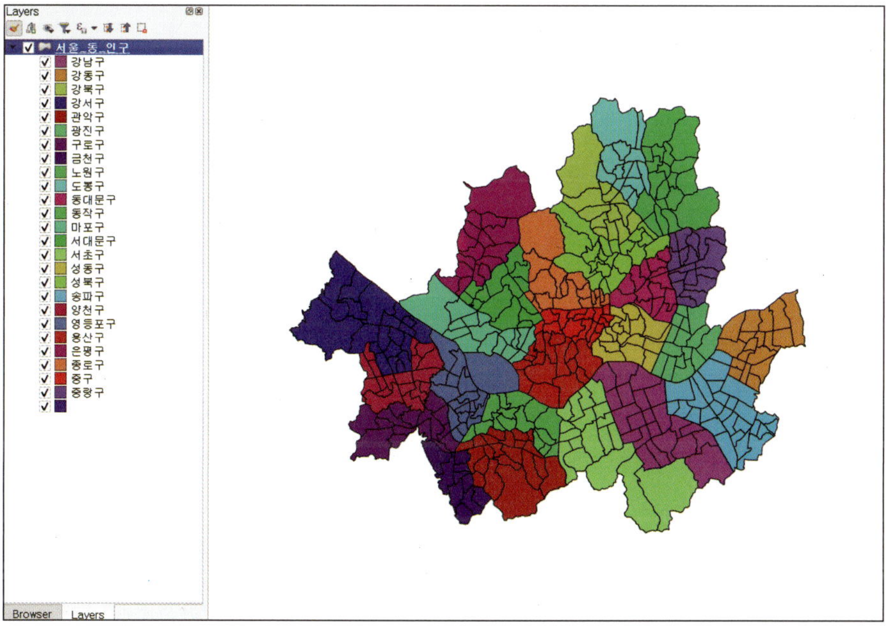

3) Graduated(단계구분)

- Graduated(단계구분)는 연속형 변수에 대해 구간을 나눠서 색상을 표시
- 서울_동_인구 레이어의 Layer Styling Panel에서 Graduated 선택
- 단계구분을 위한 값(Value)는 면적 필드를 선택하고 분류방법(Mode)은 등간격(Equal Interval) 선택

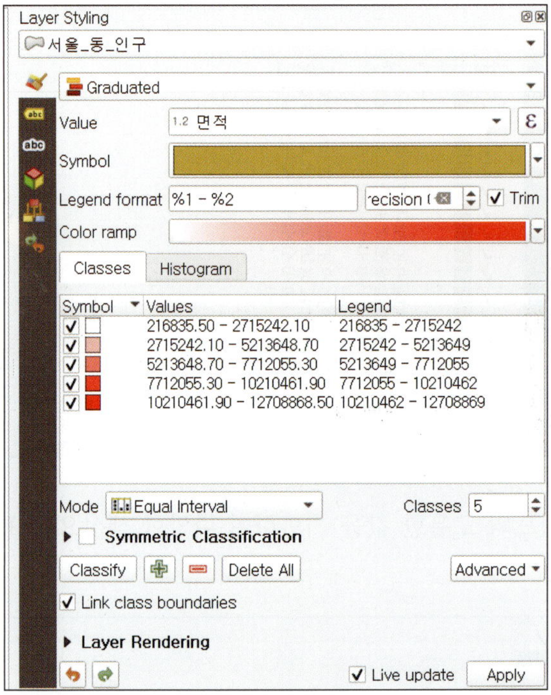

- 등간격으로 분류한 결과 대부분의 지역이 흰색으로 분류된 것을 확인할 수 있음

- 실제 데이터의 분포를 살펴보기 위해 Histogram 탭 > Load Values를 클릭하여 히스토그램을 불러오면 대부분의 값들이 앞쪽에 몰려있음을 알 수 있음

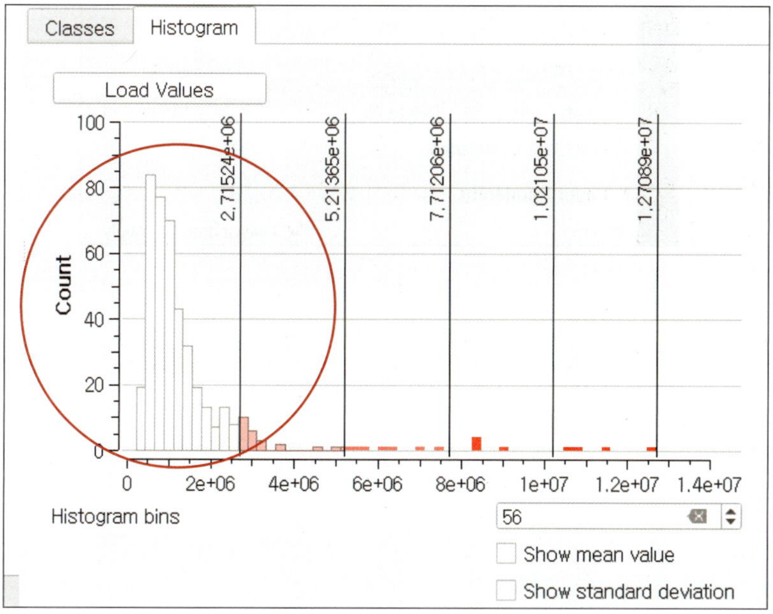

• 따라서 값들이 밀집되어있는 구간을 좀더 세밀하게 계급을 나누어 표현하는 것이 분포를 보다 효과적으로 파악할 수 있음

• 분류방법을 내츄럴 브레이크로 변경하고 Classify 클릭

  - 내츄럴 브레이크(Natural Breaks)는 값이 비슷한 값들끼리 그룹을 만들어 주는 알고리즘으로 각각의 그룹내 분산은 최소화하고 그룹간의 분산은 최대화하는 작업을 수행

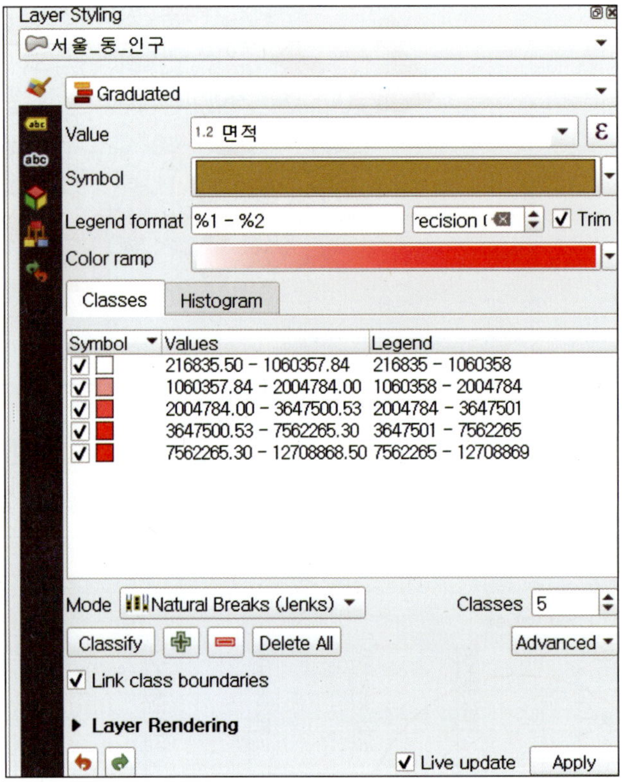

- 히스토그램 탭을 클릭하고 분류값을 살펴보면 앞부분의 계급 간격을 세분하여 그룹을 구분한 것을 확인할 수 있음

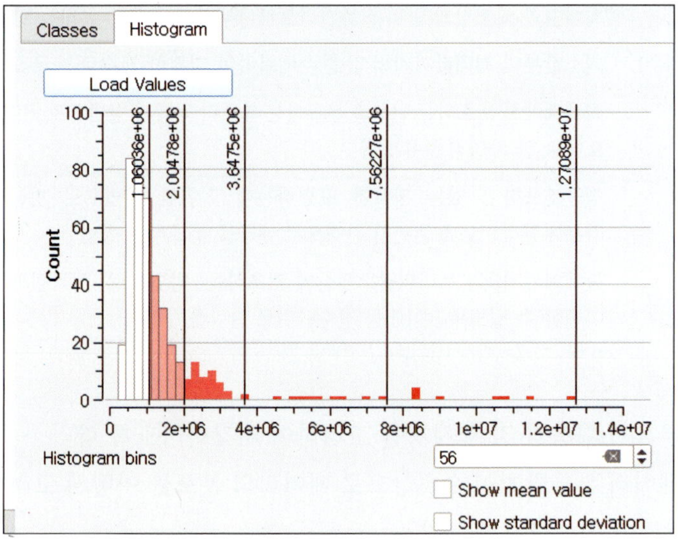

- 등간격으로 구분하였을 때 나타나지 않던 구간도 전체적으로 구간을 나누어 분포를 살펴볼 수 있음

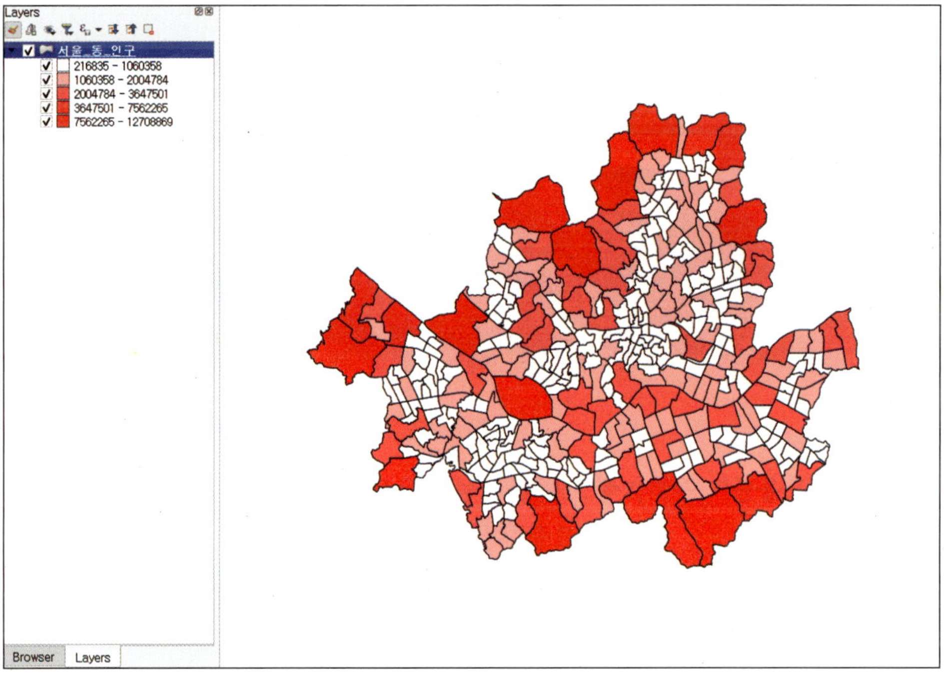

- 단계구분도의 급간 분류방법은 다음과 같음

급간종류	내 용
등간격	최대값과 최소값의 범위를 등간격으로나누어 계급을 분류하는 방법
동일개수(분위수)	최소값부터 최대값까지의 값을 순위화하여 일정한 개수로 계급을 나누는 방법
내츄럴브레이크	실세계에서 분포하는 현상을 분류하는데 보다 적합한 방법으로 최적화 분류방법을 토대로 한 자연적 분류방법
표준편차	정규분포하고 있는 자료를 표현하는데 적합한 방법으로 평균값을 기준으로 좌우대칭적으로 표준편차 간격으로 계급을 분류하는 방법
프리티브레이크	통계패키지R의 프리티알고리즘에 기초하는 방법으로 시작점과 관계없이 쉽게 이해할 수 있도록 5, 10 등 정수단위로 단락을 구분

- 데이터 분류시 다음과 같은 사항을 고려하여 시각화하도록 함
  - 해당 데이터 분류방법이 수치상으로 데이터의 분포를 어떻게 고려하고 있는가?
  - 분류방법이 이해하기 쉬운가?
  - 분류방법이 연산하기 쉬운가?
  - 분류방법의 결과로 나온 범례를 이해하기 쉬운가?
  - 분류방법이 순서자료의 이용에 적합한가?
  - 분류방법이 적절한 계급의 수를 정하는데 도움이 되는가?

02. 래스터 데이터 스타일링

1) Singleband gray(단일밴드 그레이)

- 실습데이터에서 ex3_3 래스터.qgz 프로젝트 파일을 불러오면 두 개의 래스터 레이어가 맵에 나타남
  - 37705는 DEM 래스터 데이터이고, reclassify는 37705 DEM 데이터의 높이 값을 100m 간격으로 재분류한 데이터임

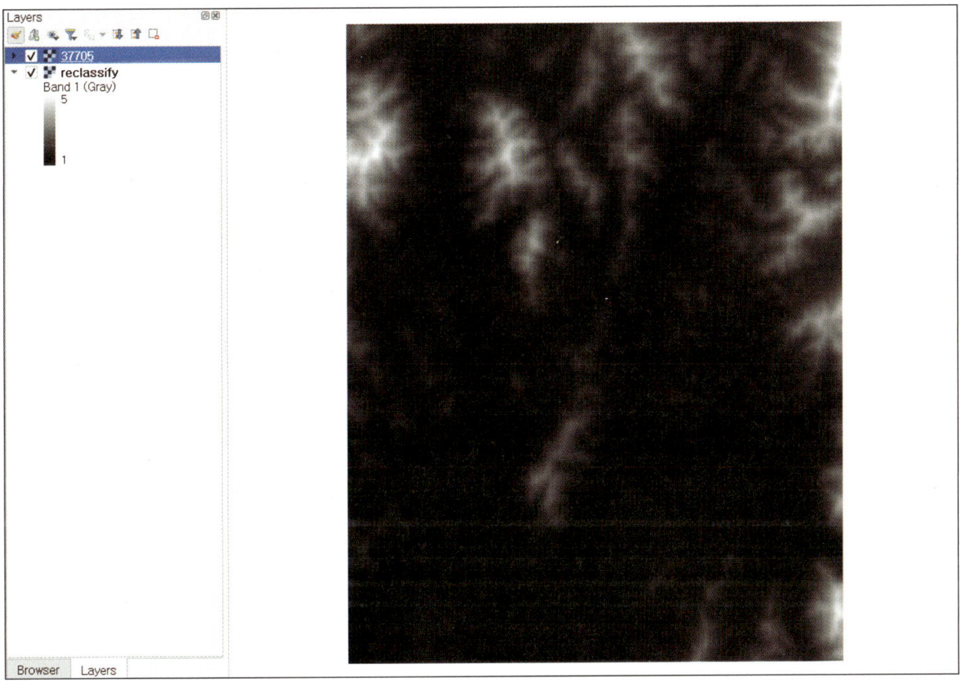

- 기본적으로 래스터 데이터는 Singleband gray로 설정됨
  - Color gradient : 기본적으로 낮은 픽셀값은 검은색이고 높은 픽셀값은 흰색으로 설정되며(Black to White), 설정을 반전할 수 있음(White to Black)

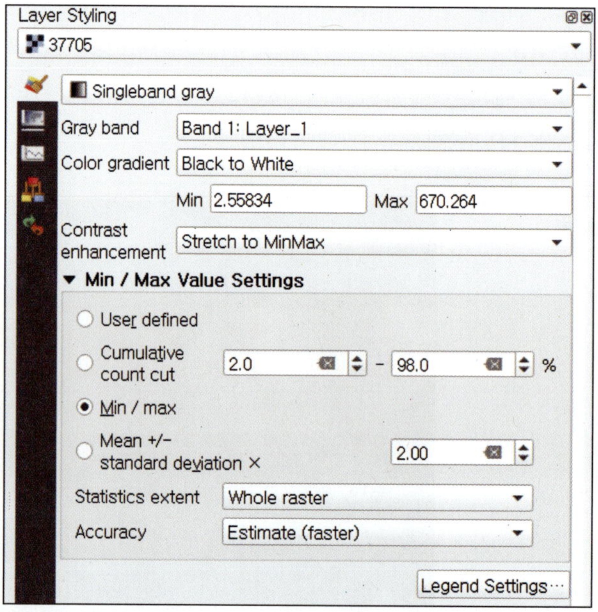

- Min/Max Value Settings
- User defined : 최솟값과 최댓값을 수동으로 선택
- Cumulative count cut : 극단적으로 낮거나 높은 값을 잘라냄
- Min / Max : 래스터의 실제 최솟값과 최댓값
- Mean +/- Standard deviation : 평균과 표준편차에 따라 값을 계산
- 레스터 데이터는 다음과 같은 분류형식으로 스타일링 할 수 있음

구분	내용
Multiband color (다중밴드 색상)	래스터데이터가 여러 밴드를 가지고 있는 경우 적용. 즉 위성영상처럼 다중밴드가있는 경우
Palletted/Unique values (팔레트/고윳값)	단일밴드 래스터의 고유값을 표현
Singleband gray (단일밴드 그레이)	다중밴드 또는 고유값이아닌 경우 그레이로 적용
Singleband pseudocolor (싱글밴드 유사색상)	회색 대신에 우리가 선택하는 색상으로 밴드 적용
Hillshade (음영기복도)	높이와 각도를 이용해 기복도 생성
Contour (등고선)	소스 래스터 밴드에 대한 등고선 생성

2) Singleband pseudocolor(단일밴드 유사색상)

- 심볼유형을 단일밴드 유사색상(Singleband pseudocolor)으로 선택하면 색상을 선택할 수 있음

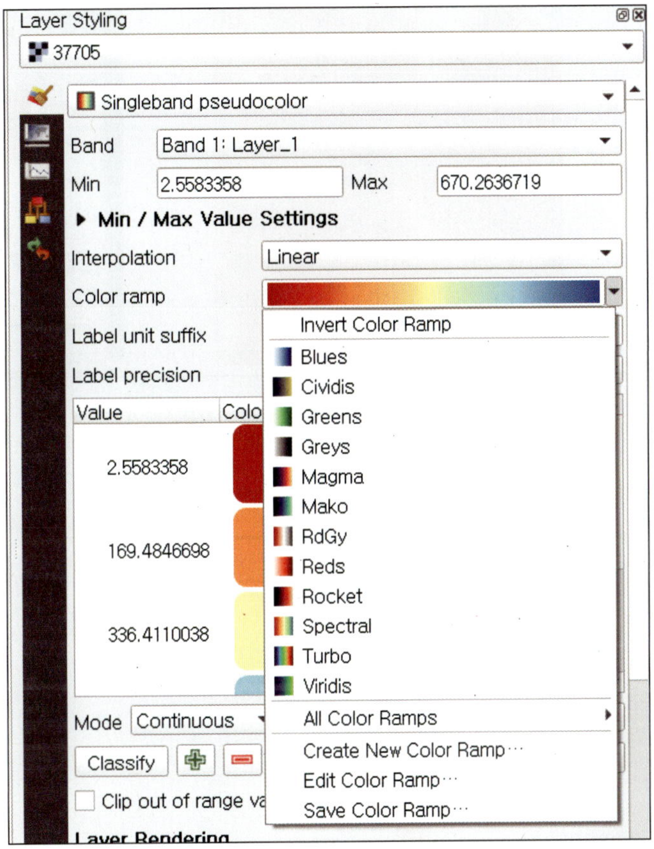

• Color ramp에서 적절한 색상을 선택하여 데이터 표현

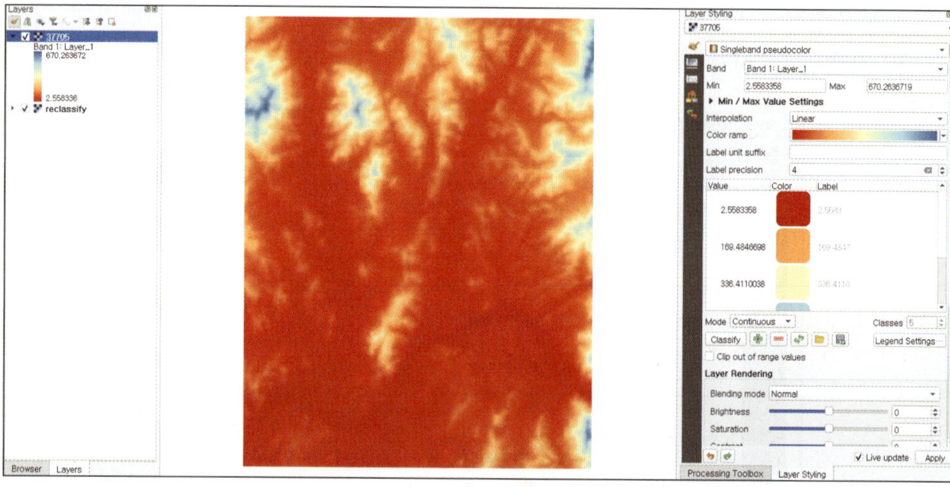

• QGIS에는 많이 사용하는 색상에 대한 색상표가 있음

• Color ramp에서 Create New Color Ramp 선택

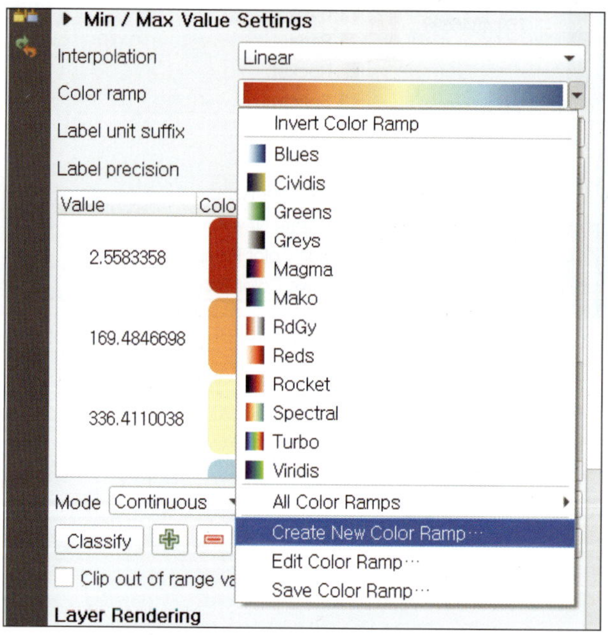

• Color ramp type창이 나타나면 Catalog : cpt-city 선택

• 다양한 색상램프를 확인할 수 있으며, 여기서는 Topography에서 cd-a 또는 sd-a 선택하도록 함

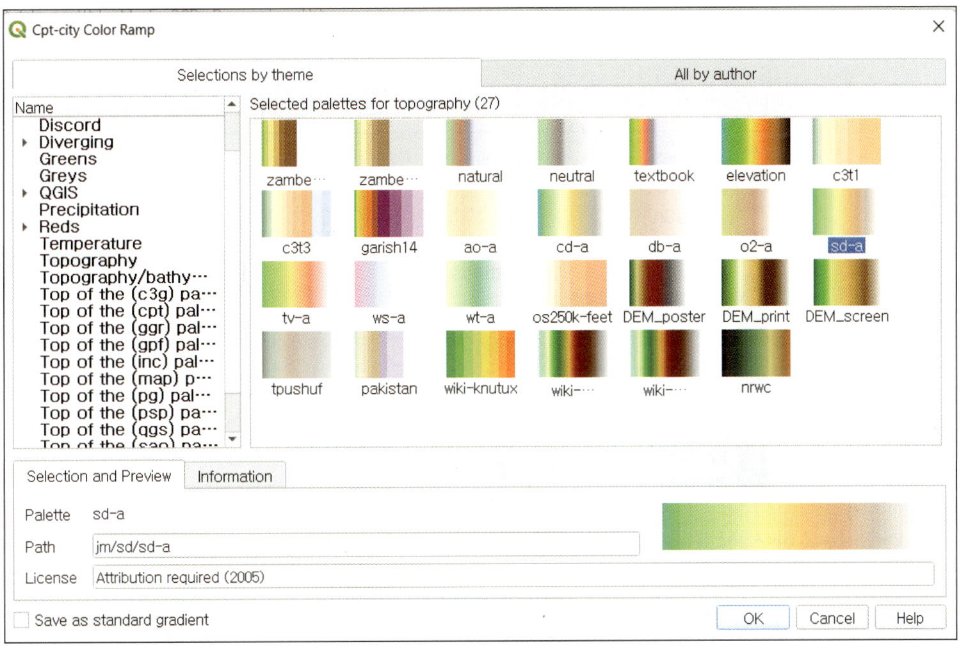

• 자주 사용하는 색상램프의 경우 Color ramp에 저장하여 사용할 수 있음

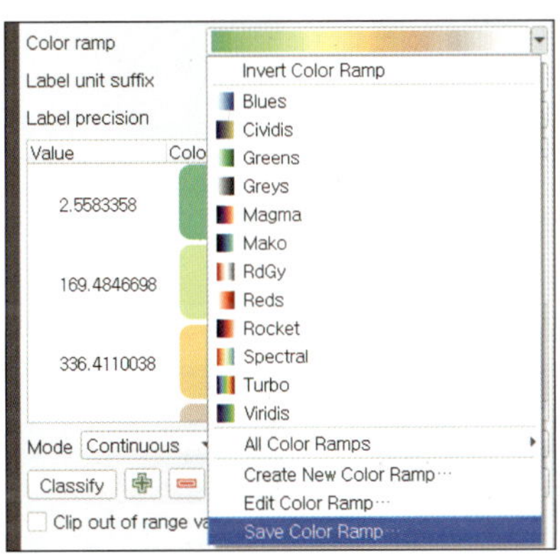

• Save New Color Ramp 창이 나타나면 Destination : Default, Name : Elevation, Tag(s) : Colorful로 선택하고 Save 클릭

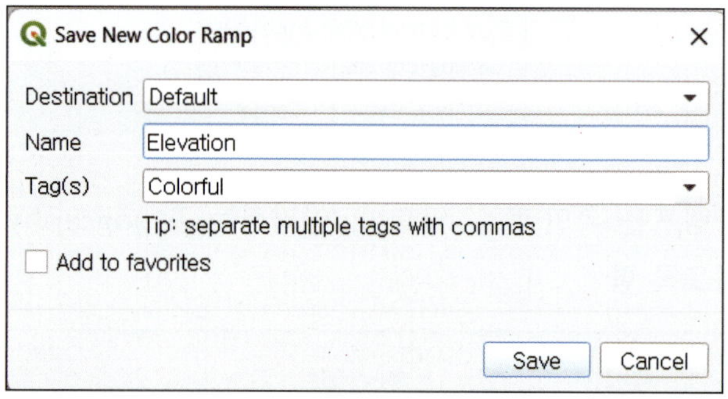

• Color Ramp 목록에 새롭게 저장한 색상표가 등록된 것을 확인할 수 있음

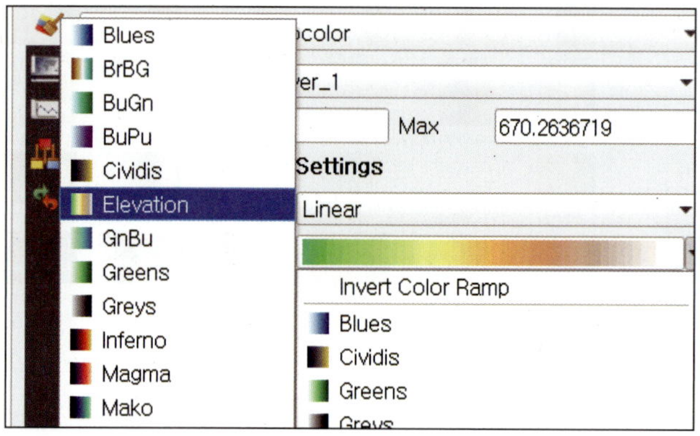

• 만약 등록한 색상표를 삭제하려면 Settings 〉 Style Manager에서 제거하려는 색상표를 선택하여 삭제( )

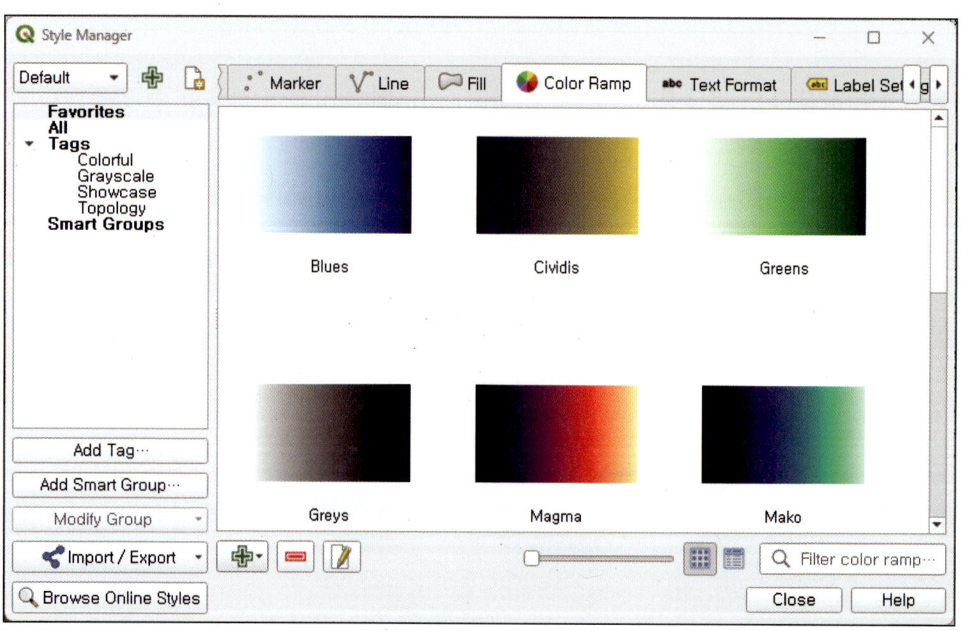

3) Paletted/Unique values(팔레트/고윳값)

- 37705 레이어를 끄고 reclassify 레이어를 활성화함
- reclassify 레이어는 37705 레이어의 표고값을 100m 간격으로 1부터 5까지의 값으로 재분류한 데이터로 각 셀은 1~5까지의 고윳값을 가지고 있음

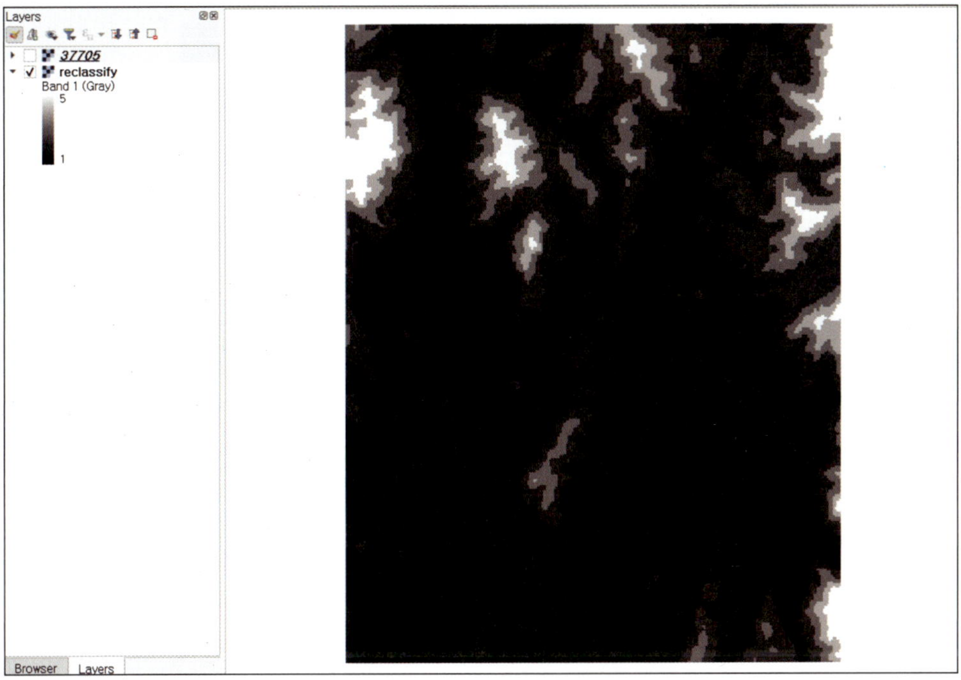

- 심볼 유형을 Palletted/Unique values로 선택하고 Classify를 클릭하면 래스터 데이터가 연속적인 심볼에서 각각의 고윳값을 가진 심볼로 분류

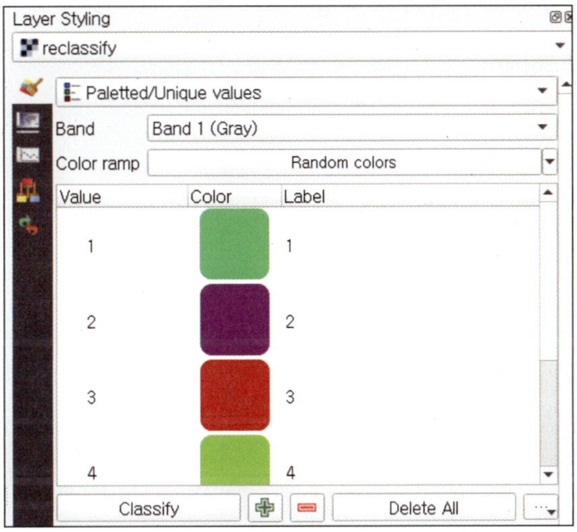

- Color ramp를 이용하여 색상 조절
  - 여기서는 Spectral을 선택하고 색상반전(Invert color ramp) 선택

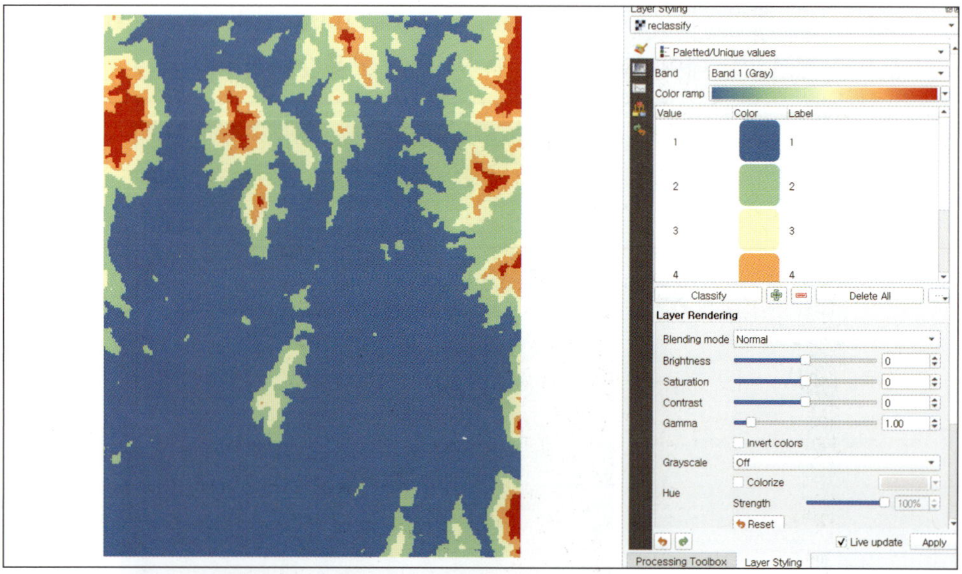

4) Hillshade(음영기복도)

- DEM 데이터를 이용하여 음영기복도를 생성할 수 있음
- 음영기복도란 지형의 표고에 따른 음영효과를 시각적으로 표현함으로써 3차원으로 보이도록 만든 도면
- 레이어 스타일링 창에서 Hillshade를 선택하고, 높낮이를 극명하게 보여주기 위해서 Z factor를 2로 변경하고 적용

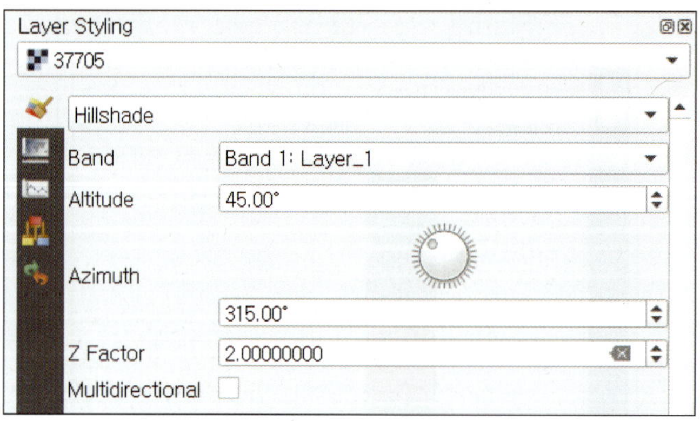

• 지형을 기준으로 음영기복도가 생성된 것을 확인할 수 있음

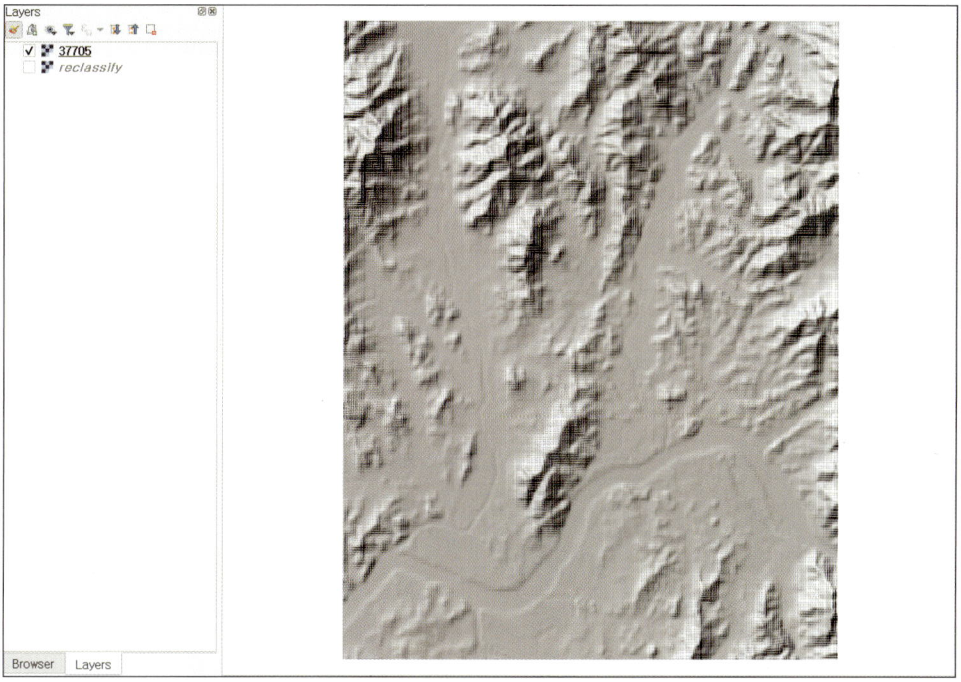

• 음영기복도에 바둑판 모양의 격자가 보인다면 Resampling 조정

- Layer Styling 패널에서 Resampling 항목의 Zoomed in과 Zoomed out을 Bilinear 또는 Cubic으로 변경

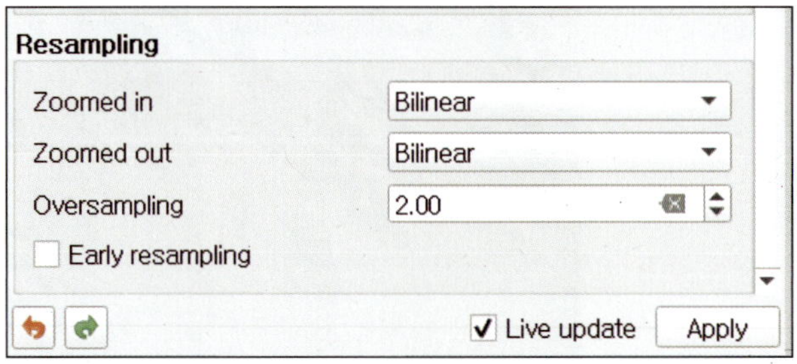

- 바둑판 모양의 격자가 사라진 것을 확인할 수 있음

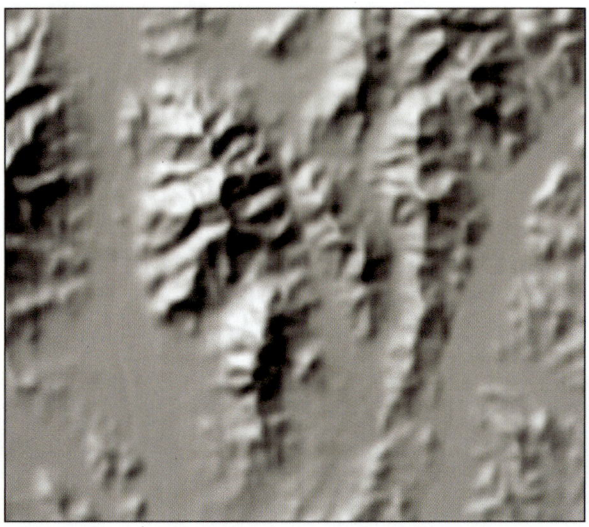

5) Contour(등고선)

- 래스터 밴드에 대해 표고 값을 이용하여 등고선(Contour)을 생성

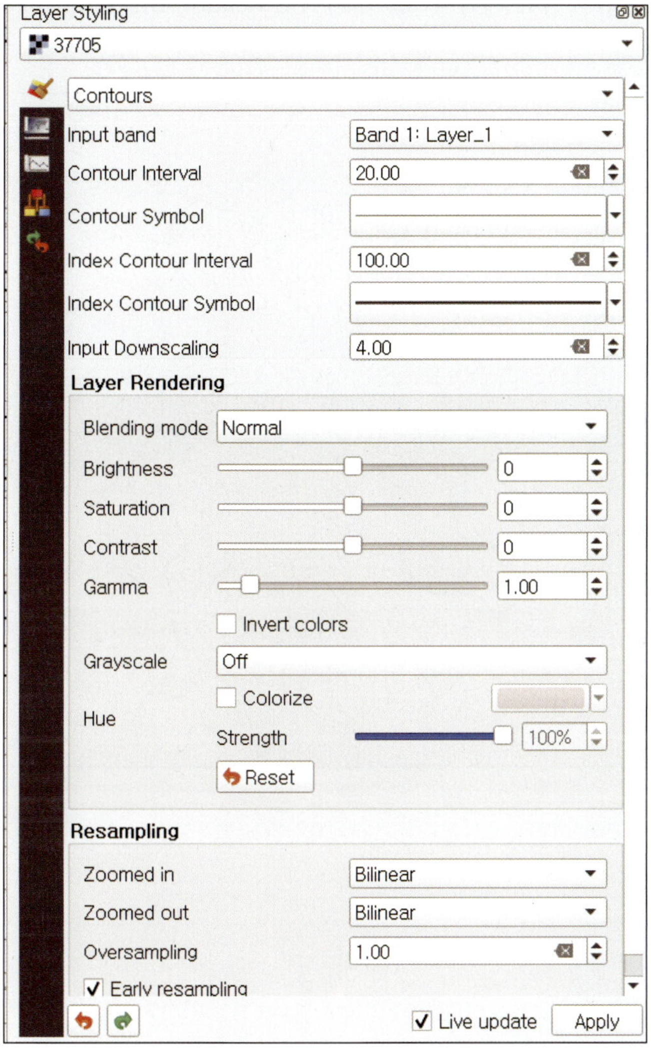

- Contour 옵션 설정
  - Input band : 사용할 래스터 밴드
  - Contour interval : 연속된 등고선 사이의 거리(주곡선), 여기서는 20
  - Contour symbol : 등고선에 적용할 심볼, 윤곽선 0.1
  - Index contour interval : 지표가 되는 등고선(계곡선), 여기서는 100
  - Index contour symbol : 지표 등고선에 적용할 심볼로 계산하기 쉽도록 굵

게 표현, 윤곽선 0.3

- Early resampling 체크

- 등고선이 곡선이 아닌 계단식으로 나타나면 Resampling을 Bilinear 또는 Cubic으로 변경

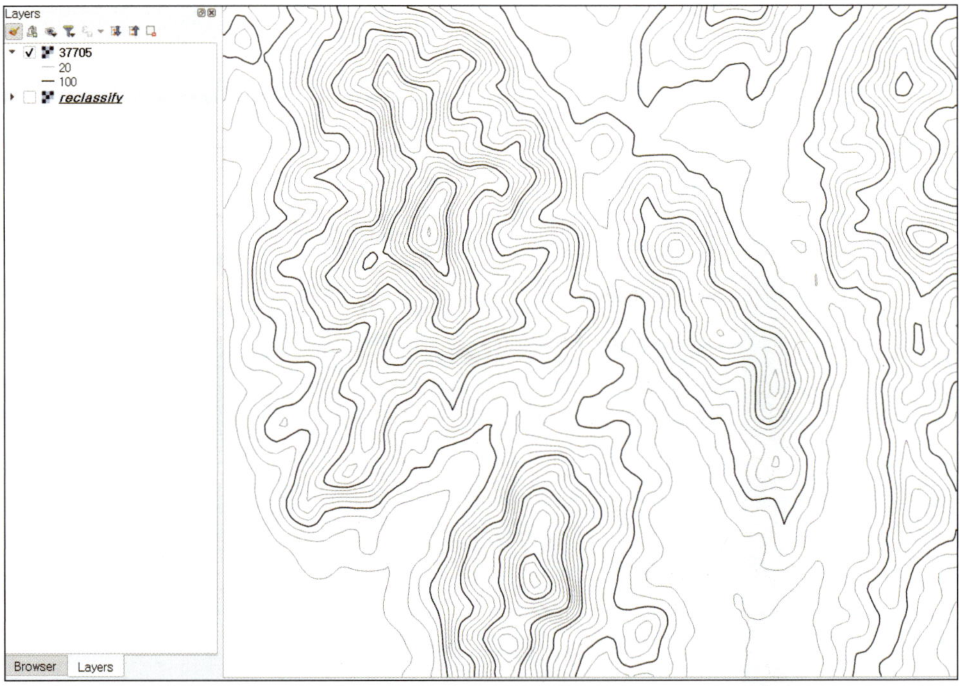

CHAPTER 04

데이터베이스 관리

CHAPTER 04

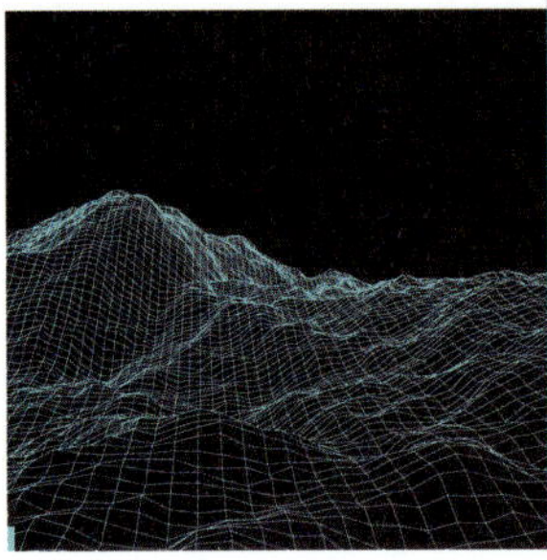

데이터베이스 관리

01. 속성자료의 연결

1) 개념

- GIS는 공간자료와 속성자료로 구성되어 있음
- 속성자료(Attribute table)는 공간자료(Spatial data)와는 달리 일정한 위상적 형태를 가지고 있는 것이 아니라 행과 열을 갖는 테이블로 구성되어 다양한 속성정보를 포함하고 있는 자료를 말함

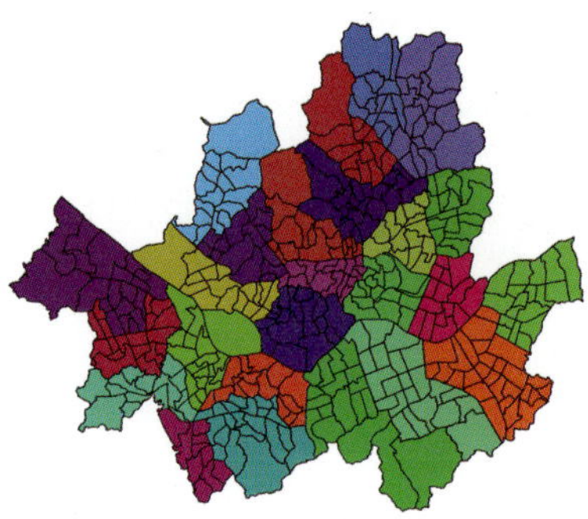

Spatial data

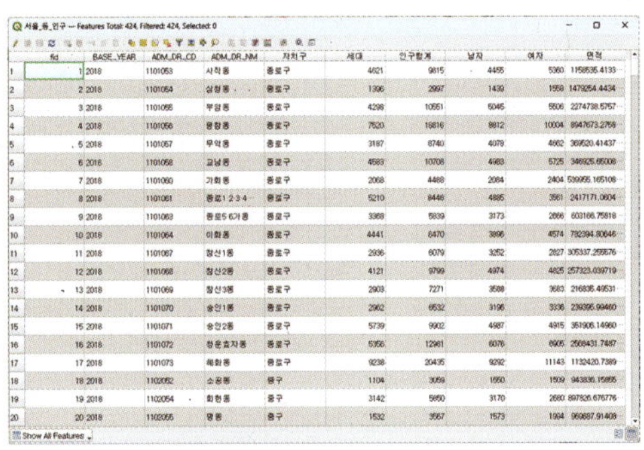

서울_동_인구 — Features Total: 424, Filtered: 424, Selected: 0

	fid	BASE_YEAR	ADM_DR_CD	ADM_DR_NM	자치구	세대	인구합계	남자	여자	면적
1	1	2018	1101053	사직동	종로구	4621	9815	4455	5360	1158535.4133
2	2	2018	1101054	삼청동	종로구	1396	2997	1439	1558	1479254.4434
3	3	2018	1101055	부암동	종로구	4296	10551	5045	5506	2274738.5757
4	4	2018	1101056	평창동	종로구	7520	16816	8812	10004	8947673.2758
5	5	2018	1101057	무악동	종로구	3187	8740	4078	4662	369520.41437
6	6	2018	1101058	교남동	종로구	4583	10708	4983	5725	346925.65008
7	7	2018	1101060	가회동	종로구	2068	4488	2084	2404	539955.165108
8	8	2018	1101061	종로1·2·3·4…	종로구	5210	8446	4885	3561	2417171.0604
9	9	2018	1101063	종로5·6가동	종로구	3368	5839	3173	2666	603166.75818
10	10	2018	1101064	이화동	종로구	4441	8470	3896	4574	782394.80646
11	11	2018	1101067	창신1동	종로구	2936	6079	3252	2827	305337.255576
12	12	2018	1101068	창신2동	종로구	4121	9799	4974	4825	257323.039719
13	13	2018	1101069	창신3동	종로구	2903	7271	3588	3683	216836.49531
14	14	2018	1101070	숭인1동	종로구	2962	6532	3196	3336	239396.99460
15	15	2018	1101071	숭인2동	종로구	5739	9902	4987	4915	351906.14960
16	16	2018	1101072	청운효자동	종로구	5356	12981	6076	6905	2568431.7487
17	17	2018	1101073	혜화동	종로구	9238	20435	9292	11143	1132420.7389
18	18	2018	1102052	소공동	중구	1104	3059	1550	1509	943836.15855
19	19	2018	1102054	회현동	중구	3142	5850	3170	2680	897826.676776
20	20	2018	1102055	명동	중구	1532	3567	1573	1994	969687.91408

Show All Features

Attribute table

- 속성자료는 데이터 테이블 형식으로 단독으로 활용되기도 하고, 공간자료와 연계되어 응용 활용되기도 함
- 일반적으로 폴리곤, 폴리라인 등의 공간자료는 하나 이상의 속성정보를 가지고 있는 속성테이블을 포함하고 있음
- 본 장에서는 이러한 속성테이블의 구조를 살펴보고 속성테이블을 이용하여 원하는 데이터를 선택하는 기능 등을 실습해보도록 함

2) 속성테이블의 구성

- 맵에 벡터레이어를 추가

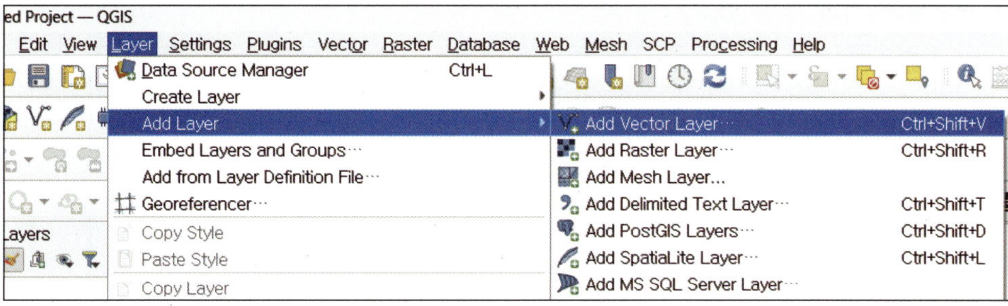

- 실습데이터가 있는 ch4 폴더로 이동하여 구미동_지적.shp 추가

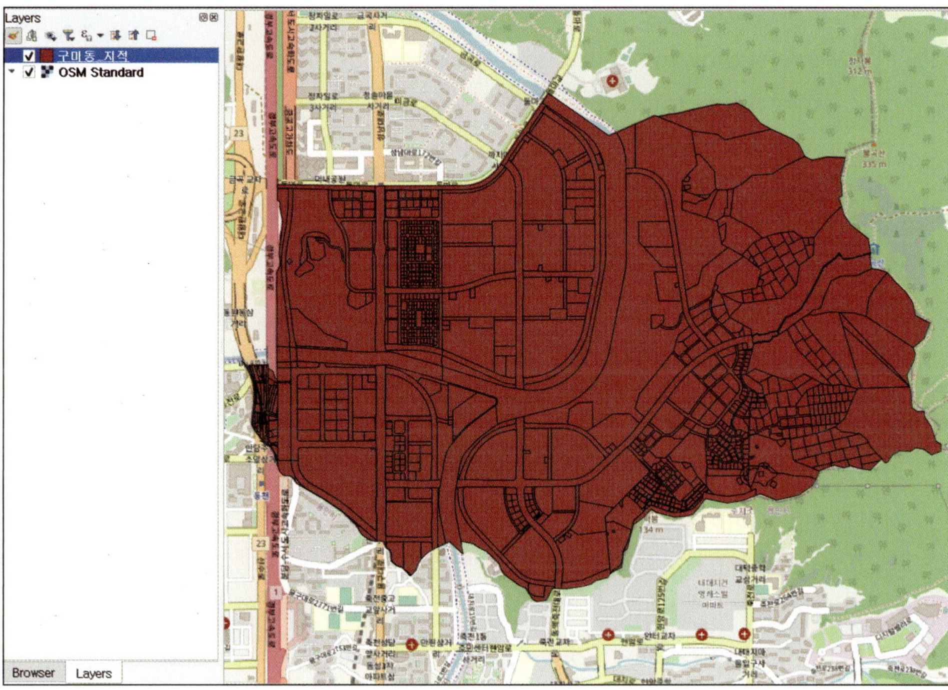

- 레이어 패널의 구미동_지적 레이어를 우클릭하고 Open Attribute Table 선택 (단축키 F6)

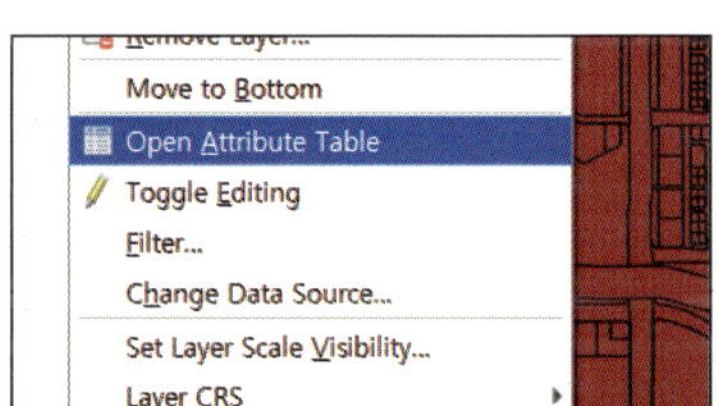

- 구미동_지적 레이어의 속성테이블을 확인할 수 있음
- 구미동_지적 테이블에는 PNU, 지번, 지목, 시군구 코드만 존재하므로 다양한 매핑 및 분석을 위한 정보가 부족

구미동_지적 — Features Total: 1172, Filtered: 1172, Selected: 0

	PNU	JIBUN	STD_SGGCD	JIMOK
1	4113511400200600030	산60-30 임	41130	임
2	4113511400200600031	산60-31 임	41130	임
3	4113511400200600032	산60-32 임	41130	임
4	4113511400200600033	산60-33 임	41130	임
5	4113511400200600034	산60-34 임	41130	임
6	4113511400200600035	산60-35 임	41130	임
7	4113511400200600036	산60-36 임	41130	임
8	4113511400200600037	산60-37 임	41130	임
9	4113511400200600038	산60-38 임	41130	임
10	4113511400200600039	산60-39 임	41130	임

Show All Features

- 구미동 지적 데이터에 토지대장 데이터를 연결하는 실습을 해보도록 함

나. 속성자료 연결(Join)

- 속성자료와 공간자료의 속성테이블이 공통된 값을 가진 필드를 갖고 있다면, 이 테이블들을 결합할 수 있음

INPUT

Object ID	Landuse Code
1	2
2	0
3	1

← Join Field →

Landuse Code	Landuse Type
0	Vegetation
1	Built up
2	water

OUTPUT

Object ID	Landuse Code	Join Table Landuse Code	Joni Table Landuse Type
1	2	2	Water
2	0	0	Vegetation
3	1	1	Built up

- 구미동 토지대장.xlsx 파일을 Spreadsheet Layer 플러그인을 설치하고 불러옴

- 구미동 토지대장.xlsx의 첫 번째 행은 필드명으로 가져오기 위해 체크하고, 공간 정보가 없는 테이블이므로 Geometry 체크 해제하고 확인

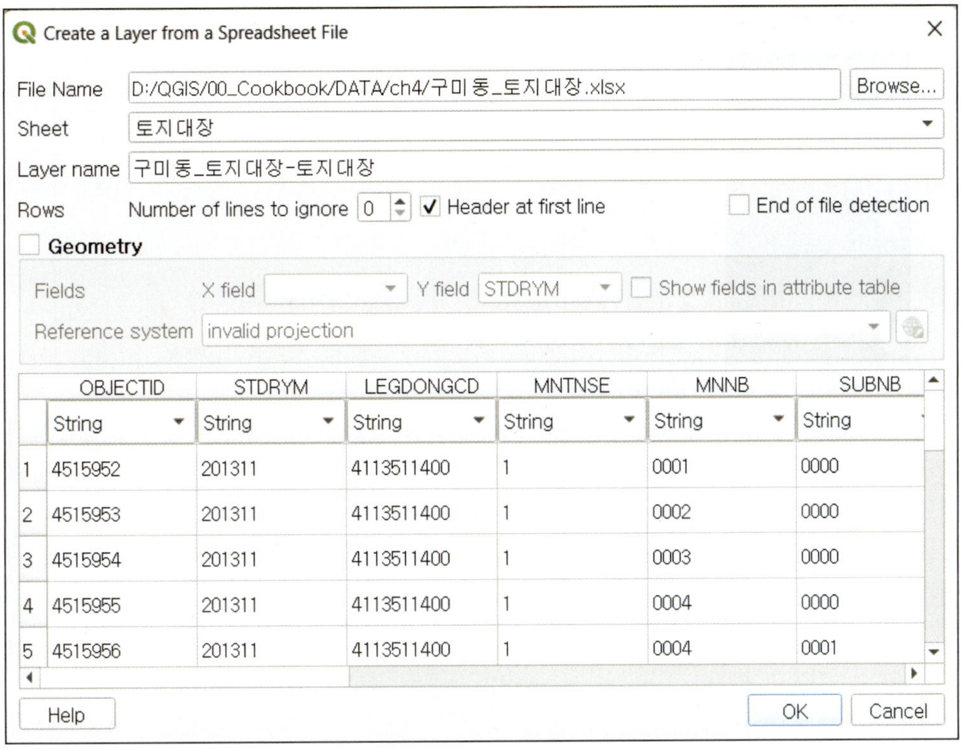

- 구미동 지적 레이어이 속성테이블과 구미동 토지대장 테이블의 필드를 확인하면 공통적으로 PNU 코드가 있음
- PNU코드는 행정표준코드로서 시군구, 읍면동, 리, 본번, 부번으로 구성되어 있음

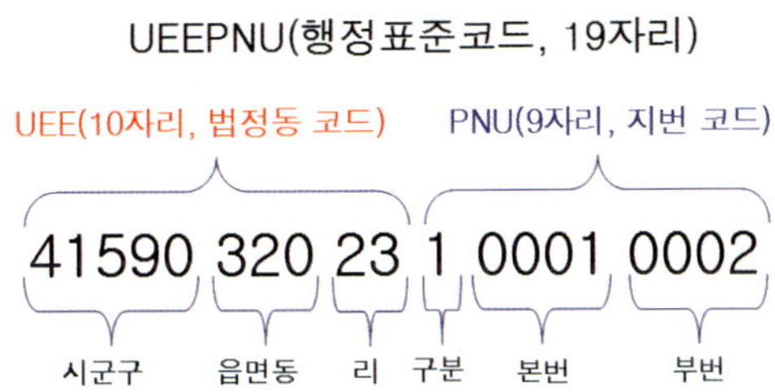

• Join 기능을 이용하여 두 테이블을 연결하기 위하여 구미동_지적 레이어를 더블클릭하여 Layer Properties 창을 열고 Joins탭 선택

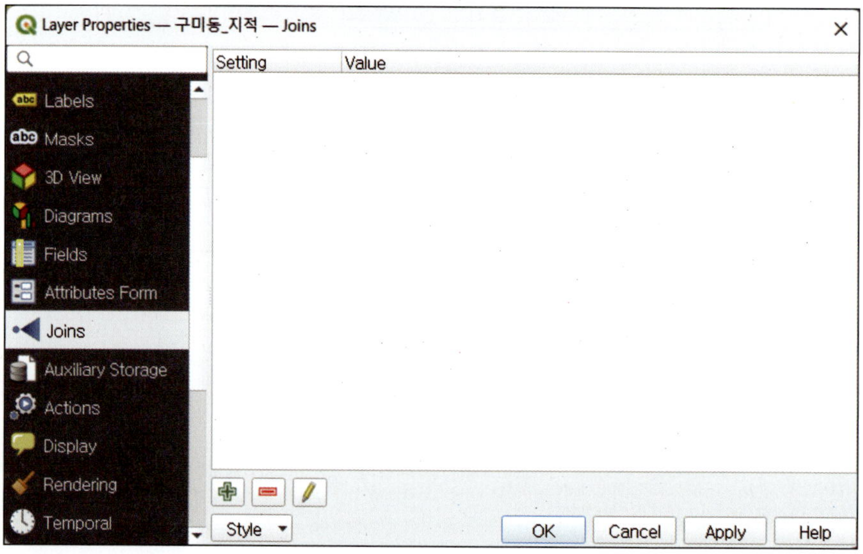

• 버튼을 클릭하여 벡터 조인 패널을 열고 Join layer는 공간데이터에 결합하기 위한 토지대장 데이터 선택, Join field와 Target field는 지적도와 토지대장을 결합하기 위한 공통값을 가지고 있는 필드인 PNU 선택

- 조인된 필드명을 구분하기 위해 필요한 경우 사용자 정의 필드 이름 접두사(Custom field name prefix) 지정
  - 일반적으로 접두사를 제거하지만, 두 테이블의 필드명이 중복되는 경우 오류가 발생하는 경우가 있으므로 이런 경우에는 접두사 입력 필요
- 구미동_지적 레이어의 속성테이블을 열어보면(단축키 F6) 토지대장 필드가 추가된 것을 확인할 수 있음

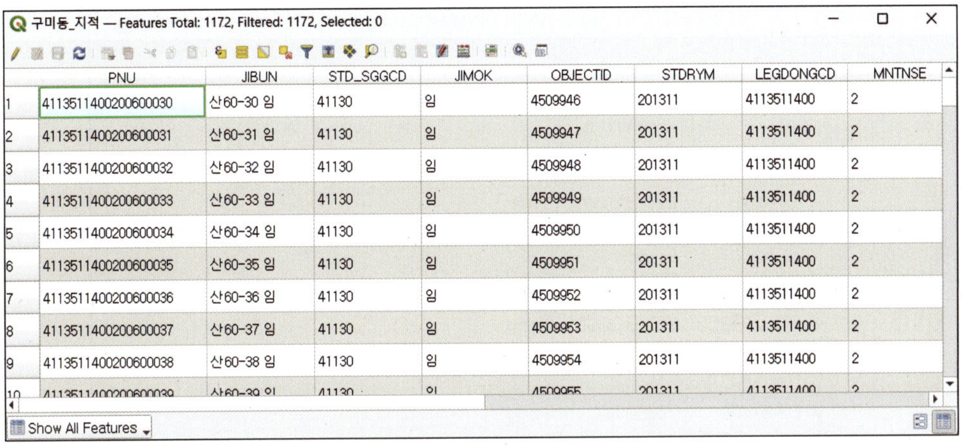

	PNU	JIBUN	STD_SGGCD	JIMOK	OBJECTID	STDRYM	LEGDONGCD	MNTNSE
1	4113511400200600030	산60-30 임	41130	임	4509946	201311	4113511400	2
2	4113511400200600031	산60-31 임	41130	임	4509947	201311	4113511400	2
3	4113511400200600032	산60-32 임	41130	임	4509948	201311	4113511400	2
4	4113511400200600033	산60-33 임	41130	임	4509949	201311	4113511400	2
5	4113511400200600034	산60-34 임	41130	임	4509950	201311	4113511400	2
6	4113511400200600035	산60-35 임	41130	임	4509951	201311	4113511400	2
7	4113511400200600036	산60-36 임	41130	임	4509952	201311	4113511400	2
8	4113511400200600037	산60-37 임	41130	임	4509953	201311	4113511400	2
9	4113511400200600038	산60-38 임	41130	임	4509954	201311	4113511400	2

- 연결한 데이터는 현재 진행 중인 맵 작업에서는 연결된 상태가 유효하지만, 새로운 맵을 작성하거나 데이터를 제거한 후 화면에 다시 추가하는 경우에는 연결된 상태가 분리됨
- 따라서 테이블이 연결된 상태로 데이터를 영구적으로 사용하기 위해서는 반드시 내보내기(Export)를 통해 객체를 다른 이름으로 저장해야 함
- 새로운 파일로 저장해 주기 위하여 해당 레이어를 우클릭하고 Export 〉 Save Features As 실행

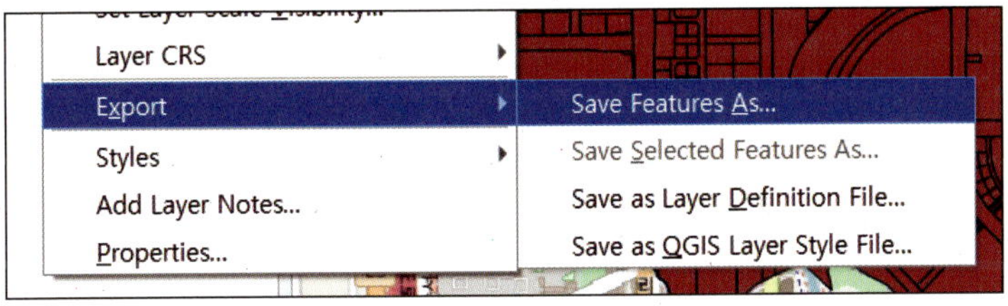

• 다음과 같은 창이 나타나면 Format은 ESRI Shapefile, File name은 '구미동지적기본도', CRS(좌표계)는 EPSG 5174, Encoding은 UTF-8 로 지정

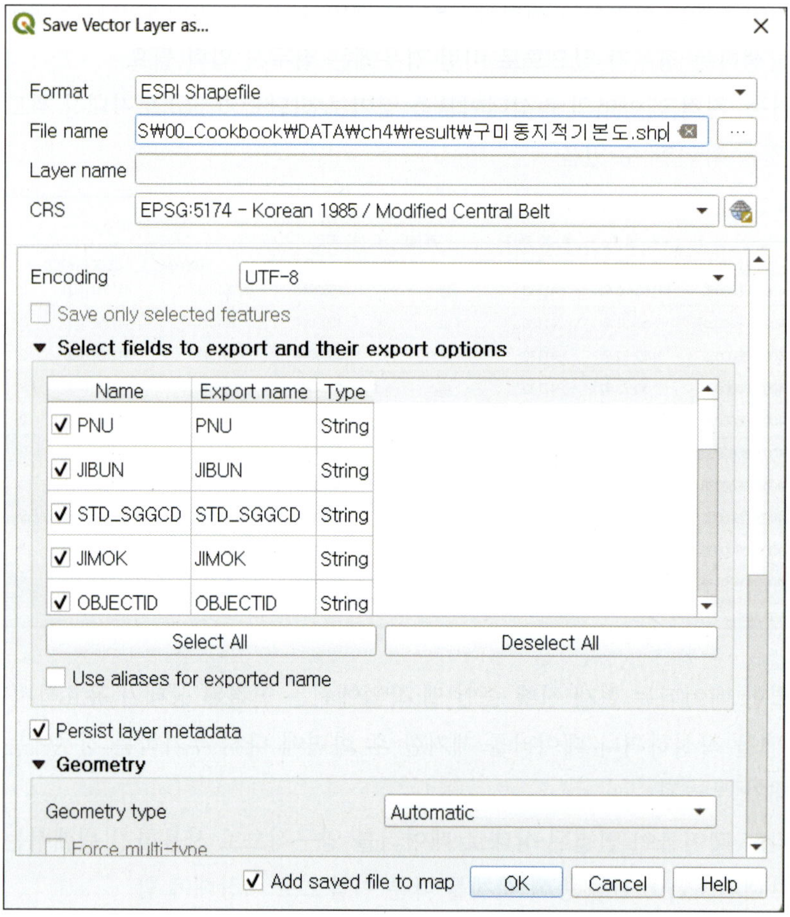

• 소유구분에 대한 정보(POSESNSE)가 구미동_지적.shp는 가지고 있지 않았으나, 토지대장 테이블을 연결한 구미동지적기본도.shp를 새로이 생성함으로써 소유구분에 대한 정보를 활용할 수 있음

3) 테이블 분리

- 구미동_지적.shp에 연결된 토지대장은 임시적으로 연결된 것이기 때문에 분리하거나 연결속성을 수정할 수 있음
- 구미동_지적 레이어에서 우클릭하여 레이어 속성창을 열고 Join 탭으로 이동하고 버튼을 클릭하여 조인된 테이블을 제거하거나 연결방법( )을 수정

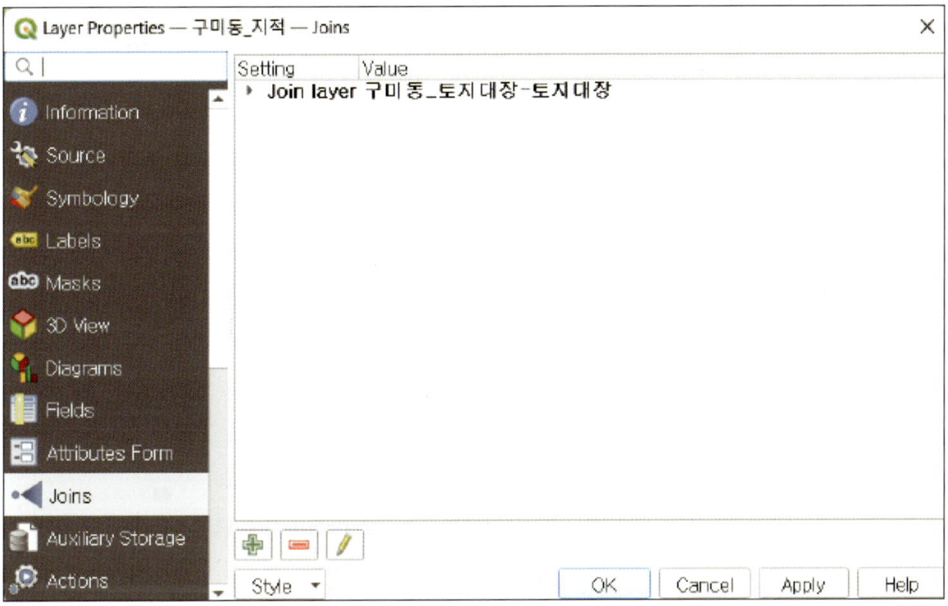

02. 지오메트리 추출

1) 필드계산기 이용

가. 타원체 반영

- 공간정보에 대한 면적, 둘레 등 기본적인 도형(geometry) 특성을 추출
- 면적을 측정하는 방법에는 두 가지 방법이 있음
- 지구의 곡률을 고려한 산정 방법과 지구의 곡률을 고려하지 않은 평면산정 방법이 있음
- 구미동_지적 레이어의 속성테이블을 열고 면적 필드를 추가하기 위하여 필드계산기( ) 클릭

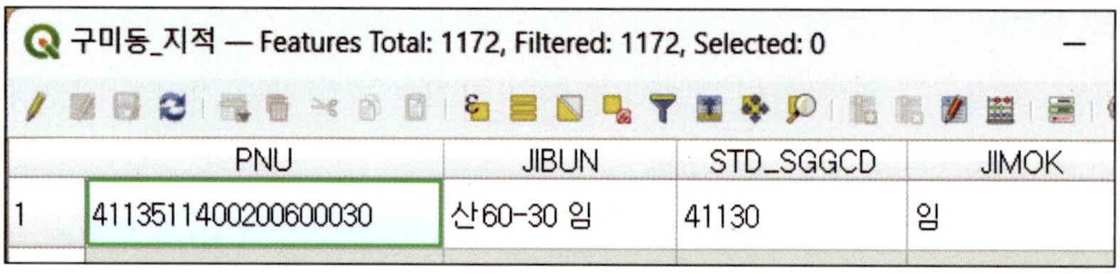

- 필드계산기(Field Calculator) 창이 나타나면 새롭게 면적 필드를 생성하기 위하여 Create a new field에서 Output field name은 Area, Output field type은 실수타입(Decimal number)을 선택하고 필드길이와 소숫점 자리를 결정

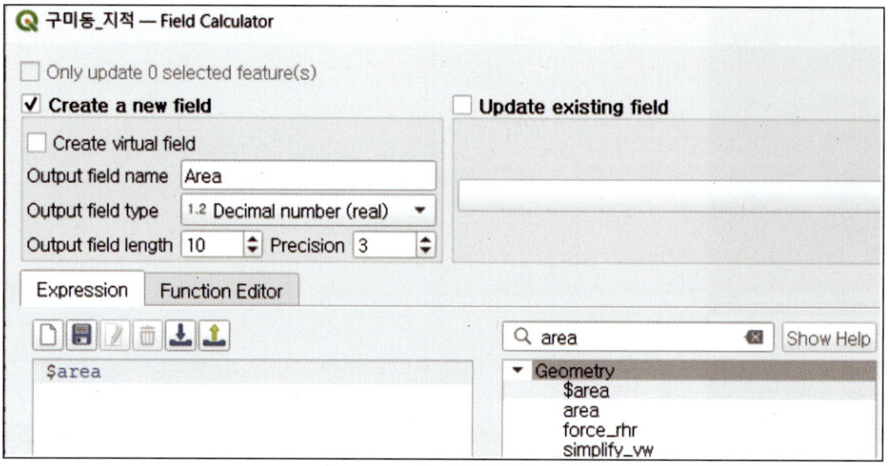

- 지구 타원체를 반영한 면적을 산정하기 위해 Expression에 $area 입력하여 실행
- 프로젝트에 대해 타원체가 설정된 경우 계산된 영역은 타원체가 되고 타원체가 설정되지 않은 경우 계산된 영역은 평면이 됨
- Project 〉 Properties 〉 General 탭에서 Measurements 항목에서 타원체 및 측정 단위 등을 설정

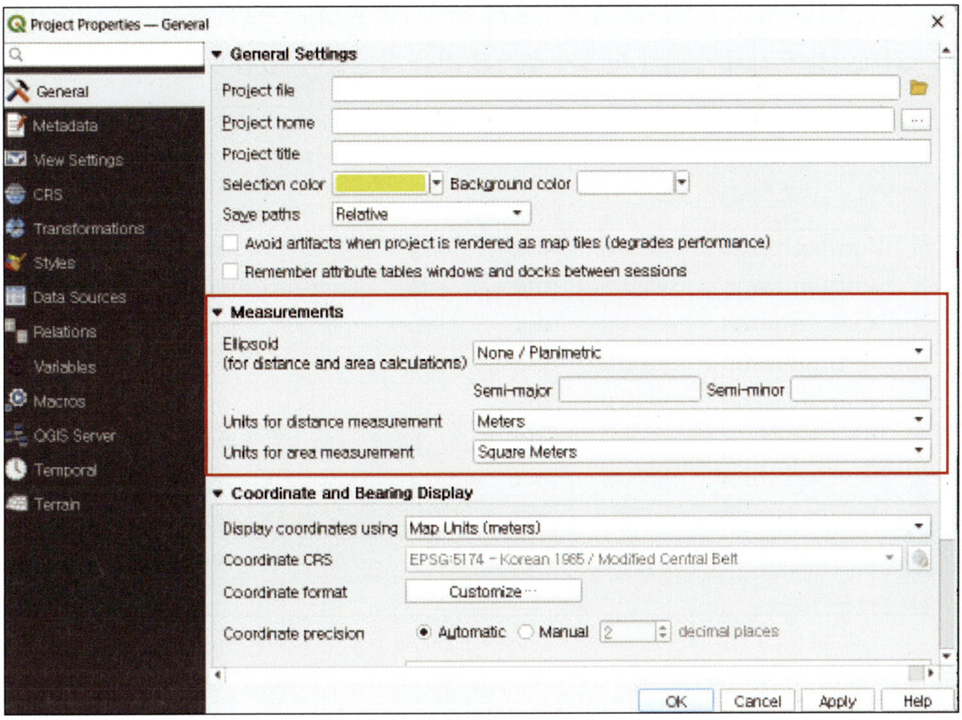

나. 평면 면적 산정

- 지구 타원체를 반영하지 않고 도형의 면적을 산출하려면 Expression에 area($geometry) 입력
  - 레이어 좌표계의 면적 단위를 사용하여 도형의 면적 산정

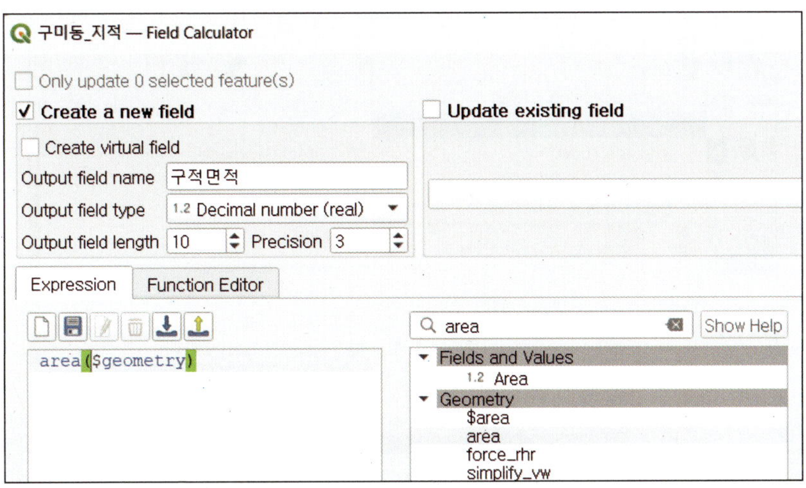

- 필드계산기에 표현식을 입력 후 OK를 클릭하면 편집모드로 전환되고, 구미동_지적테이블에 각각의 면적 필드가 추가된 것을 확인할 수 있음

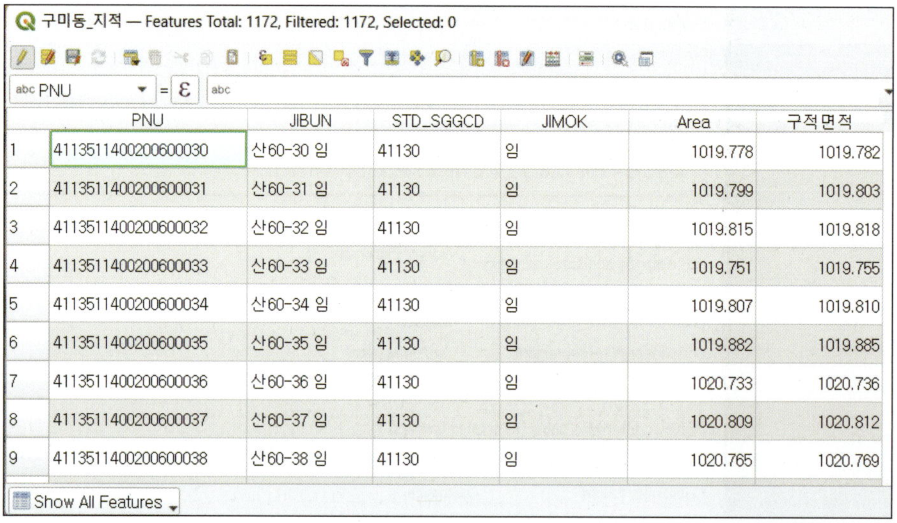

구미동_지적 — Features Total: 1172, Filtered: 1172, Selected: 0

	PNU	JIBUN	STD_SGGCD	JIMOK	Area	구적면적
1	4113511400200600030	산60-30 임	41130	임	1019.778	1019.782
2	4113511400200600031	산60-31 임	41130	임	1019.799	1019.803
3	4113511400200600032	산60-32 임	41130	임	1019.815	1019.818
4	4113511400200600033	산60-33 임	41130	임	1019.751	1019.755
5	4113511400200600034	산60-34 임	41130	임	1019.807	1019.810
6	4113511400200600035	산60-35 임	41130	임	1019.882	1019.885
7	4113511400200600036	산60-36 임	41130	임	1020.733	1020.736
8	4113511400200600037	산60-37 임	41130	임	1020.809	1020.812
9	4113511400200600038	산60-38 임	41130	임	1020.765	1020.769

Show All Features

2) 벡터 메뉴 이용

- Vector 메뉴의 Geometry Tools 〉 Add Geometry Attributes를 통해 도형속성을 추가할 수 있음
  - 도형의 특성에 따라 추가되는 속성이 달라짐. 즉 포인트의 경우 좌표, 라인은 길이, 폴리곤은 면적과 둘레에 대한 속성이 추가됨

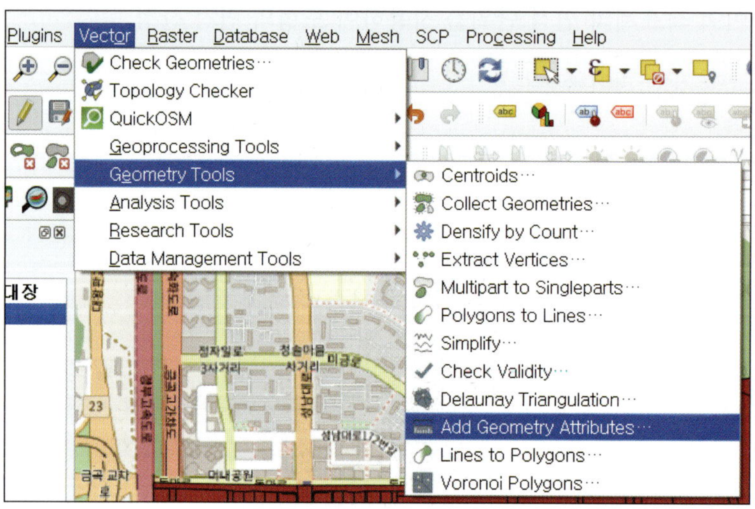

• Add Geometry Attributes 창이 나타나면 입력 레이어와 계산에 사용할 좌표계, 그리고 새롭게 필드를 추가하여 저장할 레이어 이름을 지정하고 실행. 여기서는 임시파일(Create temporary layer)로 저장 [1]

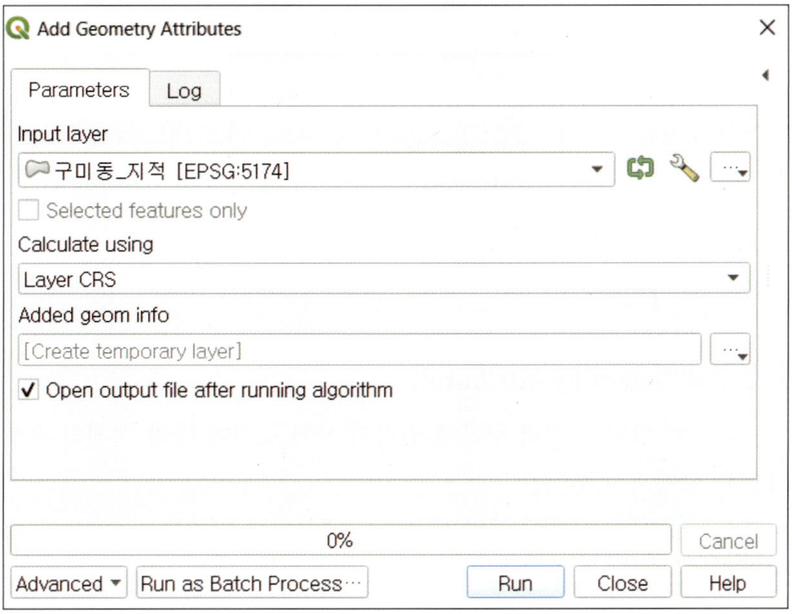

• 구미동_지적_면적 레이어의 속성테이블을 열어서 확인해 보면 면적과 둘레 필드가 새롭게 추가된 것을 알 수 있음

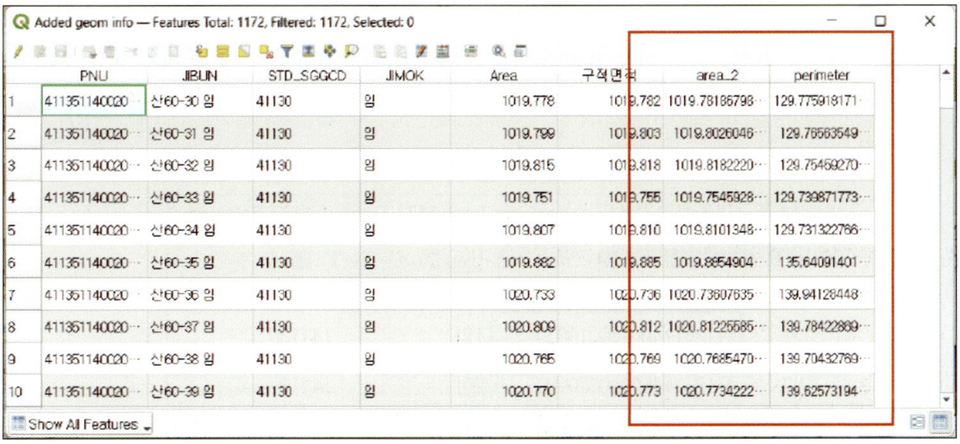

1) QGIS 3.2*버전부터 system 인코딩이 사라져서 shp파일로 저장시 인코딩 문제 발생. 따라서 임시파일로 내보낸 후 저장하거나 GeoPackage 형식으로 저장

- 임시파일로 내보낸 레이어를 영구적으로 저장하기 위하여 해당 레이어에서 우클릭하고 Make Permanent 선택하여 저장

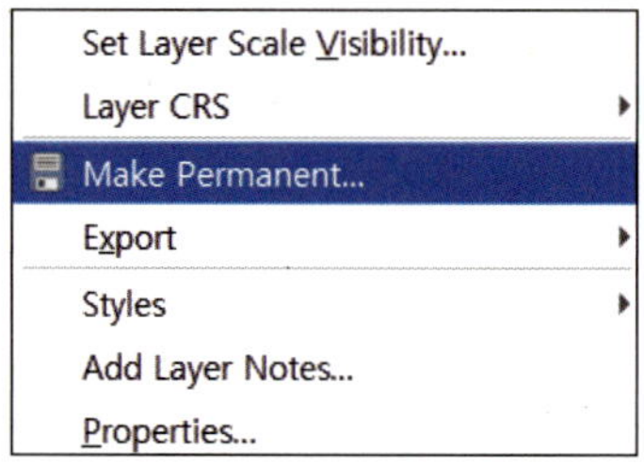

03. 데이터 질의

1) 속성으로 선택(Select by attribute)

- 속성으로 선택 작업은 선택 구문에 입력된 선택 조건에 따라 객체의 속성 테이블의 레코드 상에서 이루어짐
- 모든 객체는 속성 테이블에 각각 대응하는 레코드를 가지므로 QGIS는 속성을 이용하여 객체를 선택할 수 있음
- 여기서는 앞에서 실습한 구미동지적기본도 레이어에서 법인 토지를 추출해보도록 함(ex4-3 데이터 질의.qgz)
- 이를 위해 소유구분이 6(법인)인 지역을 선택하여 공간적으로 표현하도록 함
  - 소유구분 코드 : 0(일본인. 창씨명 등), 1(개인), 2(국유지), 3(외국인, 외국공공기관), 4(시, 도유지), 5(군유지), 6(법인), 7(종중), 8(종교단체), 9(기타단체)
- 구미동지적기본도 레이어의 속성테이블을 열고 표현식을 이용해 객체 선택( ) 클릭

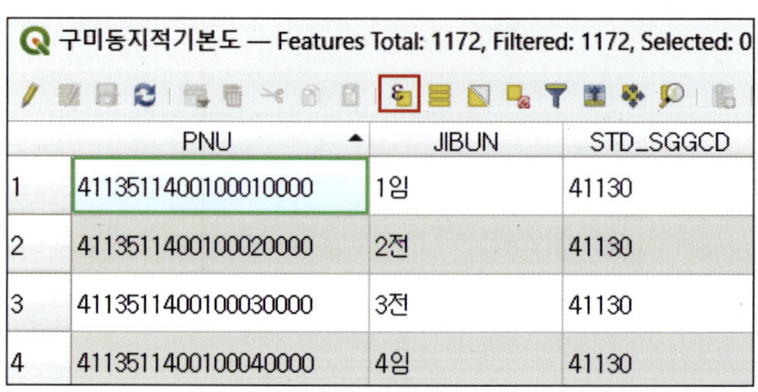

- Field and Value에서 POSESNSE를 더블클릭하여 Expression 창으로 보내고 다음과 같이 수식을 입력한 후 Select Features 클릭

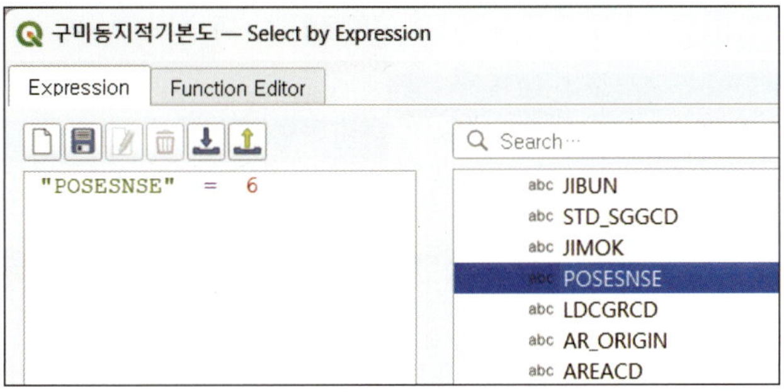

- 구미동지적기본도 레이어의 속성테이블에 지목이 '6' 필지들만 선택된 것을 확인할 수 있음
- 선택된 레코드만 모아서 보려면 Move selection to top 버튼( ) 클릭

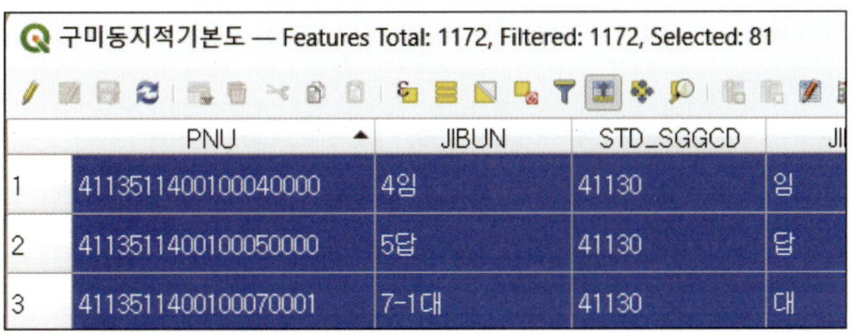

- 맵 화면에서 선택된 필지들을 공간적으로 확인할 수 있음

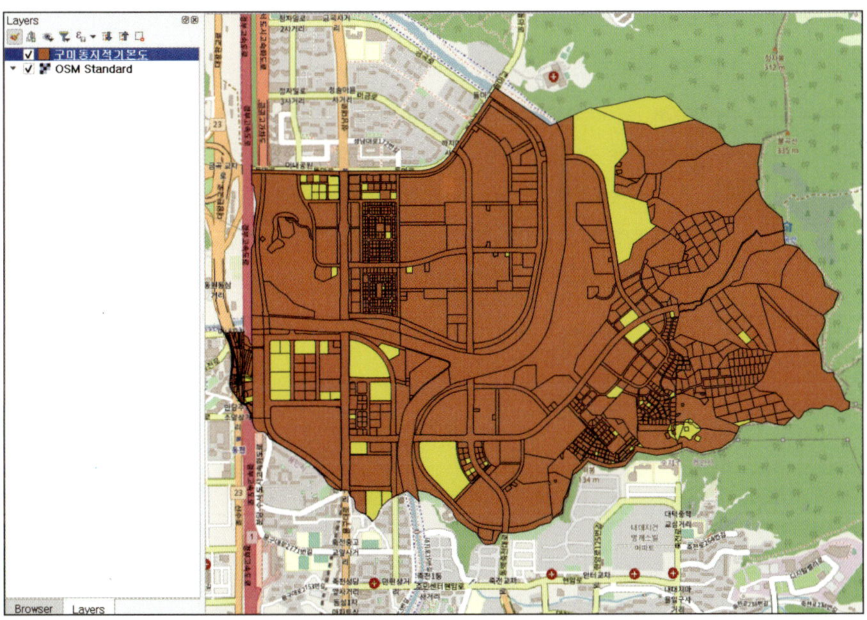

• 선택된 필지들을 새로운 파일로 저장해 주기 위해서 구미동지적기본도 레이어를 우클릭하여 Export 〉 Save Selected Feature As 선택

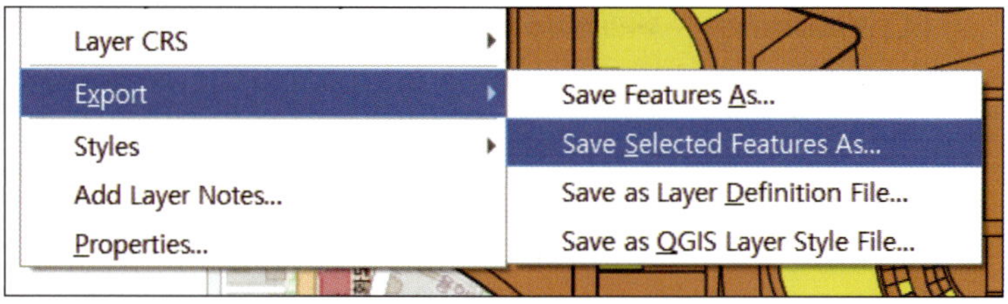

• Format은 ESRI Shapefile, Filename은 '구미동 법인소유지'라는 이름으로 파일경로를 지정하고 OK를 클릭. 선택된 객체를 새로운 레이어로 저장

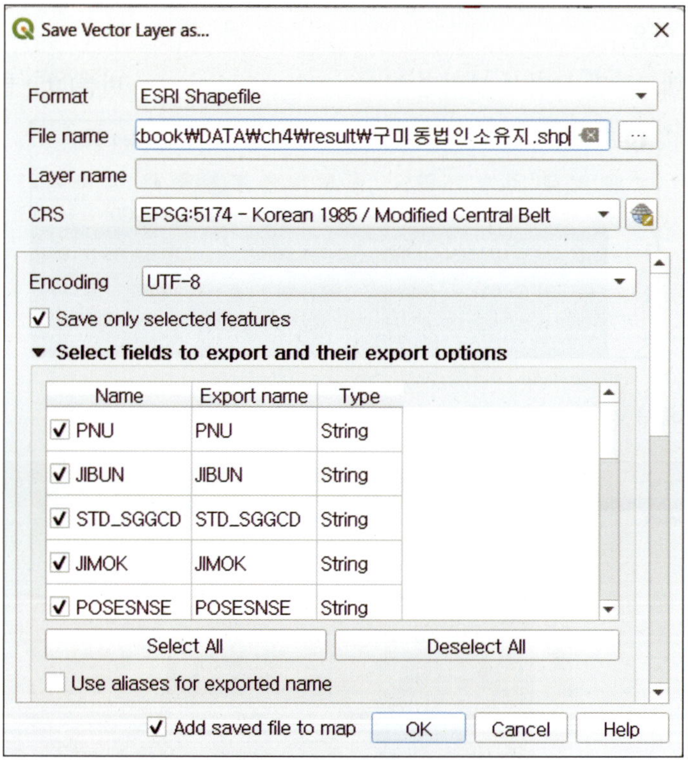

• 선택된 법인토지만 새로운 레이어로 생성되어 맵에 추가된 것을 확인할 수 있음

• 구미동지적기본도의 선택된 객체를 해제하기 위하여 모든 레이어에서 객체선택 해제( ) 클릭

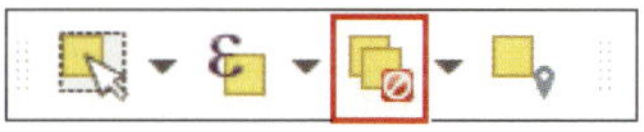

2) 쿼리 작성기로 선택(**Query builder**)

- 이번에는 지목이 대인 필지를 쿼리작성기로 추출해보도록 함
- 구미동지적기본도의 Layer Properties에서 Source를 선택하고 Query Builder 클릭

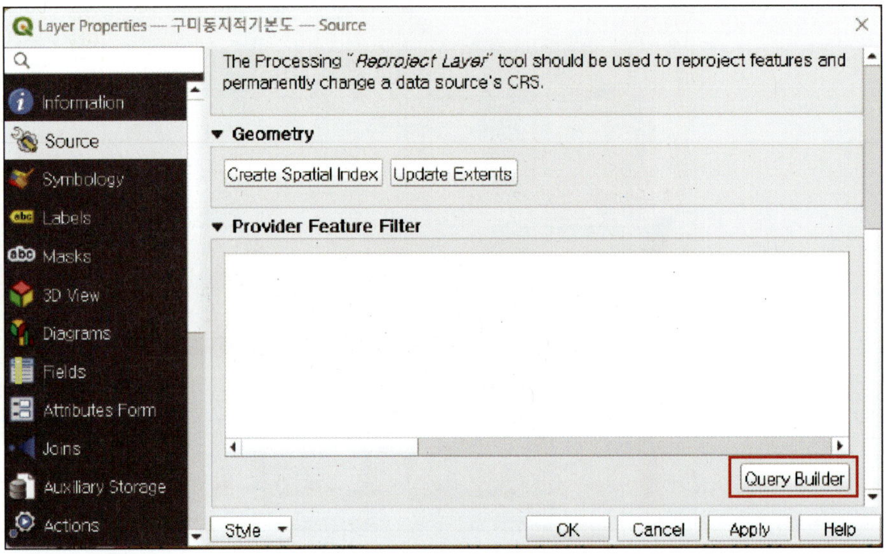

- Query Builder 창이 나타나면 Fields에서 JIMOK을 선택하여 더블클릭, Operators에서 수식 선택, Values에서 Sample을 클릭하여 나타난 필드값 중에서 '대'를 더블클릭하여 표현식 완성

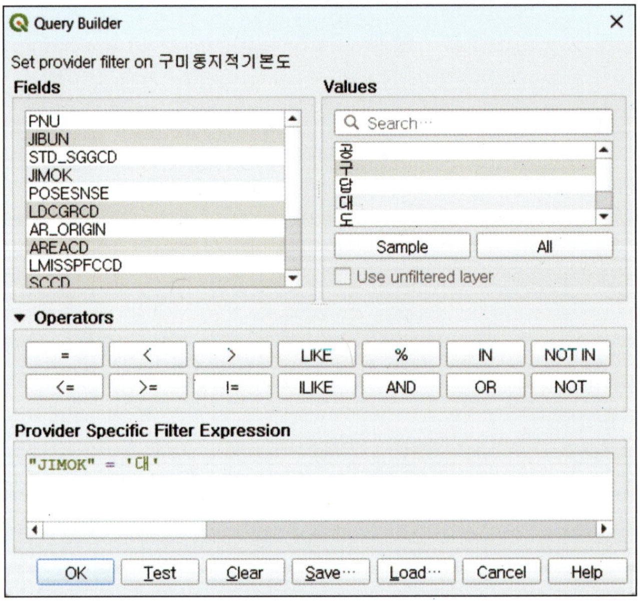

- 지목이 '대'인 필지만 필터링되어 맵캔버스에 나타남
  - 새로운 레이어로 저장하려면 Export를 통해 새로운 레이어로 저장

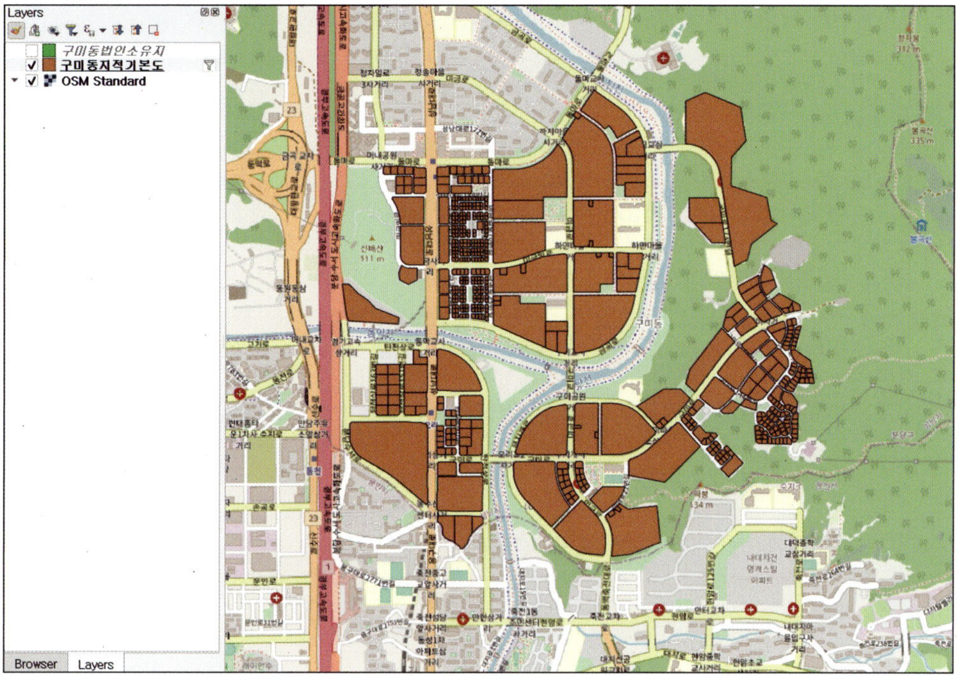

자주 사용하는 쿼리문

- 쿼리문 작성시 특정 문자가 포함된 필드를 선택할 때 like 함수 이용
  - 11로 시작하는 필드를 선택할 때

    "필드명" like '11%'
  - 둘째자리가 9로 시작하는 필드를 선택할 때

    "필드명" like '_9%'
- Expression based filter를 이용한 검색 및 질의
  - 인구수(pop2007 컬럼의 20만 이상)

    "pop2007" 〉200,000
  - 인구수(pop2007 컬럼의 20만 이상 50만 미만)

    "pop2007" 〉= 200,000 AND "pop2007" 〈 500,000
  - 인구수(pop2007 컬럼의 20만 이상 50만 미만)

    "pop2007" 〉= 200,000 AND "pop2007" 〈 500,000
  - 자치구(노원구 이거나 광진구)

    "SGG_NM" = '노원구' or "sgg_NM" = '광진구'
- LIKE와 ILIKE
  - ILIKE는 대소문자 무시
- 중간의 문자열을 자를때
  - substr("필드명", 시작위치 , 길이)

04. 위치로 선택(Select by location)

- 특정 레이어의 객체를 다른 레이어 객체와의 위치관계를 이용하여 선택할 수 있으며 이를 공간 질의(spatial query)라 함 [2)]
- 실습데이터에서 ex4_4 위치로선택.qgz 프로젝트 파일 실행
- 객체를 선택하고자 하는 데이터셋(Select feature from)은 녹색 원으로 이루어져 있고, 주황색 직사각형은 이를 비교할 데이터셋(By Comparing to the feature from)인 경우 옵션에 따라 선택 결과를 살펴보고자 함

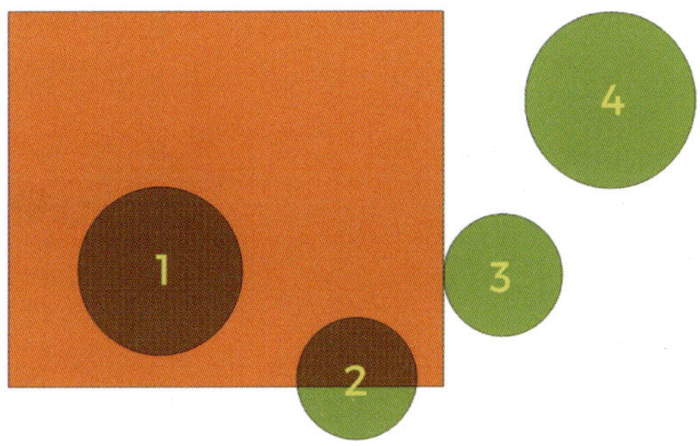

- Vector 〉 Research Tools 〉 Select by Location 실행

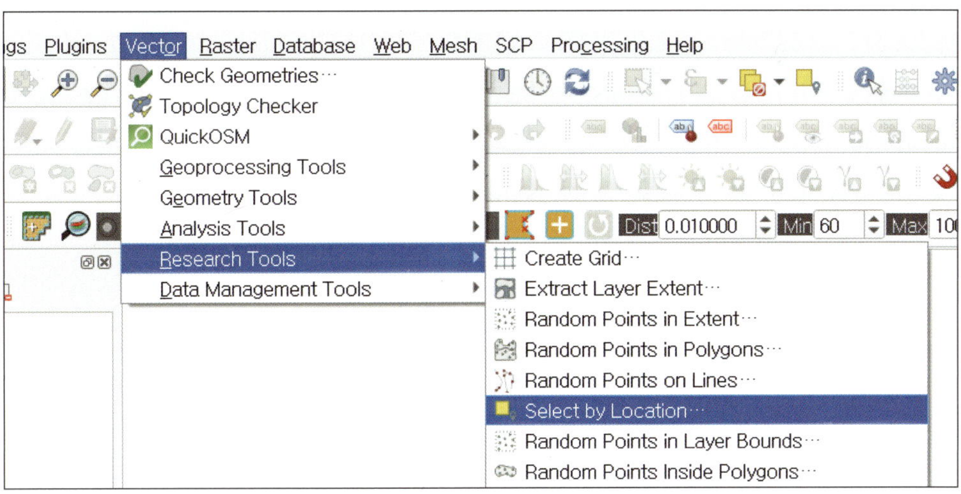

2) https://docs.qgis.org/3.10/ko/docs/user_manual/processing_algs/qgis/vectorselection.html?highlight=rectangle%20intersect

- Select by Location 창이 나타나면 객체선택 조건을 변경해가며 선택 결과를 확인해보도록 함

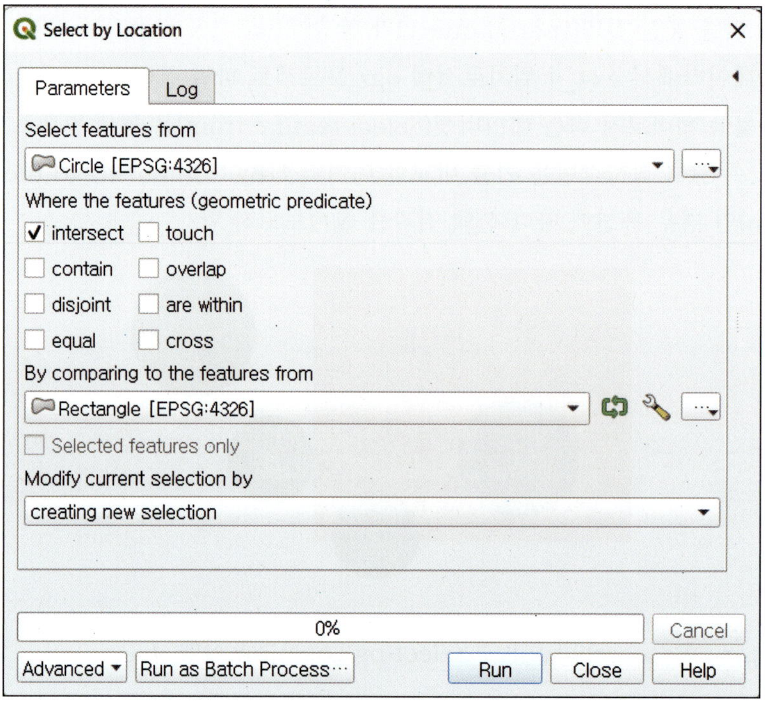

옵션	설명
Intersect(교차)	비교대상 객체와 겹치는 객체를 선택. 공간의 어떤 부분이라도 중첩, 접촉하는 객체 선택 (원 1, 2, 3)
disjoint(분절)	비교대상 객체와 어떤부분도 공유하지 않는 객체 선택 (원4)
Are within(내부에 있는)	비교대상 객체 내부에 완벽히 포함되는 객체 선택 (원1)
Contain(포함)	비교대상 객체를 포함하는 객체 선택 (없음)
overlap(중첩)	비교대상 객체와 중첩하는 객체 선택 (원2)
Touch(인접)	비교대상 객체의 경계에 접하는 객체를 선택 (원3)
equal(동등)	비교대상 객체와 동일한 객체를 선택 (없음)
cross(공간교차)	입력 도형들이 내부 포인트 전부가 아닌 일부를 공유하고, 공간 교차(cross)가 입력 도형의 최고 차원보다 낮은 차원에서 발생하는 경우 선택

- 이번 실습에서는 구미동지적기본도에서 탄천 경계로부터 200m 범위에 있는 필지를 선택해보도록 함
- 실습데이터에서 ex 4_4 위치로 선택_구미동.qgz 파일을 불러오면 구미동_탄천 레이어와 구미동_탄천_buffer 레이어를 확인할 수 있음

- Processing Toolbox에서 Vector selection > Select by location 클릭

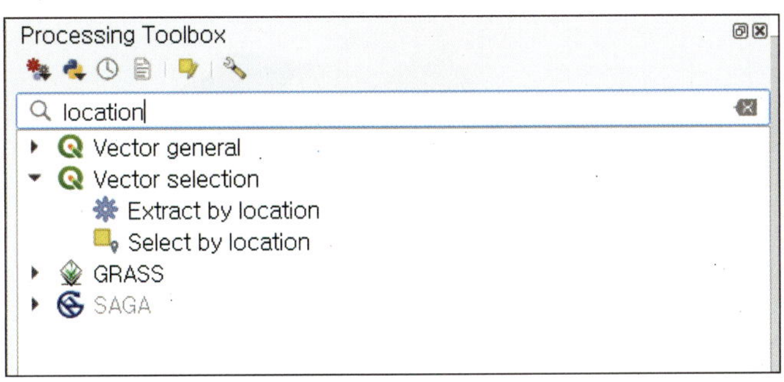

- 위치로 선택 창이 나타나면 Select features from에서 구미동지적기본도 레이어를 선택하고, By comparing to the features from에서 구미동_탄천_buffer 레이어 선택

- 객체위치(도형속성) 선택 옵션에서 선택할 레이어와 교차하는지 포함하는지 등의 옵션을 선택할 수 있음 (여기서는 intersect 항목체크)

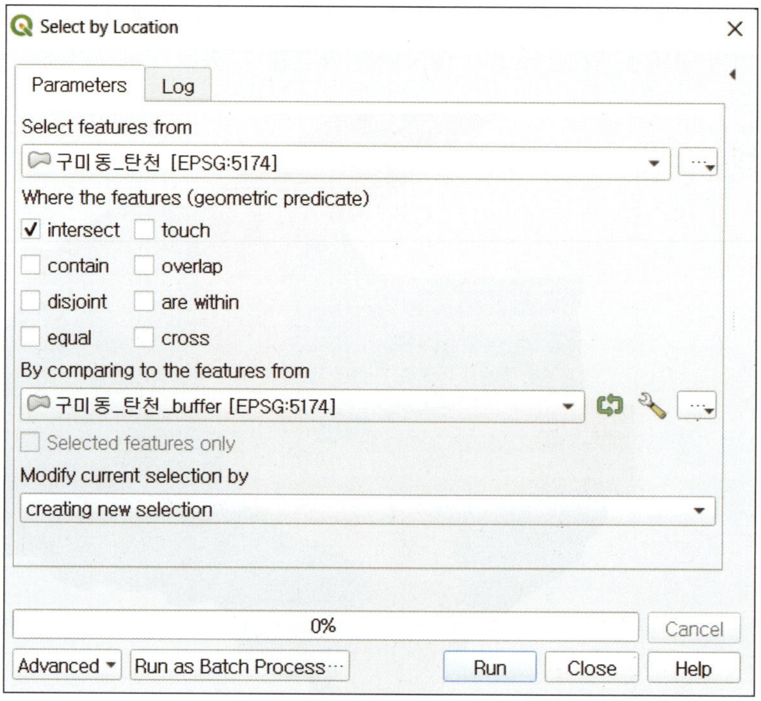

- 실행결과 구미동_탄천_buffer 레이어에 걸치는 모든 필지가 선택된 것을 확인할 수 있음

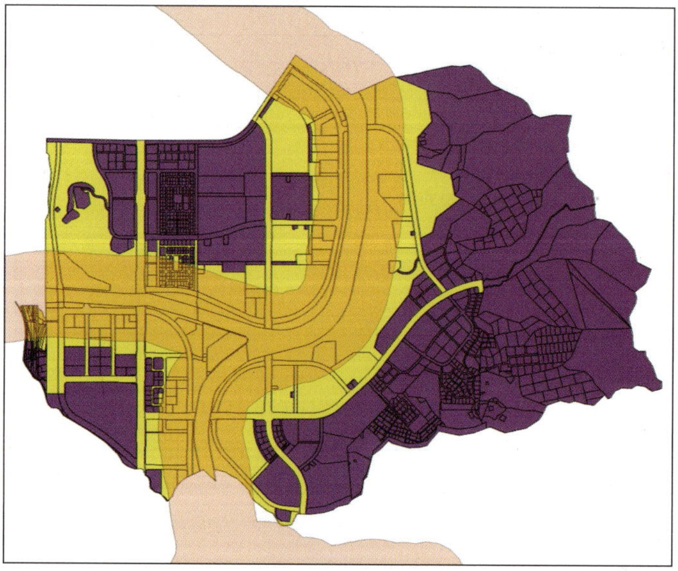

- 구미동_탄천_buffer 레이어에 완전하게 포함되는 필지를 선택하기 위해서는 객체 위치 옵션에서 'are within' 항목만 체크하고 실행
- 다음 그림과 같이 구미동_탄천_buffer 레이어에 완벽하게 포함된 필지만 선택된 것을 확인할 수 있음

05. 공간결합(spatial join)

- 공간결합은 공간관계를 이용하여 한 레이어에서 다른 레이어의 속성을 결합하는 기능으로 QGIS에서는 Join Attributes by Location(위치를 이용하여 속성을 조인)을 통해 수행
- 다음 그림처럼 학교가 어느 County에 위치하고 있는지 또는 각 County에 학교는 몇 개가 포함되어 있는지를 학교 레이어와 County 레이어를 이용하여 속성테이블의 결합없이 위치만으로 분석할 수 있음

자료 : https://slideplayer.com/slide/12316942/

- 여기서는 서울시 각 자치구별 도서관의 현황과 수용인원, 자료수를 구경계와 도서관 레이어를 이용하여 실습해보도록 함
- 실습데이터에서 ex4_5 공간결합.qgz 프로젝트 파일을 불러오면 구경계 레이어와 전국 도서관 표준데이터 레이어를 확인할 수 있음

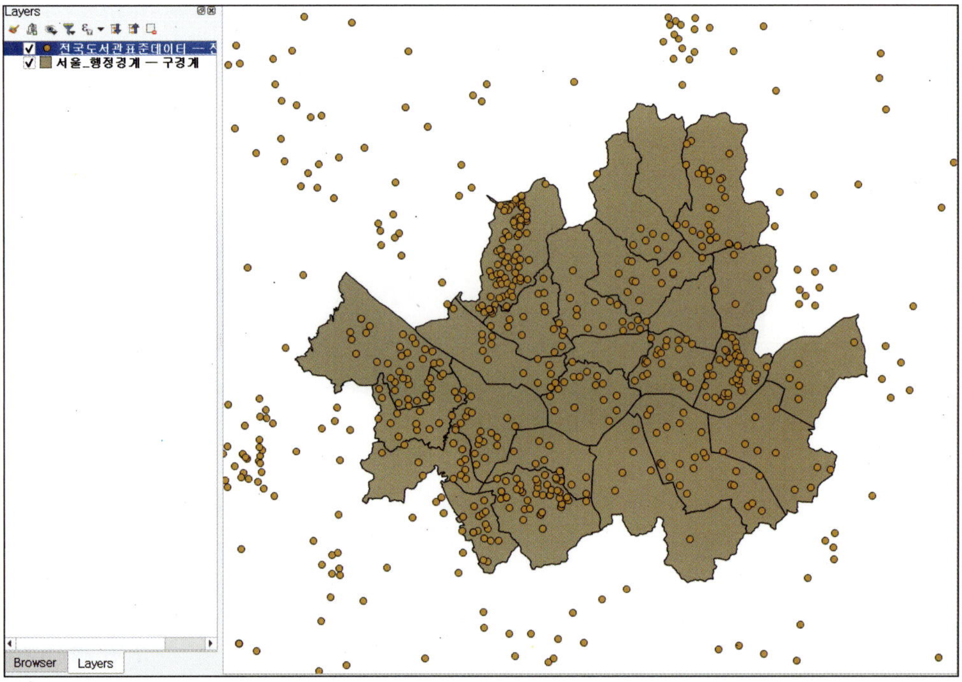

- 전국도서관 표준데이터 레이어에서 열람좌석수, 자료수(도서) 필드 속성을 사용

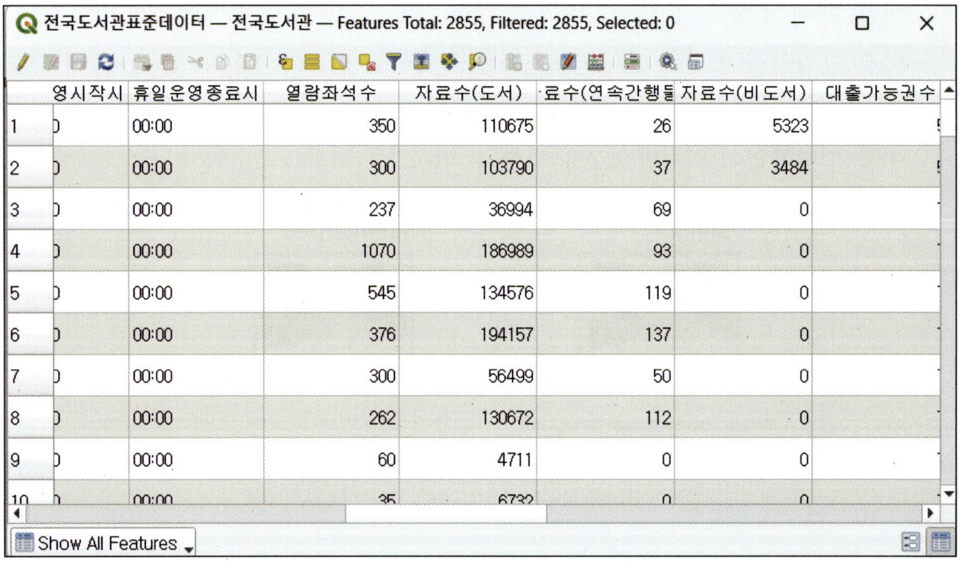

	영시작시	휴일운영종료시	열람좌석수	자료수(도서)	료수(연속간행물	자료수(비도서)	대출가능권수
1	0	00:00	350	110675	26	5323	
2	0	00:00	300	103790	37	3484	
3	0	00:00	237	36994	69	0	
4	0	00:00	1070	186989	93	0	
5	0	00:00	545	134576	119	0	
6	0	00:00	376	194157	137	0	
7	0	00:00	300	56499	50	0	
8	0	00:00	262	130672	112	0	
9	0	00:00	60	4711	0	0	
10	0	00:00	35	6732	0	0	

• Processing Toolbox에서 Vector general 〉 Join attributes by location (summary) 선택

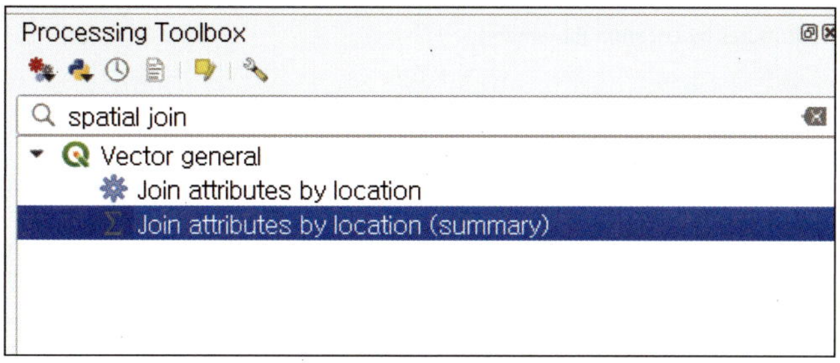

• Join attribute by location(위치를 이용하여 속성선택)창이 나타나면 옵션 입력

- Join to features in : 속성을 추가하기 위한 구경계 레이어 선택
- by comparing to는 전국도서관 표준데이터 레이어 선택

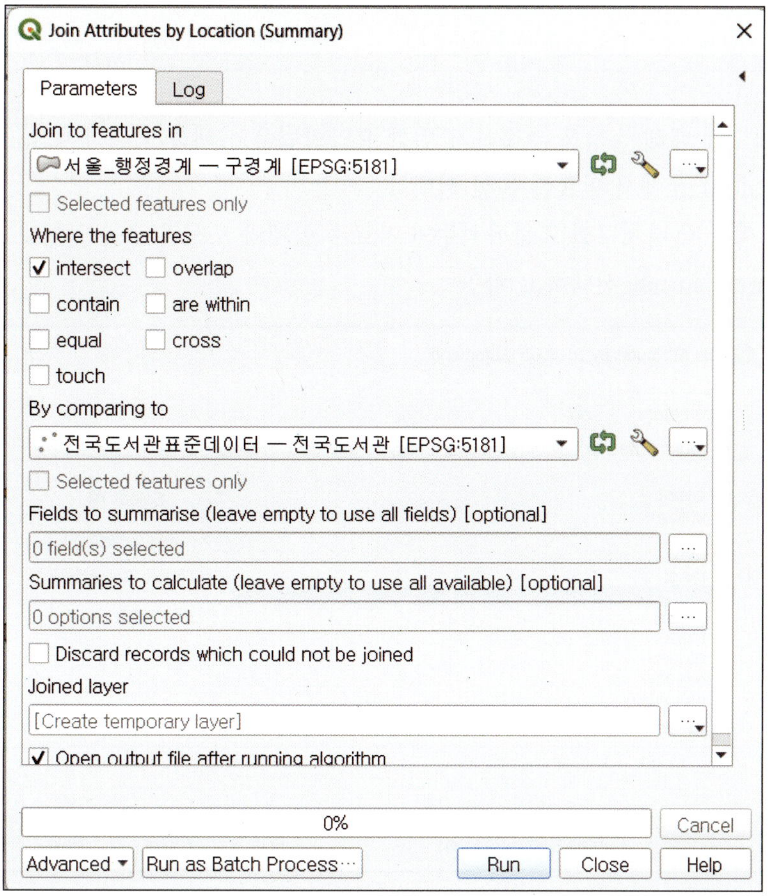

- Fields to summaries에는 요약할 필드를 선택하기 위해 열람좌석수와 자료수를 선택하고 확인

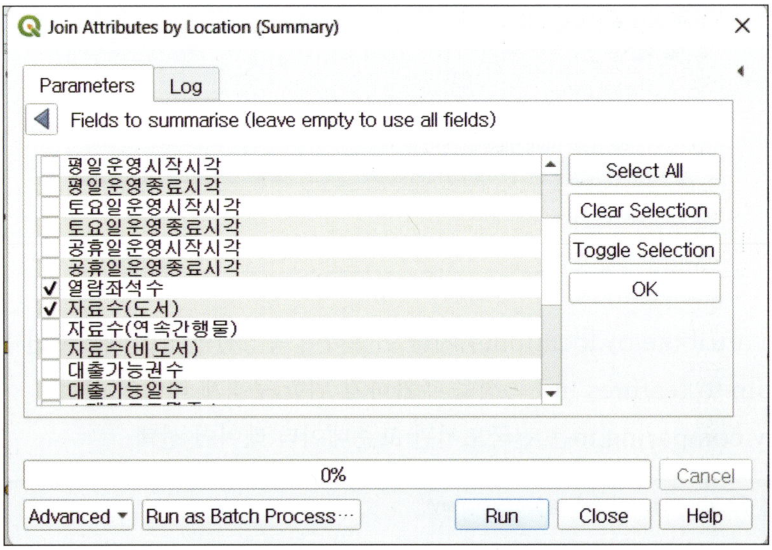

- 각 필드에 대해 속성을 추출하기 위한 요약방법을 선택하기 위하여 Summaries to calculate에서 필요한 옵션 선택
- 여기서는 각 자치구별 열람좌석수와 자료수 합계와 도서관 수를 알아보기 위하여 count와 sum을 선택하고 확인

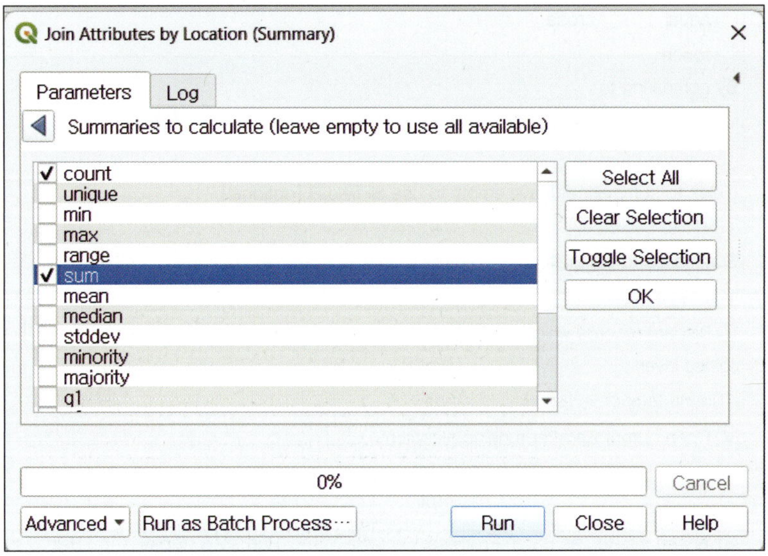

- 공간결합한 레이어의 속성테이블을 열어보면 각 자치구에 대한 열람좌석수_sum, 열람좌석수_count, 자료수_sum, 자료수_count로 요약된 속성을 볼 수 있음

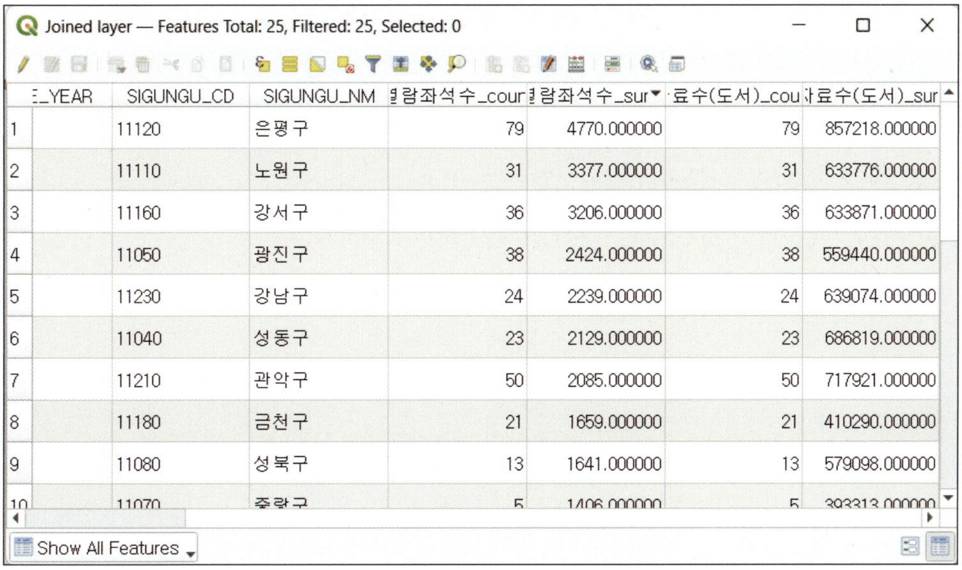

CHAPTER 05

공간분석

CHAPTER 05

공간분석

01. 레이어 생성

1) 개요

- QGIS에서 새로운 벡터 레이어를 생성하는 방법을 살펴보도록 함
- 실습데이터에서 ex5_1 레이어 생성.qgz 프로젝트 파일을 불러와 새로운 아파트 레이어를 생성하고 건물 객체를 입력해보도록 함

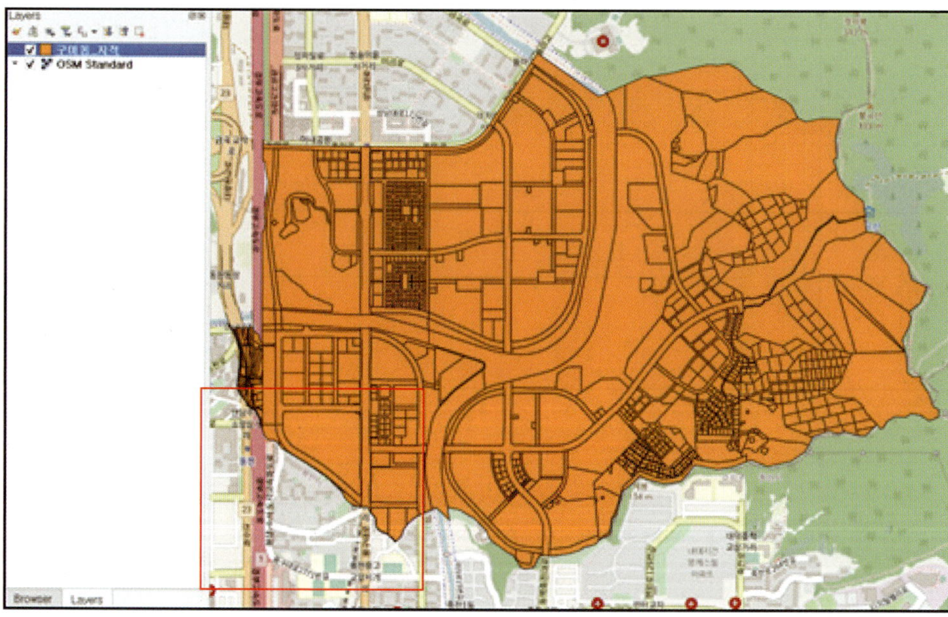

2) shapefile 레이어 생성

- 새로운 레이어를 생성하기 위해 메뉴바에서 Layer 〉 Create Layer 〉 New shapefile Layer 선택

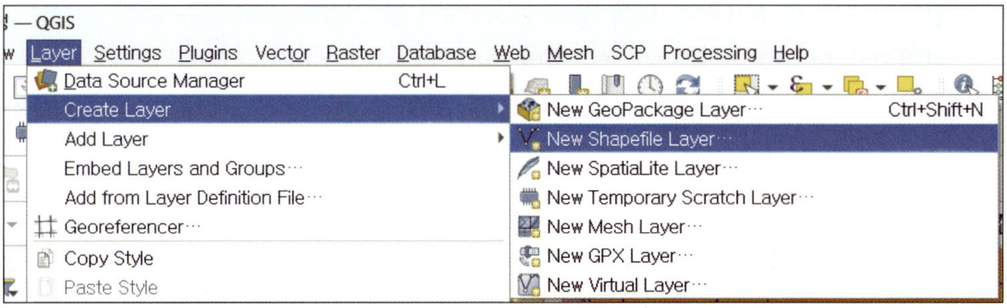

- New shapefile layer 창이 나타나면 파일이름을 지정하고, 동 및 파일인코딩, 도형 유형과 좌표계 지정
  - 아파트는 폴리곤 형태이므로 Geometry Type은 폴리곤으로 선택하고 좌표계는 구미동지적과 같은 EPSG : 5174 선택

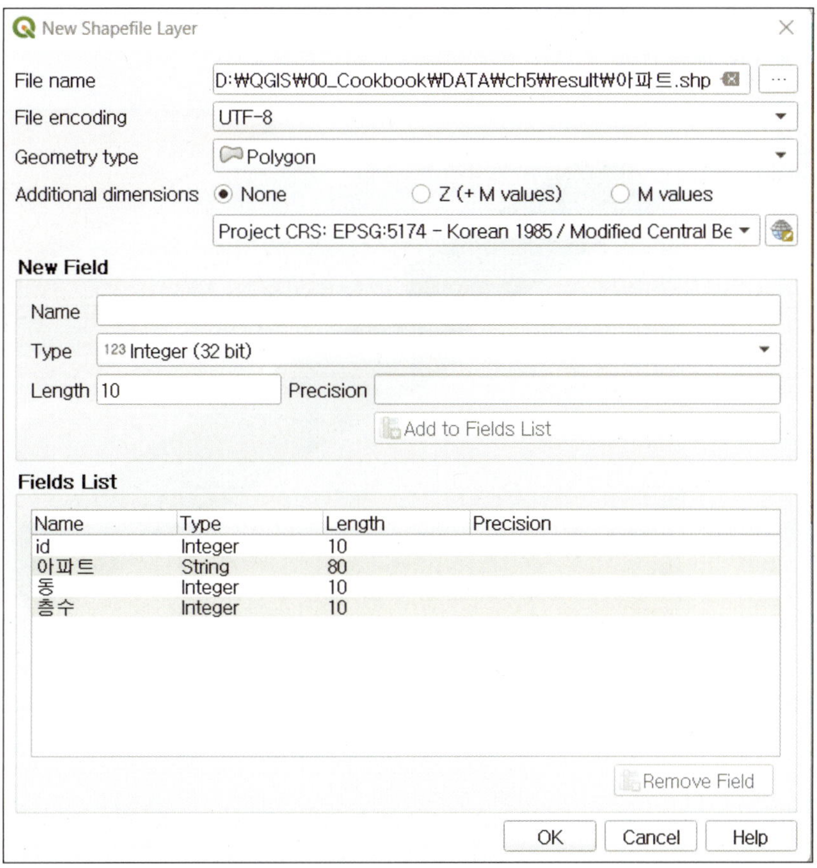

- 필요한 필드를 추가하기 위해 New Field에서 필드명(Name)과 유형(Type)을 입력하고 Add to Fields List 클릭하여 추가
  - 필드의 속성에 따라 범주형이면 String, 수치형이면 정수형(Integer)인지 실수(Decimal)형인지 구분하여 입력
  - 여기서 아파트 이름은 텍스트이므로 String, 동 번호와 층수는 정수이기 때문에 Integer 선택
- 레이어 목록에 아파트 레이어가 추가되었으며, 레이어에 객체(feature)를 입력하기 위해 디지타이징 툴바에서 편집모드( ) 실행

- 편집모드가 활성화되면 폴리곤 객체추가 버튼( )을 클릭하여 객체를 입력
- 마우스 좌클릭을 통해 폴리곤의 각 노드를 입력하고 입력이 완료되면 우클릭으로 객체를 폐합시킴

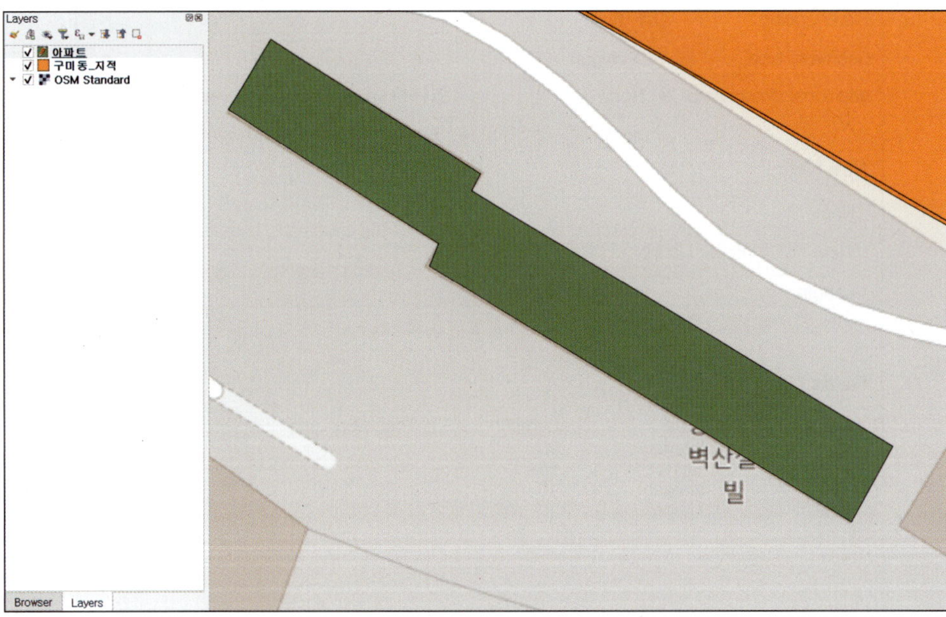

- 객체가 입력되면 객체속성 입력창이 나타나고 id, 아파트명, 동번호, 층수 등을 입력하고 OK 클릭

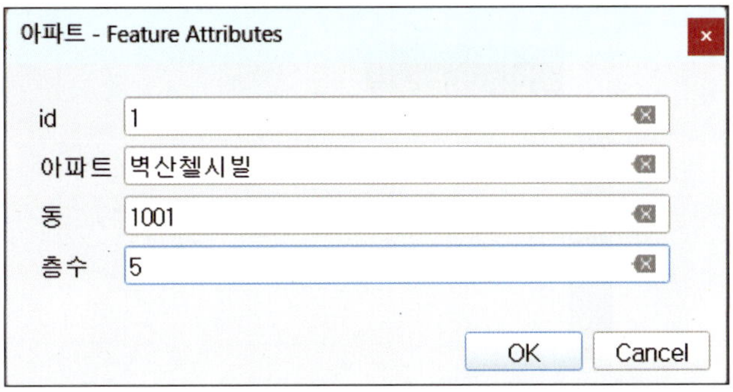

- 아파트 건물과 같은 직사각형 도형은 도형 디지타이징 툴바(Shape Digitizing Toolbar)를 이용하는 것이 효과적임
  - 메뉴바에서 View 〉 Toolbar 〉 Shape Digitizing Toolbar 추가

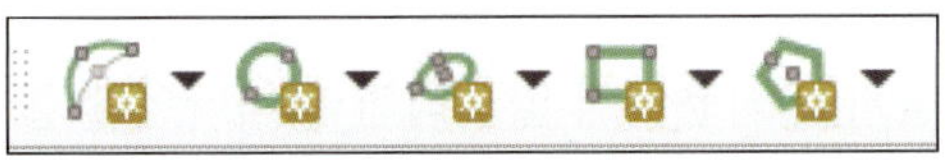

- 도형 디지타이징 툴바에서 'Rectangle from 3 points(3점에서 직사각형 추가)' 선택

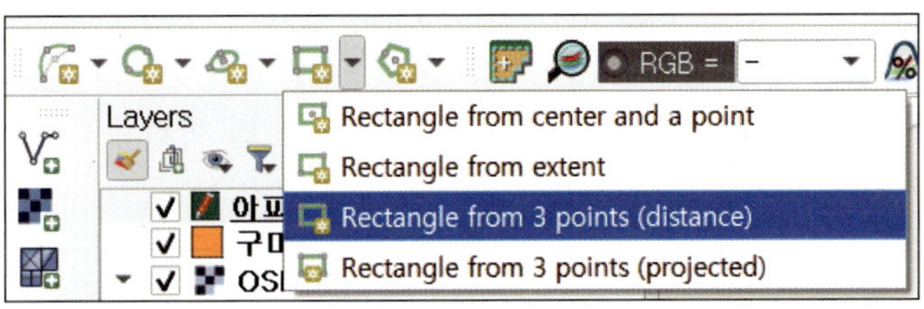

- 도형디지타이징 툴바가 선택되면 디지타이징 툴바가 Digitize Shape로 변경됨

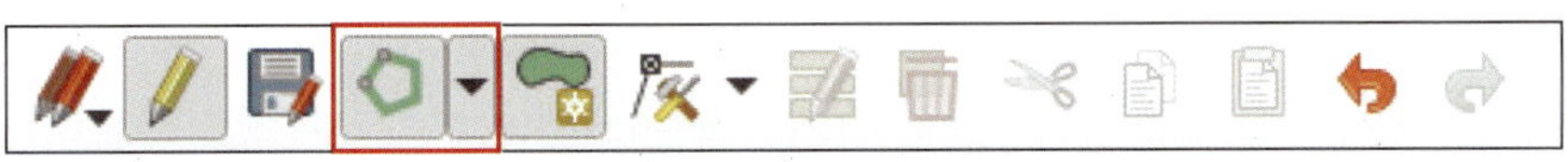

- 두 점을 기준으로 직사각형 도형의 한 변이 생성되며 세 번째 점은 우클릭으로 직사각형 크기를 결정한 후 폐합

- 도형 디지타이징 툴바를 사용하지 않으려면 디지타이징 툴바에서 Digitize with Segment( )로 변경

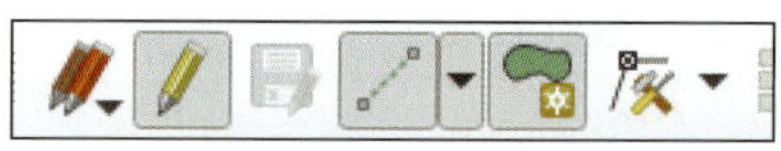

- 객체의 입력이 끝나면 편집모드( ) 버튼을 다시 클릭하여 편집모드 종료하고 저장
- 아파트 레이어의 속성테이블(단축키 F6)을 확인하면 아파트명과 동번호와 층수가 입력된 것을 확인할 수 있음

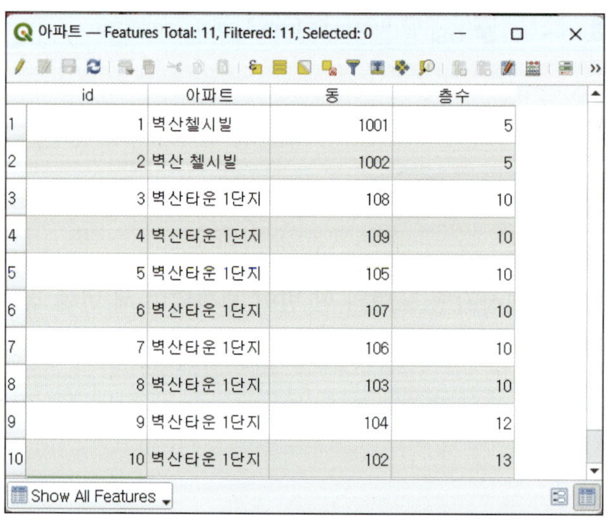

	id	아파트	동	층수
1	1	벽산첼시빌	1001	5
2	2	벽산 첼시빌	1002	5
3	3	벽산타운 1단지	108	10
4	4	벽산타운 1단지	109	10
5	5	벽산타운 1단지	105	10
6	6	벽산타운 1단지	107	10
7	7	벽산타운 1단지	106	10
8	8	벽산타운 1단지	103	10
9	9	벽산타운 1단지	104	12
10	10	벽산타운 1단지	102	13

3) GeoPackage 레이어 생성

- GeoPackage란 SQLite 데이터베이스 컨테이너로 구현된 지리 정보 시스템을 위한 개방적이고 비독점적이며 플랫폼 독립적인 표준 기반 데이터 형식임
  - Shapefile이 가지고 있는 멀티 파일, 용량 등의 단점을 해결
- 본 실습에서는 구미동 지역을 대상으로 점, 선, 면이 포함된 개념도를 GeoPackage 파일로 생성해 보도록 함
  - 먼저 새로운 GeoPackage 레이어를 생성하기 위해 Create Layer 〉 New GeoPackage Layer 클릭

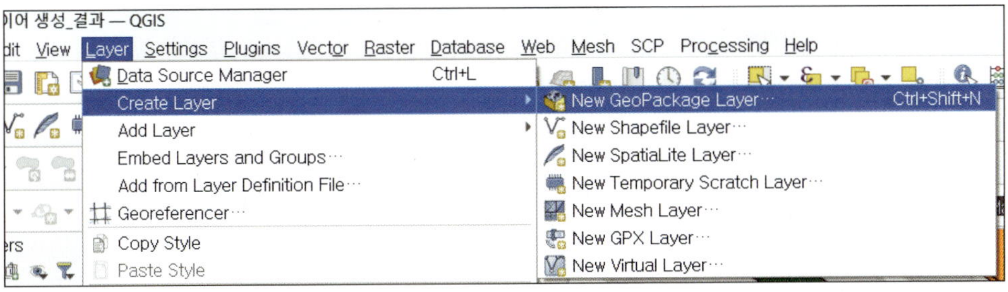

- Database에 GeoPackage 파일을 저장할 위치의 경로를 선택하고 파일이름은 First_Database.gpkg로 입력
- Table name에 새롭게 생성할 레이어 이름 입력. 여기서는 Table name은 polygon을 입력하고 Geometry type도 Polygon 선택
- 좌표계는 구미동 지적도와 같은 EPSG 5174 선택
  - 공간분석시 사용하는 좌표계는 하나의 좌표계로 통일하는 것이 좋음

- New field에 필요한 필드명과 Type 선택하여 추가하고 OK 클릭하면 polygon 레이어가 추가됨

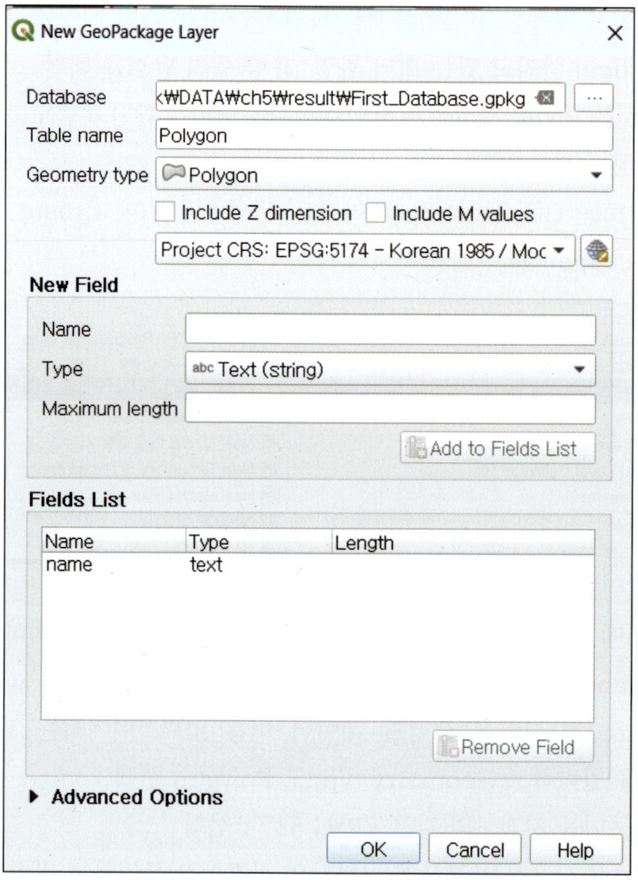

• 레이어가 생성되었으면 Shapefile에서 객체를 추가한 것처럼 편집모드(✏)에서 객체 입력

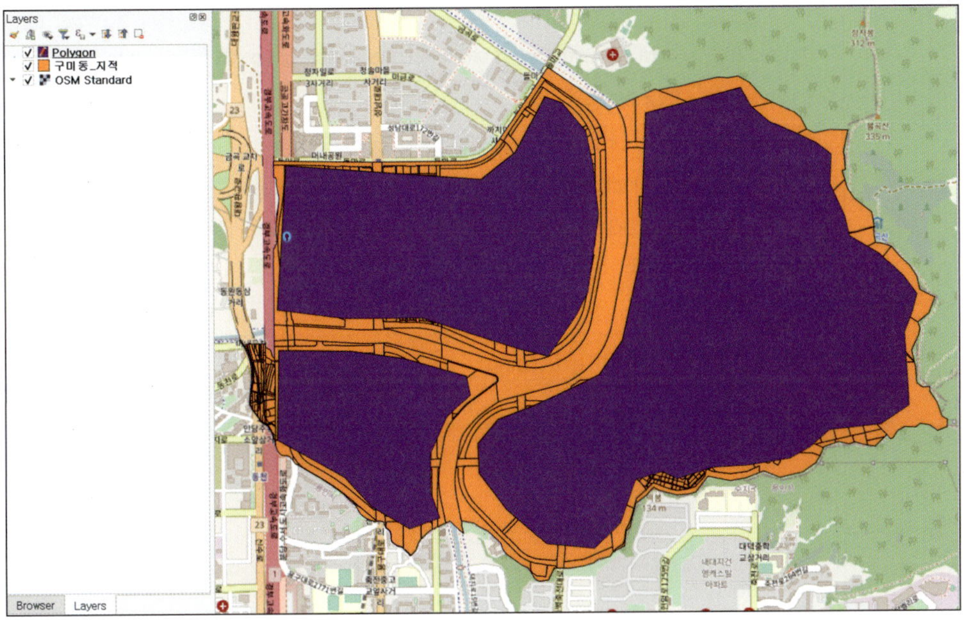

• 다음은 라인 객체를 추가하기 위해 Create Layer 〉 New GeoPackage Layer 클릭하고 앞에서 만들었던 First_Database.gpkg 선택

• Table name은 Lines 입력하고 Geometry type은 LineString 선택

• 좌표계는 EPSG 5174 선택하고 New Field에 필요한 필드명 추가하고 OK 클릭

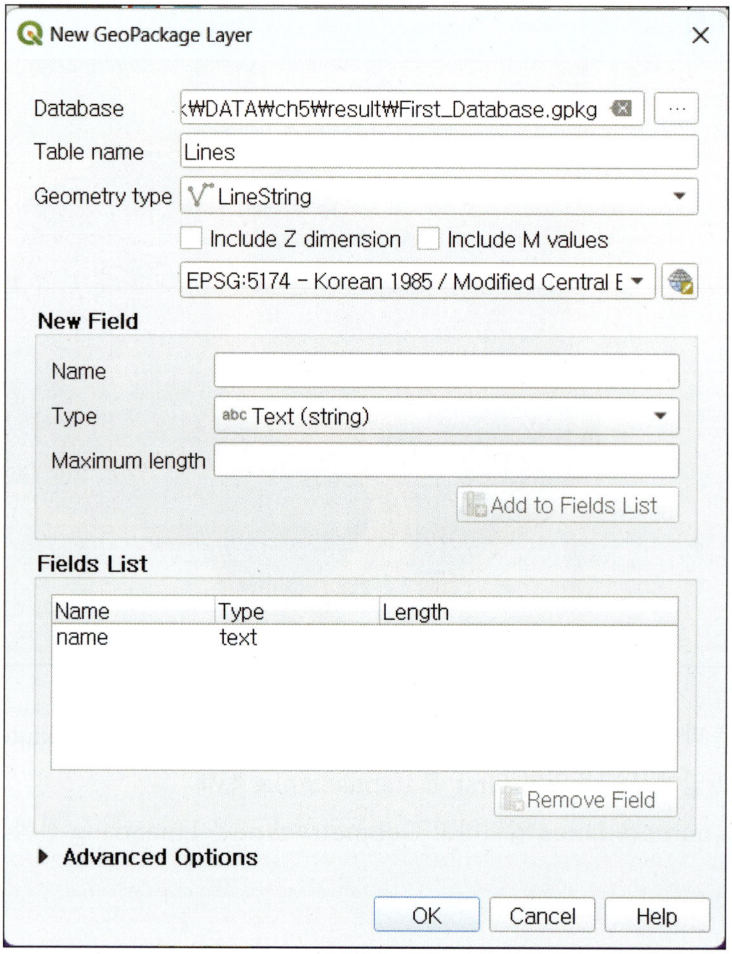

• 기존 GeoPackage 파일에 새로운 레이어를 추가하는 것이므로 Add New Layer 클릭

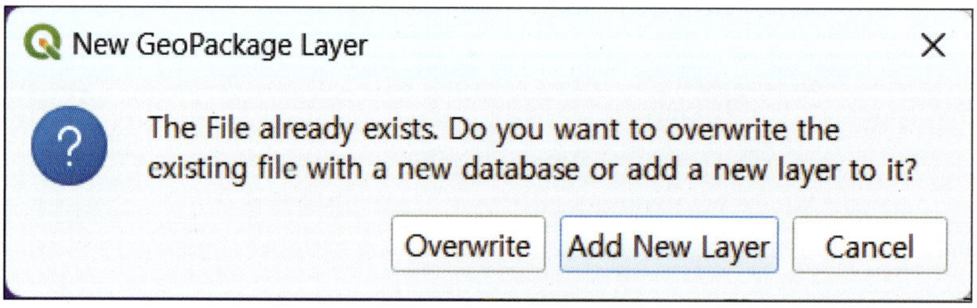

• 레이어 목록에 라인 레이어가 추가되었으며, 편집모드( )를 통해 탄천을 따라 라인 객체 입력

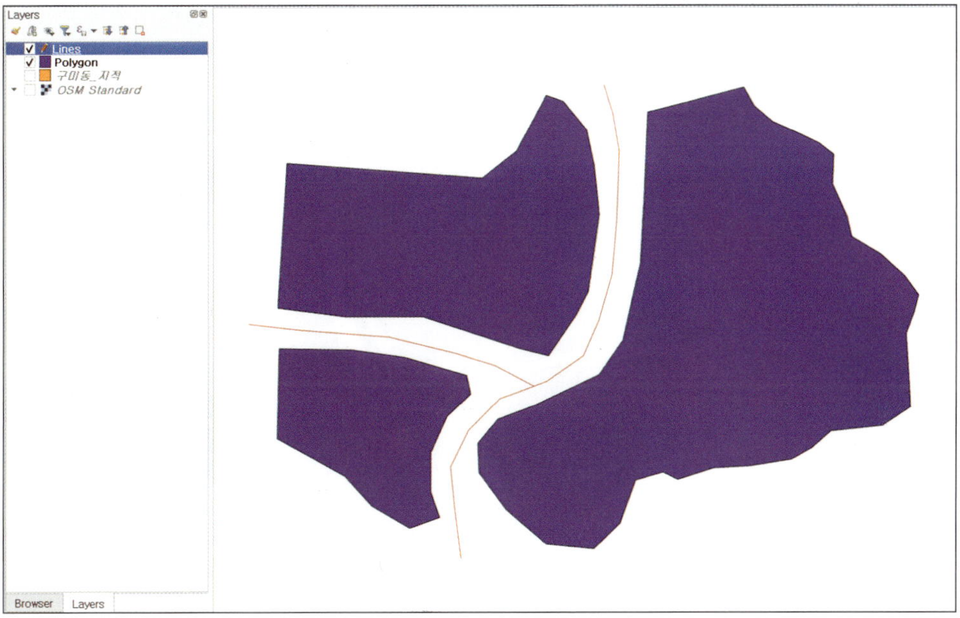

• 마지막으로 First_Database.gpkg에 포인트 객체를 추가

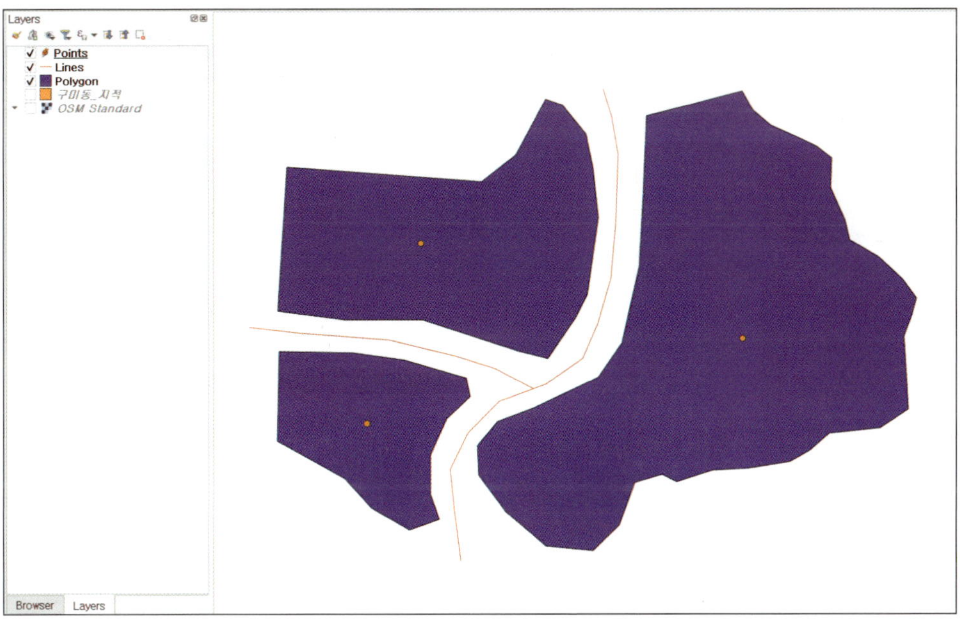

- GeoPackage는 레이어 스타일도 같이 저장할 수 있음
  - 각 레이어에 대한 Layer Styling을 통해 스타일 조정

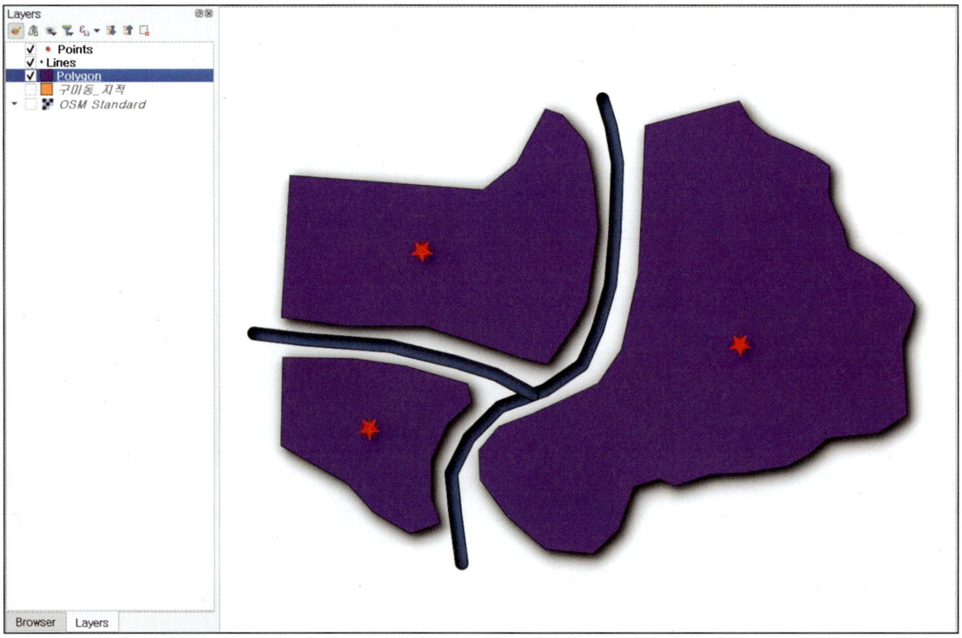

- 각 레이어의 스타일을 GeoPackage에 저장하려면 Layer Properties 창을 열고 Symbology에서 Style 〉 Save as Default 클릭

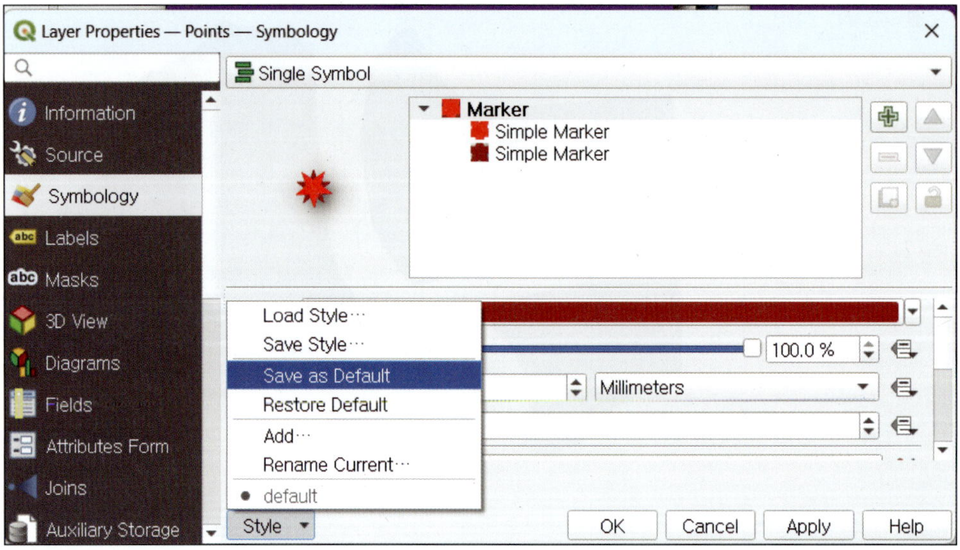

- 스타일을 어디에 저장할 건지 묻는 창이 나타나면 Datasource Database 선택

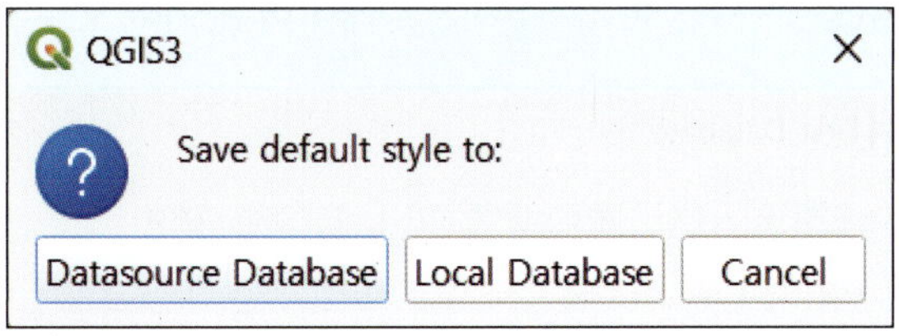

- 새로운 프로젝트를 열고 실습한 First_Database.gpkg 파일을 탐색기(Browser) 패널에서 끌어옴

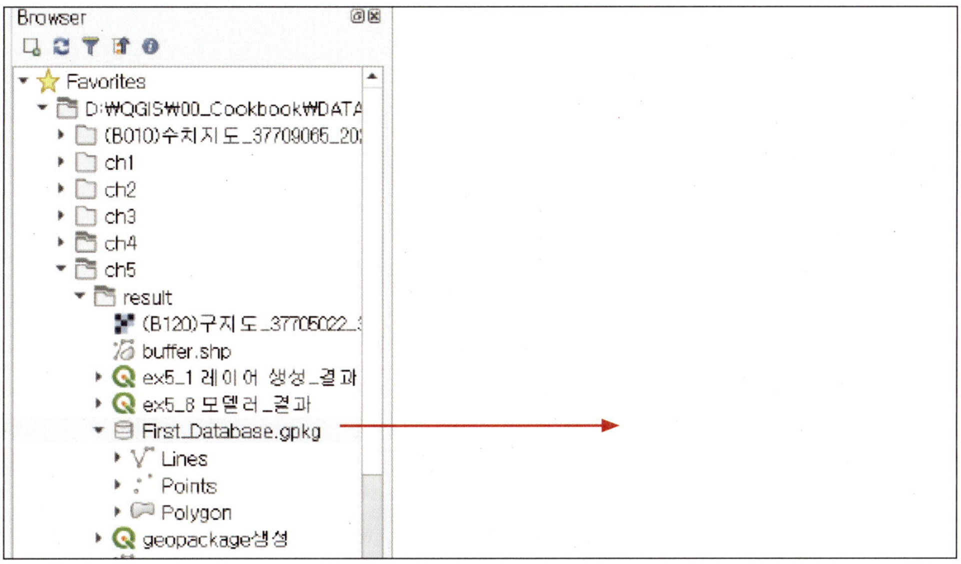

- First_Database.gpkg 파일이 가지고 있는 레이어 목록에서 필요한 레이어를 선택하여 Add Layers 클릭. 여기서는 모든 레이어를 가져오도록 함

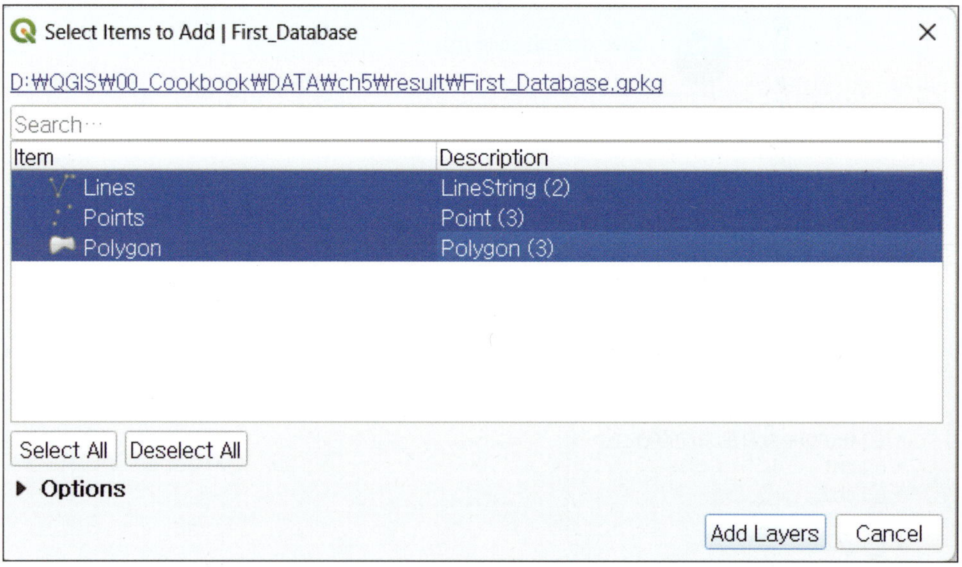

- 저장한 스타일이 적용되어 맵에 레이어가 추가된 것을 확인할 수 있음

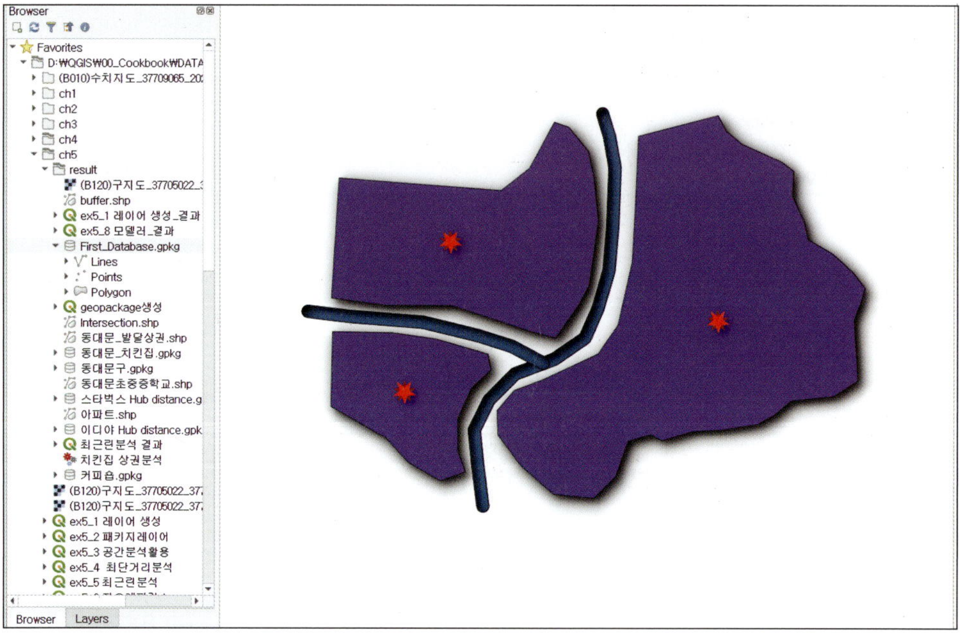

4) Package Layers

- 이미 만들어진 Shapefile 레이어를 하나의 GeoPackage 데이터베이스로 패키징할 수 있음
- 실습데이터에서 ex5_2 패키지레이어.qgz 프로젝트 파일을 불러오면 서울_스타벅스, 서울_이디야, 서울_구경계 레이어를 확인할 수 있음

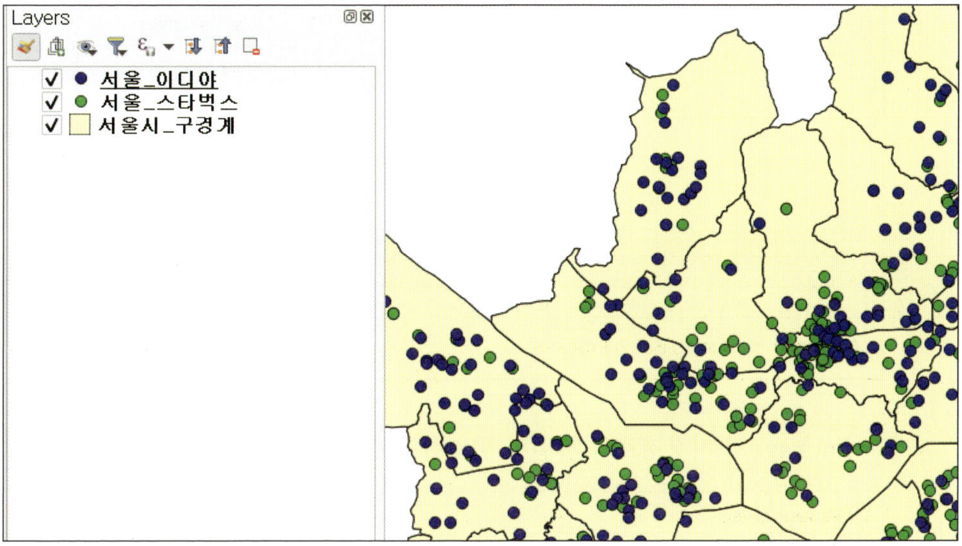

- 각각의 레이어를 하나의 지오패키지로 패키징 하기 위해 Processing Toolbox에서 Database 〉 Packages layers 실행

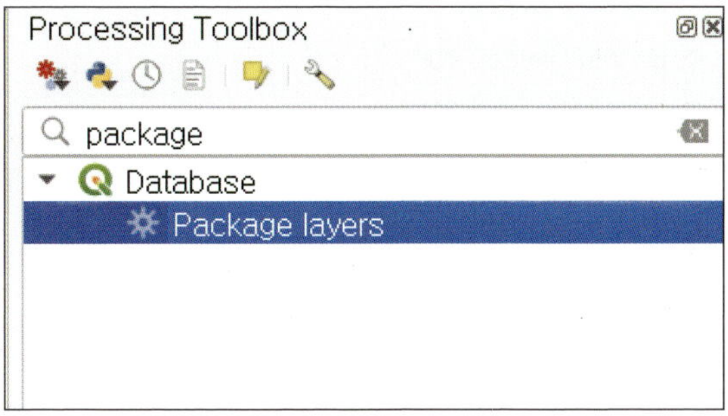

• Packages layers 창이 나타나면 패키징할 레이어 선택

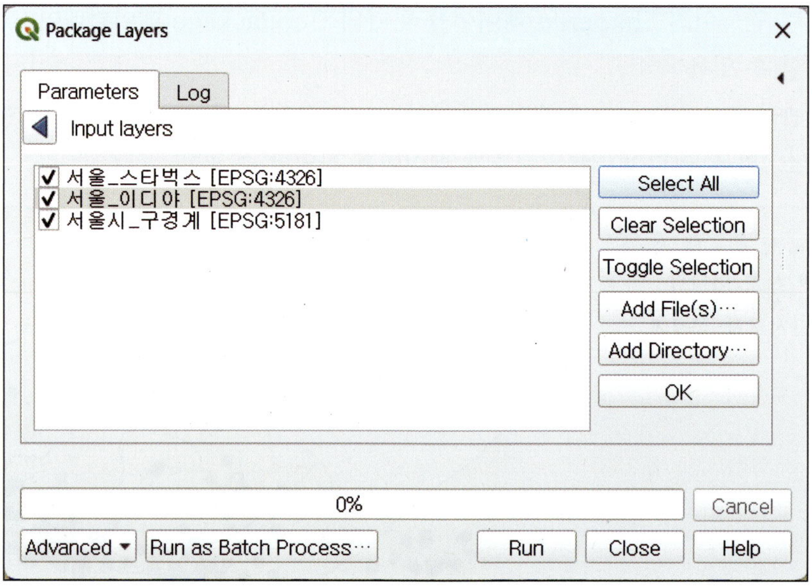

• GeoPackage의 저장경로와 파일명 입력하고 실행

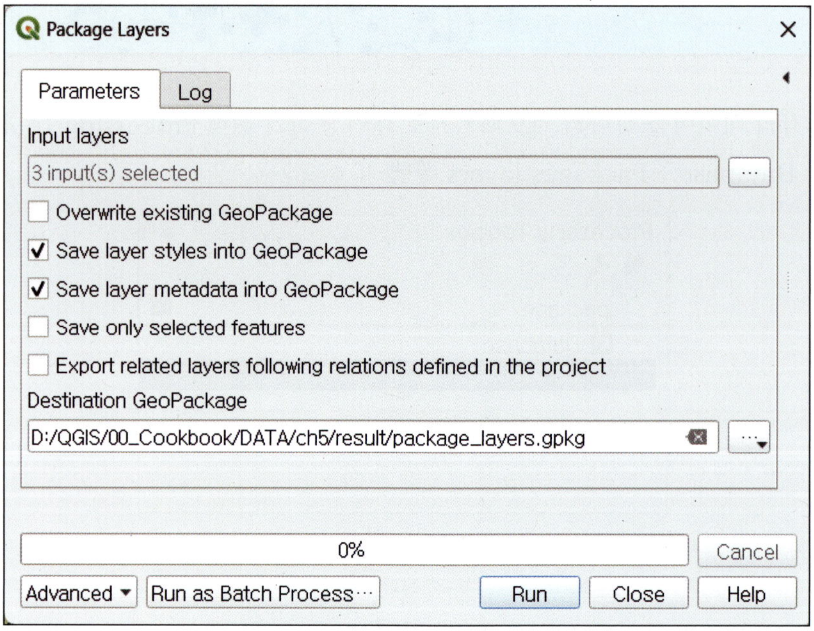

02. 객체의 편집

1) 개요

- 객체(feature)를 편집하기 위해서는 편집모드로 전환하여 편집을 시작함
- 편집모드( )로 전환되면 비활성화되었던 메뉴들이 활성화되면서 도형을 편집할 수 있음

2) Vertex 편집하기

- 편집모드( )에서 버텍스를 편집하기 위해 버텍스 도구( )선택

- 편집하기 위한 객체를 클릭하면 버텍스가 표시되고 편집할 버텍스를 이동 및 삭제하여 수정하고 수정이 마무리되면 우클릭으로 종료

- Insert vertex
  - 버텍스를 추가할 지점에 더블클릭

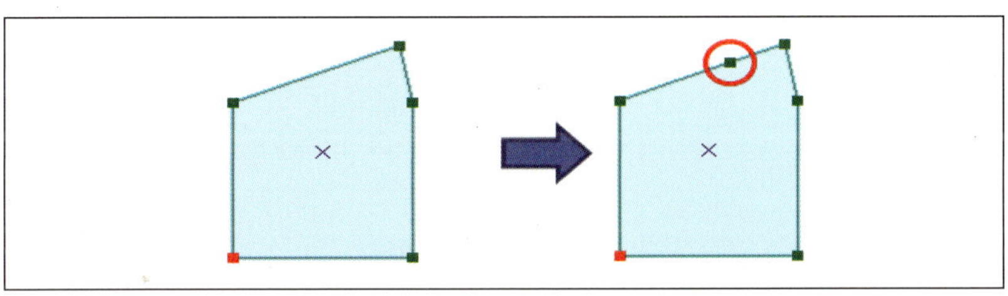

- Delete vertex
  - 버텍스를 선택하고 Delete 키를 이용하여 삭제

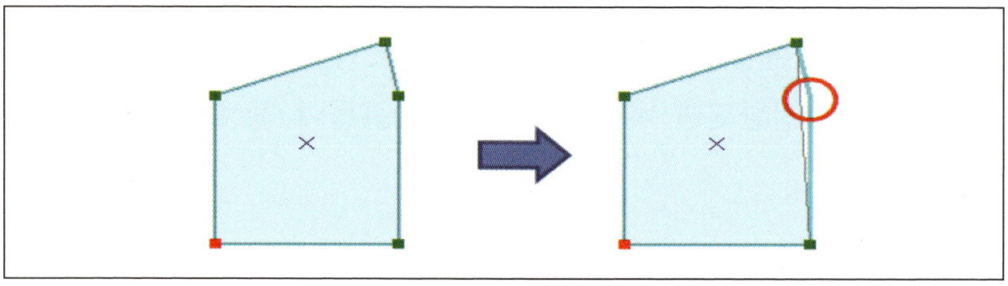

- Move

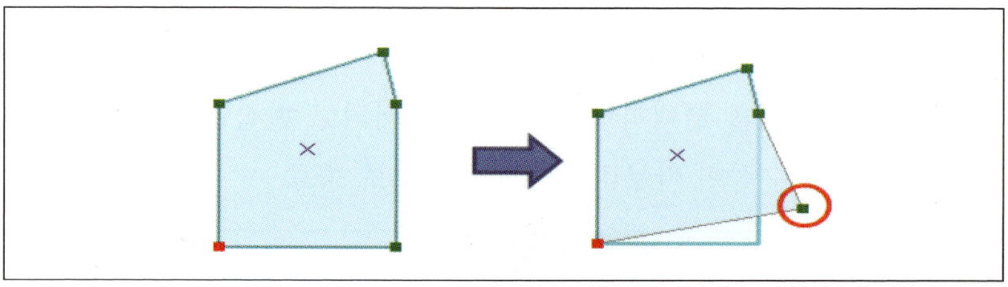

3) 객체 형태 바꾸기

- 객체의 형태를 바꾸기 위해서는 고급 디지타이징 툴바를 이용

- 객체변형()은 변형할 객체의 부분이 되는 스케치를 그리기 위해 사용

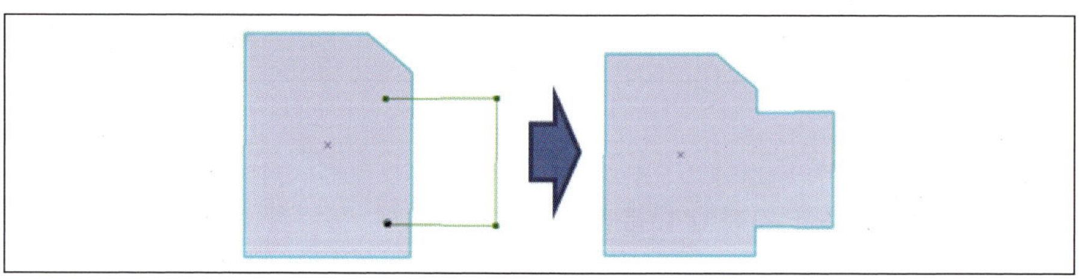

• 객체분할(split feature)은 한 폴리곤을 두 부분으로 분할할 때 사용

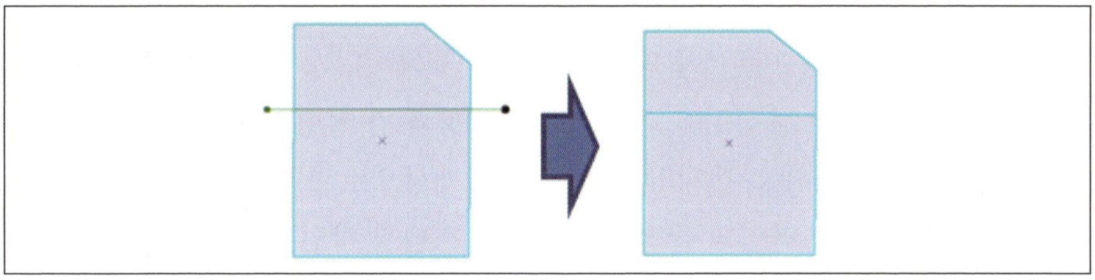

• 부분분리()는 하나의 객체를 형태만 분리한 것으로 새로운 객체가 생성되지 않음
• 선택한 객체병합()은 폴리곤 두 부분을 하나로 합칠 때 사용

4) 스냅핑(snapping)

가. Snapping properties

• 정밀한 작업을 위해서는 스냅핑 옵션 필요
• 스냅핑 레이어 선택 옵션

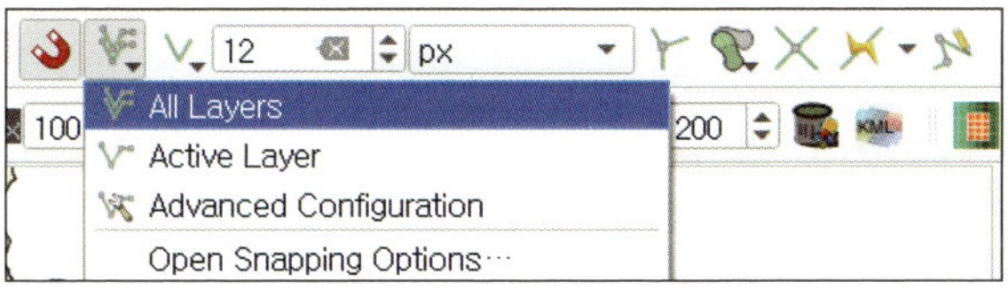

- All Layers : 모든 레이어에 대해 스냅핑 작업 실행
- Active Layer : 활성화된 레이어에 대해 스냅핑 작업 실행
- Advanced Configuration : 스냅모드, 허용오차 및 단위, 겹침 및 레이어 기반 스냅 배율 활성화하고 조정

• 스냅핑 방법(snapping mode)

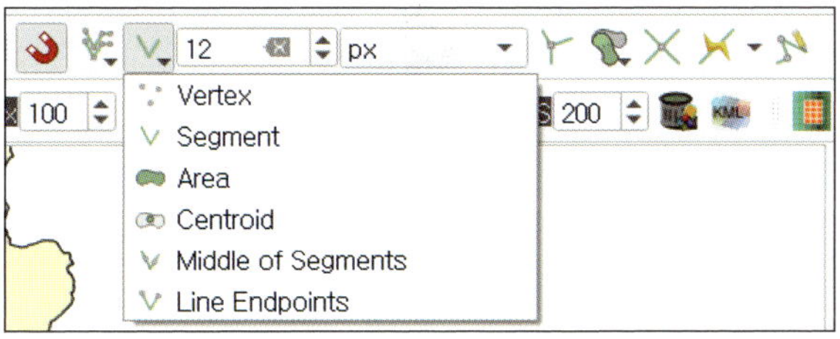

- Vertex : 객체의 꼭지점(vertex)를 대상으로 스냅핑 작업 실행
- Segment : 객체의 선분(line)을 대상으로 스냅핑 작업 실행
- Area : 객체의 면적으로 스냅핑 작업 실행
- Centroid : 객체의 중심점을 대상으로 스냅핑 작업 실행
- Middle of Segments: 객체의 선분 중앙을 대상으로 스냅핑 작업 실행
- Line Endpoints : 라인의 끝점을 대상으로 스냅핑 작업 실행

나. Overlapping control(중첩제어) [1)]

- 선택한 레이어의 기존 객체와 겹치는 새 객체를 그리는 것을 방지하여 인접 폴리곤의 디지타이징 속도를 높임

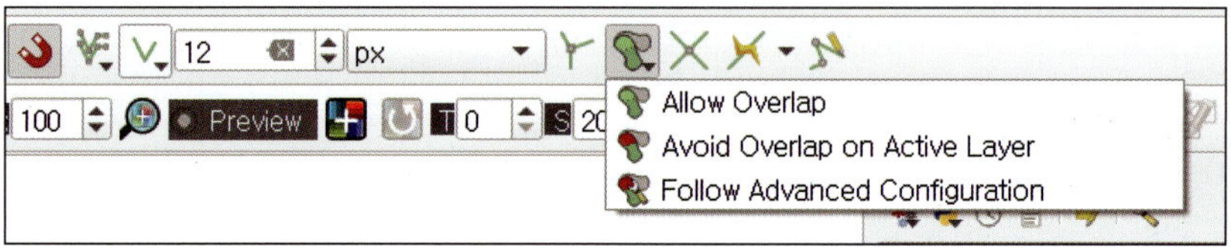

- Allow Overlap : 겹침허용
- Avoid Overlap on Active Layer : 편집 중인 레이어에서 다른 객체와 겹치는 것을 방지. 새도형이 겹치게 되면 QGIS에서 새도형의 겹치는 부분을 잘라 기존 객체의 경계에 스냅핑하기 때문에 경계부분에서 디지타이징할 필요가 없음
- Follow Advanced Configuration : 겹치는 부분을 레이어별로 설정

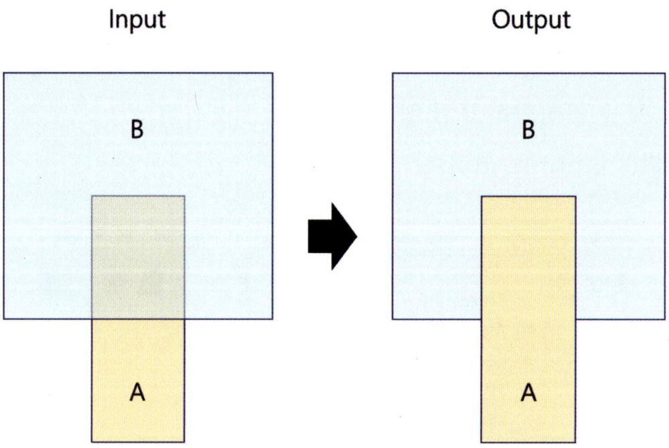

1) QGIS 3.16 이후 추가된 기능

03. 공간데이터 분석 [2]

1) Vector geometry

가. Buffer

- 특정 객체를 기준으로 직선거리 내의 권역을 생성하고 그 내부에 속하는 또는 속하지 않는 객체의 검색에 이용
- 메뉴바에서 Vector 〉 Geoprocessing Tools 〉 Buffer

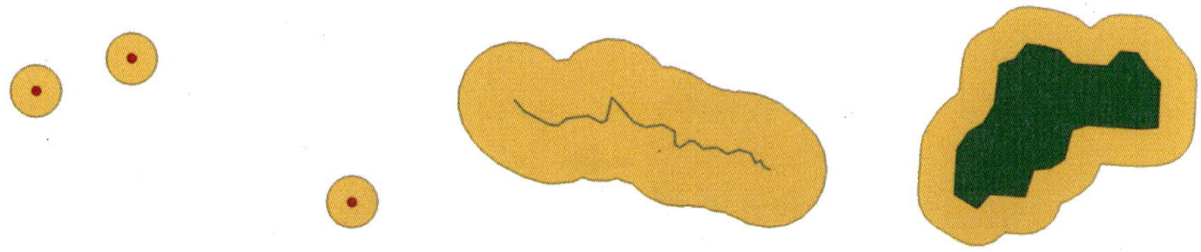

나. Centroid(중심점)

- 도형의 중심을 나타내는 새로운 포인트 레이어를 생성하며, 포인트의 속성은 원본객체의 속성과 동일
- 메뉴바에서에 Vector 〉 Geometry tools 〉 Centroid

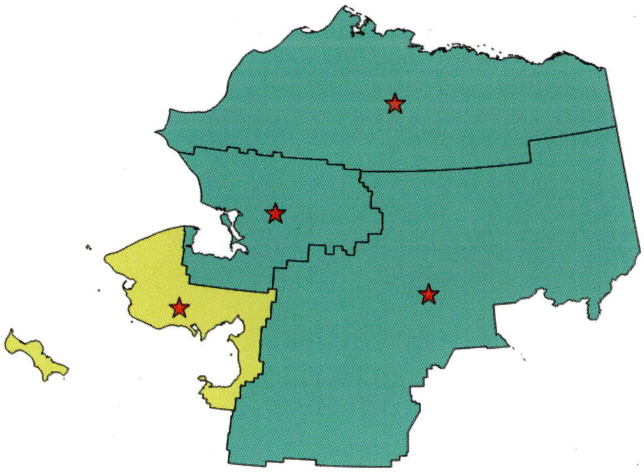

2) https://docs.qgis.org/3.28/en/docs/user_manual/processing_algs/qgis/vectorgeometry.html

2) Vector overlay

가. Clip(자르기)

- 레이어에 존재하는 폴리곤을 특정 구역으로 찍어내듯이 다른 레이어에서 동일한 모양으로 추출할 경우 사용
- 일반적으로 데이터셋을 사례지역(study area) 경계로 자르는 경우에 사용
- 메뉴바에서 Vector 〉 Geoprocessing Tools 〉 Clip

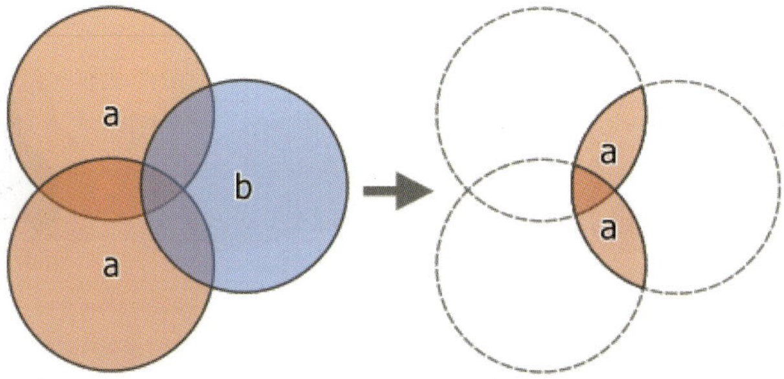

나. Difference(빼기)

- 레이어에 존재하는 하나 이상의 객체에 다른 레이어를 중첩시킨 후 해당 영역을 제외하고자 하는 경우 빼기 기능을 사용
- 메뉴바에서 Vector 〉 Geoprocessing Tools 〉 Difference

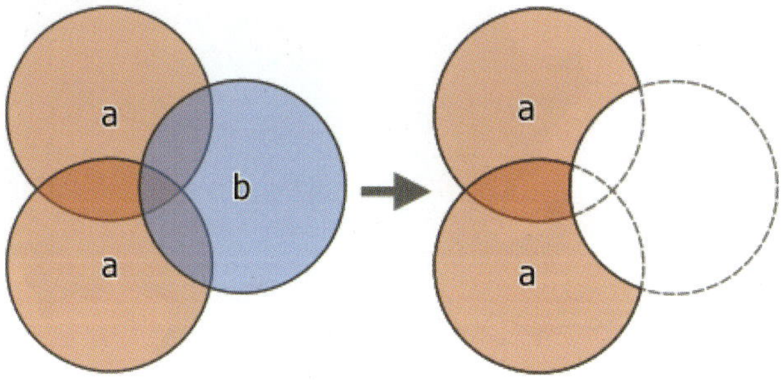

다. Dissolve(디졸브)

- 속성값을 기준으로 인접 객체를 서로 결합시킴 [3]
- 폴리곤 또는 라인 객체를 대상으로 Dissolve 작업을 실행할 수 있으며, 출력결과는 입력한 객체의 형태를 가짐

3) https://docs.qgis.org/3.28/en/docs/user_manual/processing_algs/qgis/vectorgeometry.html?highlight=dissolve#dissolve

• 메뉴바에서 Vector 〉 Geoprocessing Tools 〉 Dissolve

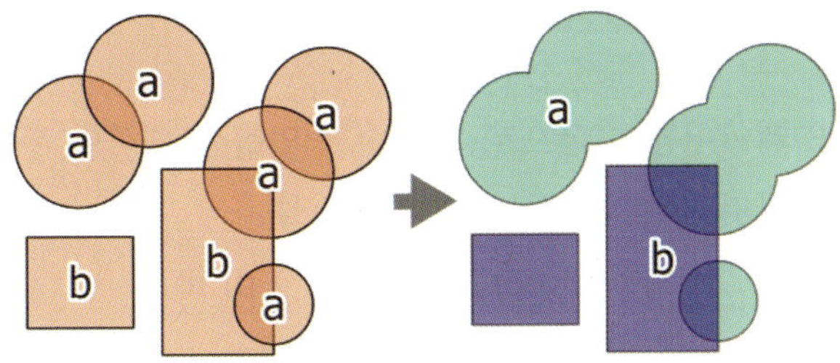

라. Intersection(교차영역)

• 두 레이어를 중첩시킨 후, 두 입력 레이어가 교차하는 형태와 속성만을 보존
• 메뉴바에서 Vector 〉 Geoprocessing Tools 〉 Intersection

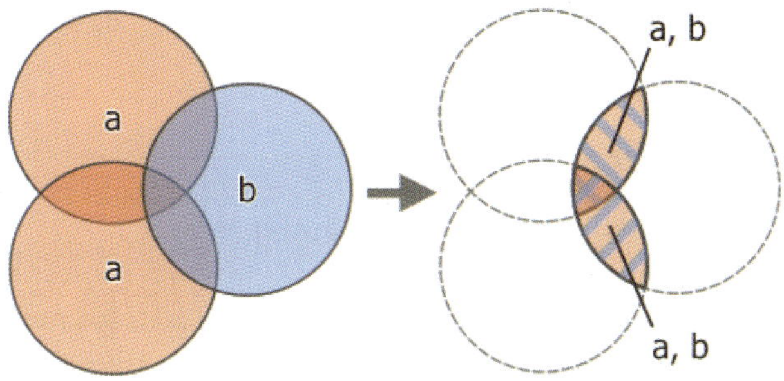

마. Symmertrical Difference(대칭빼기)

• 두 레이어를 중첩시킨 후, 두 입력 레이어가 교차하는 부분을 제외한 형태와 속성만을 보존
• 메뉴바에서 Vector 〉 Geoprocessing Tools 〉 Symmertrical Difference

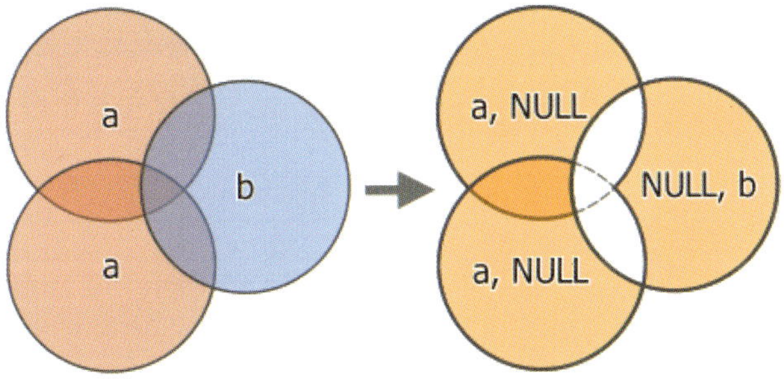

바. Union(합치기)

- 두 개의 레이어를 합하여 두 레이어가 지니는 모든 형태의 속성을 포함하는 새 레이어를 생성
- A 레이어 및 B 레이어를 대상으로 Union 작업을 실행하여 두 레이어의 경계선 및 속성을 모두 나타내는 새로운 레이어를 생성
- 메뉴바에서 Vector 〉 Geoprocessing Tools 〉 union

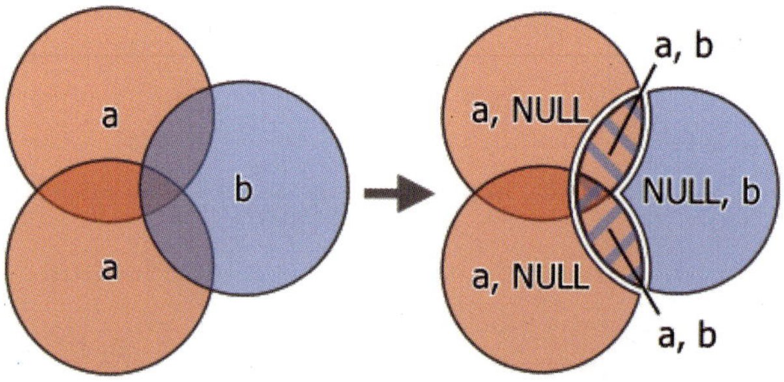

사. Merge(벡터레이어 병합)

- 둘 이상의 객체를 하나의 객체로 생성할 때 사용 [4)]
- 메뉴바에서 Vector 〉 Data Management Tools 〉 Merge Vector Layers

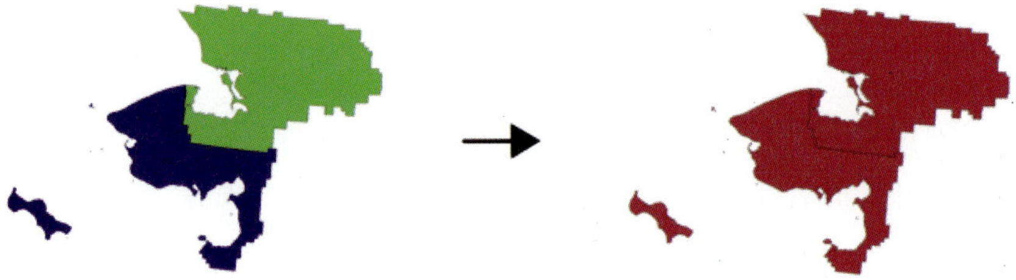

4) https://docs.qgis.org/3.28/en/docs/user_manual/processing_algs/qgis/vectorgeneral.html?highlight=merge#merge-vector-layers

3) 공간처리도구 활용

가. 개요

- 동대문구의 발달상권과 학교환경위생정화구역과의 관계를 살펴보고자 함
- 실습데이터에서 ex5_3 공간분석활용.qgz 프로젝트를 불러오면, 서울_발달상권, 서울_초중등학교, 동대문구 레이어를 확인할 수 있음

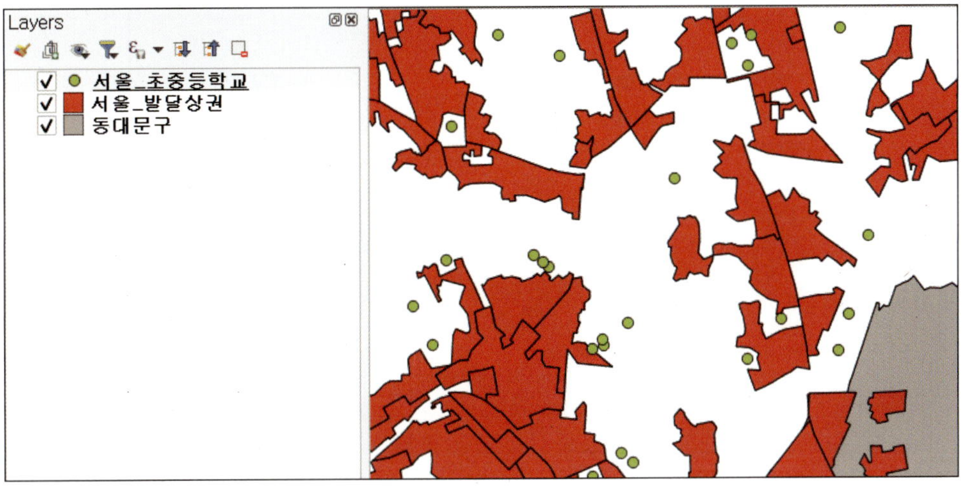

나. Clip

- 동대문구에 해당하는 발달상권과 초중등학교 레이어를 살펴보기 위하여 대상지역인 동대문구 레이어로 잘라내기 위해 CLIP 사용
- 메뉴바에서 Vector 〉 Geoprocessing Tools 〉 Clip 실행
- Clip 창이 나타나면 Input layer에 서울_발달상권, Overlay layer에 동대문구 선택하고 임시파일로 저장

- 산출물이 나타나면 우클릭하여 Rename Layer를 통해 동대문_발달상권으로 이름 변경

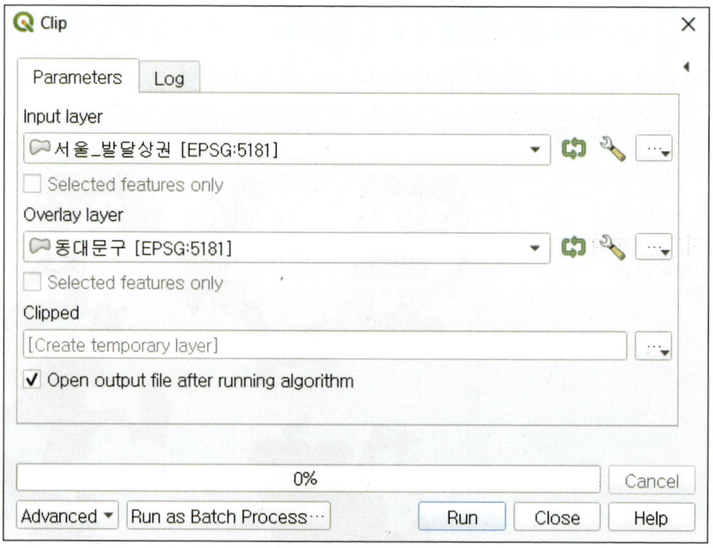

- 동대문구에 해당하는 서울_초중등학교만 잘라내기 위해 Processing Toolbox 〉 Recently used에서 Clip 실행

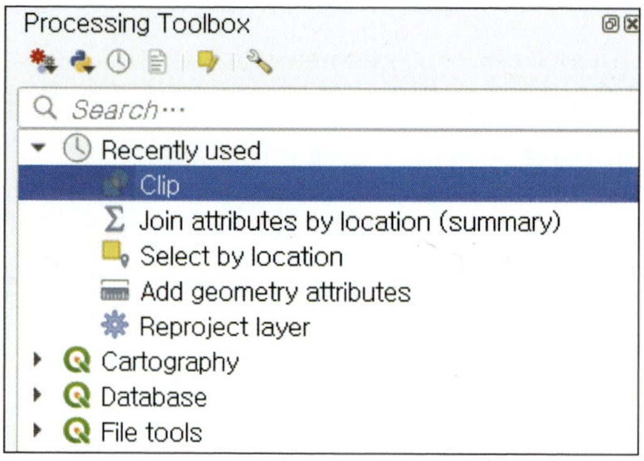

- Clip 창이 나타나면 Input layer에 서울_초중등학교, Overlay layer에 동대문구 선택하고 임시파일로 저장
  - 산출물이 나타나면 우클릭하여 Rename Layer를 통해 동대문_초중등학교로 이름변경

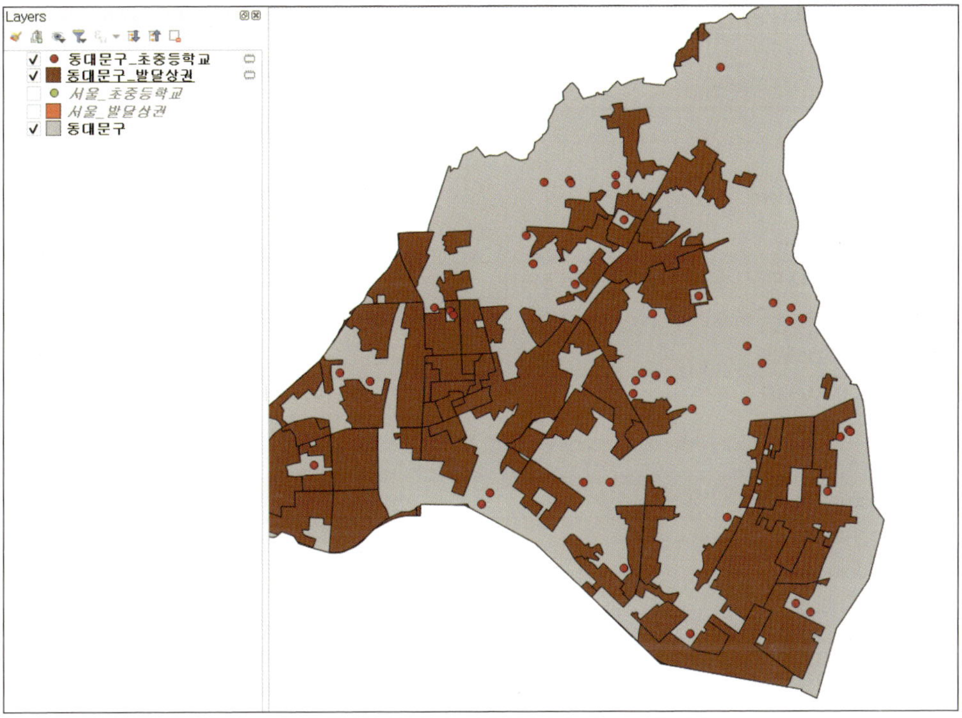

다. Buffer

- 학교환경위생정화구역 [5]을 도출하기 위해 메뉴바에서 Vector 〉 Geoprocessing Tools 〉 Buffer 실행
- Buffer 창이 나타나면 파라미터 입력
  - Input layer는 동대문_초중등학교 레이어, Distance는 200, Dissolve result 체크

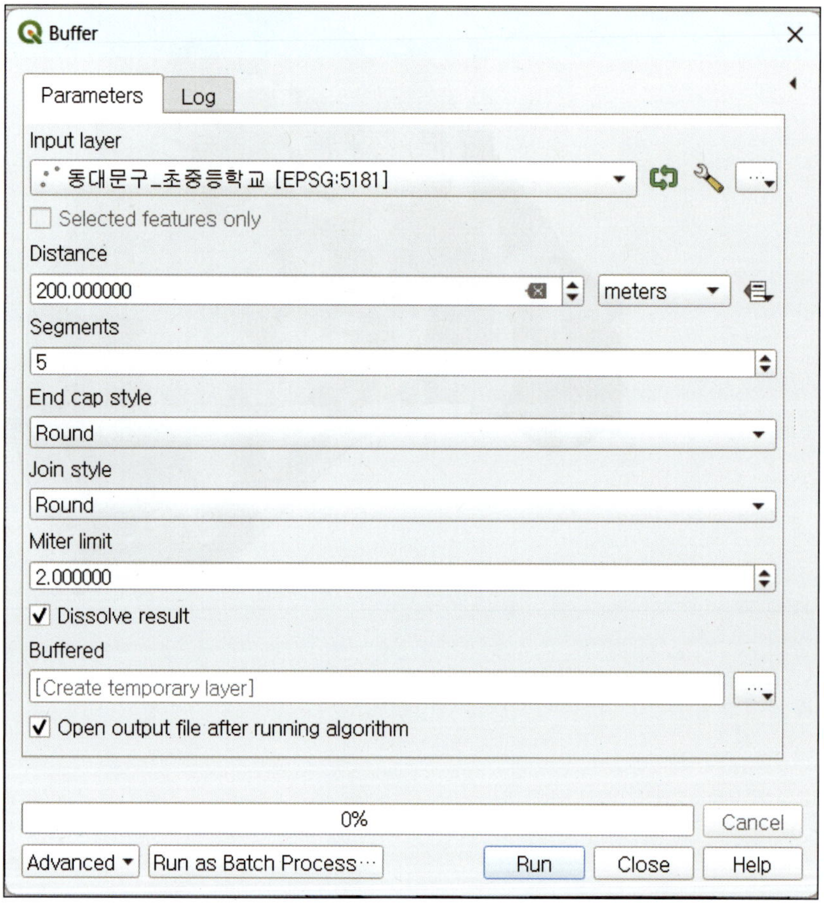

5) 학교환경위생정화구역은 학교경계선으로부터 200미터 이내의 지역이지만 본 실습에서는 실습 편의상 포인트로부터 200미터로 정함

- 각 학교별로 생성된 버퍼가 하나의 객체로 Dissolve되어 나타남

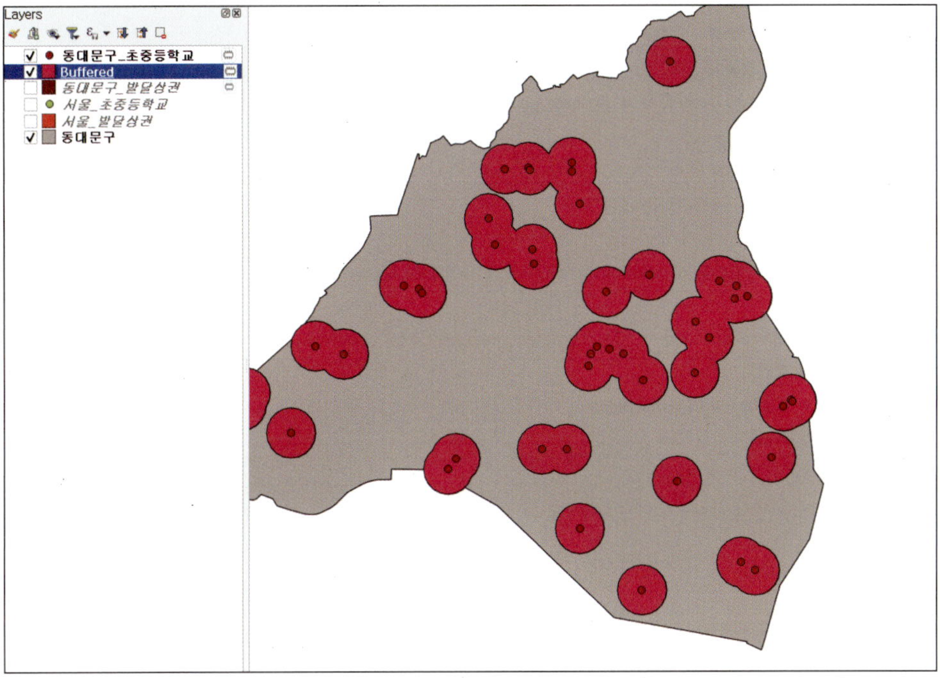

라. Intersect

- 학교환경위생정화구역에 포함되는 발달상권을 살펴보기 위해 Clip 대신에 Intersect 기능을 이용해보도록 함
- 메뉴바에서 Vector 〉 Geoprocessing Tools 〉 Intersection 실행
- Intersection 창이 나타나면 다음과 같이 파라미터 입력
  - Input layer : 동대문_발달상권
  - Over layer : Buffered
  - Input fields to keep : 입력 레이어 중 필요한 필드 체크
  - Overlay fields to keep : 중첩 레이어 중 필요한 필드체크
  - 즉, Intersect가 Clip과의 차이점은 두 레이어의 속성필드를 산출물에 포함한다는 점이 다름

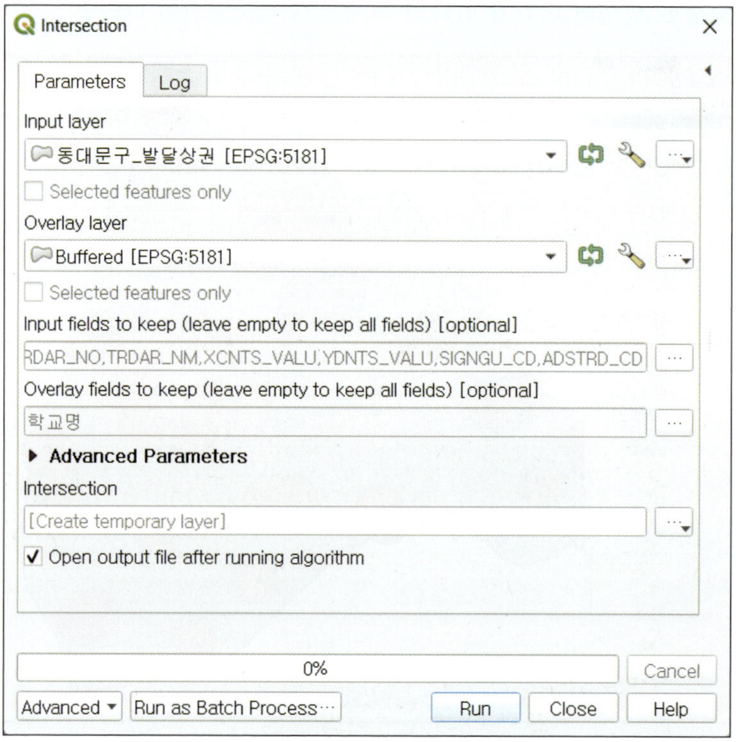

- Intersection 실행 결과와 동대문_발달상권 레이어를 이용하여 최종 산출물 작성
- 발달상권 중 학교환경위생정화구역에 해당하는 지역을 도출

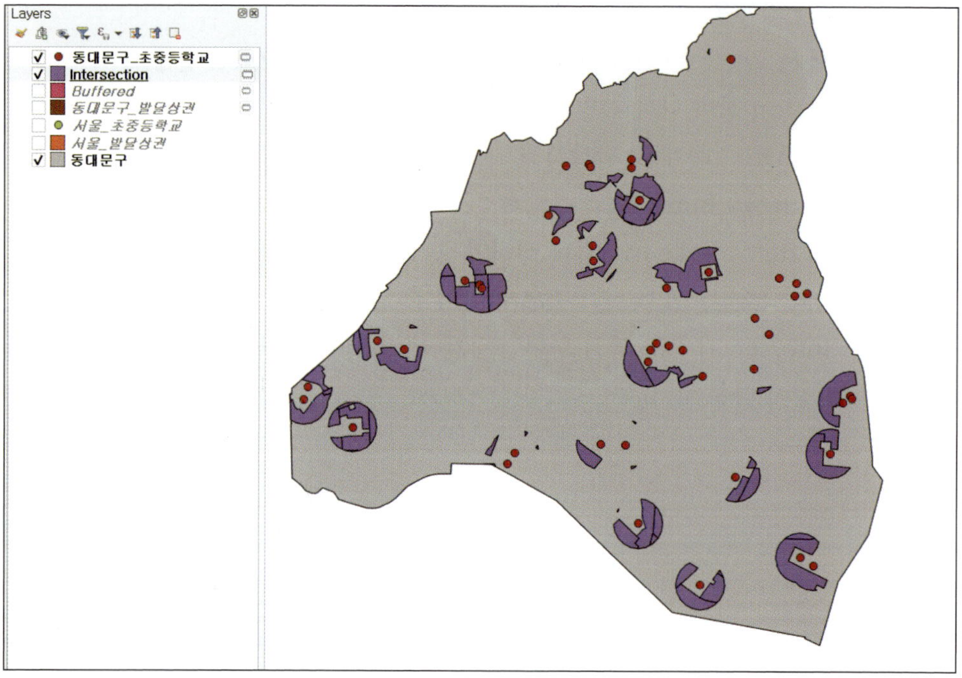

04. 네트워크 분석

1) 개요

- 네트워크 분석은 도로나 철도 등 네트워크들의 경로를 이용하여 시설의 접근성 및 이용권역, 최단경로 등을 분석하는데 사용

2) 최단거리 분석

- 최단거리 분석을 위해 실습데이터에서 ex5_4 최단거리.qgz 프로젝트 파일을 불러옴

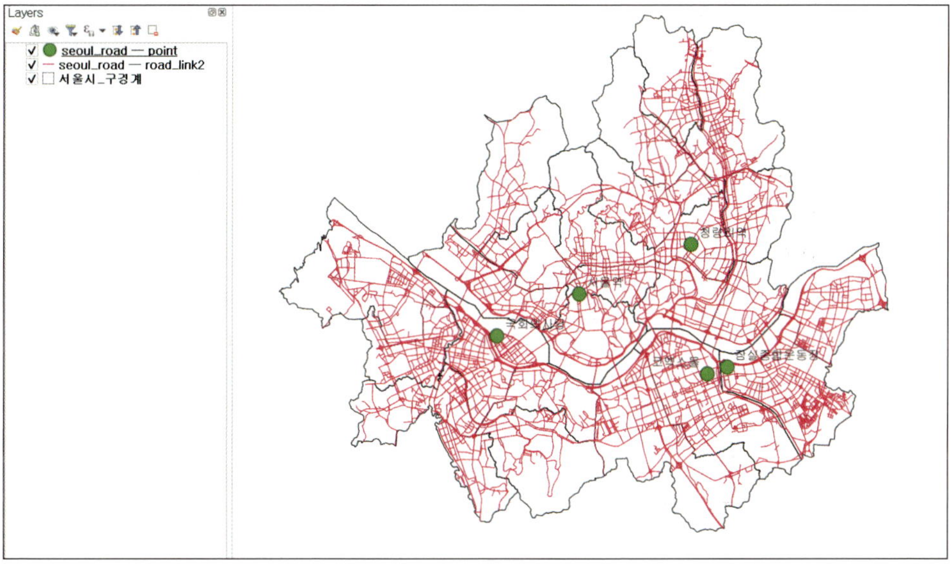

- 최단거리 분석을 위해 공간처리 툴박스(Processing Toolbox)에서 Network analysis 〉 Shortest path (point to point) 실행

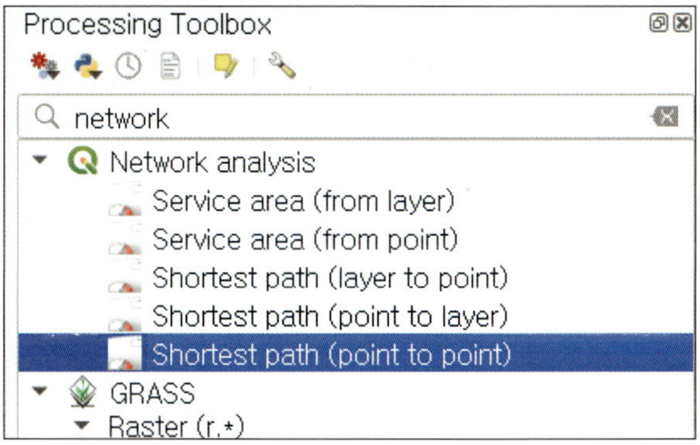

- 청량리역에서 코엑스몰까지 최단거리를 알아보기 위하여 파라미터 입력
  - Vector layer representing network : 도로망 레이어
  - Path type to calculate : Shortest
  - Start point : 청량리역 지점
  - End point : 코엑스몰 지점 클릭하고 실행

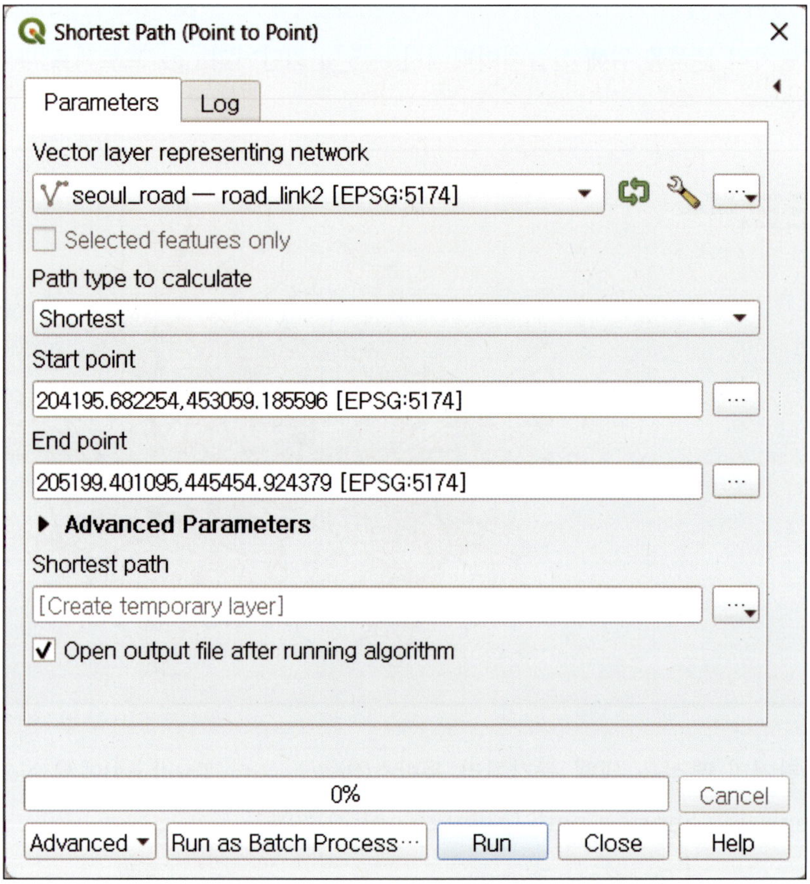

• 청량리역에서 코엑스몰까지의 최단거리가 도출됨

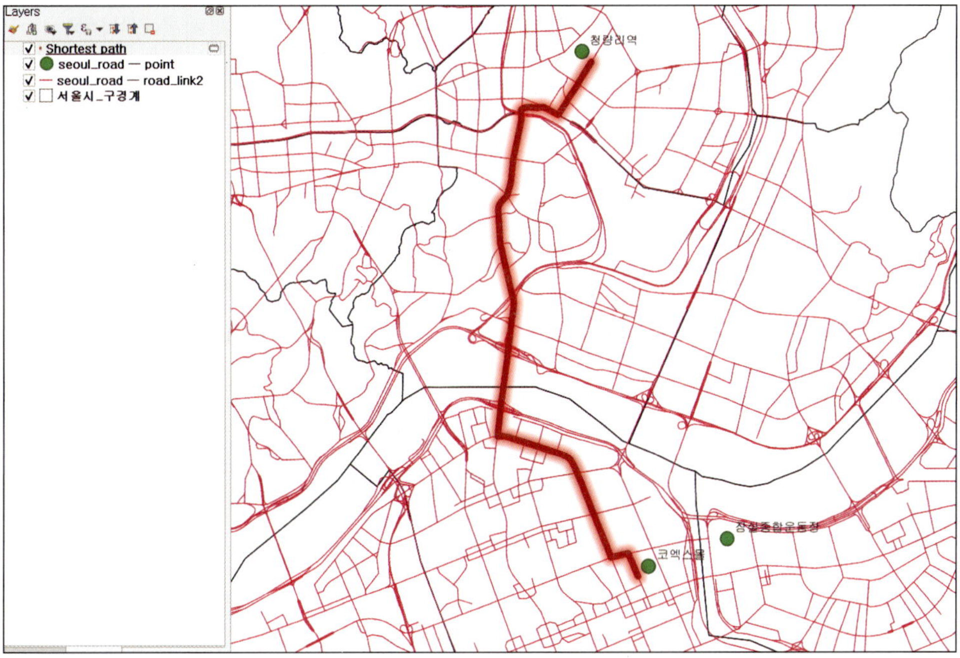

• 본 실습에서는 속도가 고려되지 않은 최단거리(Shortest)를 실습해보았으나 속도 필드가 있는 경우에는 Advanced Parameters에서 추가하여 최단시간(fastest) 노선 분석 가능

05. 최근린 허브까지의 거리(Distance to nearest hub)

- 하나의 허브에서 가까운 객체를 검색하고 거리를 잇는 라인 객체를 생성함
- 본 실습에서는 스타벅스와 이디야 매장에 대해 지하철역에서 가까운 매장이 평균적으로 많은지 비교해 보도록 함
- 실습데이터에서 ex5_5 최근린분석.qgz 파일을 불러오면 서울_지하철역과 서울_스타벅스., 서울_이디야 레이어를 확인할 수 있음

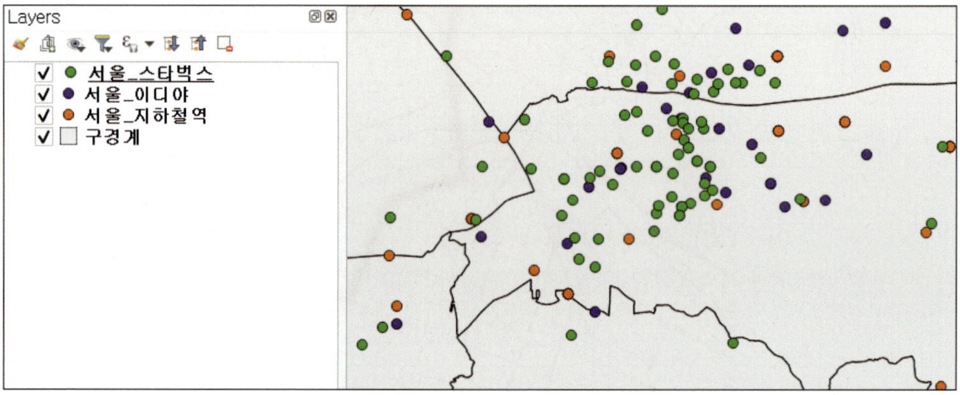

- 먼저 지하철역과 스타벅스와의 거리를 구하기 위해 Processing Toolbox에서 Vector analysis 〉 Distance to nearest hub(line to hub) 선택

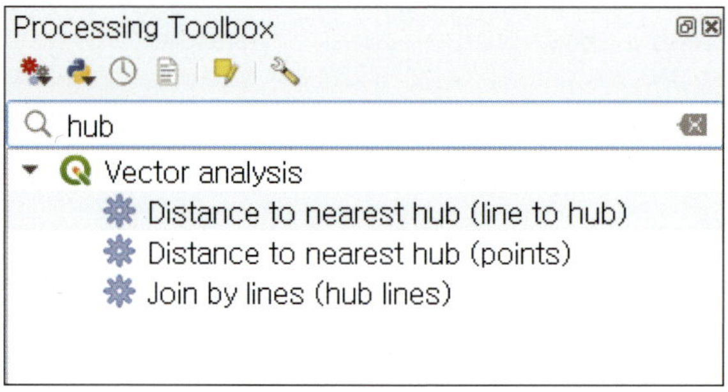

- 최근린 허브까지의 거리 창이 실행되면 Source points layer에는 허브레이어에서 거리를 측정할 레이어를 선택, 즉 거리가 추가될 레이어가 됨. 여기서는 스타벅스 레이어 선택
- Destination hubs layer(대상 허브 레이어)는 지하철역 레이어 선택
- Hub layer name attribute(허브 레이어 이름 속성)은 Hub distance 레이어에서 허브이름으로 사용될 전철역명 선택

• Measurement unit(측정단위)는 Meters를 선택하고 실행

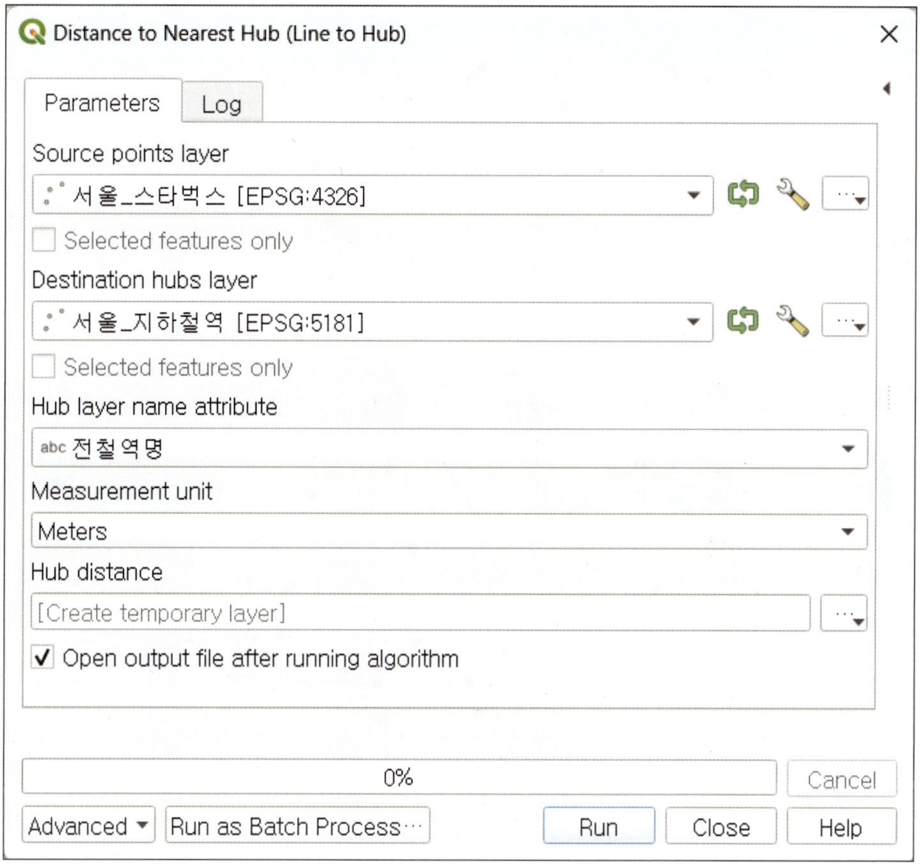

- 스타벅스 레이어(source)에서 가까운 지하철역(hub)을 찾아서 라인으로 연결

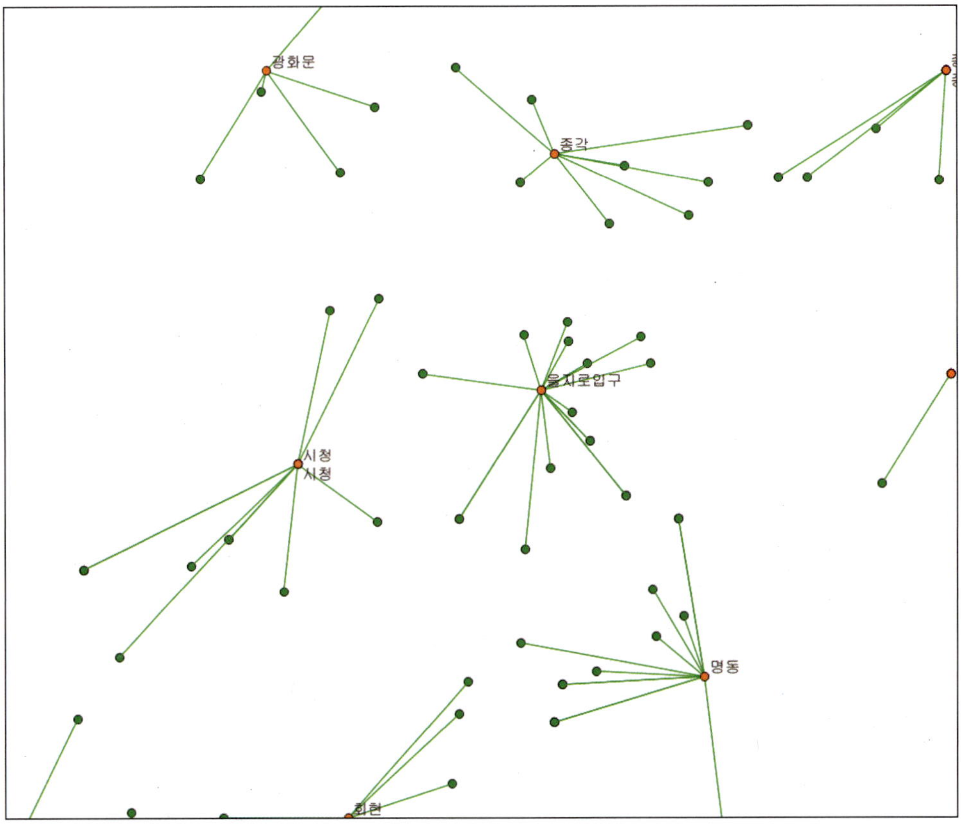

- Hub distance 레이어의 속성테이블을 열어보면 스타벅스 매장에서 가까운 지하철역까지의 거리가 산출된 것을 확인할 수 있음

Hub distance — Features Total: 505, Filtered: 505, Selected: 0

	보	호정보	경도	위도	HubName	HubDist
1		29	126.99478127···	37.534302942···	이태원	47.077449401···
2		NULL	126.99020724···	37.5705850186···	종로3가	181.14573409···
3		NULL	127.019762756···	37.513662634···	신사	298.10945473···
4		NULL	126.92486308···	37.5251722235···	여의도	398.26458122···
5		NULL	127.063878213···	37.510037847···	삼성	146.93198852···

• 스타벅스 매장과 지하철역까지 거리의 기초통계량을 살펴보기 위해 Vector 〉 Analysis Tools 〉 Basis Statistics for Fields 클릭

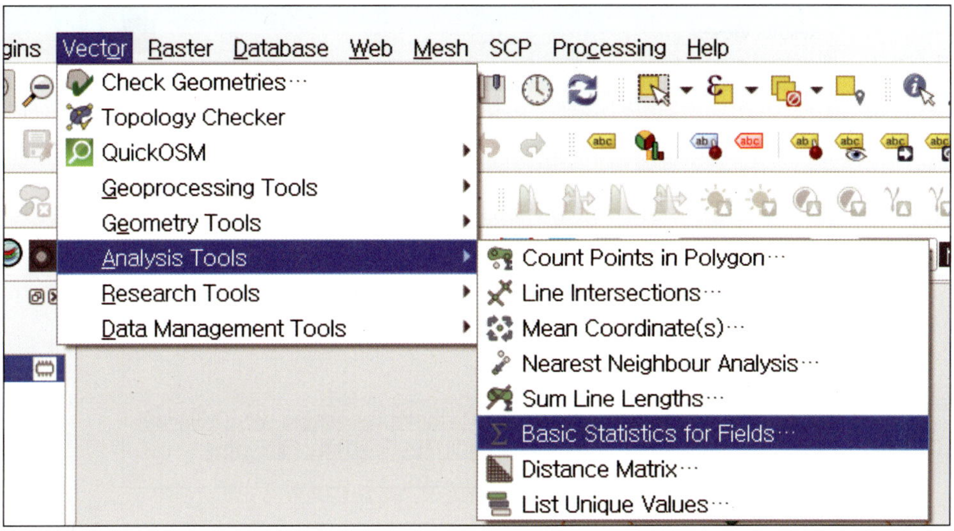

• Basic Statistics for Fields 창이 나타나면 Input layer에는 산출된 Hub distance를 선택, Fields to calculates statistics on은 HubDist 선택하고 실행

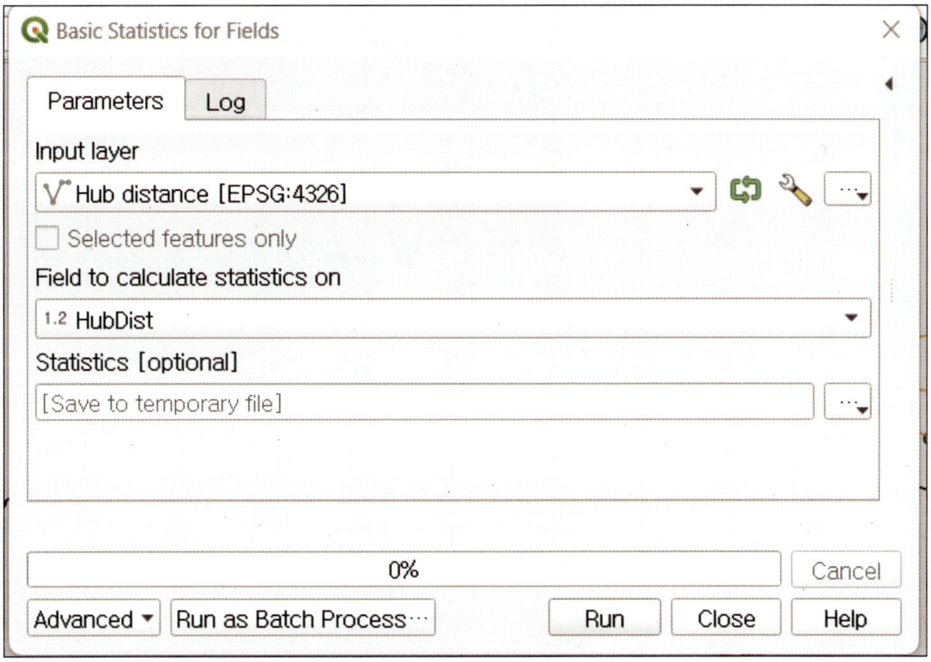

• Result Viewer 패널이 나타나고 링크를 클릭하면 기초통계량 분석결과를 확인 할 수 있음

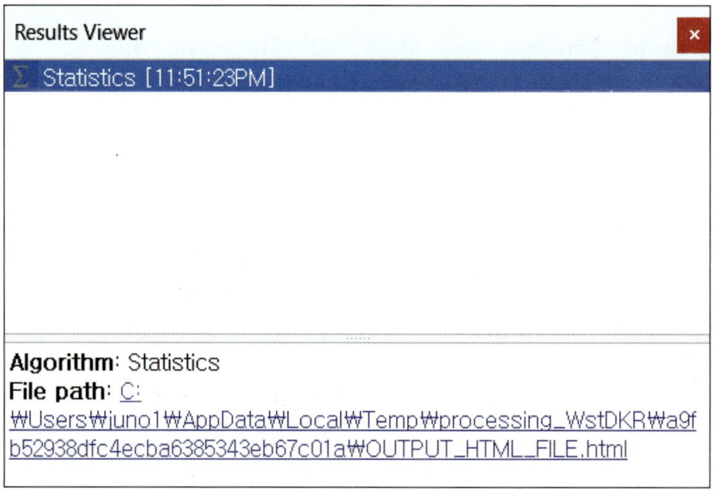

• 같은 방법으로 이디야 매장과 지하철역과의 최근린 허브까지의 거리 분석

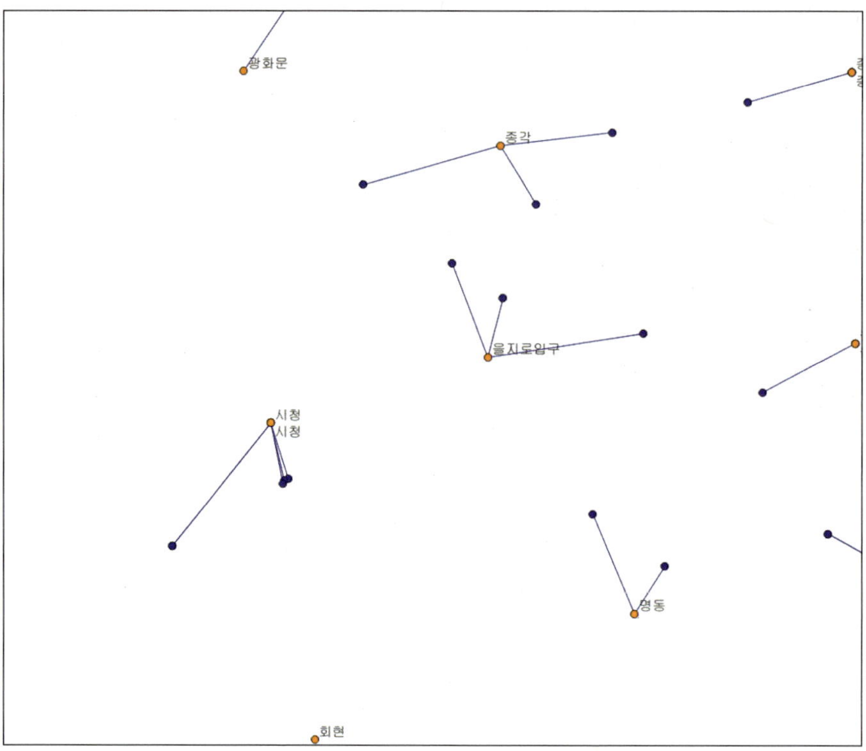

- 이디야 매장과 지하철역까지 거리의 기초통계량을 산출
  - 스타벅스 매장의 경우 최단 거리는 33.3m, 최장거리는 2753.5m, 평균거리는 347.1m인 것으로 나타났으며, 이디야 매장의 경우 최단 거리는 3.4m, 최장거리는 2747.3m, 평균거리는 455.3m인 것으로 나타남

06. 지오레퍼런싱(Georeferencing)

1) 개요

- 지오레퍼런싱(Georeferencing)은 래스터 데이터의 각 화소에 실세계 좌표를 할당하는 과정으로 좌표가 없는 이미지에 좌표를 부여하여 맵에 로딩하는 것을 말함
- 여기서는 과거 제작된 종이지도를 좌표계에 맞추는 작업과 좌표계가 없는 이미지에 좌표계를 부여하는 방법을 실습해보도록 함

2) 종이지도 이미지 구하기

- 과거 제작된 종이지도를 현재의 지형에 맞추는 작업을 실습해보도록 함
- 국토정보플랫폼 [6]에 접속하여 종이지도를 내려받도록 함
- 통합검색에서 찾고자 하는 위치를 입력하고 검색. 여기서는 북한산생태탐방원을 입력하고 검색결과가 나타나면 종이지도 선택

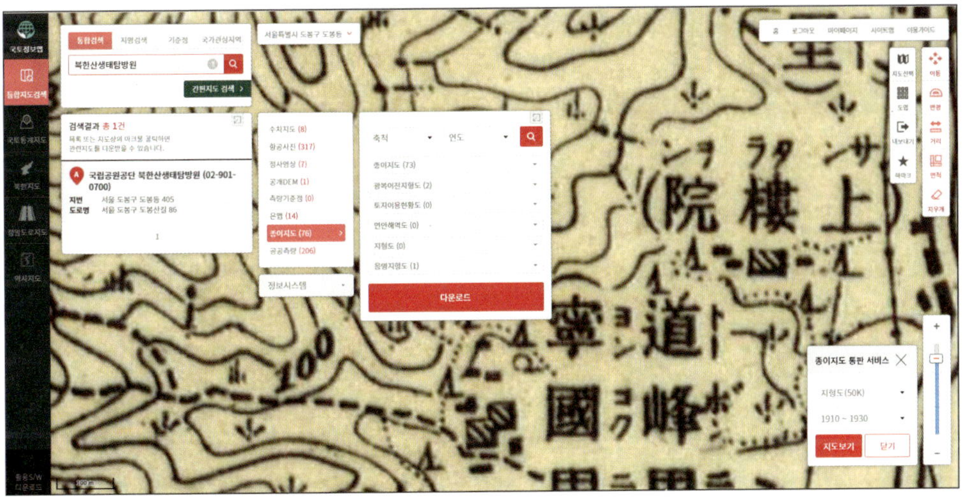

6) http://map.ngii.go.kr

• 종이지도를 선택하면 다양한 시기에 제작된 종이지도를 확인할 수 있음

- 여기서는 북한산생태탐방원이 위치한 지역의 1984년 편집, 1996년에 인쇄된 1:5000 축척의 종이지도를 선택하고 내려받음

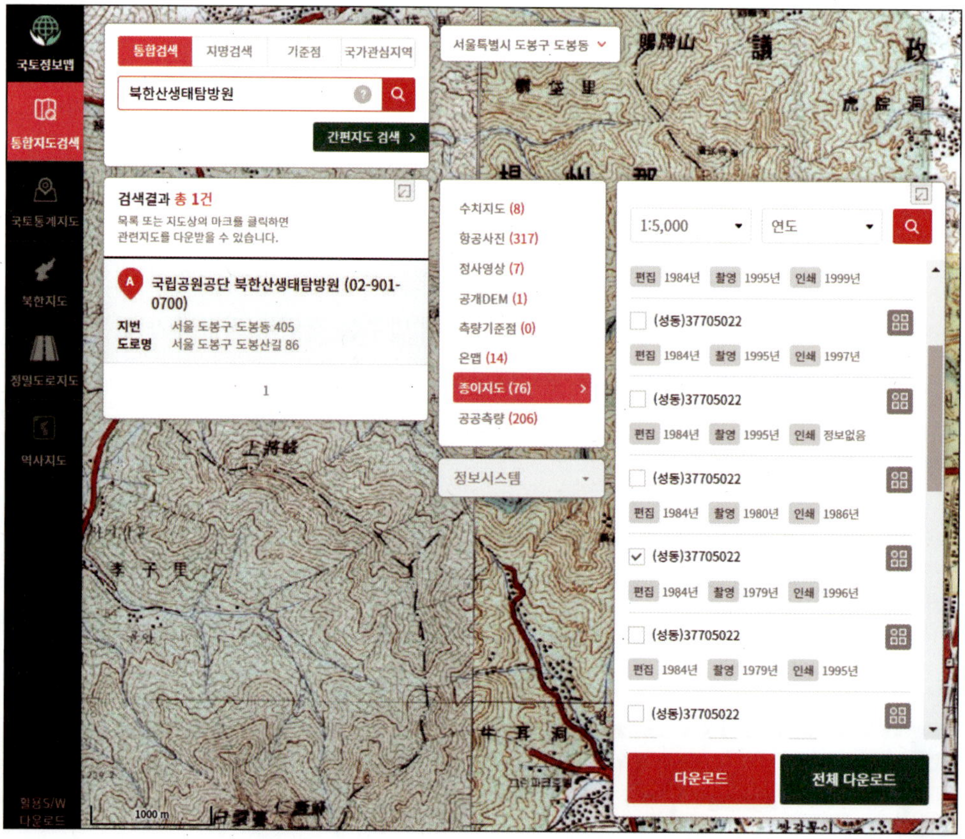

3) 좌표가 있는 이미지

- 실습을 위해 ex5_6 지오레퍼런싱.qgz 프로젝트 파일을 불러옴
- 북한산생태탐방원이 포함되는 지역의 종이지도를 살펴보면 도곽에 동경좌표계에 의한 경위도 좌표가 입력되어있는 것을 확인할 수 있음

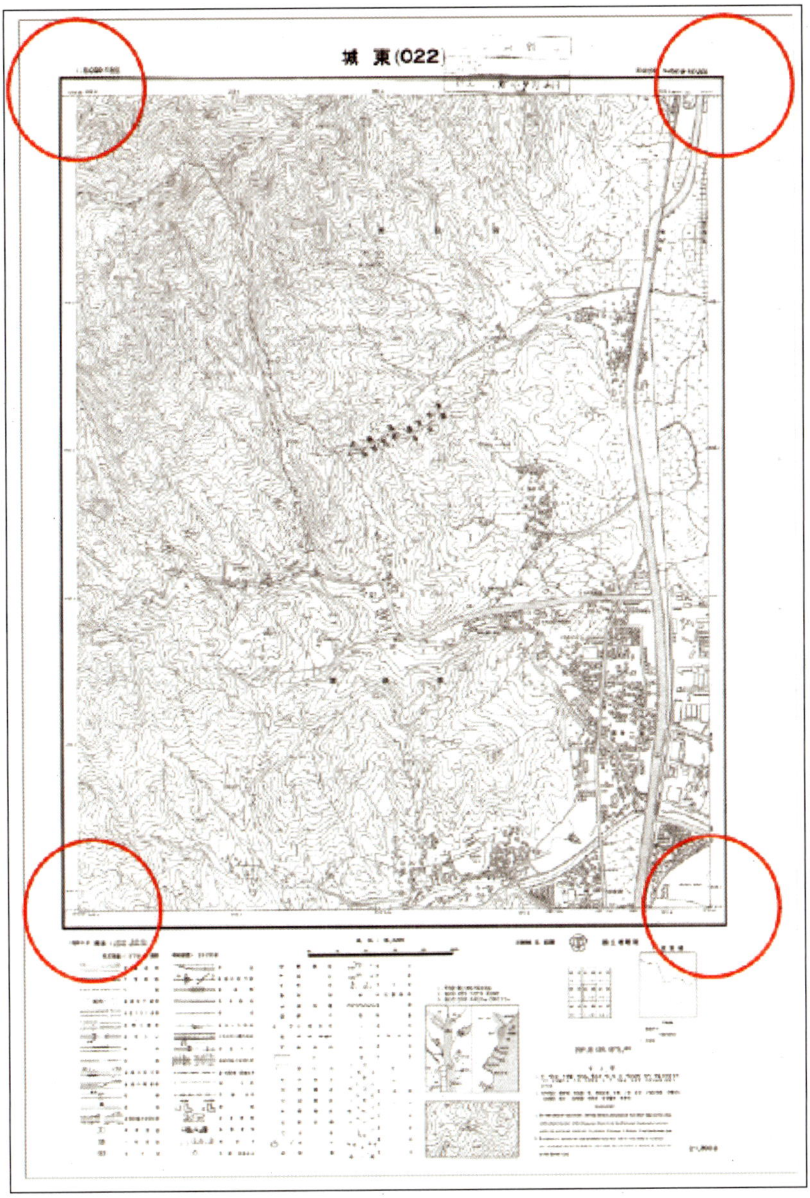

• 메뉴바에서 Layer 〉 Georeferencer 실행 [7]

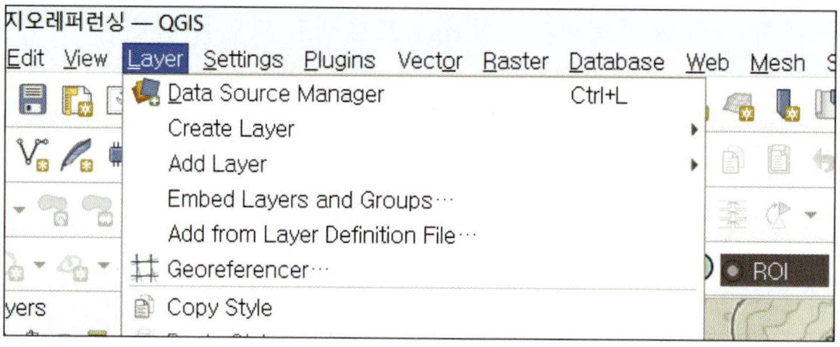

• 지오레퍼런서 창이 나타나면 래스터 열기(■)를 선택하고 좌표를 부여할 국토정보플랫폼에서 내려받은 종이지도 이미지를 불러옴

- (B120)구지도_1984_37705022_377050228409_005k.tif

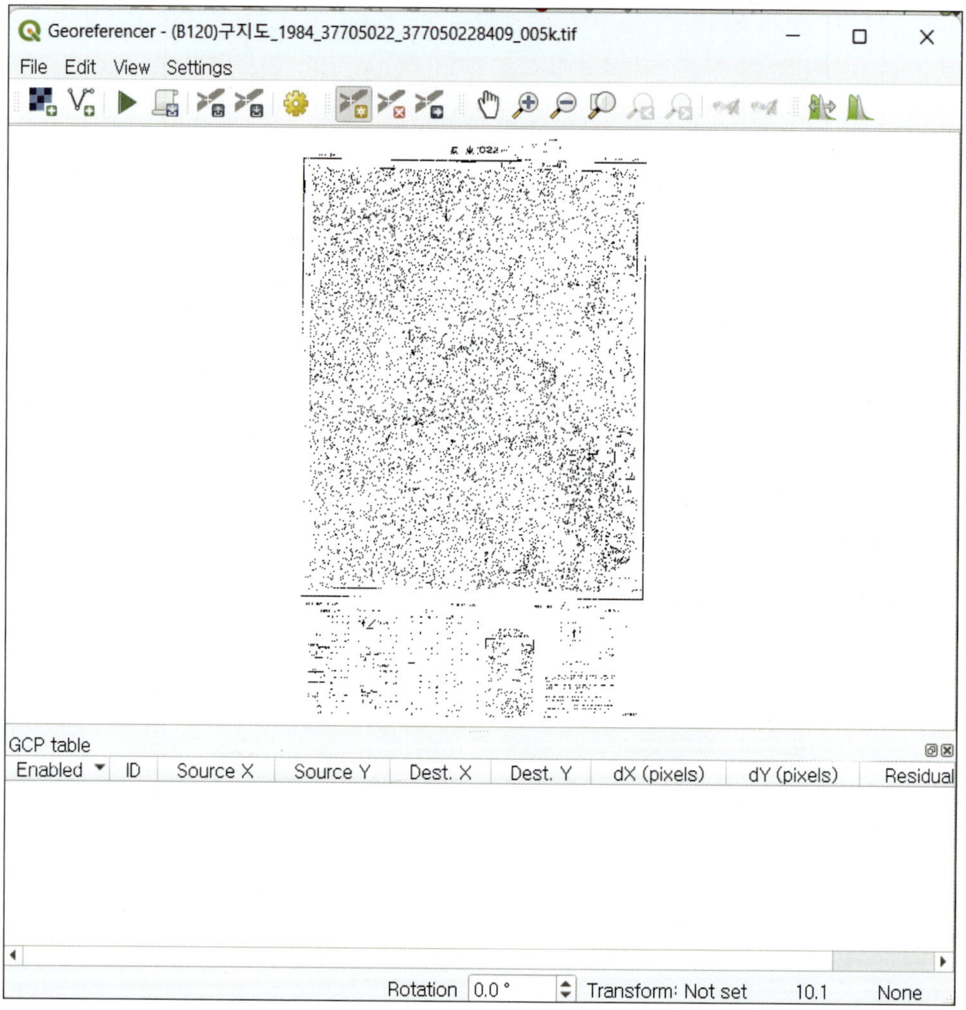

7) QGIS 3.26 이후부터 Georeferencer 기능이 Raster 메뉴에서 Layer 메뉴로 이동

- Transformation setting( )을 클릭하고 파라미터 입력 [8]
  - Transformation Type(변환유형) : Linear 선택. Linear는 이미지의 좌표계를 알고 지리참조정보가 누락된 경우 사용
  - Target CRS(대상 공간 참조시스템) : 지도 좌표계인 도쿄좌표계(EPSG : 4301)
  - Output file : 저장 경로 지정
  - Resampling method: Nearest Neighborhood
  - Set target resolution : 체크 해제
  - Load in project when done : 체크

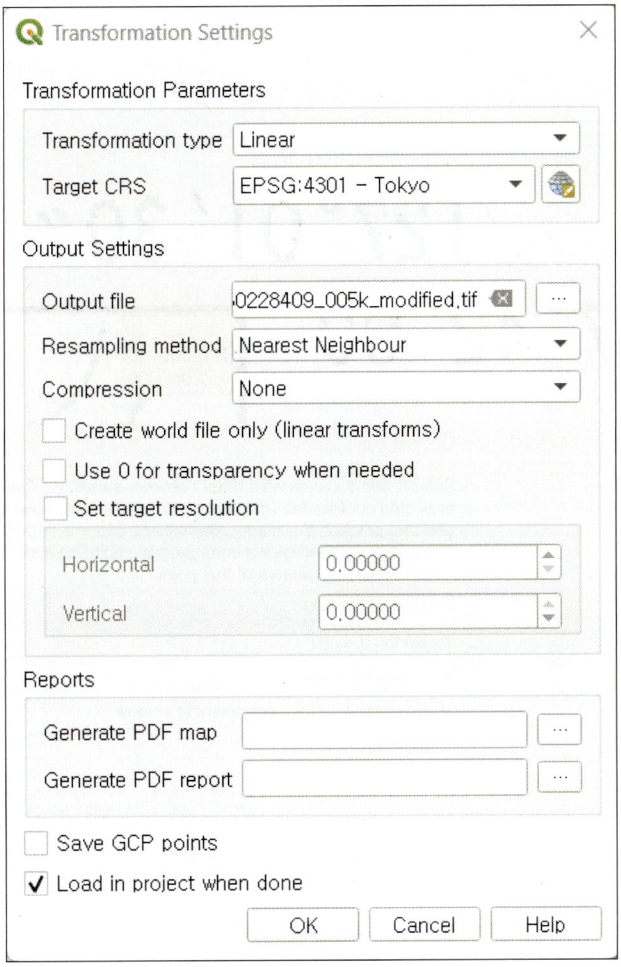

8) https://docs.qgis.org/3.22/en/docs/user_manual/working_with_raster/georeferencer.html

- 메뉴에서 Settings 〉 Configure Georeferencer에서 포인트 팁의 ID표시와 좌표보기를 체크하면 포인트에 대한 정보를 화면에서 확인할 수 있음

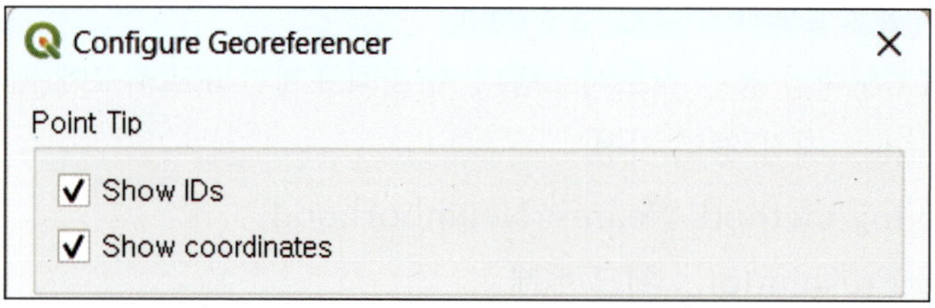

- 포인트 추가하기( )를 선택하고 도곽 모서리에 대한 지상기준점(GCP)을 지정하고 좌표 입력 후 OK 클릭
  - 여기서 CRS는 변환설정에서 지정했기 때문에 자동으로 설정됨

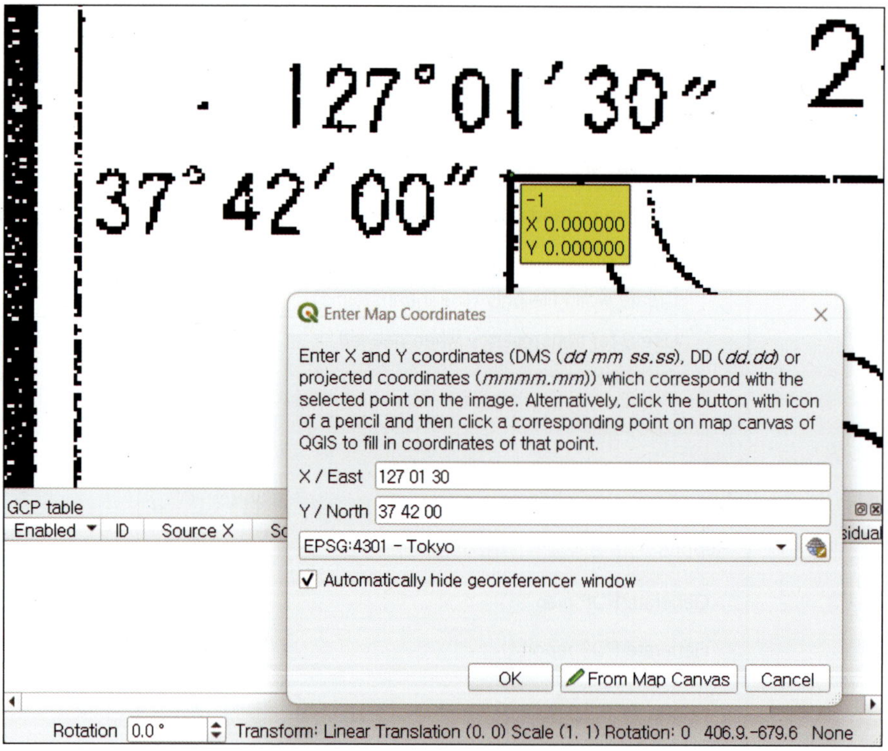

- 같은 방법으로 도곽의 각 모서리에 대해 GCP를 지정하고 좌표를 입력
- 모든 GCP가 수집되고 모든 변환설정이 정의된 후 지오레퍼런싱 시작버튼(▶)을 클릭하여 변환 실행

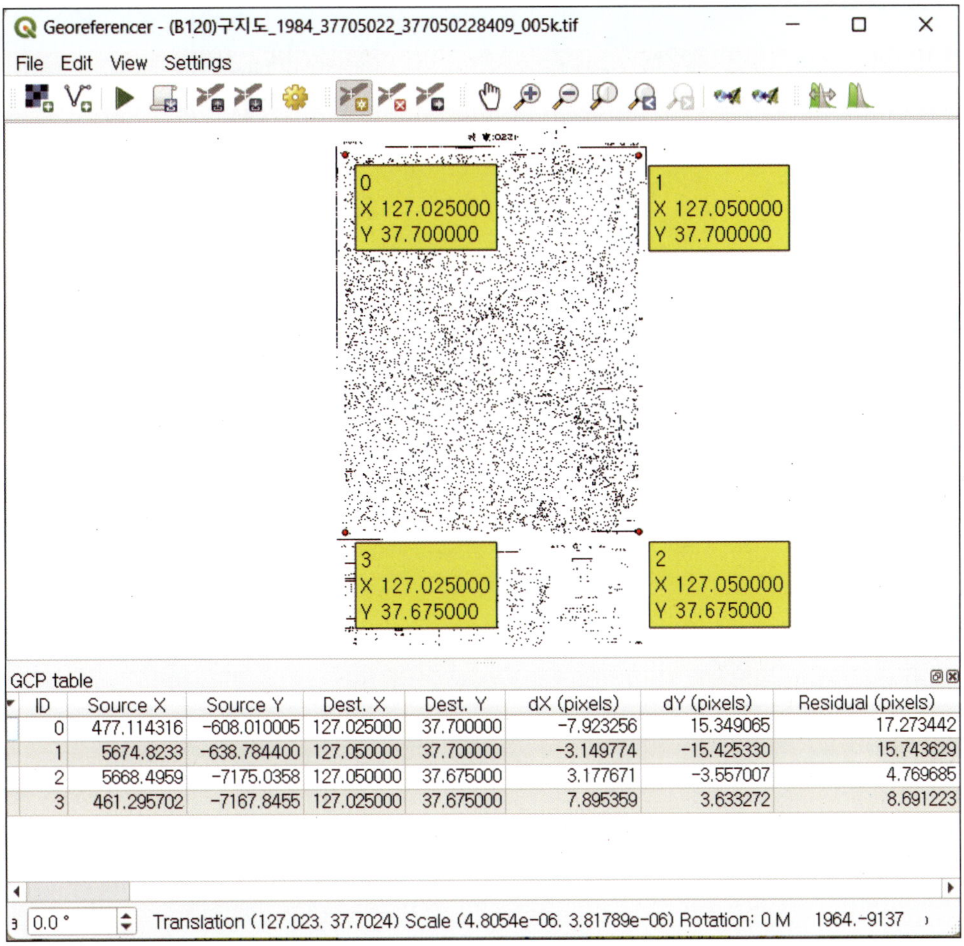

• 변환이 완료되면 지도이미지가 맵캔버스에 나타난 것을 확인할 수 있음

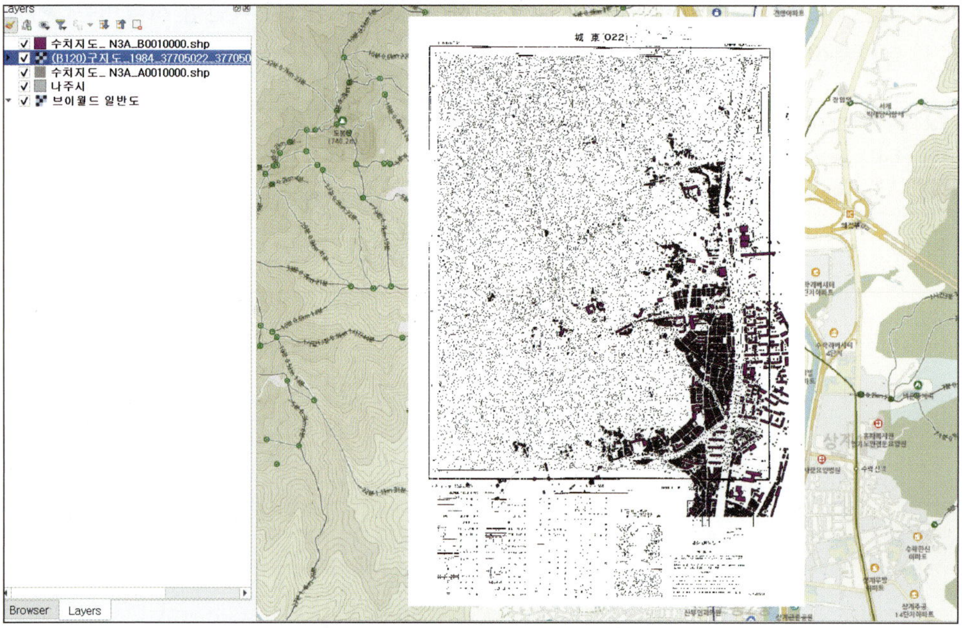

4) 좌표가 없는 이미지

- 관광지도와 같은 좌표가 없는 이미지의 경우에는 지상기준점(GCP : Ground Control Point)을 입력하고 대응되는 위치를 맵캔버스로 불러온 벡터 또는 래스터 데이터를 이용하여 좌표를 입력
- 메뉴바에서 Layer 〉 Georeferencer를 실행하고 실습데이터에서 좌표정보가 없는 나주 관광지도.gif를 불러옴

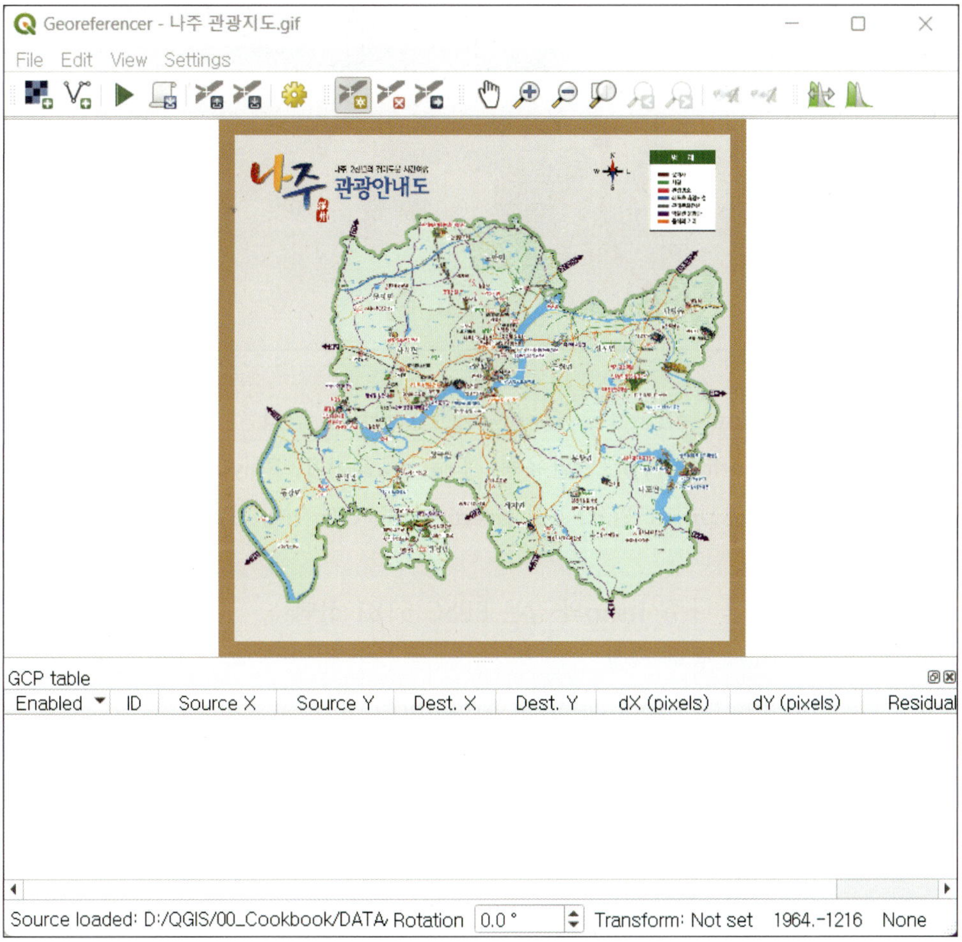

- QGIS에 대응되는 지점을 지정하기 위해 참조할 수 있는 벡터 레이어인 나주시.shp 파일과 xyz tiles에서 배경지도를 불러옴

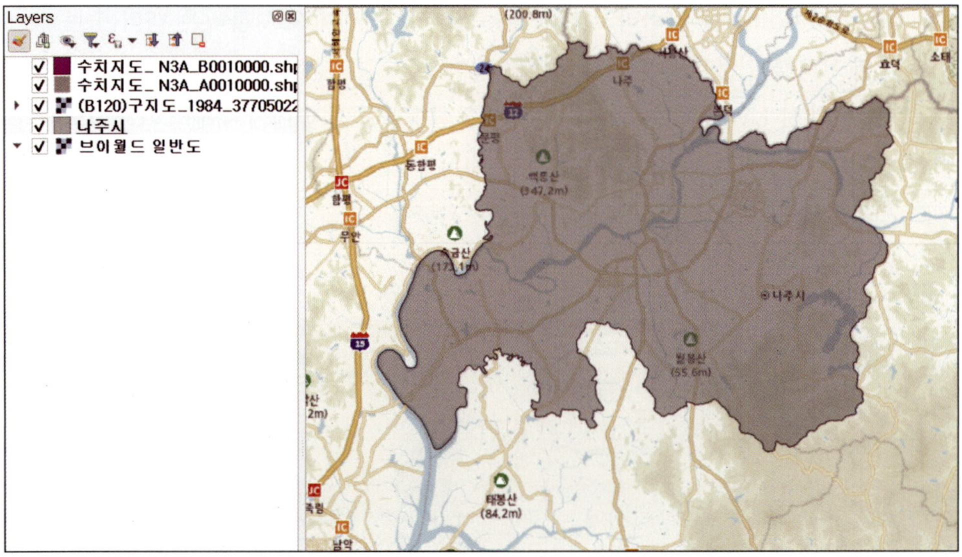

- Transformation setting( )을 클릭하고 파라미터 입력 [9]
  - Transformation Type(변환유형): Polynomial 1. Polynomial 1은 3개 이상의 control point 필요, Polynomial 2는 6개 이상, Polynomial 3은 10개 이상 필요
  - Target CRS : 나주시.shp와 같은 EPSG:5181 선택
  - Output file : 경로 지정
  - Resampling method: Nearest Neighborhood
  - Set target resolution 체크 해제
  - Load in project when done 체크

9) https://docs.qgis.org/3.22/en/docs/user_manual/working_with_raster/georeferencer.html

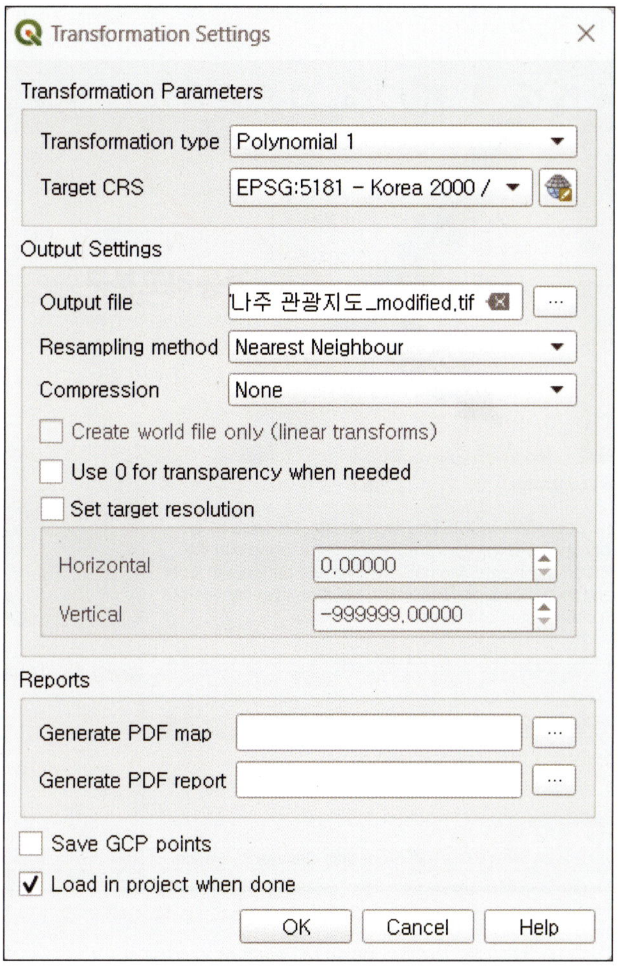

- 지도에 좌표를 입력하기 위해 지오레퍼런스 창의 이미지에서 코너, 건물의 모서리, 교차로 등 쉽게 식별할 수 있는 지점을 Add Point( )를 이용하여 GCP로 지정하고 'From Map Canvas' 클릭

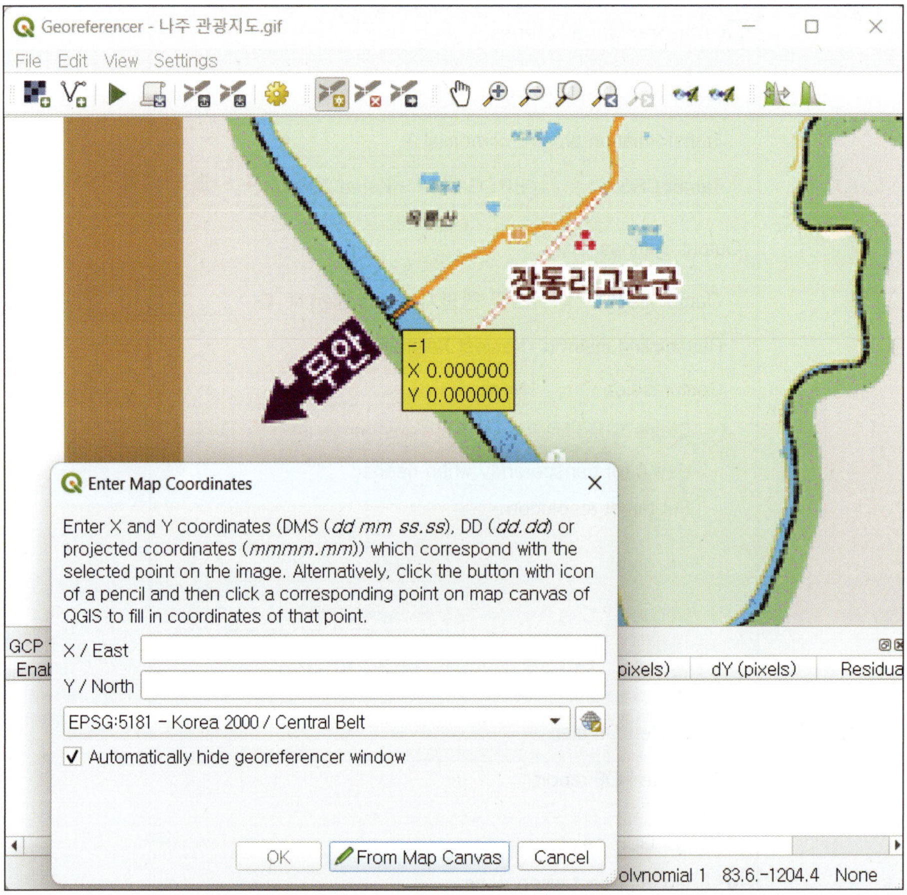

• GCP에 대응되는 지점을 QGIS 맵에서 선택하고 OK

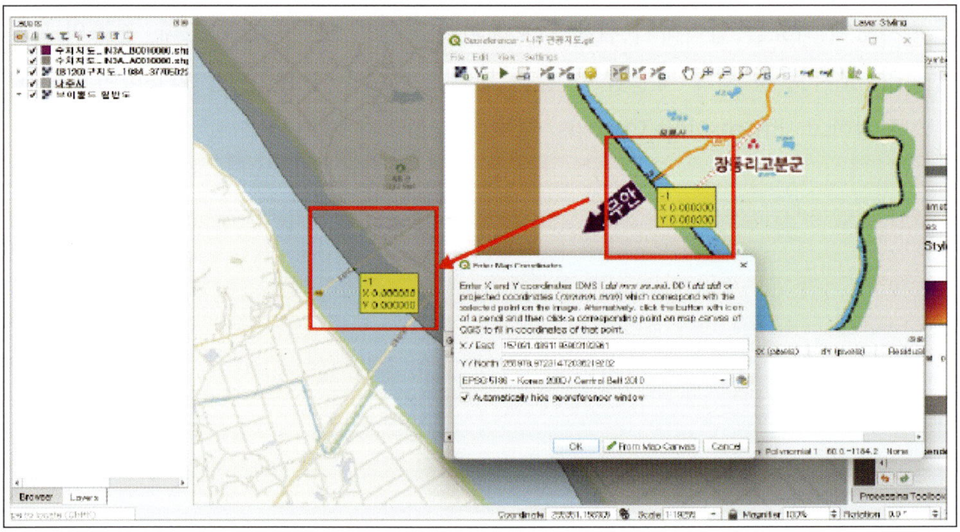

• 나주시 경계를 대상으로 적절한 위치에 GCP를 입력

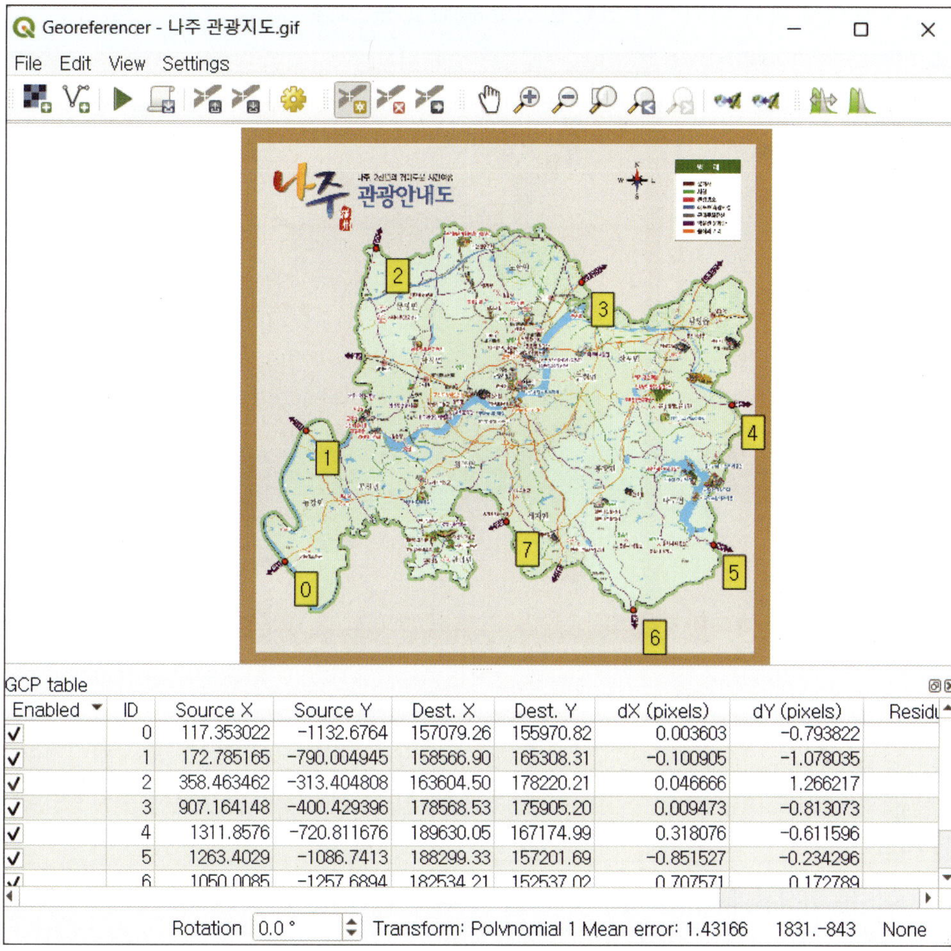

• GCP를 지정후 Residual(잔차) 값이 나타나며, 잔차값이 큰 GCP 값의 체크박스를 해제하여 Mean error(평균오차)가 작게 나타나도록 조정

GCP table

Enabled	ID	Source X	Source Y	Dest. X	Dest. Y	dX (pixels)	dY (pixels)	Residual (pixels)
✓	0	117.353022	-1132.6764	157079.26	155970.82	-0.031245	-0.245561	0.247541
✓	1	172.785165	-790.004945	158566.90	165308.31	-0.122707	-0.735012	0.745184
✓	2	358.463462	-313.404808	163604.50	178220.21	0.043624	1.314077	1.314801
✓	3	907.164148	-400.429396	178568.53	175905.20	0.006911	-0.772762	0.772793
✓	4	1311.8576	-720.811676	189630.05	167174.99	0.306334	-0.426851	0.525397
✓	5	1263.4029	-1086.7413	188299.33	157201.69	-0.877140	0.168678	0.893212
✓	6	1050.0085	-1257.6894	182534.21	152537.02	0.674225	0.697431	0.970046
	7	707.530907	-1027.2390	173160.04	158760.66	-0.160119	2.519165	2.524248

Rotation 0.0 ° Transform: Polynomial 1 Mean error: 1.11325 -141,-760 None

• GCP조정 후 지오레퍼런싱 시작버튼()을 클릭하여 지오레퍼런싱을 실행하면 나주시 경계에 맞춰 이미지가 변환된 것을 확인할 수 있음

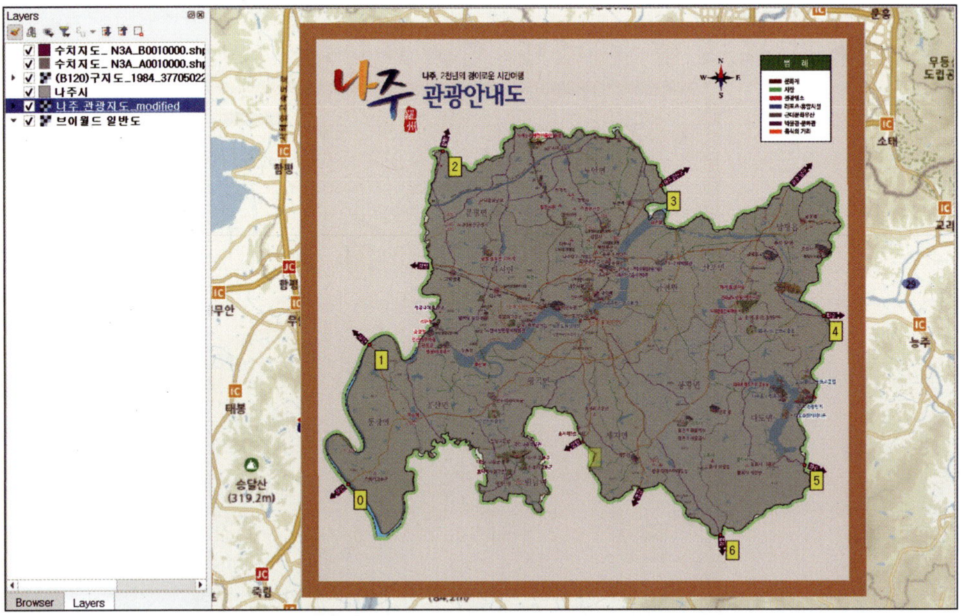

07. 토폴로지(Topology)

1) 개요

• GIS는 위상관계(Topology)를 통한 객체들 사이의 공간적 관계를 정의함으로써 다양한 공간자료의 분석 및 의사결정 지원

	Computer Graphic	CAD	GIS
	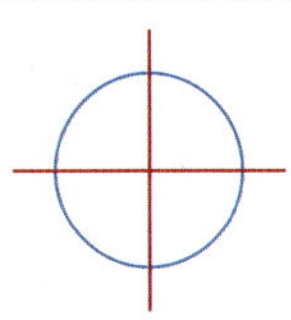	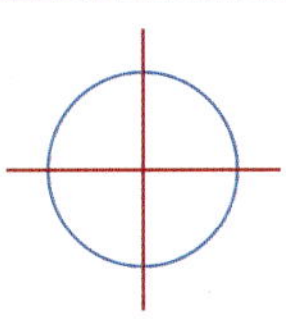	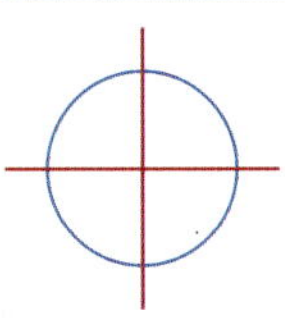
구성	1 picture	2 line 1 circle	2 lines 4 polygons 1 circle 5 nodes
도형자료	○	○	○
속성자료	×	○	○
위상관계	×	×	○

자료 : 김인현, 2017, 공간정보이야기, 책미래

- 토폴로지란 공간관계를 명시적으로 정의하는 것으로 GIS가 실질적인 분석이 가능하도록 선의 방향, 다각형간의 상대적 위치관계, 점과 점, 점과 선의 거리 또는 선의 구성에 따른 연결성을 정의하는 과정을 말함

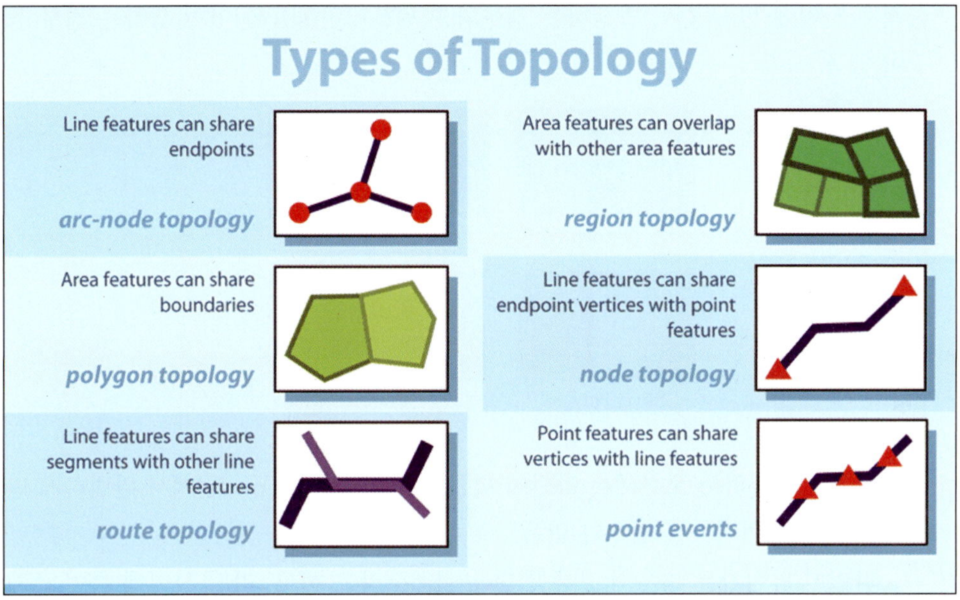

자료 : https://www.esri.com/news/arcnews/summer02articles/arcgis-brings-topology.html

2) 토폴로지 오류 [10)]

- 토폴로지 오류는 여러 유형이 있으며, 벡터 객체에 따라서 오류 유형이 다름
- 폴리곤에서 발생하는 오류에는 폴리곤간의 중첩, 공통경계를 공유하는 두 개의 객체 사이에 빈 공간이 발생하는 경우와 미세폴리곤(sliver)이 발생하는 경우 등이 있음

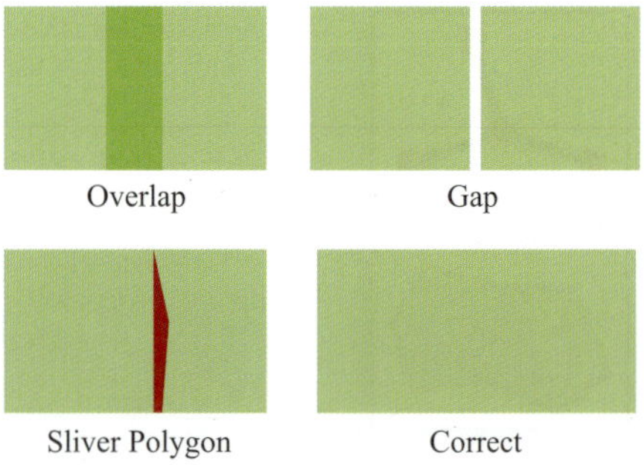

- 라인에서 발생하는 오류에는 라인이 다른 라인의 포인트(node)에서 완벽하게 만나지 않거나 넘어가는 경우가 있음
  - 라인이 넘어가는 경우의 오류를 Overshoot라고 하고, 라인 사이에 틈이 존재하는 오류를 undershoot라고 함

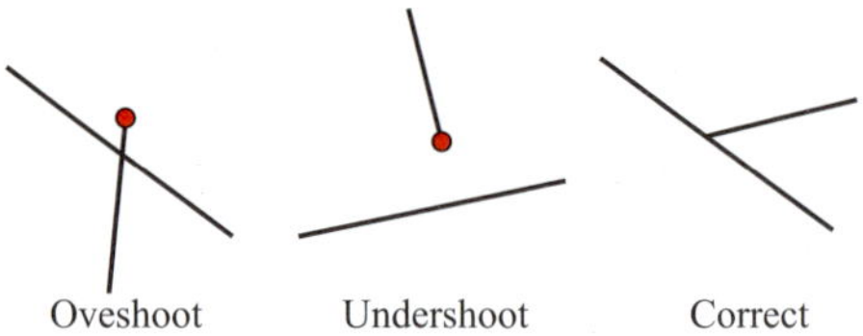

3) 토폴로지 오류 검사

가. 라인 토폴로지 오류검사

- 토폴로지 오류를 검사하기 위해서는 플러그인 설치 필요
  - Plugins 〉 Manage and Install Plugins에서 Installed tab을 선택하고 Topology Checker 체크 [11]

---

10) https://www.geodose.com/2017/09/how-to-check-topology-error-in-qgis.html
11) https://docs.qgis.org/3.28/en/docs/user_manual/plugins/core_plugins/plugins_topology_checker.html

- Topology Checker 플러그인을 사용하면 벡터 파일을 살펴보고 여러 토폴로지 규칙으로 토폴로지를 확인할 수 있음
  - 이러한 규칙은 기능 'Equal', 'Contain', 'Cover', 'Covered By', 'Cross', 'Disjoint', 'Intersect', 'Overlap', 'Touch' 또는 'Within' 여부를 공간 관계로 확인

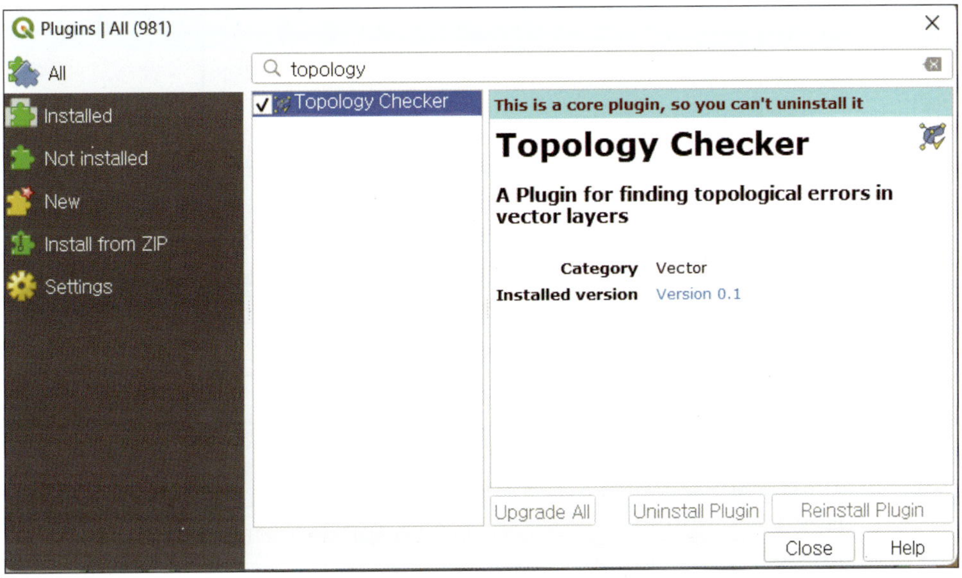

- Vector 〉 Topology Checker를 선택

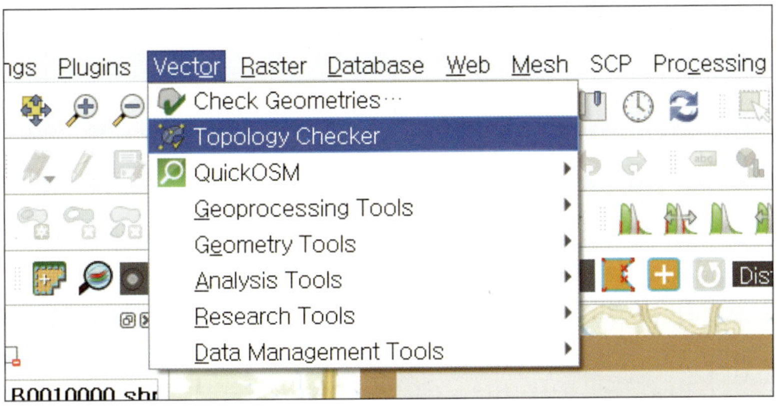

• Topology Checker 패널이 나타나면 환경설정 버튼(🔧)을 클릭

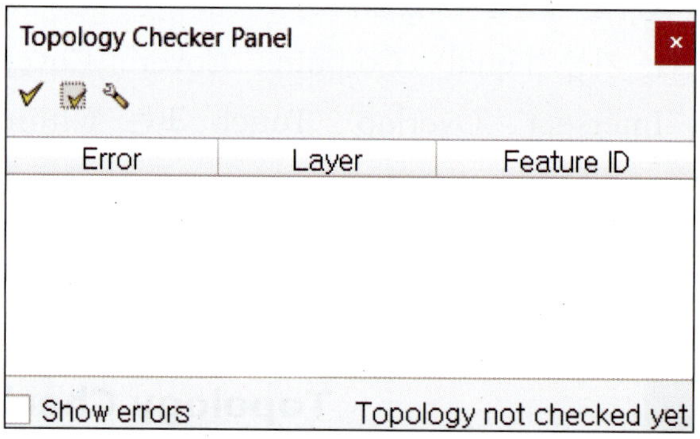

• Topology Rules Settings 창이 나타나면 필요한 규칙을 설정

- 오류를 검증할 레이어를 선택하고 드롭다운 목록에서 Add Rule 버튼을 클릭하여 규칙 추가 [12]

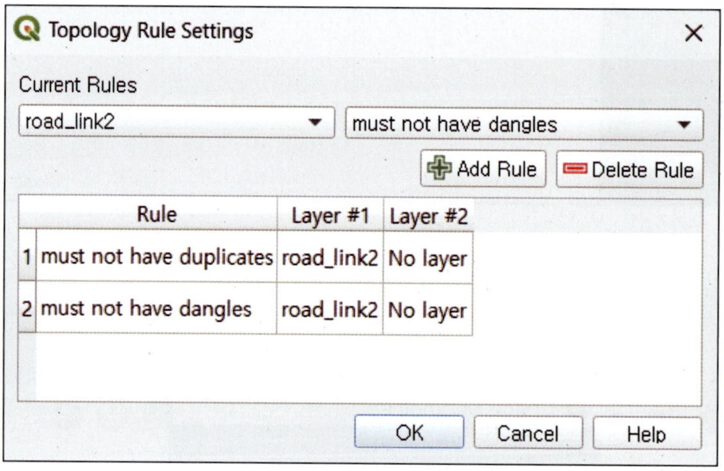

• 규칙을 정의한 후 위상 검사기 패널에서 Validate All(모든 유효성 검사) 또는 Validate Extend(제한된 유효성 검사) 클릭

- 모든 유효성 검사(Validate All)는 데이터 전체에 대해 정의된 규칙의 토폴로지 오류 검사
- 제한된 유효성 검사(Validate Extent)는 맵의 범위 내에서 오류를 검사. 규칙이 많은 경우 분석의 속도를 높이기 위해 사용

12) 토폴로지 규칙에 대한 자세한 내용은 QGIS 공식문서 확인

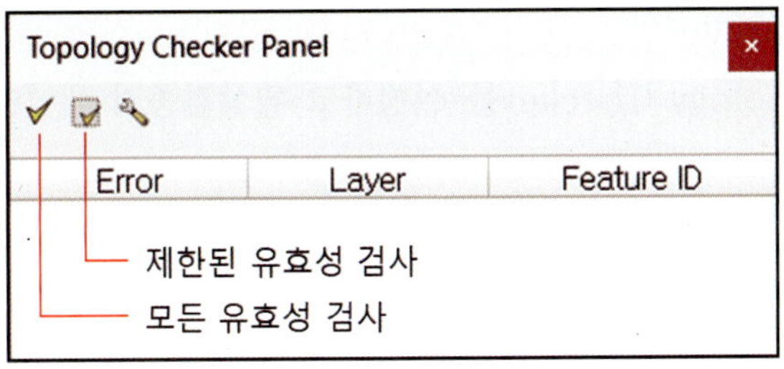

- 오류는 위상검증기 패널 목록에 표시되고 빨간색 표시가 맵에 표시됨

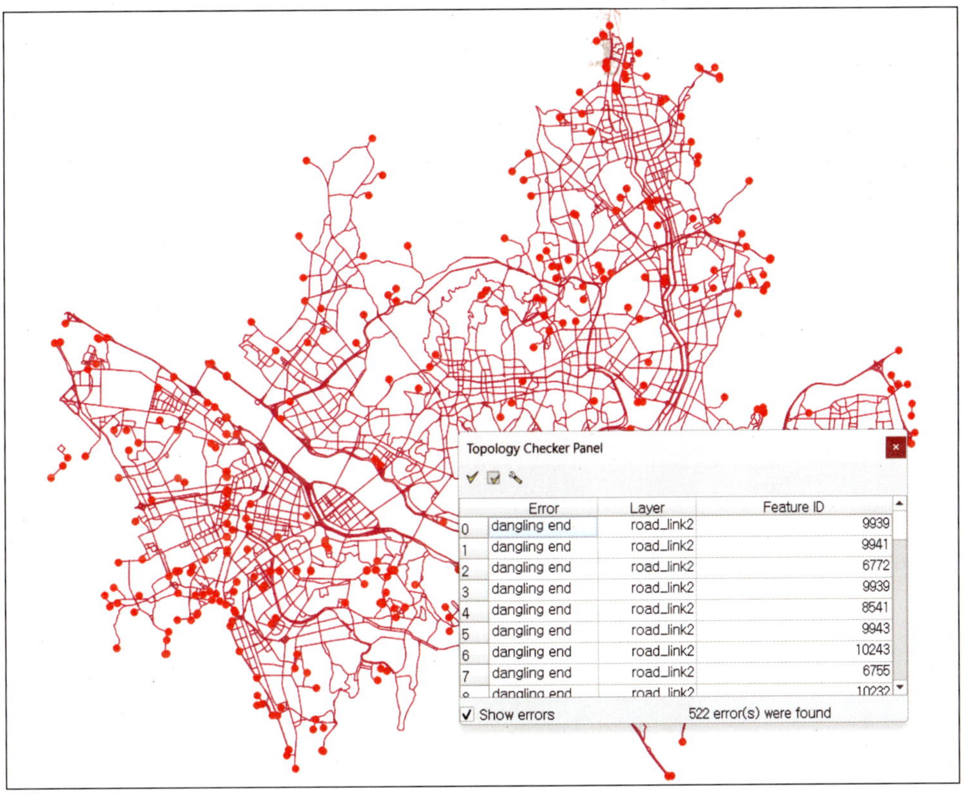

- 빨간색 표시가 있는 영역을 확대하여 앞에서 살펴본 라인 토폴로지 오류 여부를 확인하고 수정
  - 라인 토폴로지에서는 오버슈트를 허용하지 않지만, 도로망처럼 막다른 도로를 나타내는 경우에는 제거하지 않음
  - 벡터레이어의 특성과 개별 규칙을 검토하여 오류 수정 필요

나. 폴리곤 토폴로지 오류검사

- Vector 〉 Topology Checker를 실행하고 위상검증기 패널이 나타나면 환경설정(🔧)을 클릭
  - 오류를 검증할 레이어를 선택하고 드롭다운 목록에서 ➕Add Rule 버튼을 클릭하여 규칙 추가 13)

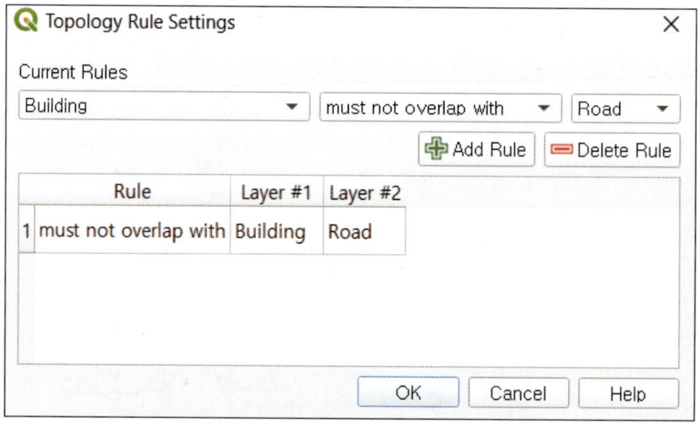

- 유효성 검사를 클릭하면 그림과 같이 오류가 나타나고 빨간색으로 표시됨

13) 토폴로지 규칙에 대한 자세한 내용은 QGIS 공식문서 확인

- 오류영역을 확대하여 앞에서 살펴본 폴리곤 토폴로지 오류 여부를 확인하고 수정

다. 공간 데이터 무결성

- 공간 데이터 무결성이란 데이터가 다른 데이터 또는 기능과 관련하여 실제 상황과 같이 논리적인 조건을 준수하는지 확인하는 것
- QGIS에서는 공간적 상호 관계가 실제 지형지물과 논리적인 관계가 맞는지 여부를 검사하기 위해 포함, 중첩, 교차 등의 규칙을 설정
  - 예를 들어 현실 세계에서 도로는 건물과 겹칠 수 없으므로 건물과 겹치는 도로가 있다는 것은 실제 조건을 준수하지 않았으므로 데이터의 오류라고 볼 수 있음
- 실습데이터에서 ex5_7 토폴로지.qgz 프로젝트 파일을 가져오면 building과 road 레이어를 확인할 수 있음

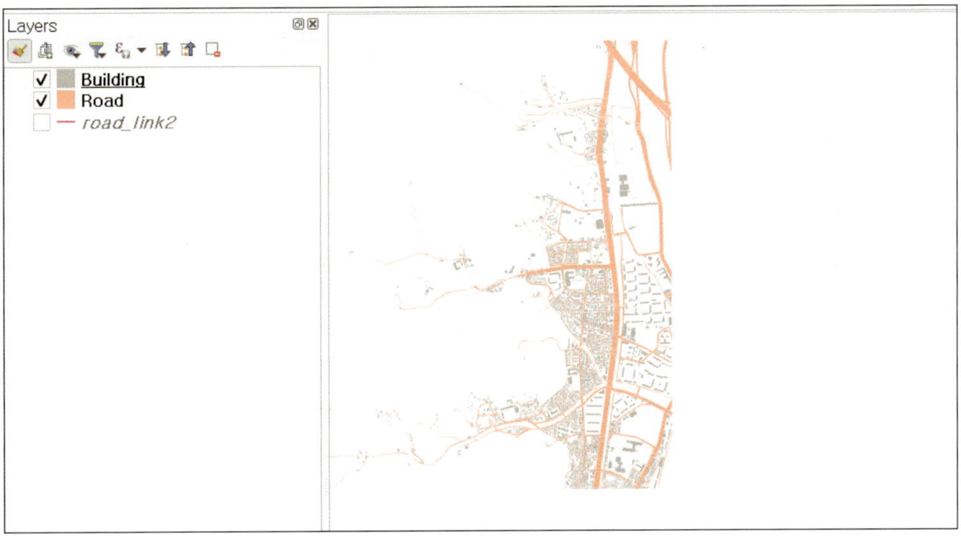

- 토폴로지 규칙 설정창에서 첫 번째 레이어는 도로를 선택하고 규칙으로 'must not overlap with'을 선택하고 두 번째 레이어는 건물을 선택

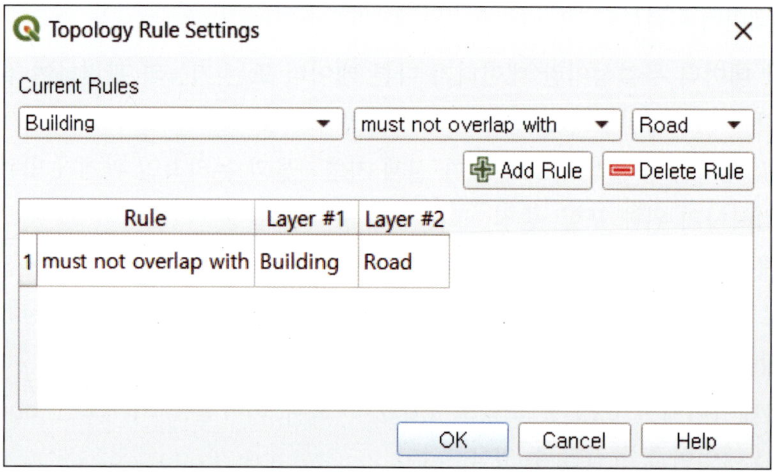

- 유효성 검사를 클릭하면 건물과 도로가 중첩되어 발생한 오류는 그림과 같이 붉은색으로 표시됨

- 토폴로지 오류를 확인하고 수정작업을 진행하는 경우 오류가 적을 때는 수작업으로 편집할 수 있지만 오류가 많은 경우에는 Processing Toolbox의 Fix Geometry 또는 GRASS의 v.clean 등을 이용하여 수정 [14]
- 만약 오류를 수정하지 않고 공간분석을 수행할 때는 메뉴바에서 Settings 〉 Options 창을 열고 Processing 〉 General 〉 Invalid features filtering을 Skip (ignore) features with invalid geometries로 설정 변경

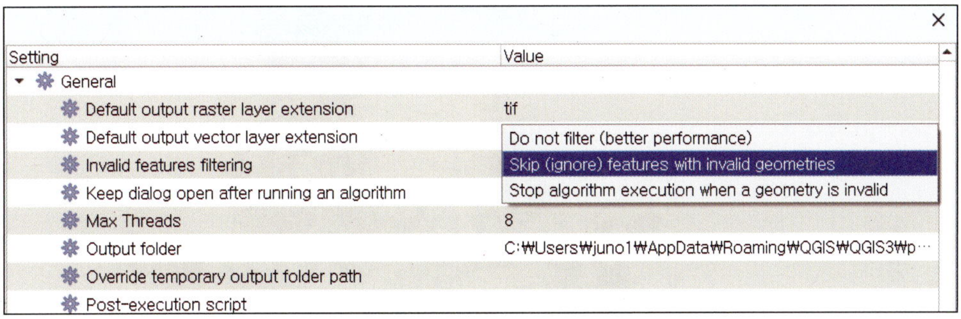

08. 그래픽 모델러(Graphical Modeler)

1) 개요

- 일반적으로 GIS 분석은 다양한 입력 레이어와 알고리즘을 이용하여 여러 단계를 거쳐 최종적인 결과를 얻음
  - 입력데이터가 바뀌거나 매개변수를 바꾸게 되면 전체 처리 과정을 일일이 다시 분석해야 함
  - 반복적인 작업을 수행하는 경우 분석과정을 처음부터 끝까지 다시 수행한다는 것은 비효율적임
- QGIS에서 제공하는 그래픽 모델러는 공간분석에 필요한 작업흐름을 정의하여 일괄적으로 처리할 수 있도록 지원
- 그래픽 모델러를 통해 분석과정에 대한 체계적인 이해를 도울 수 있으며 피드백을 통한 오류를 쉽게 해결할 수 있음

14) https://grass.osgeo.org/grass76/manuals/v.clean.html

2) 시나리오

- 간단한 분석시나리오를 이용하여 모델러를 작성해 보도록 함
- 동대문구를 대상으로 지하철역 반경 100m 이내 초역세권에 입지하고 있는 치킨집을 추출

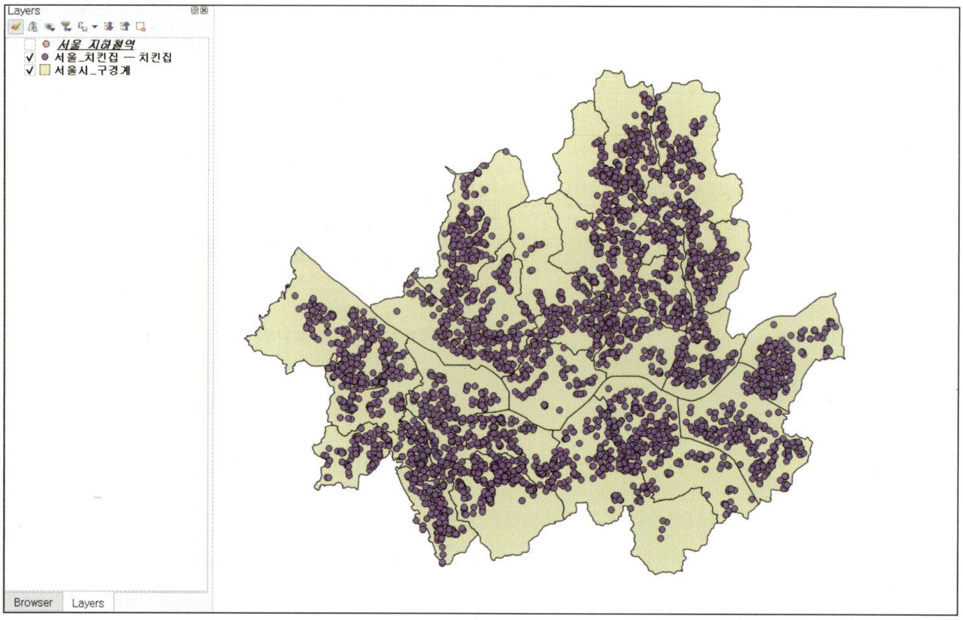

- 분석에 필요한 주요 변수
  - 서울시 구경계 : 동대문구 추출
  - 서울시 치킨집 : Clip을 이용해 동대문구 치킨집 추출
  - 서울시 지하철역 : Buffer를 이용해 100m 버퍼 설정
  - final solution : 동대문구 치킨집을 지하철역 버퍼로 Clip

3) 모델 작성

가. 동대문구 추출

- 실습데이터에서 ex5_8 모델러.qgz 프로젝트 파일을 불러오면, 서울시_구경계, 서울_치킨집, 서울_지하철역 레이어를 확인할 수 있음
- 메뉴바에서 Processing > Graphical Modeler 실행

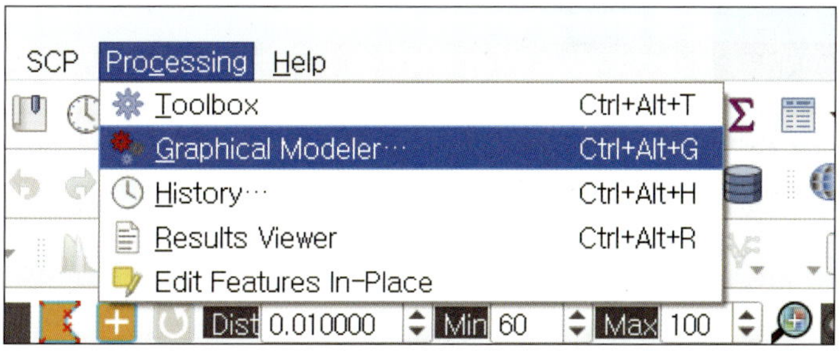

- Model Designer 창이 나타나면 Model Properties 항목에 Name에 치킨집 상권 분석, Group에는 My Modeler 입력

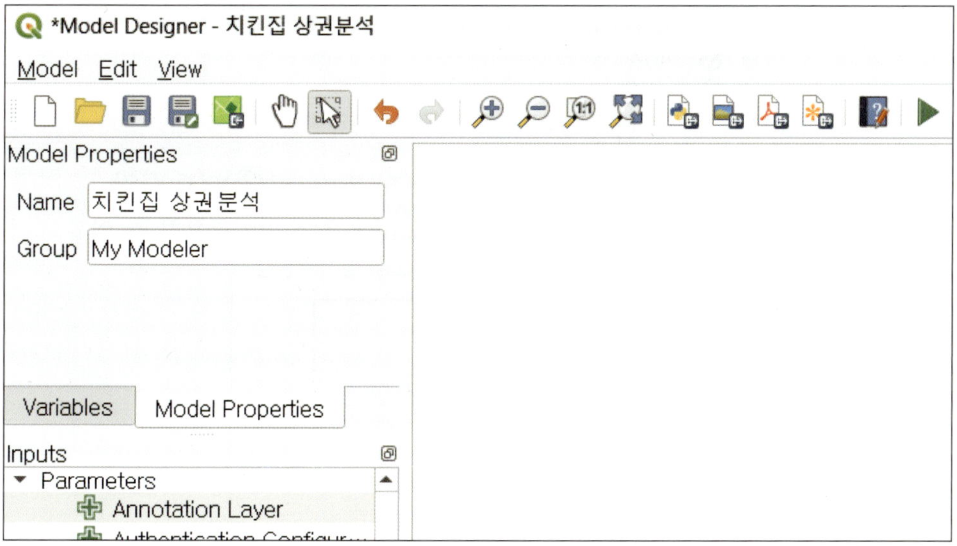

- 모델을 저장하면 Settings 〉 Options 〉 Processing에서 Models의 경로에 저장됨

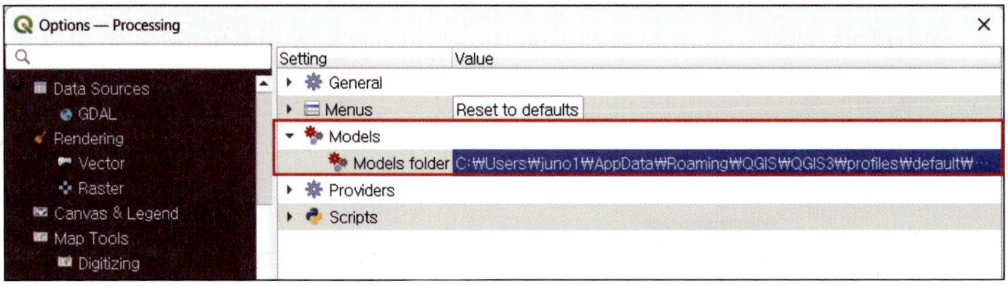

- Processing Toolbox의 Models에 추가됨

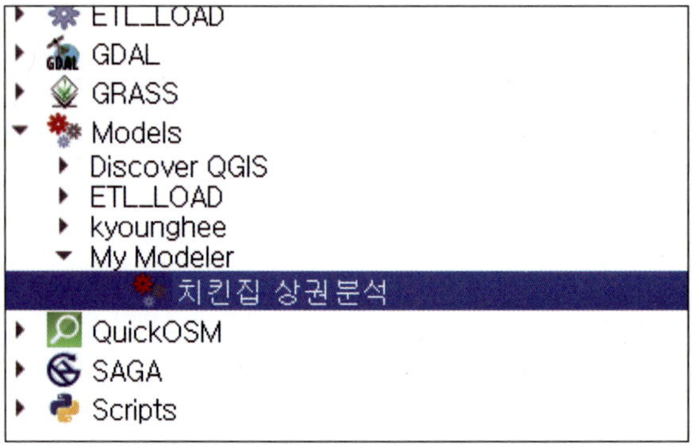

- 모델을 프로젝트에 포함하려면 Save Model in Project( )버튼 클릭
  - 새롭게 생성한 모델이 Processing Toolbox에 추가되어 활용할 수 있음

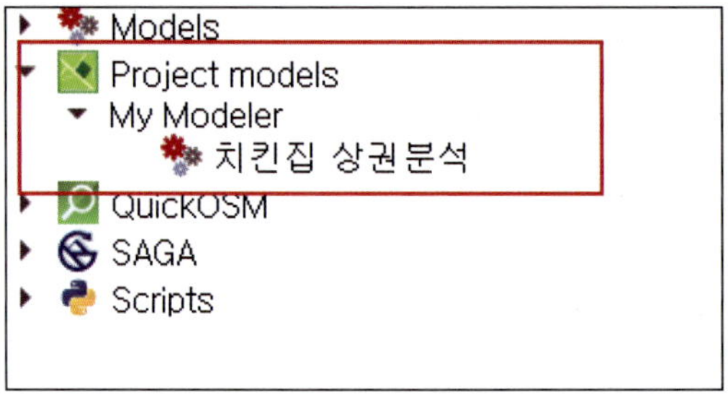

• 우선 서울시 구경계에서 동대문구를 추출하기 위하여 서울시 구경계 레이어를 가져와야 함

• Input 항목에서 Vector Layer 더블클릭

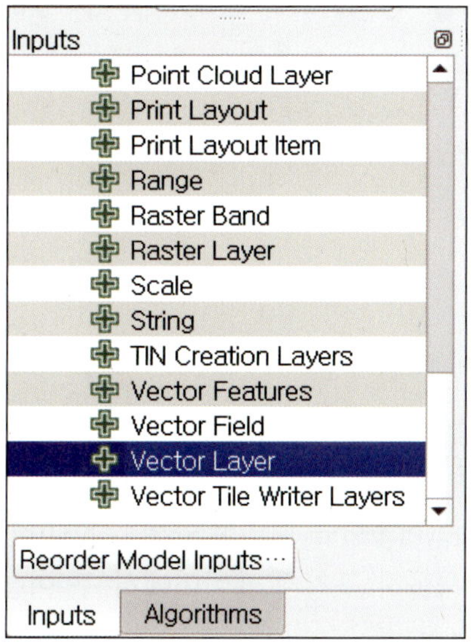

• Vector Layer Parameter Definition 창이 나타나면 레이어에 대한 설명과 도형 타입(Geometry type)을 선택

- Description : County Layer 입력
- Geometry type : Polygon 선택
- 파라미터 이름은 영문으로 작성

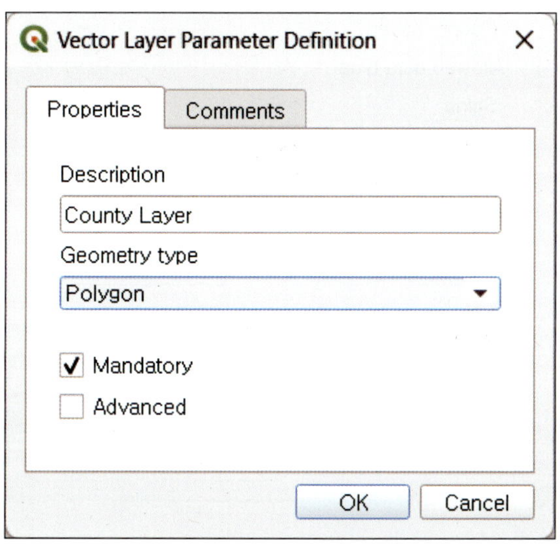

• Processing Modeler canvas에 County Layer가 등록됨

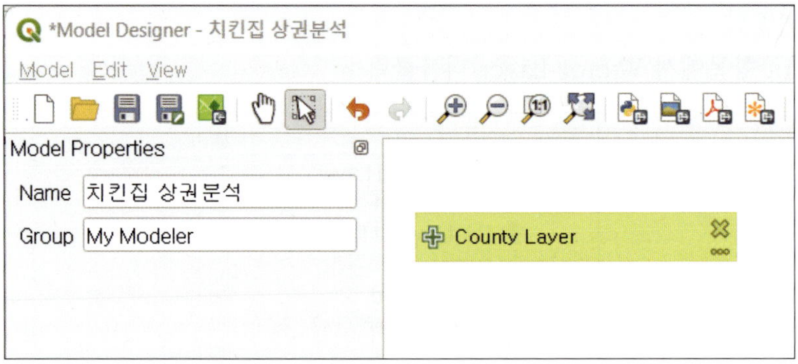

• 다음으로 Vector Field를 Inputs 항목에서 더블클릭하고 파라미터 입력

- Description : County name Attribute
- Parent layer(상위 레이어) : County Layer
- Allowed data type(허용하는 데이터 유형) : String
- Default value : 서울시 구경계 레이어에서 구 이름이 입력되어있는 필드인 SIGUNGU_NM 입력

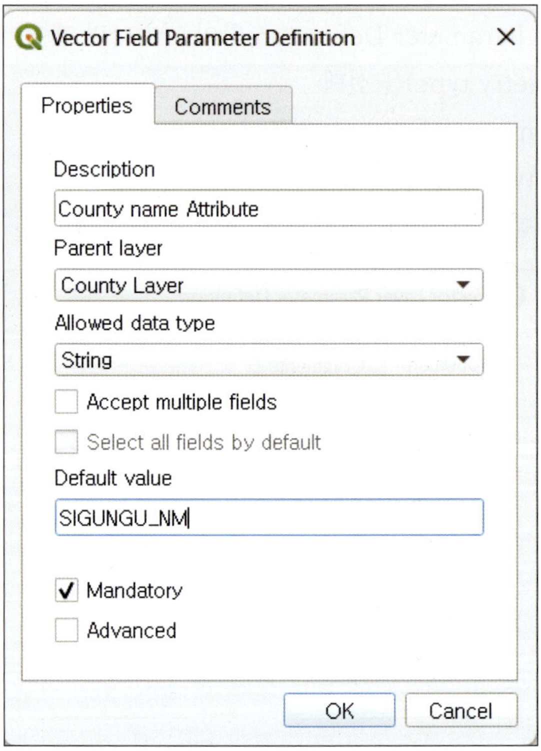

• 두 개의 입력항목이 추가되어 있음

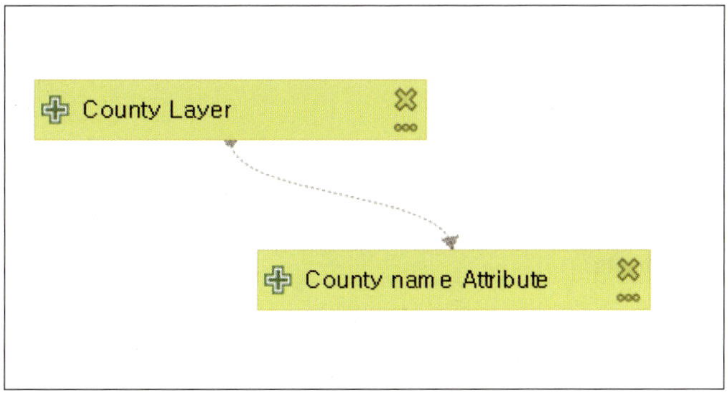

• 서울시_구경계 레이어에서 동대문구를 추출하기 위하여 Algorithms 탭에서 Extract by attribute 검색하고 더블클릭

- Algorithms 탭은 Processing Toolbox의 기본적인 분석기능들을 제공

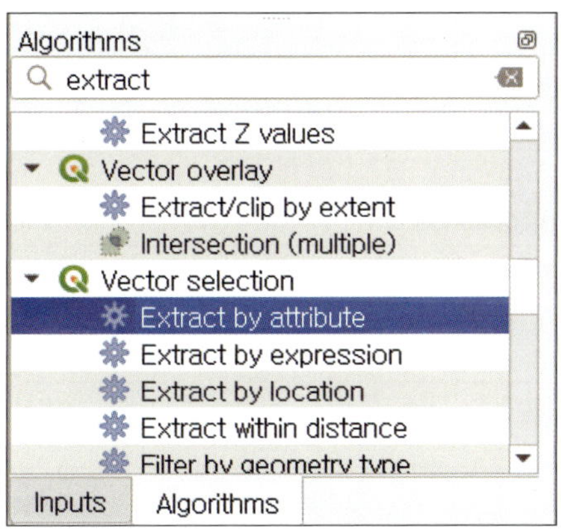

• Extract by attribute 창이 나타나면 파라미터 값 입력

- Description : Extract by attribute
- Input layer : Model input으로 변경하고 County Layer 선택
- Selection attribute : Model input으로 변경하고 County name Attribute 선택

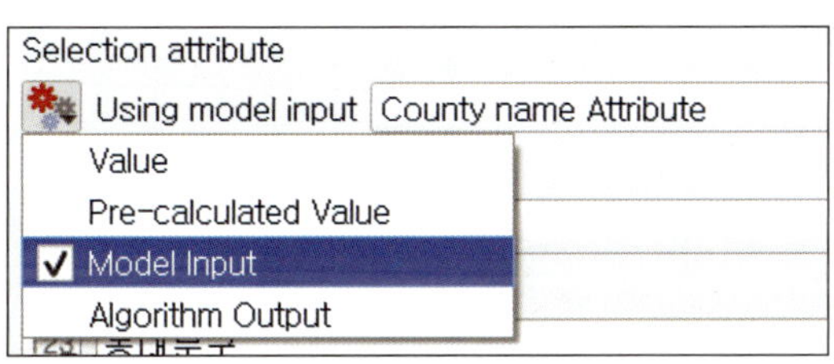

- Operator： =
- Value：동대문구 입력
- Extracted(attribute) output：Dongdaemum (항목을 입력하면 결과가 새로운 레이어로 나타남)

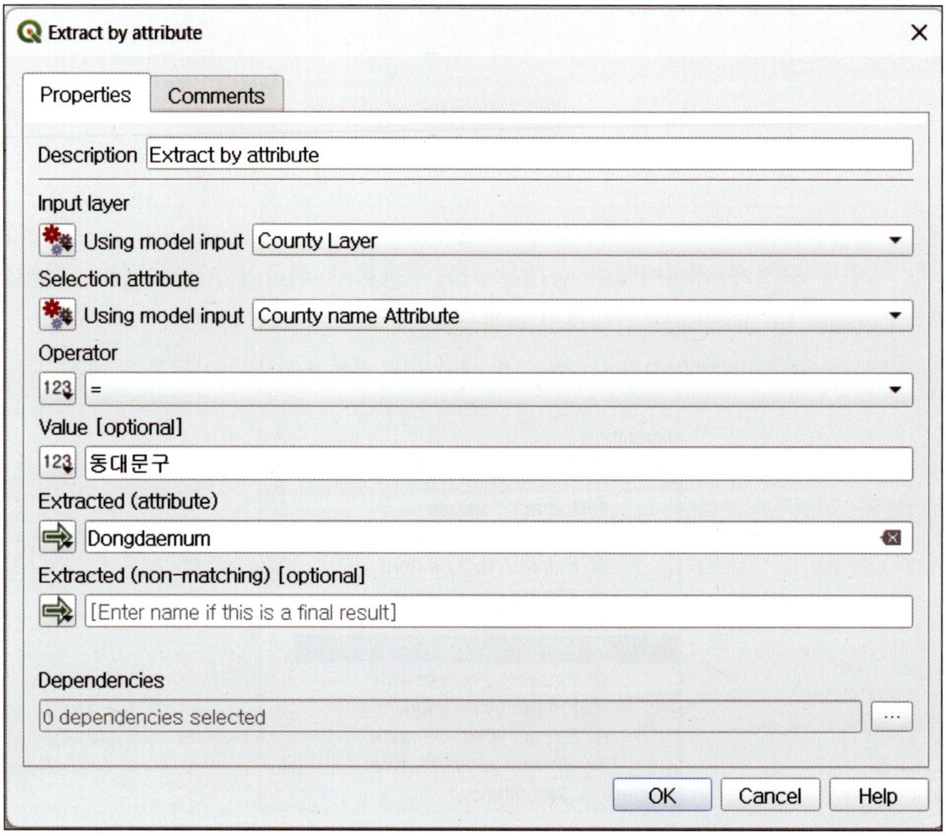

• 파라미터를 입력하고 OK를 클릭하면 동대문구를 추출하는 모델이 완성됨

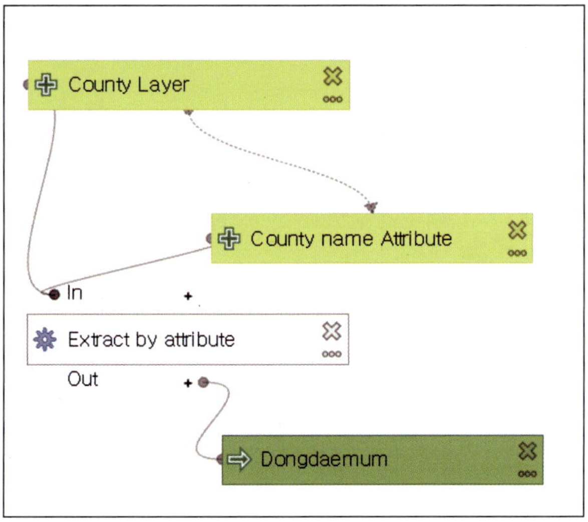

나. 동대문구 치킨집 추출

• 동대문구에 해당하는 치킨집만 추출하기 위하여 치킨집 레이어를 가져옴
• IInputs 탭에서 Vector Layer 더블클릭하고 파라미터 입력
  - Description : Chicken Store
  - Geometry type : Point

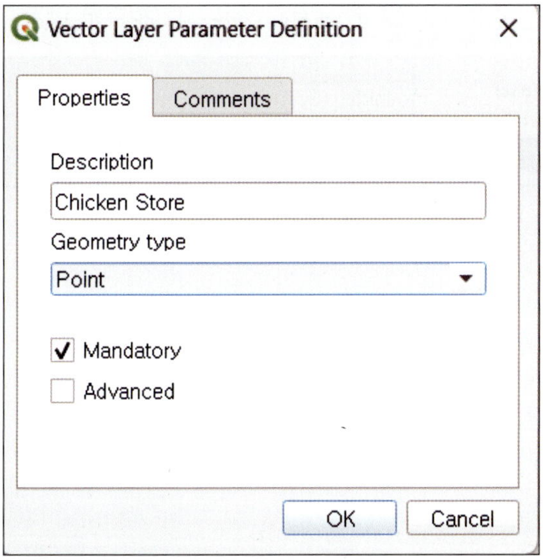

- 동대문구에 해당하는 서울시 치킨집을 잘라내기 위하여 Algorithms 탭에서 Clip 을 검색하고 더블클릭

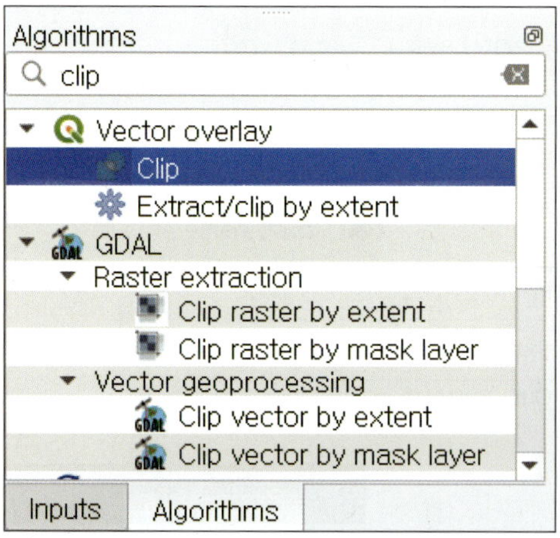

- Clip창의 파라미터 입력
  - Description : Clip_chicken store
  - Input layer : Using model input 〉 Chicken store 선택
  - Overlay layer : Using algorithm output 〉 "Extracted(attribute)" from algorithm "Extract by attribute" 선택

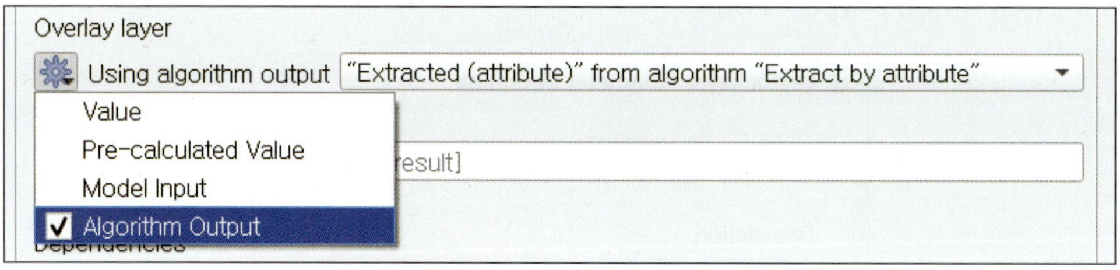

- Clipped output은 중간과정 산출물로 활용되기 때문에 공백으로 둠

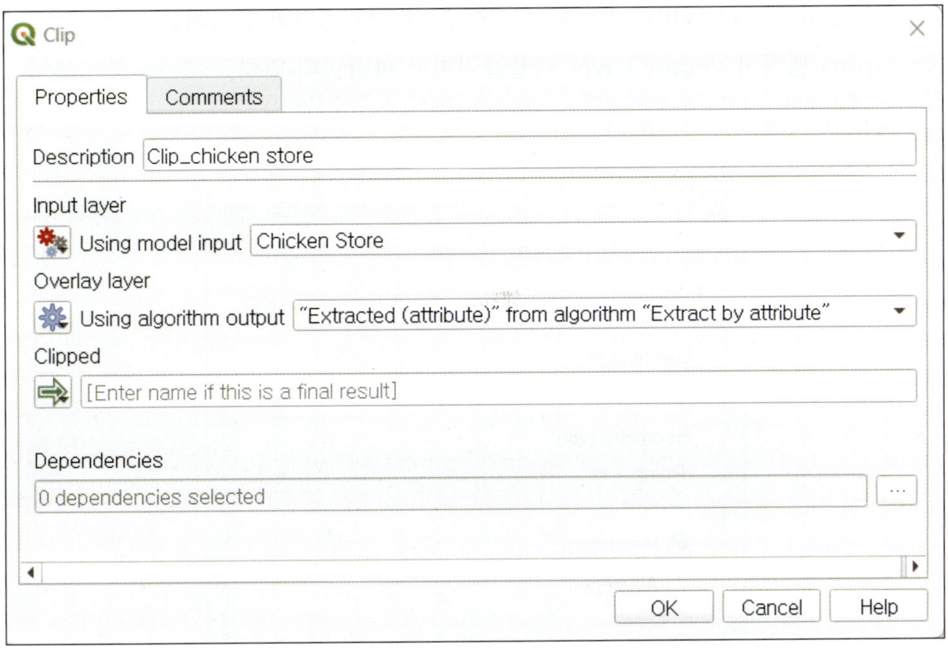

- 파라미터를 입력하고 OK를 클릭하면 다음과 같이 모델이 작성됨

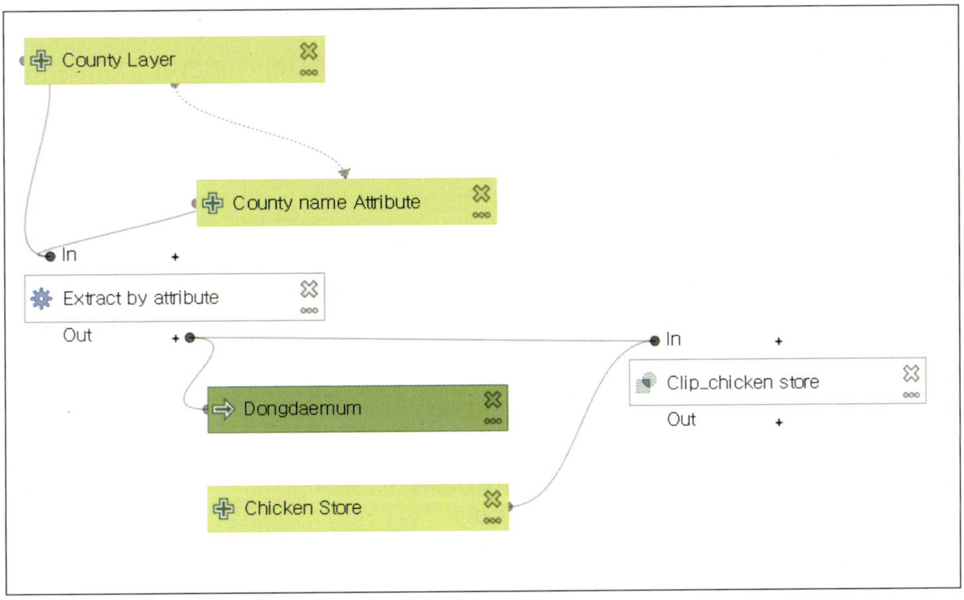

다. 지하철역 버퍼

- 지하철역에 대한 버퍼를 생성하기 위해 지하철역 레이어를 가져옴
- Inputs 탭에서 Vector Layer 더블클릭하고 파라미터 입력
  - Description : Subway
  - Geometry type : Point 선택

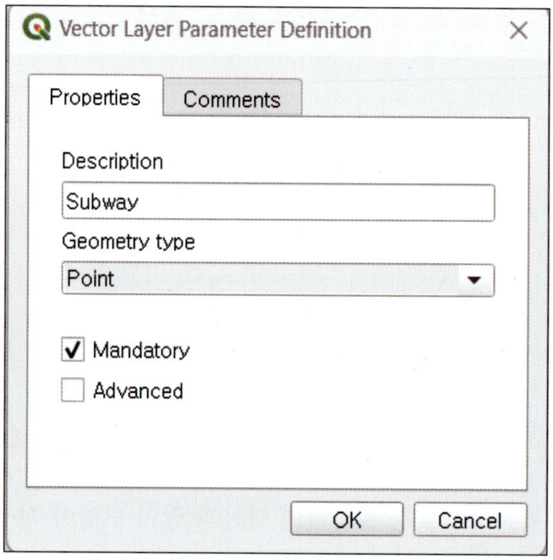

- 지하철역으로부터 반경 100m에 해당하는 버퍼를 생성하기 위하여 Algorithms 탭에서 Buffer를 검색하고 더블 클릭

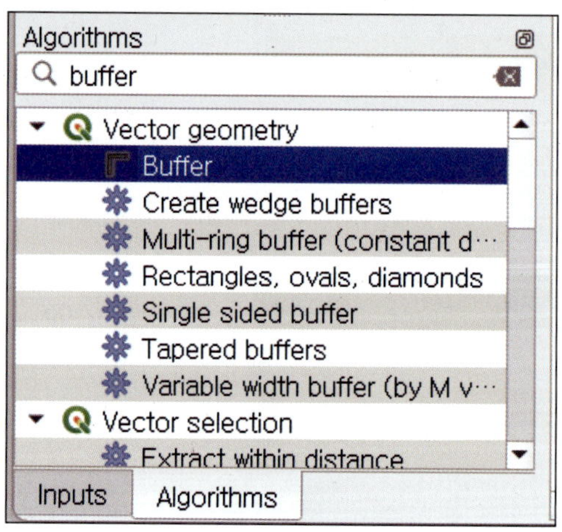

- Buffer창이 나타나면 파라미터 입력
  - Description : buffer_subway
  - Input layer : Using model input 선택하고 subway
  - Distance : 100
  - 나머지 값들은 기본 설정
  - Dissolve result : 버퍼 결과를 하나의 객체로 결합할 경우 Yes 선택
  - Buffered output : 중간과정 산출물이므로 공백으로 둠. 역세권 레이어를 산출물로 출력하려면 버퍼 레이어 이름 입력

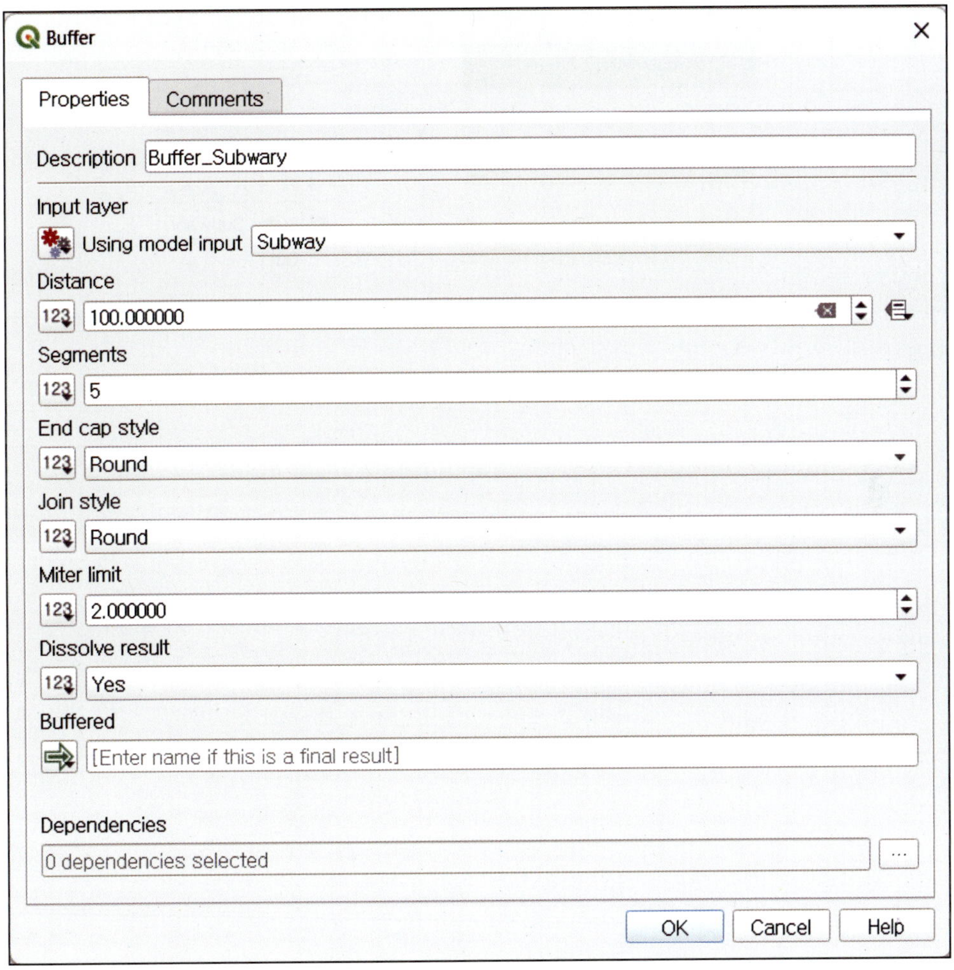

• 파라미터를 입력하고 OK를 클릭하면 모델에 추가

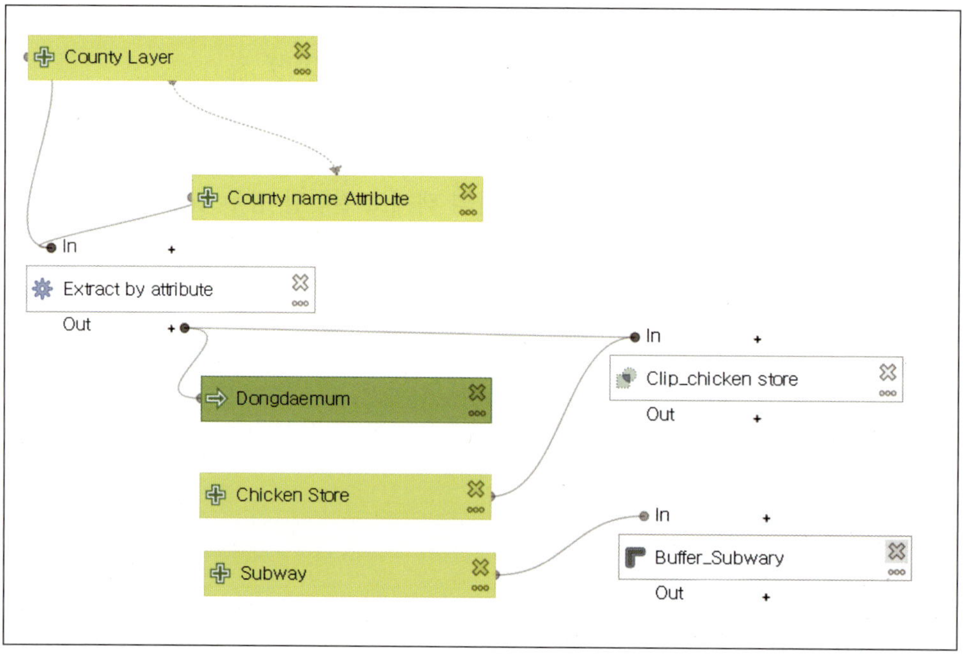

라. 최종 결과

- 역세권에 해당하는 동대문구의 치킨집을 추출하기 위해 Algorithms 탭에서 Clip 검색하고 더블클릭
- Clip 창이 나타나면 파라미터 입력
  - Description : Clip_subway buffer
  - Input layer : Using algorithm output 〉 "Clipped" from algorithm "clip_chicken store"
  - Overlay layer : Using algorithm output 〉 "Buffered" from algorithm "Buffer_Subway"
  - Clipped output : final_solution 입력

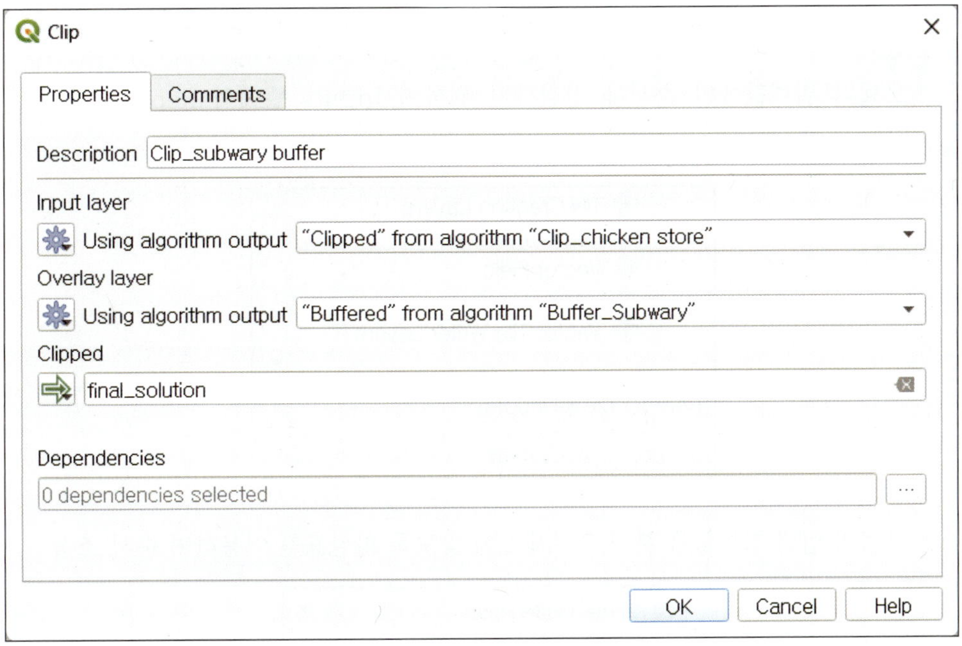

- 파라미터 입력 후 OK를 클릭하면 다음과 같이 모델이 최종적으로 완성

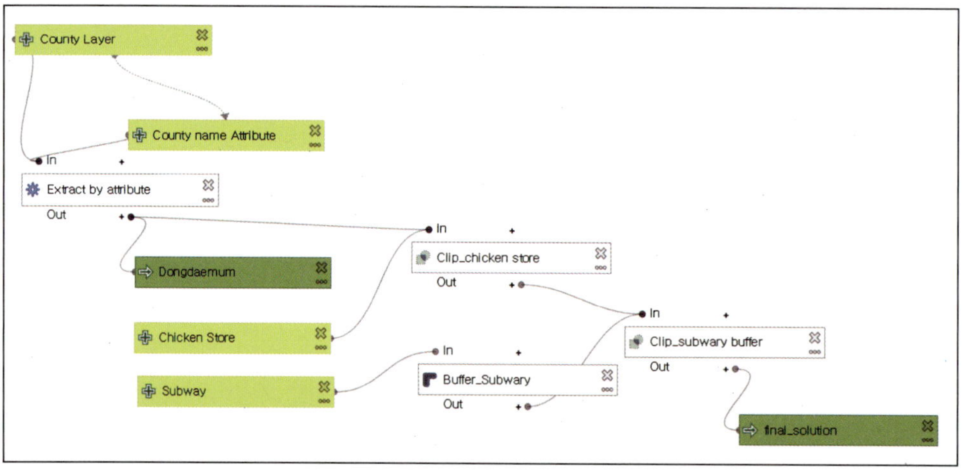

- 모델의 입력값들의 순서를 정리하기 위하여 Inputs 탭에서 Reorder Model Inputs 클릭

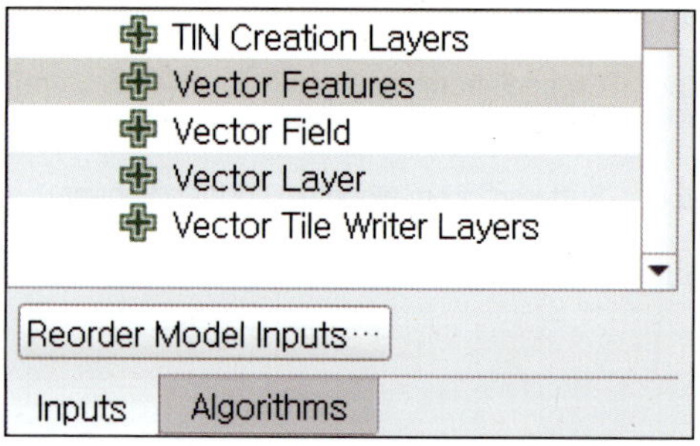

- 모델의 입력 항목들을 분석 프로세스에 맞도록 화살표를 이용하여 순서 조정

• 실행(▶)버튼을 클릭하여 완성한 모델을 실행하고 필요한 변수들을 선택하고 RUN 클릭

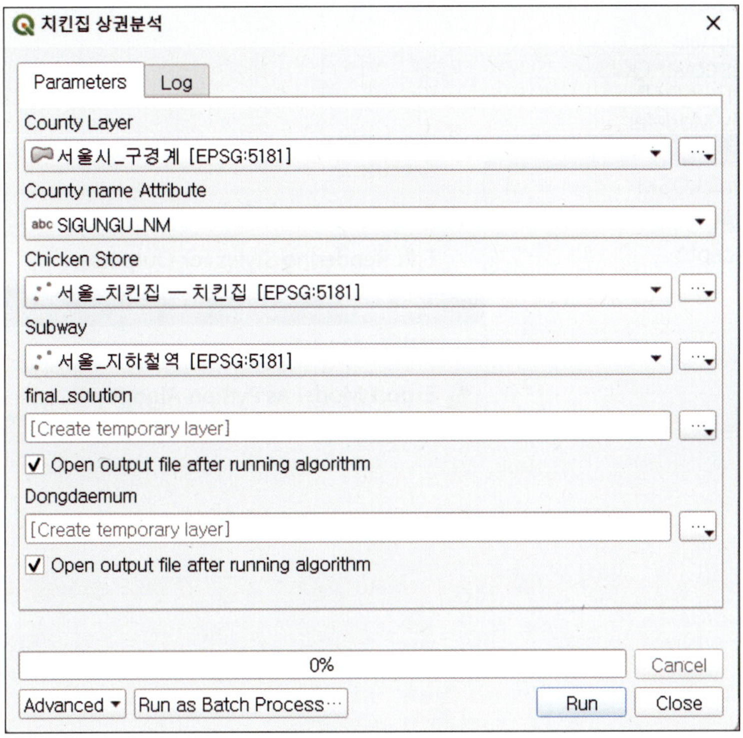

• 동대문구 경계 레이어와 지하철역 반경 100m 이내에 포함되는 치킨집만 추출되어 나타남

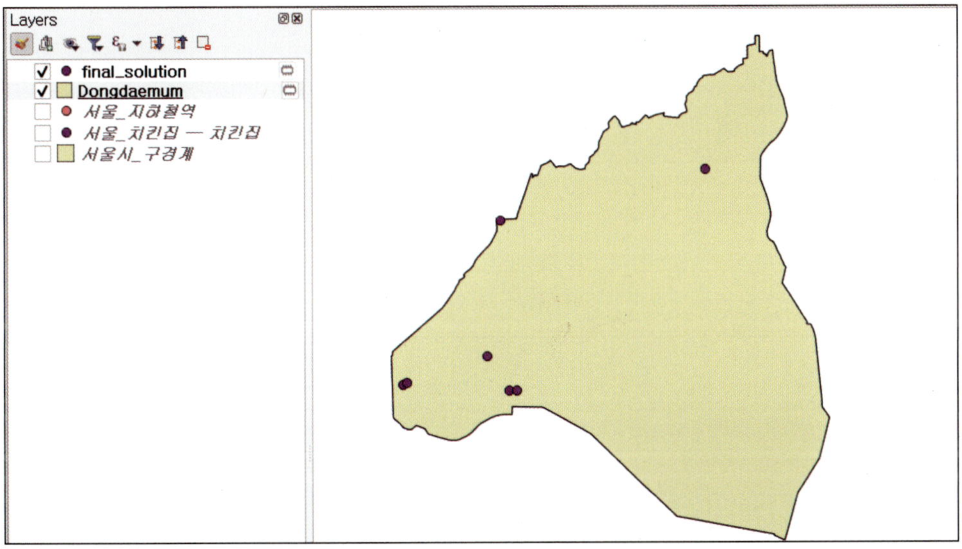

• 다른 지역에 대해서도 같은 작업을 수행하는 경우 모델을 편집하여 변수만 수정해주면 반복적인 작업을 하지 않아도 결과를 도출할 수 있음

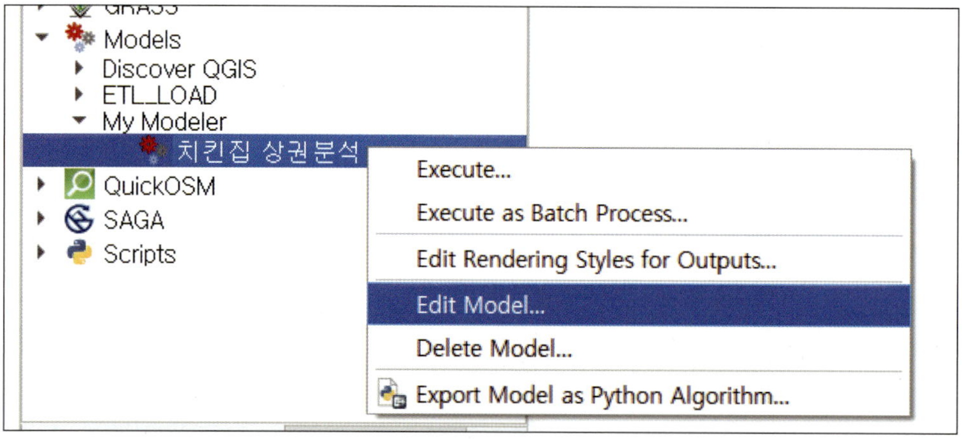

CHAPTER 06

래스터 분석

CHAPTER 06

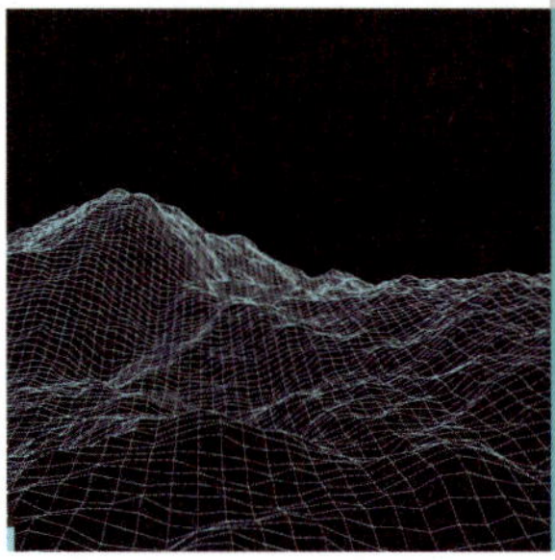

래스터 분석

01. 래스터 분석(Raster Analysis)

1) 개요

- 래스터 분석은 벡터 분석과 유사하지만 데이터 모델 자체의 특성으로 인하여 몇 가지 주요 차이점이 있음
- 벡터 분석은 한 레이어의 객체가 다른 레이어의 기존 객체와 위상관계에 있기 때문에 래스터 분석보다 다양한 분석이 가능
  - 한 레이어의 점은 다른 레이어의 호 한쪽에 있거나 다른 레이어의 폴리곤의 내부 또는 외부에 있는 것을 분석할 수 있음. 즉 벡터 데이터는 상당히 복잡하고 하드웨어 집약적인 작업 가능
- 래스터 분석은 셀의 위치에서만 공간 관계를 분석하기 때문에 래스터 데이터 세트에서 수행되는 래스터 분석은 일반적으로 셀 단위로 계산한 결과인 셀 값을 출력
  - 한 셀의 산출값은 일반적으로 다른 입력 셀의 값 또는 위치와 관련이 없이 독립적이며 인접 셀에 의해 영향을 받음

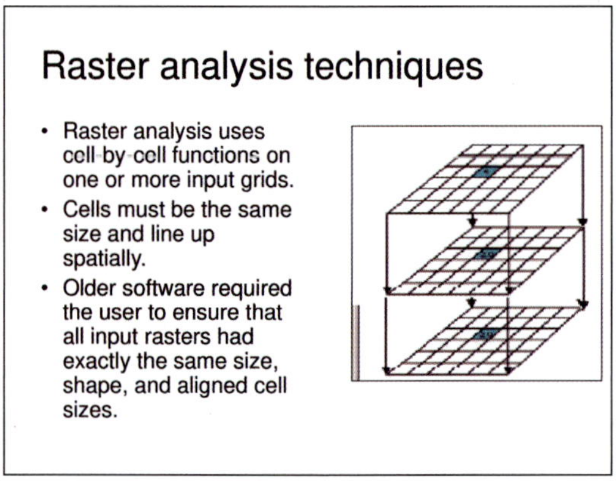

자료: https://slideplayer.com/slide/12786122/

- 래스터 데이터는 특히 연속 데이터에 적합하므로 지형이나 표면에서 연속적인 데이터 변경을 표현하는데 유리
  - 래스터 데이터 구조는 화학 물질 농도, 경사도, 표고 및 사면향과 같은 현상은 벡터 데이터 구조보다 훨씬 잘 표현되므로 래스터 분석이 더 적합하거나 래스터 데이터에서만 가능

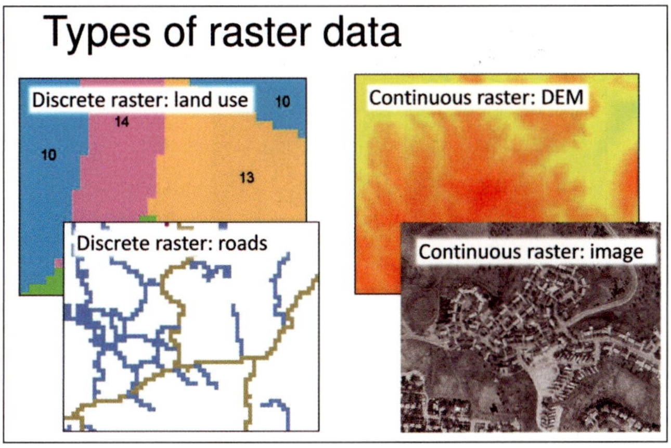

자료: https://slideplayer.com/slide/12786122/

2) 단일 레이어 분석

- 데이터 세트의 재분류는 일반적으로 래스터 분석 중에 수행되는 첫 번째 단계임
- 재분류는 기본적으로 원래 값을 기준으로 데이터 세트의 모든 픽셀에 새 클래스 또는 범위 값을 할당하게 됨
- 예를 들어 표고 그리드에는 일반적으로 거의 모든 셀에 대해 다른 값이 포함되는데 이러한 값은 몇 개의 개별 클래스 (예 : 0-100 = "1", 101-200 = "2", 201-300 = "3" …)로 각 픽셀 값을 집계하여 단순화할 수 있음

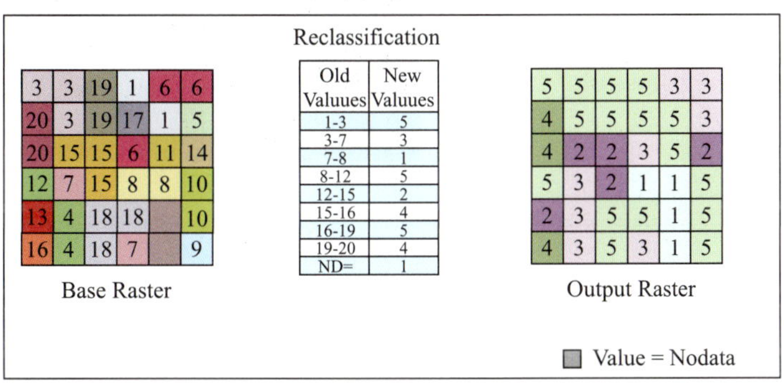

자료 : https://pro.arcgis.com/en/pro-app/tool-reference/3d-analyst/reclass-by-ranges-of-values.htm

• 부울래스터는 특정 조건에 대한 True/False 상태의 맵을 나타냄

- 다음 그림은 경사도가 10도 미만인 지역에 대한 조건을 만족하는 지역과 그렇지 않은 지역을 참과 거짓으로 반환

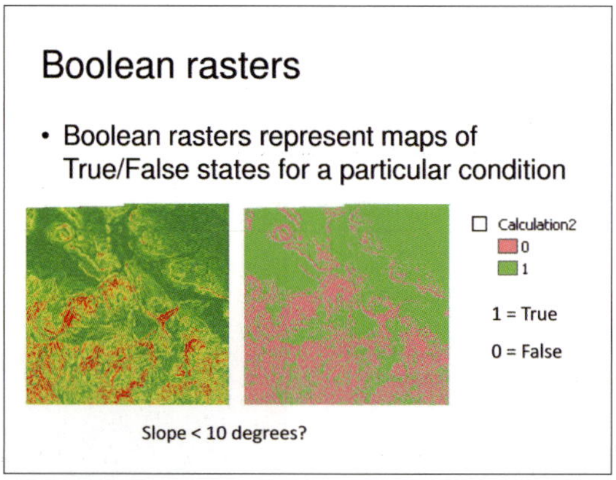

자료: https://slideplayer.com/slide/12786122

• 실습데이터에서 37705.img의 DEM 파일을 가져옴

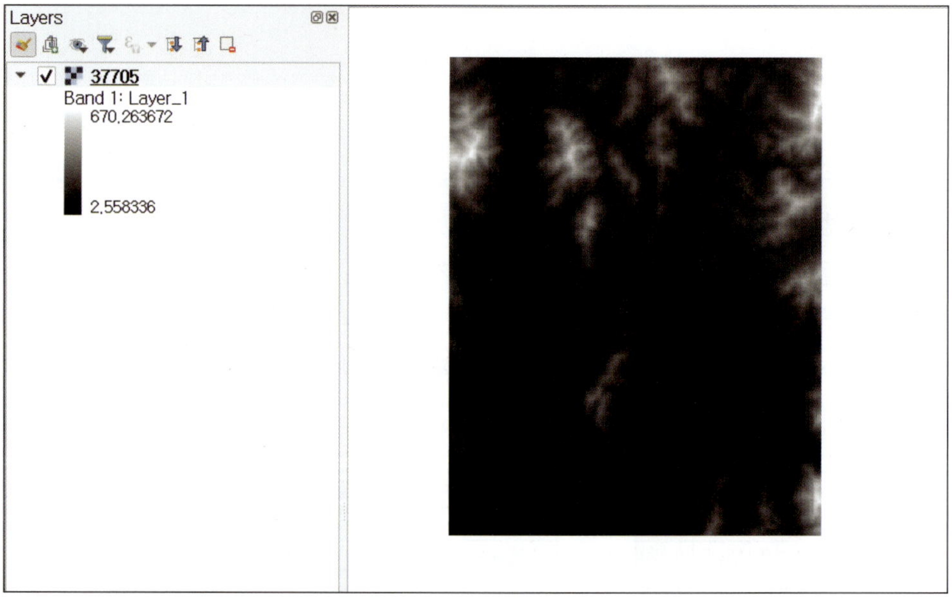

- Layer Properties 창을 열어 Information 탭을 보면 래스터 데이터의 좌표계는 Transverse Mercator인 것을 알 수 있음
- 픽셀 사이즈는 90 × 90, 이외에도 데이터 타입, 크기(Dimension), 통계 등을 알 수 있음

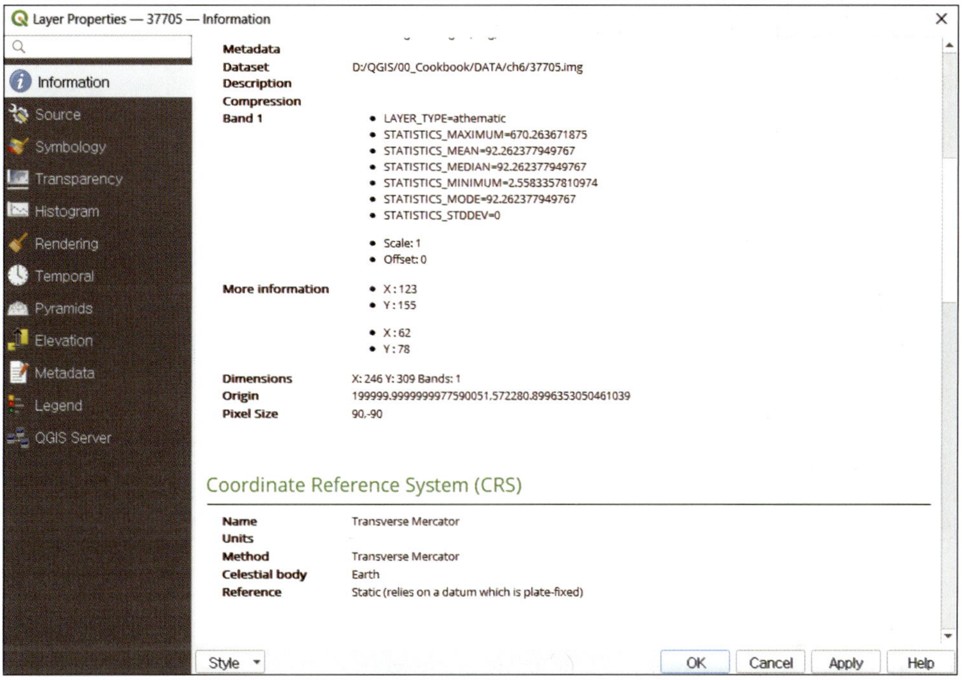

- Symbology 탭으로 이동하여 Min/Max Value Setting 메뉴 확장
  - DEM 데이터의 최솟값은 2.55834이고 최댓값은 670.264로 나타남, 이 값은 Min/Max Value Setting 설정값에 따라 달라짐 (기본설정은 Min/Max)
  - Cumulative count cut은 이상값 또는 표준편차에서 벗어나는 값들을 제외
  - Statistics extent는 whole raster 선택. 화면이동 또는 확대시 래스터 이미지에 대한 통계값과 렌더링을 어떻게 반영할지 드롭다운 메뉴를 열어서 선택(Current canvas 또는 Updated canvas)
  - Accuracy는 Actual(slower) 선택. 매우 큰 래스터 데이터 셋에 대한 작업시 Statistics extent와 Accuracy 설정을 변경하여 작업

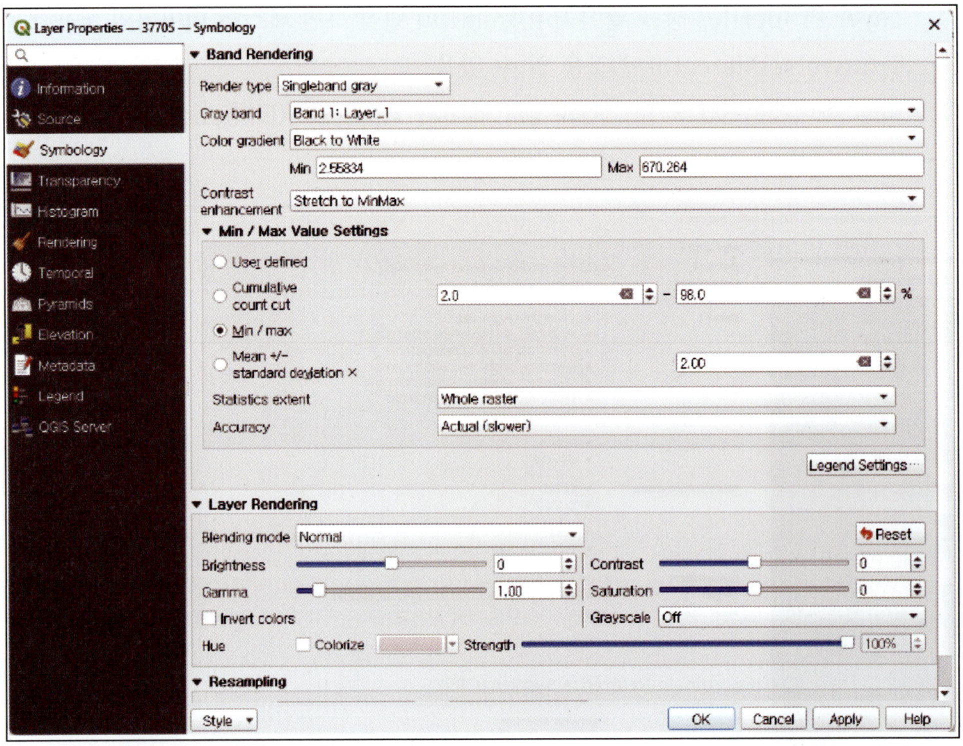

• DEM 데이터에서 표고가 100m 미만인 지역을 추출해보도록 함

• 메뉴바에서 Raster 〉 Raster Calculator 실행

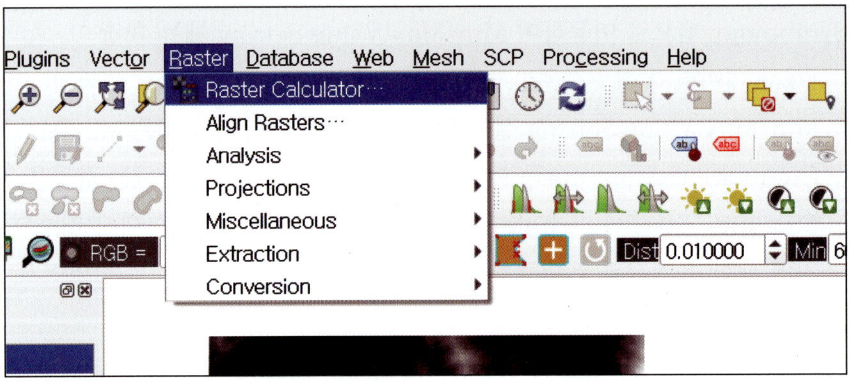

• Raster Calculator 창이 나타나면 계산식과 저장경로를 지정하고 실행

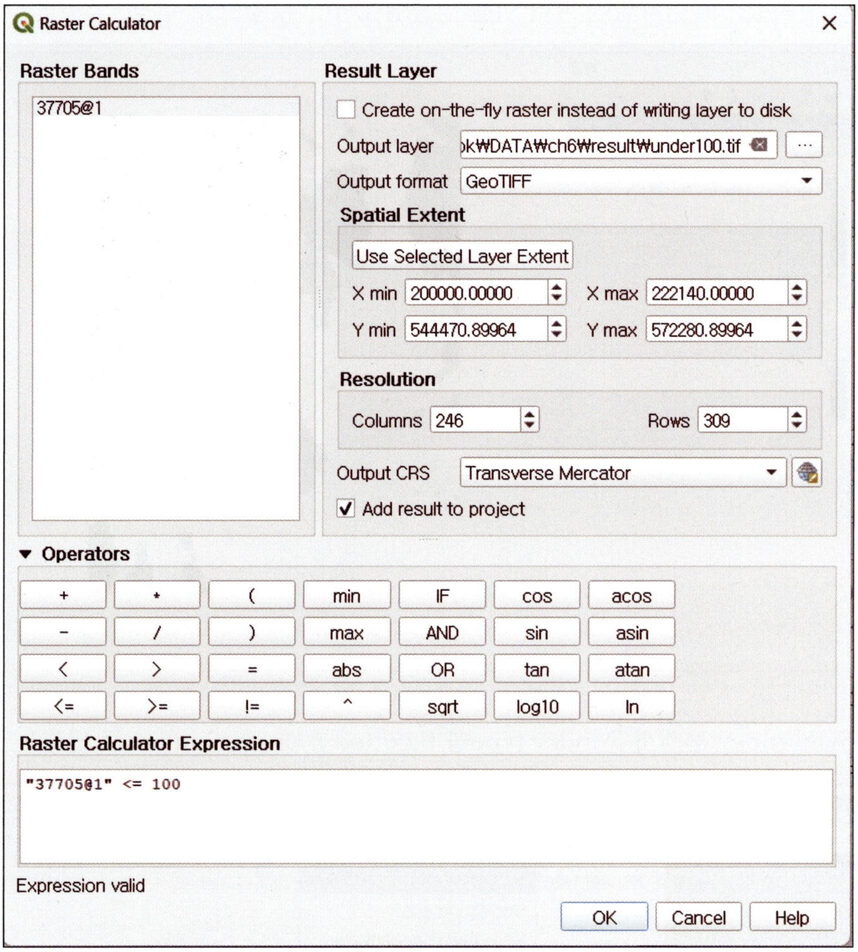

• 분석결과 100m 미만 지역은 흰색, 100m 이상 지역은 검정색으로 나타남. 범례가 연속값으로 나타남에 따라 이를 심볼탭에서 고유 값으로 수정

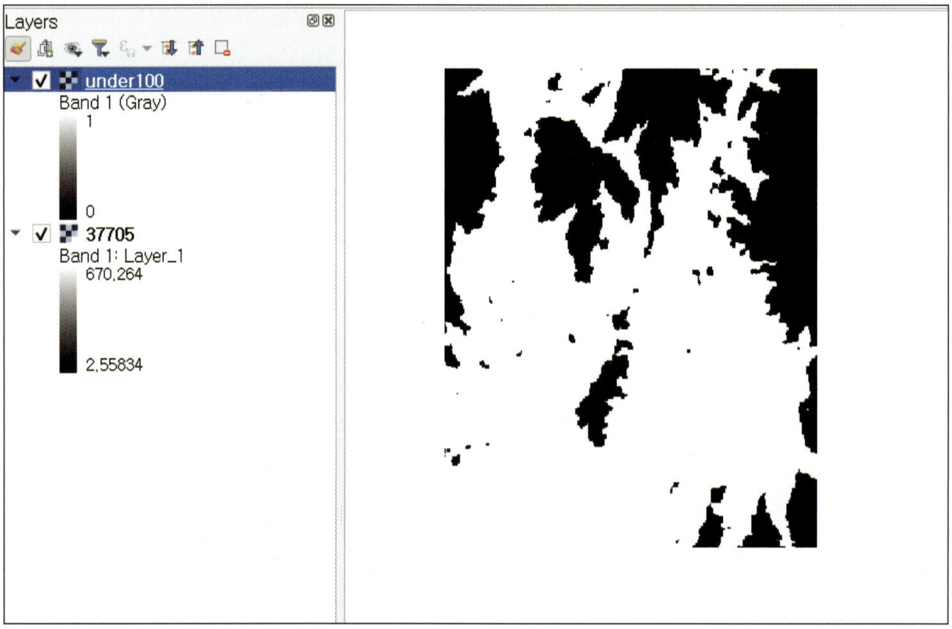

• Symbology 탭에서 Render type을 Paletted / Unique values로 변경

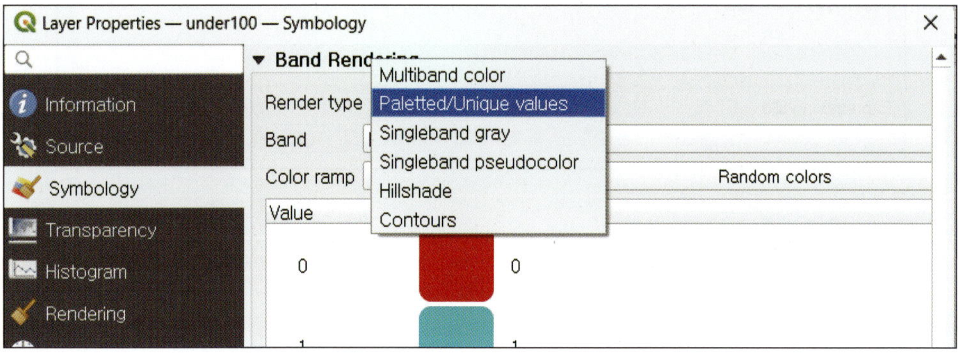

• Classify 클릭하면 래스터 데이터의 고유 값인 참(1)과 거짓(0)으로 분류

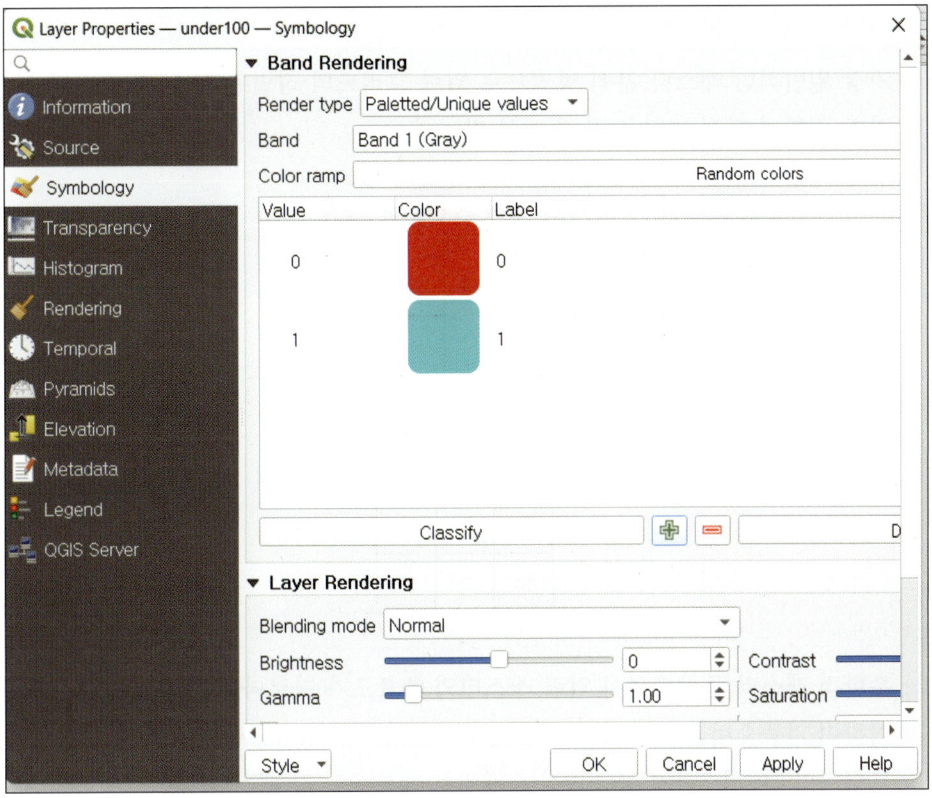

• 맵에서 분석결과를 확인

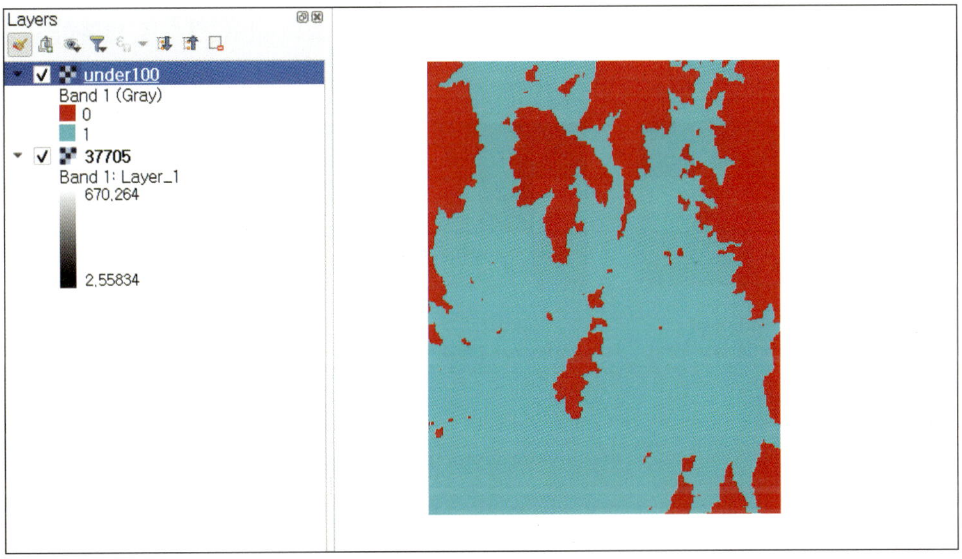

3) 다중 레이어 분석

가. 수학적 래스터 중첩분석

- 가장 일반적인 래스터 분석 방법으로 입력 그리드의 정렬된 셀 내의 숫자를 사용자가 정한 수학적 변환을 통해 계산 가능 [1]

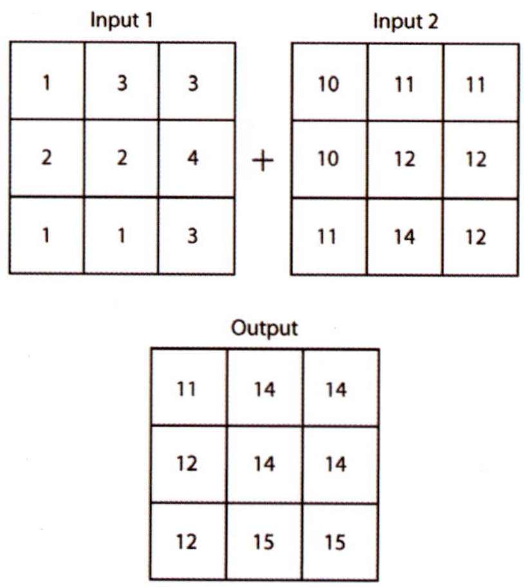

- 수학적 래스터 중첩분석시 입력 래스터의 중요도가 다르다면 가중치를 다르게 부여하여 가중오버레이 분석(Weighted overlay analysis) 수행
- 그림처럼 1에서 3까지 공통측정 스케일로 재분류된 각 래스터 데이터에 가중치를 지정하여 셀 값에 가중치를 영향을 곱하고 결과를 함께 더해 결괏값을 도출하게 됨
- 즉, 왼쪽 상단 셀의 경우 두 입력 값은 (2×0.75) = 1.5, (3×0.25) = 0.75가 되므로 1.5와 0.75의 합은 2.25가 된다. 여기서는 각 셀의 값을 정수로 변환하여 2로 나타남 [2]

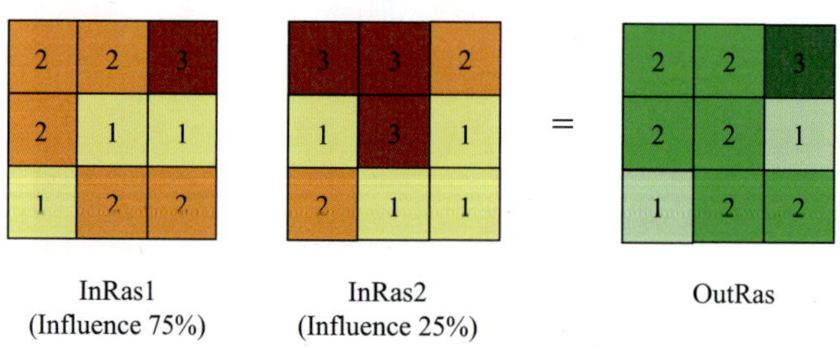

---

1) https://saylordotorg.github.io/text_essentials-of-geographic-information-systems/s12-geospatial-analysis-ii-raster-.html
2) https://developers.arcgis.com/python/sample-notebooks/calculating-cost-surfaces-using-weighted-overlay-analysis/

나. 부울연산을 통한 래스터 중첩분석

- 래스터 분석의 가장 강력한 분석 방법으로 부울연산자를 사용하여 두 개의 입력 래스터의 정보를 단일 출력 래스터 데이터로 결합할 수 있음 [3]

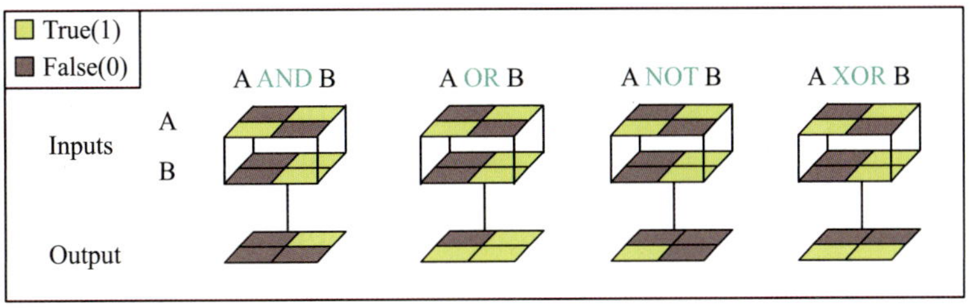

다. 관계형 연산자를 이용한 래스터 중첩분석

- 관계형 연산자(〈, 〈=, 〈〉, 〉 및 〉=)를 사용하여 입력 래스터 데이터 세트의 조건을 평가
- 평가기준을 충족하는 셀은 출력래스터 레이어에서 1로 코딩되고 거짓으로 평가된 셀은 0으로 반환

3) https://slideplayer.com/slide/12786122/

02. 망고시스템의 파이썬 스크립트 활용

1) 개요

- QGIS의 래스터 분석은 사용자가 분석하기에 복잡한 과정을 거치게 되어 있으며 분석과정에 오류도 빈번하게 발생됨
- 우리나라 망고시스템(http://www.mangosystem.com)에서 QGIS의 불편함을 개선하기 위하여 공간분석 스크립트를 개발하여 공개하고 있음
- 망고시스템의 깃허브(https://github.com/mapplus/qgis-scripts)에 접속하여 필요한 스크립트를 내려받음 4)

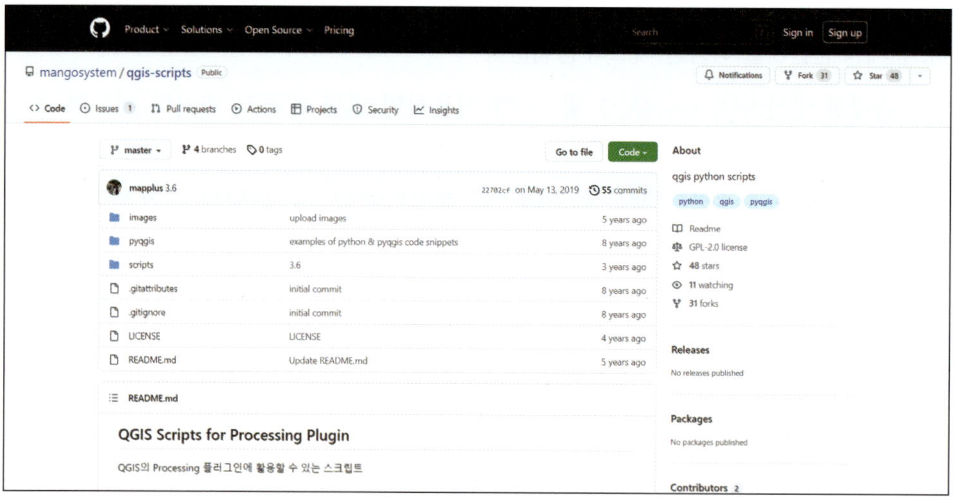

- 내려받은 스크립트 설치를 위하여 Processing Toolbox에서 파이썬 아이콘( ) 을 클릭하고 Add Script to Toolbox 실행

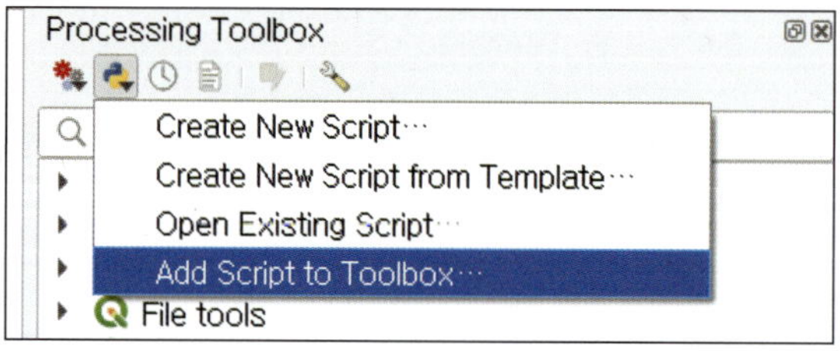

---

4) 실습데이터의 부록에서 제공(qgis-scripts-master)

• 필요한 스크립트를 추가하여 설치

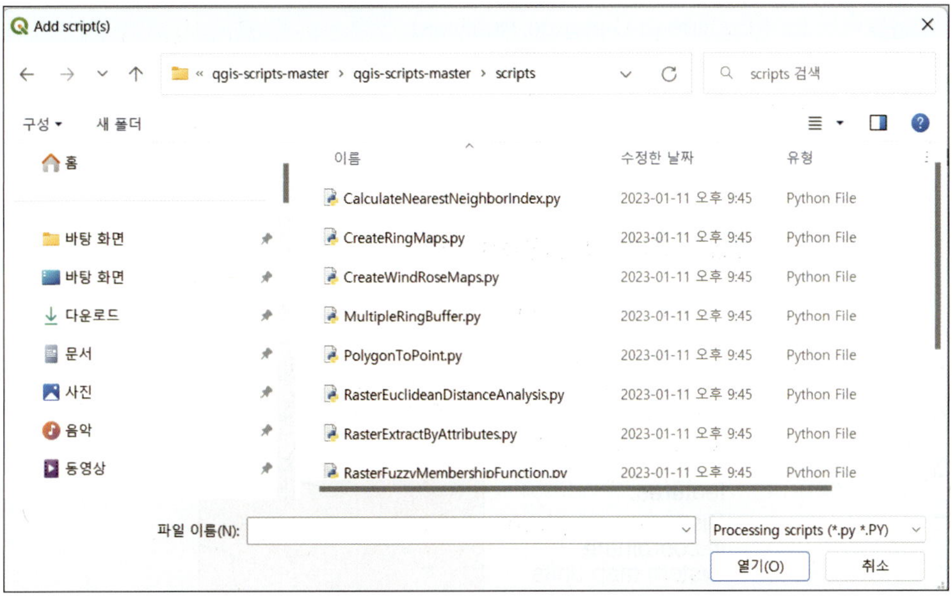

• Processing toolbox의 Scripts 〉 MangoSystem에 스크립트가 설치된 것을 확인할 수 있음

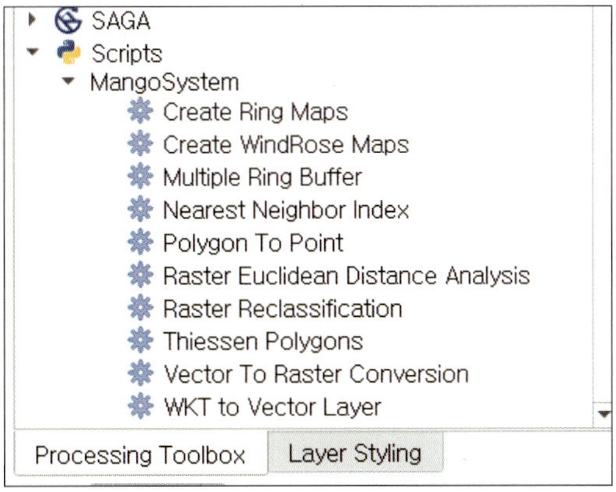

2) 주요 분석 기능 소개

가. 유클리드 분석(Euclidean Distance Analysis)

- 유클리드 분석은 객체로부터의 직선거리를 셀로 나타냄
- QGIS는 여러 단계의 처리과정을 거쳐야 하지만, Raster Euclidean Distance Analysis를 이용하면 간편하게 분석 결과를 도출할 수 있음

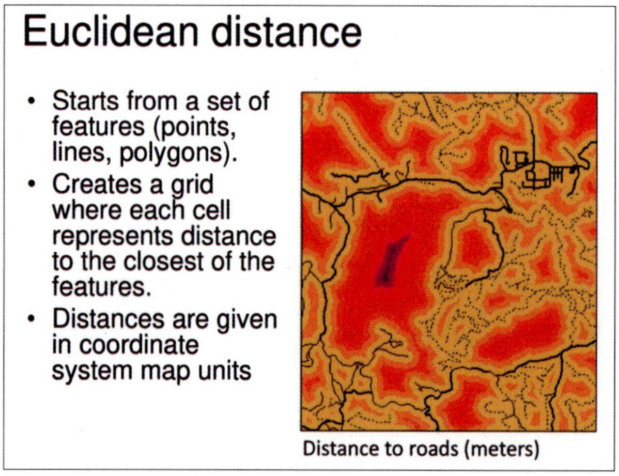

자료 : https://slideplayer.com/slide/12786122

- 실습데이터에서 ex6-2 망고스크립트.qgz 프로젝트 파일을 불러옴
- Processing toolbox의 Script 〉 MangoSystem 〉 Raster Euclidean Distance Analysis 더블클릭
- Raster Euclidean Distance Analysis 창이 나타나면 파라미터 입력
  - Input Vector Layer : N3A_A0010000 선택
  - Extent : Calculate from layer 〉 N3A_A0010000 선택
  - Cell Size : 20 지정
  - Distance raster : 저장 경로 설정

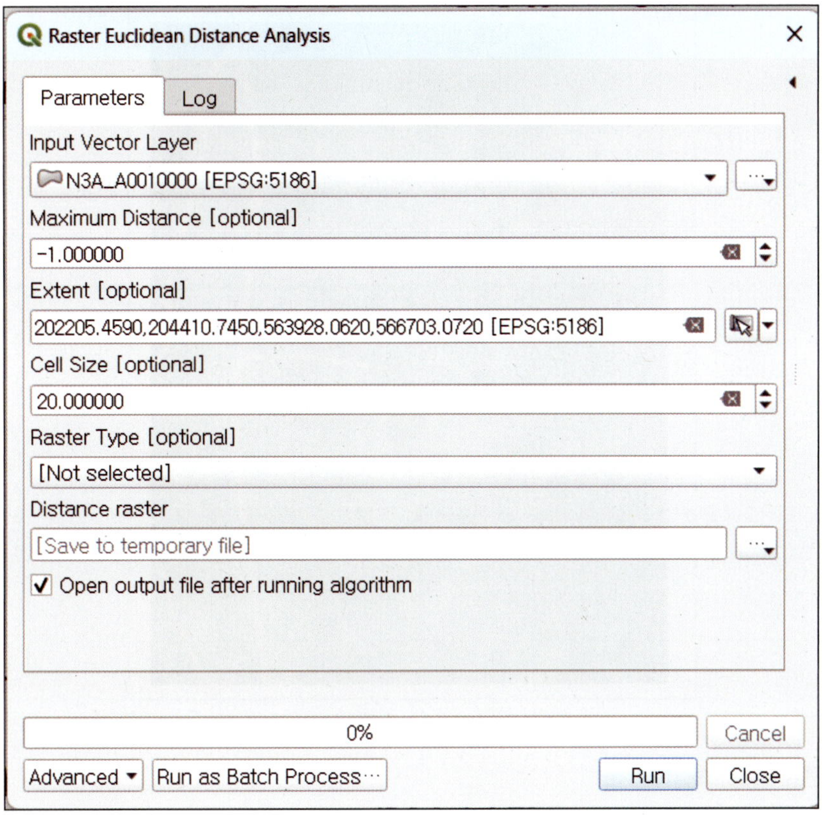

- 객체로부터의 직선거리를 분석한 유클리드 결과를 확인할 수 있음
  - 유클리드 결과는 래스터 재분류를 통해 거리에 따른 점수를 부여하여 활용

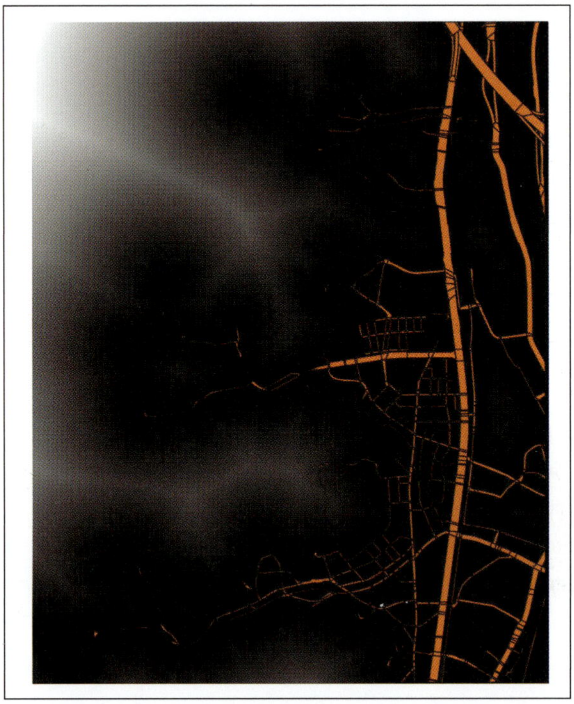

나. 재분류(Reclassify)

- 단일 래스터 데이터의 값을 고유값으로 변환하기 위하여 재분류 사용
- Processing Toolbox의 스크립트 〉 MangoSystem 〉 Raster Reclassification 실행
  - Input Raster Layer : Distance raster
  - Reclassify Range : '시작값 종료값 재분류값 ;' 순으로 입력
    0 200 1; 200 400 2; 400 600 3; 600 800 4; 800 1000 5
  - reclassified : 저장경로 지정

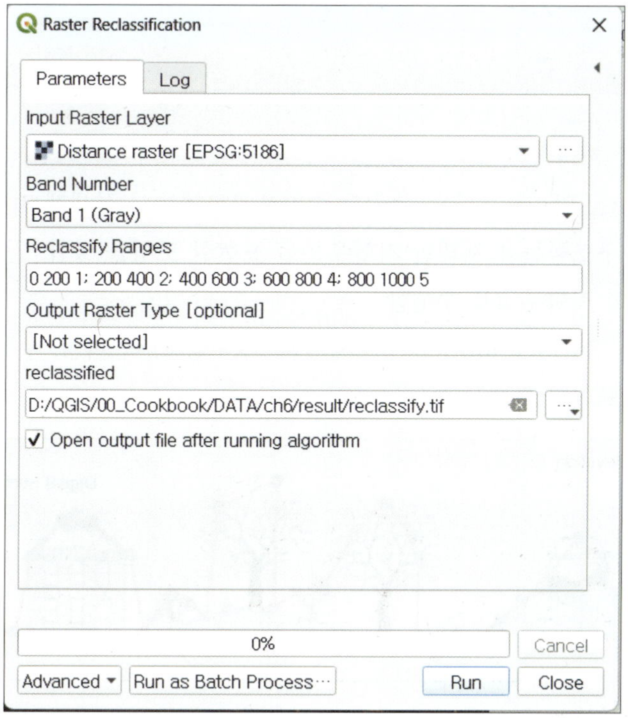

- 입력 범위에 따라 값을 재분류

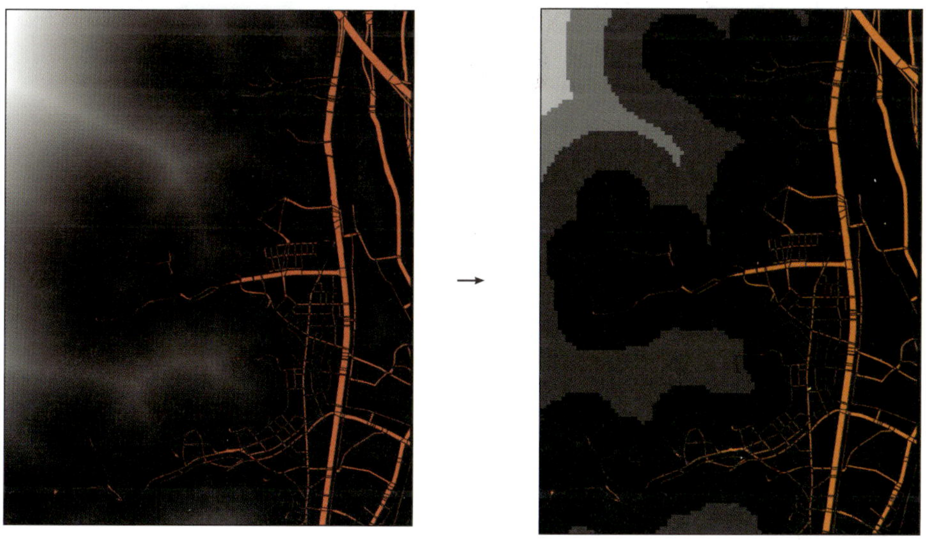

03. 지형 분석

1) DEM

가. 개요

- DEM(Digital Elevation Model)은 수치표고모델로서 실세계 지형정보 중 건물, 수목, 인공구조물등을 제외한 지형부분을 표현한 모형을 말함. 일반적으로 DEM을 이용하여 지형분석을 수행함
- DSM(Dital Surface Model)은 실세계의 모든 정보, 즉 지형, 수목, 건물, 인공구조물 등을 표현한 모형

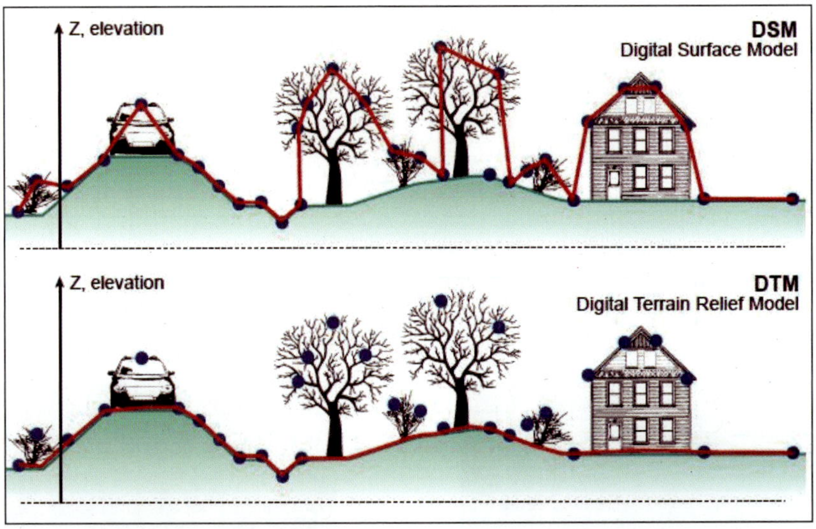

자료 : http://www.charim.net/datamanagement/32

나. 공개DEM

- 국토정보플랫폼에서 우리나라 전국의 공개 DEM 데이터를 내려받을 수 있음

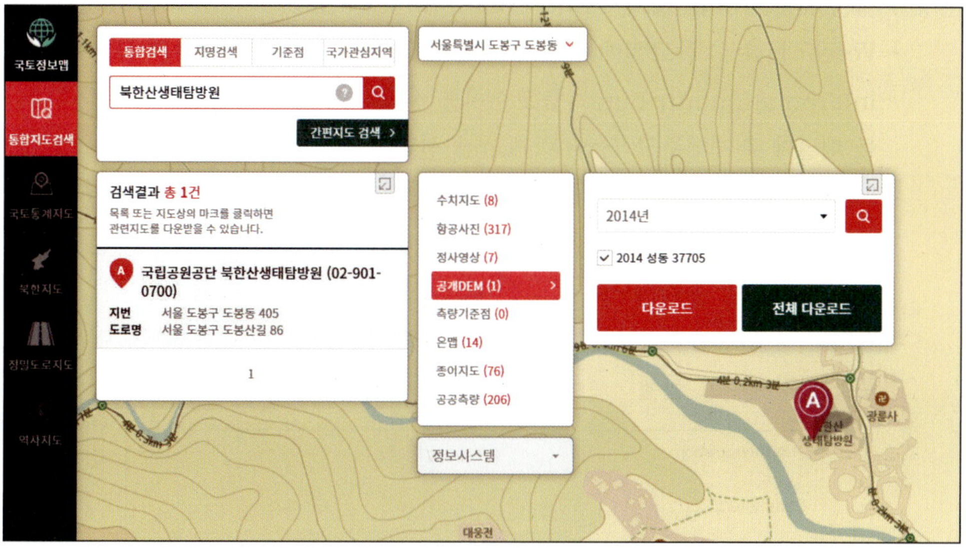

다. 지형도에서 DEM 생성하기

- 국토지리정보원에서 제공하는 공개 DEM의 해상도는 90m이므로 보다 정밀한 DEM이 필요한 경우에는 직접 등고선 또는 표고점으로부터 DEM 생성 가능

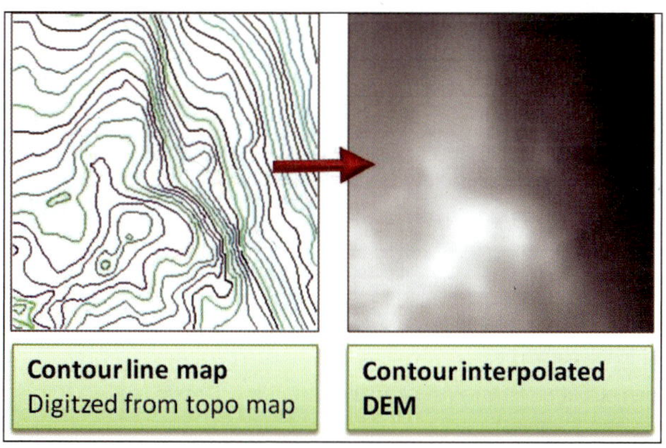

자료 : http://www.charim.net/datamanagement/32

- 실습데이터에서 ex6_3 DEM.qgz 프로젝트 파일을 불러오면 등고선 레이어(N3L_F0010000)와 공개DEM을 확인할 수 있음
- Processing Toolbox에서 Interpolation 〉 TIN interpolation 실행
  - Vector layer : 등고선에 해당하는 레이어(N3L_F0010000)
  - Interpolation attribute : 등고수치를 선택하고 ✚를 이용해 등고선 레이어를 패널에 추가해주고 Type은 Points 선택
  - Extent : Calculate from layer 〉 N3L_F0010000 선택
  - Output rater size : Pixel size는 10 (픽셀크기가 작으면 작을수록 분석에 소요되는 시간이 증가되므로 적정한 셀크기를 설정하는 것이 중요)
- 파라미터 들을 다음과 같이 설정하였다면 보간(Interpolation) 출력물이 저장될 경로를 지정해주고 실행

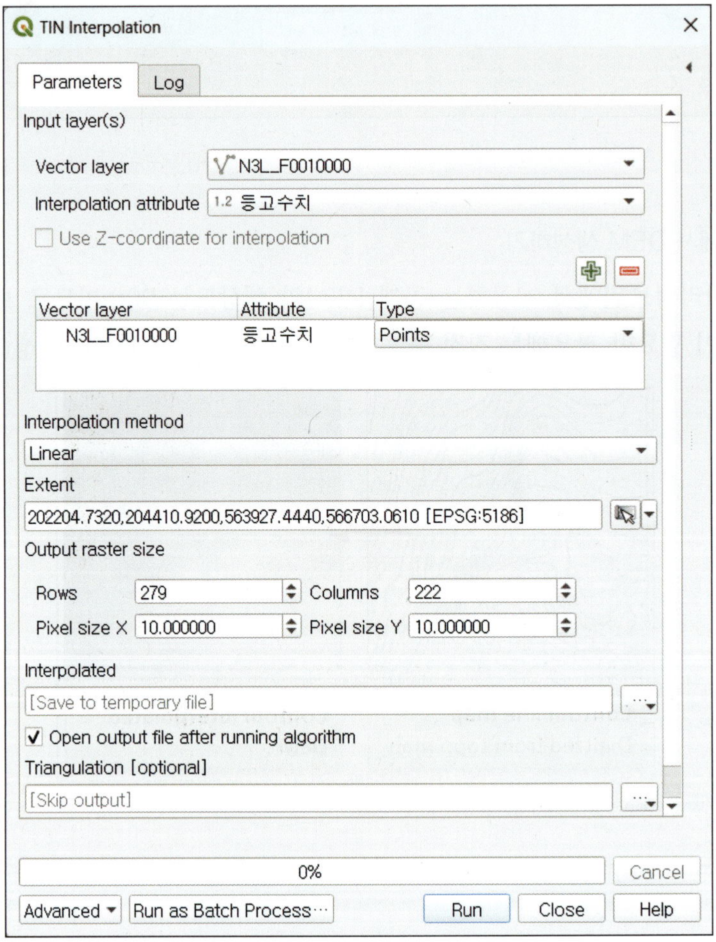

• 공개DEM과 TIN 보간에서 생성한 DEM의 해상도가 다른 것을 확인할 수 있음

공개DEM(90m)

등고선에서 생성한 DEM(10m)

2) 지형분석

가. 경사 분석(Slope)

• DEM을 이용하여 다양한 지형분석을 수행할 수 있음. 실습데이터 37705.img DEM 데이터를 불러옴

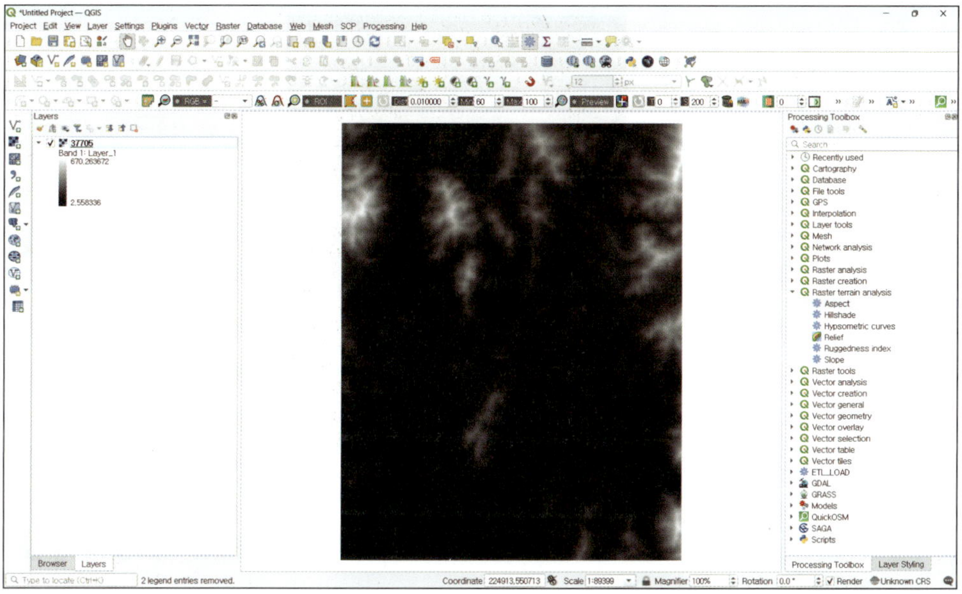

- 경사분석을 위하여 Processing Toolbox에서 Raster terrain analysis 〉 Slope 실행
- 경사분석은 셀에 대한 경사를 도(degree)단위로 분석

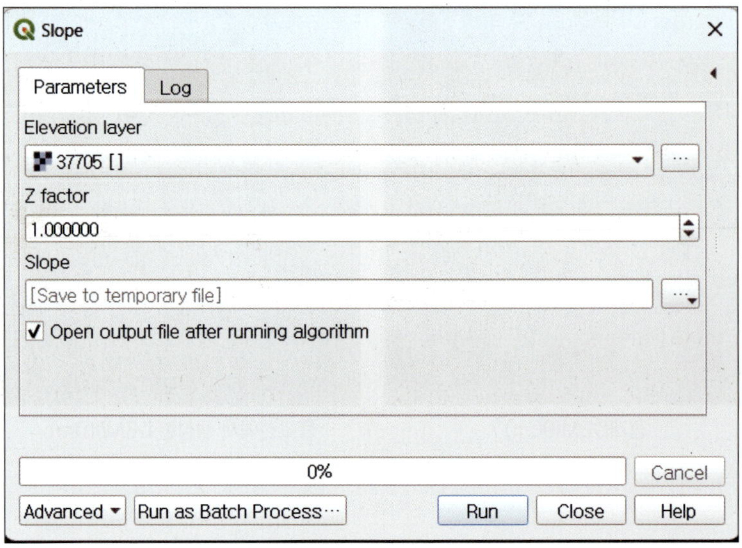

- 경사도 분석결과 다음과 같이 나타남

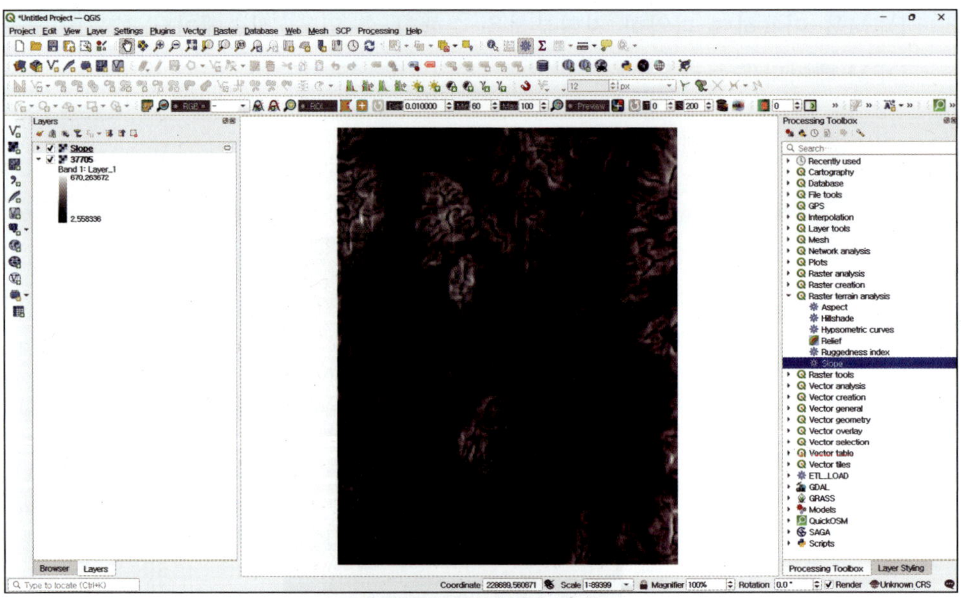

- 만약 경사도를 퍼센트로 구할 경우에는 Processing Toolbox에서 GDAL 〉 Raster analysis 〉 slope 실행하고 Slope expressed as percent instead of degrees 체크

나. 경사 방향 분석[5] (Aspect)

- 북쪽방향을 0으로 시작해서 시계방향으로 도(degree) 단위로 사면향을 계산
- Processing Toolbox의 Raster terrain analysis 〉 Aspect 실행

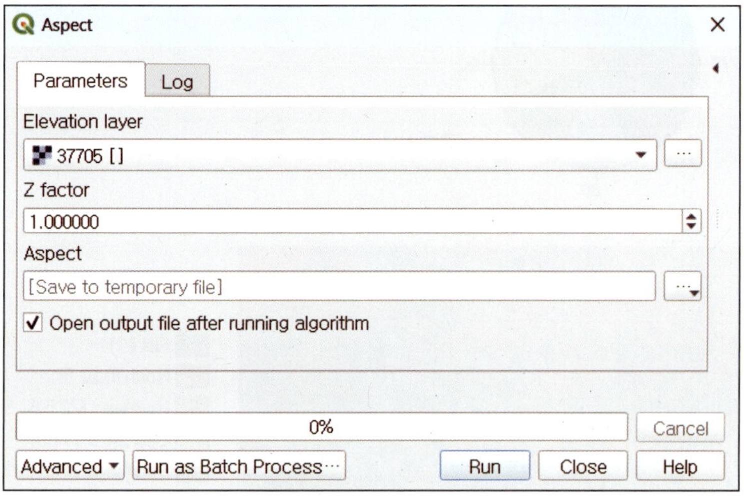

- 사면향 분석결과가 나타났지만 분석결과가 그레이 컬러로 표현되어 경사방향을 파악하기 어려움

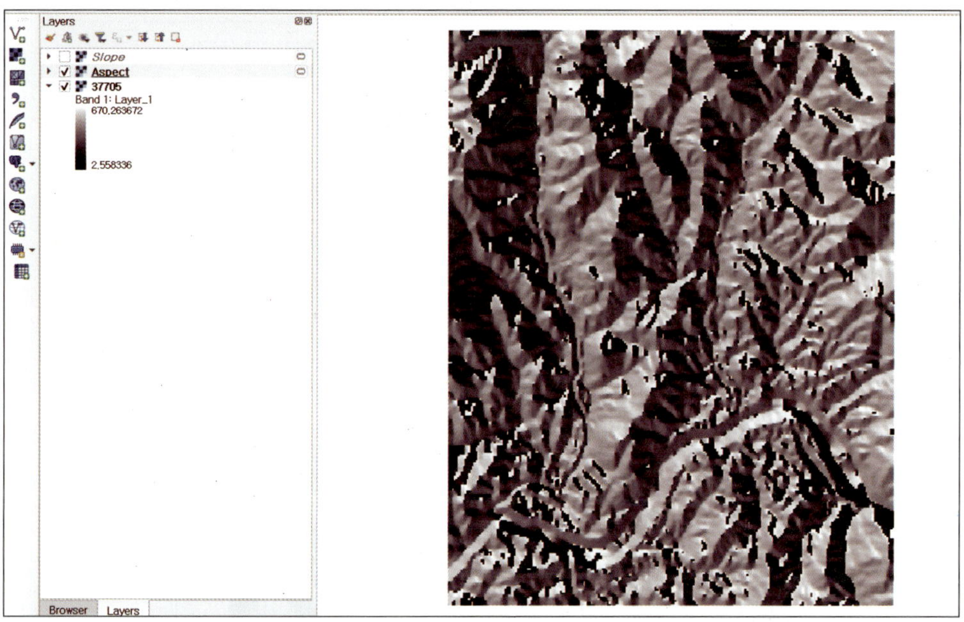

5) 사면향 분석이라고도 함

• Esri에서 제공하는 범례처럼 경사방향을 8개로 분류하고 색상을 지정

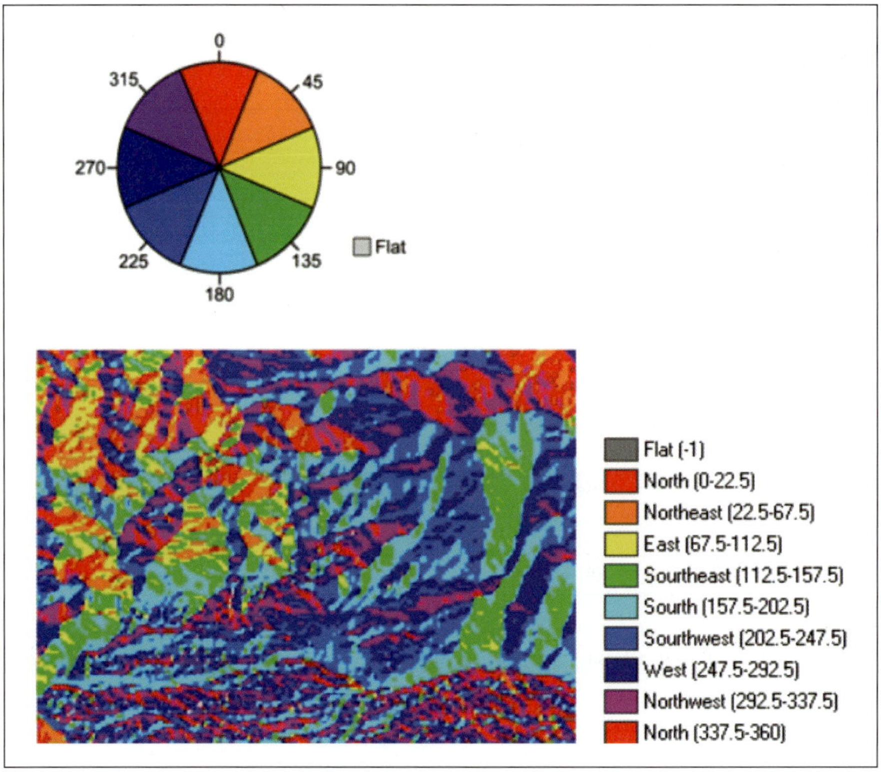

자료 : http://www.supergeotek.com/3D_Analyst_ENG_HTML/3_3_1_1.htm

• 실습데이터에서 QGIS_ASPECT_STYLE.qml [6] 스타일 파일을 이용하여 Layer Properties 〉 Symbology 〉 Style에서 Load Style에 적용

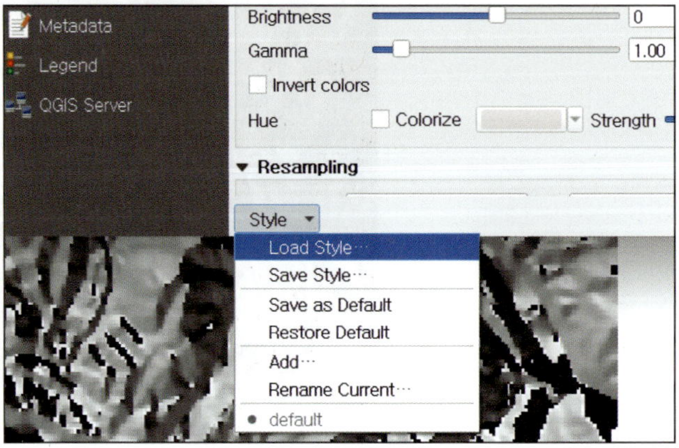

6) 유병혁, 2022, 'QGIS 데이터 활용 실습', 국토교통인재개발원

- 경사방향에 따라 스타일이 적용된 것을 확인할 수 있음

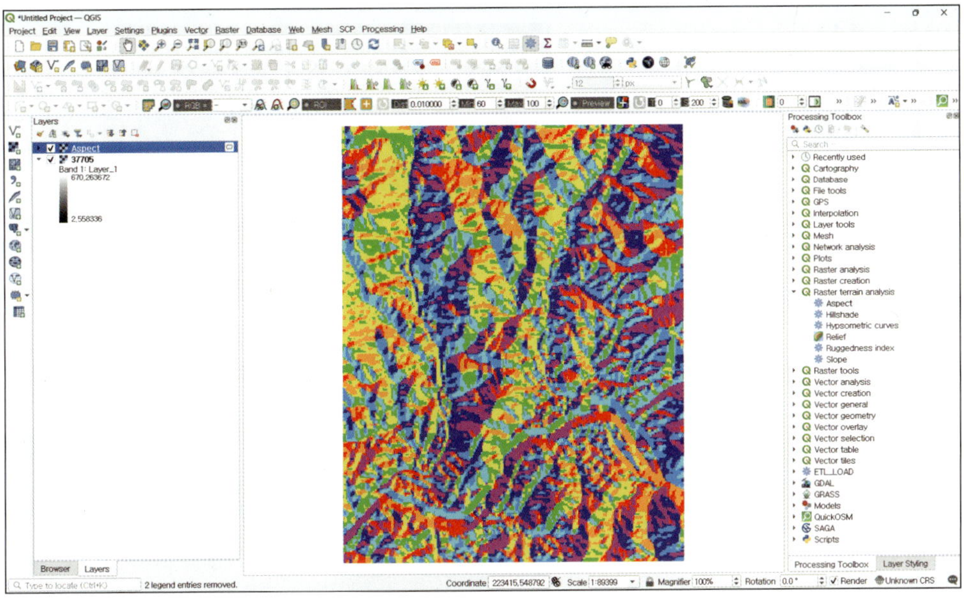

3) 음영기복도(Hillshade)

- 음영기복도란 지형의 표고에 따른 음영효과를 태양 위치에 따라 계산하여 2차원 표면의 높낮이를 3차원으로 보이도록 제공
- Processing Toolbox의 Raster terrain analysis 〉 Hillshade 실행
  - 태양 위치는 수평각도 300, 수직각도 40로 기본 제공 (Esri는 315, 45)

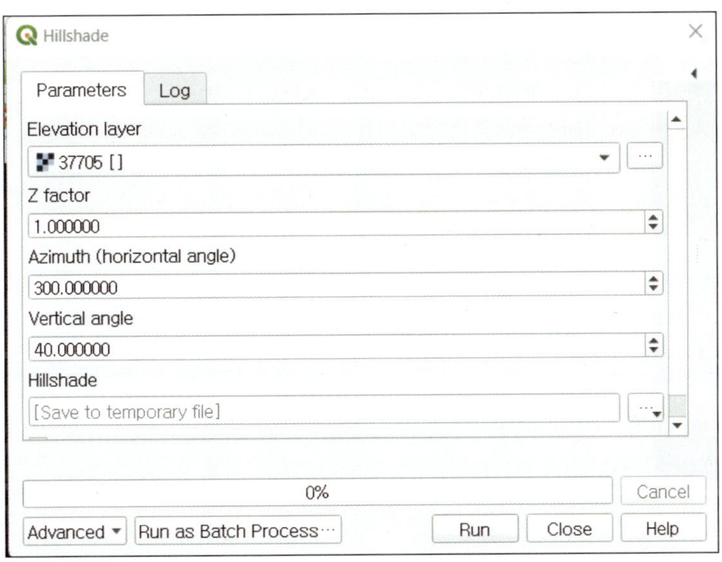

• DEM 데이터가 음영효과로 인해 입체적으로 표현됨

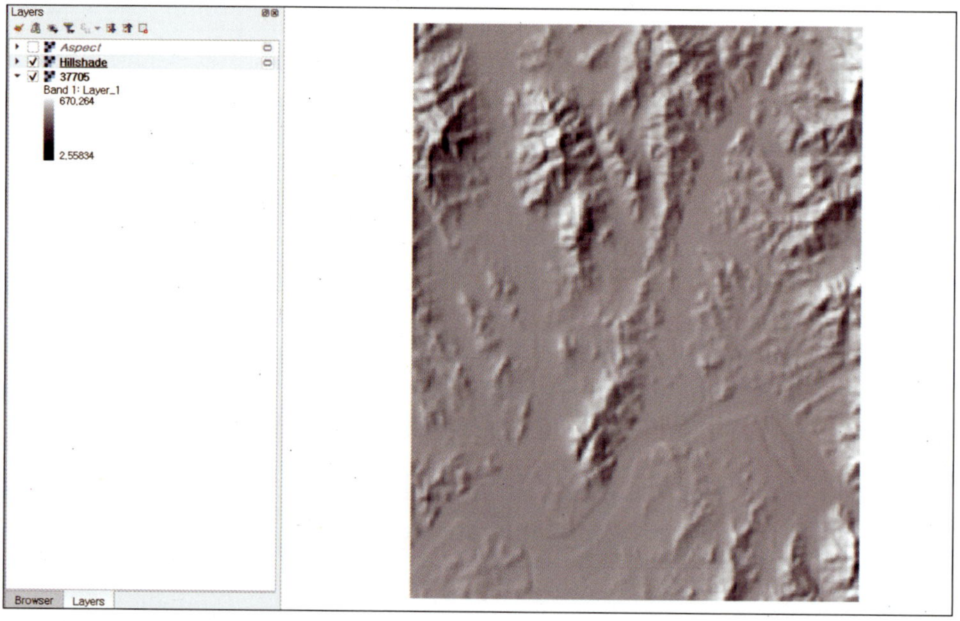

• 음영기복도를 이용하여 다른 래스터 데이터의 입체적인 효과를 줄 수 있음
  - 음영기복도와 배경지도를 불러오고 음영기복도의 Symbology 탭에서 Blending mode를 multiply 선택

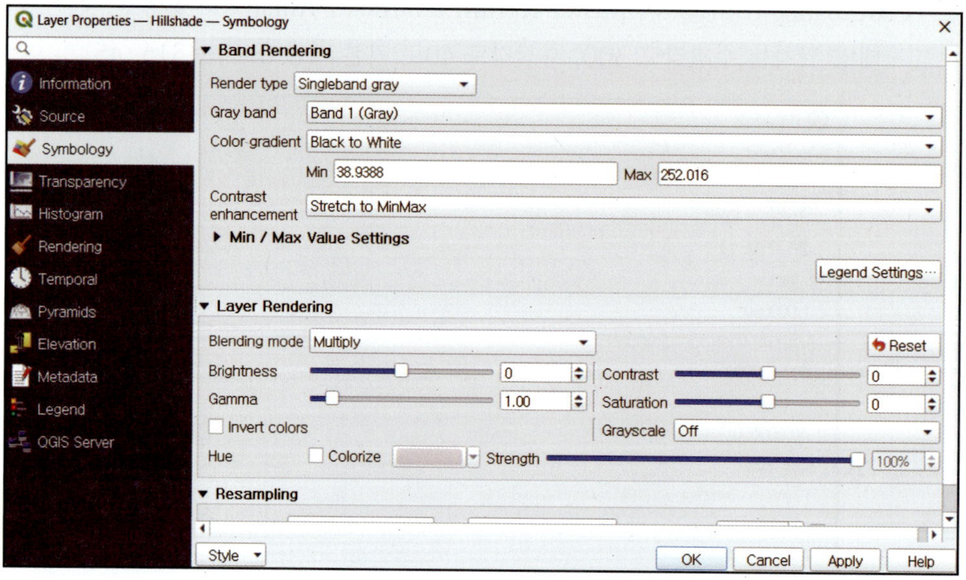

• 음영기복도와 배경지도가 혼합되어 지도를 입체적으로 표현

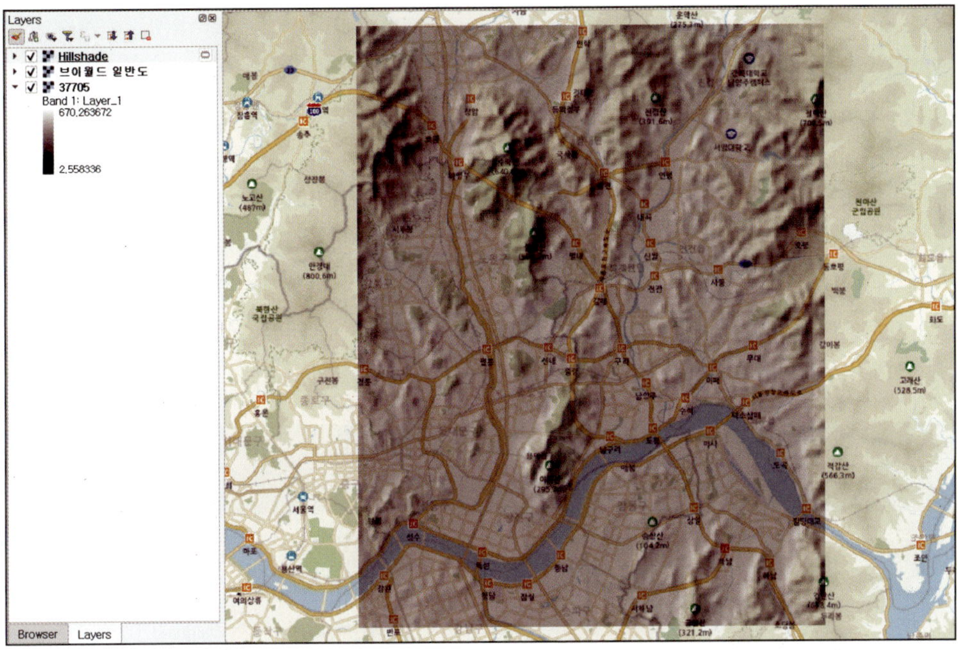

04. 적지분석

1) 개요

- 적지분석이란 다양한 지표들을 이용하여 최선의 지역을 도출하는 것으로서, GIS를 이용하여 분석할 수 있음
- 우선 분석에 필요한 레이어를 입력하고, 각 레이어는 GIS 분석을 통해 경사도, 접근성 등의 지리적 분석을 하게 됨
- 각각의 지표는 높이기준, 경사도 기준, 거리 기준 등 다양한 기준으로 분류되어 있으므로 이를 다시 래스터 재분류 과정을 거쳐 평가기준을 일치시키고, 재분류된 결괏값에 지표별 가중치를 입력하여 최종 결괏값을 도출하게 됨

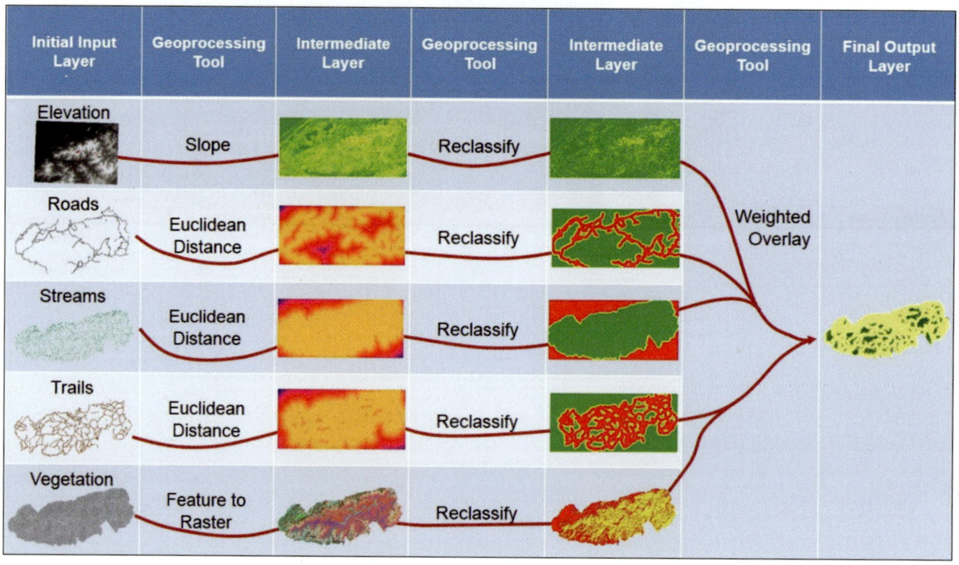

자료 : https://sites.google.com/site/glwhitegis520digitalportfolio/assignments/untitledpost

- 여기서는 적지분석의 일반적인 과정을 실습해보는 것이 목적이므로 중요한 레이어만 이용하여 실습을 진행

2) DEM 데이터 구축

가. DEM 데이터 수집

- DEM 데이터는 직접 등고선 및 표고점을 이용하여 구축할 수 있고 공개데이터를 통해 수집할 수 있음

- 여기서는 SRTM Downloader를 이용하여 DEM 데이터를 획득하고자 함
- Plugins 〉 Manage and Install Plugins에서 SRTM Downloader을 검색하여 설치

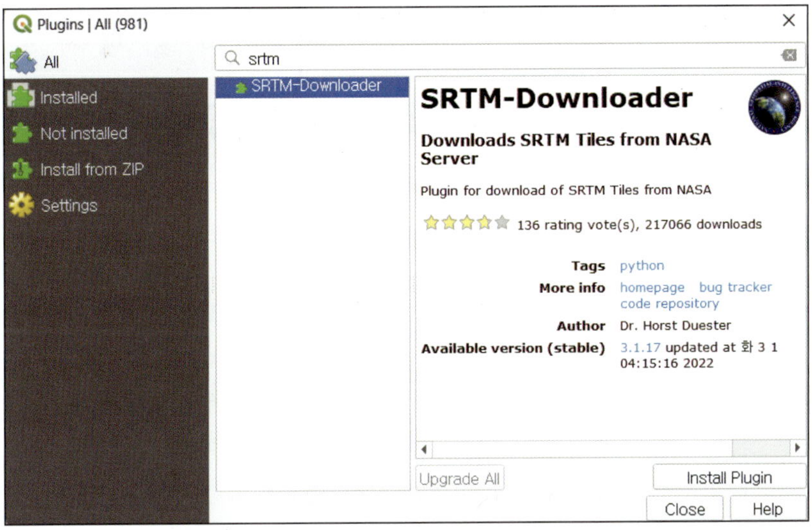

- DEM 데이터를 내려받을 지역으로 이동하기 위하여 실습데이터에서 ex6_4 적지분석.qgz프로젝트 파일을 불러옴

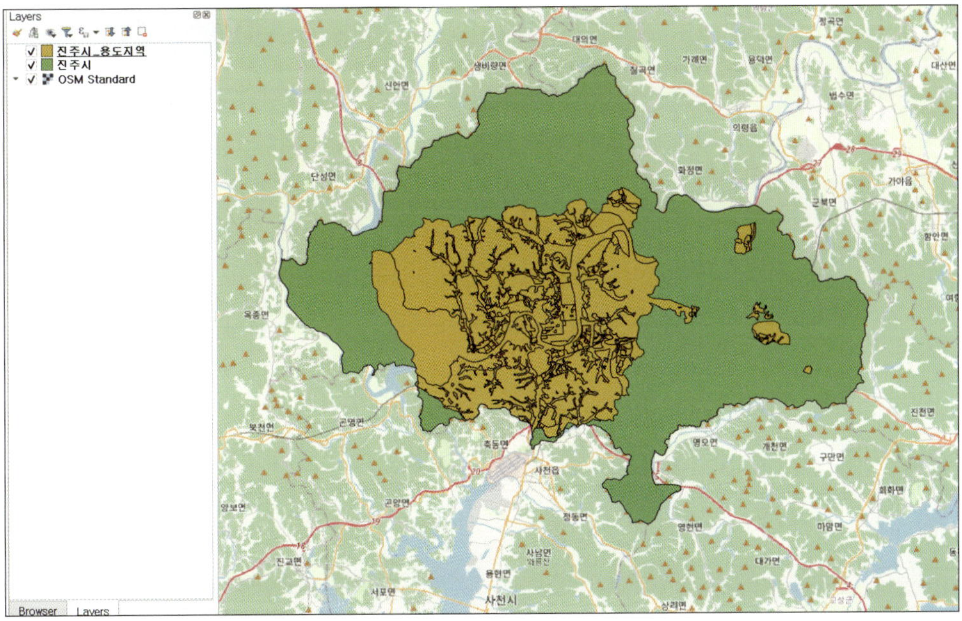

• Plugins 〉 SRTM Download 〉 SRTM Downloader 실행

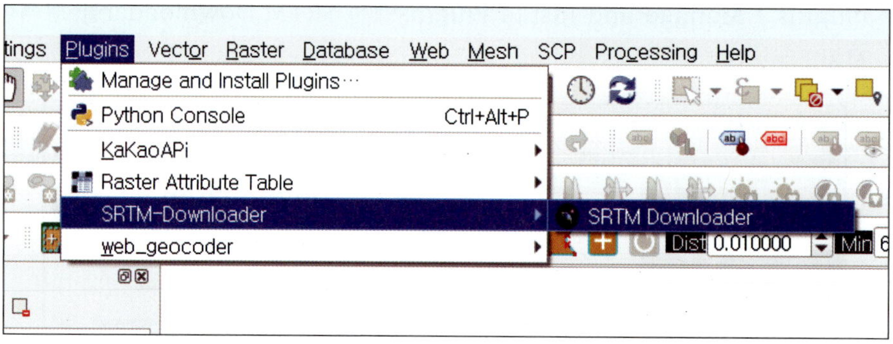

• SRTM Downloader가 실행되면 Set canvas extent를 클릭하여 내려받을 영역을 설정하고, 저장경로(Output-Path)를 지정하고 Download 클릭

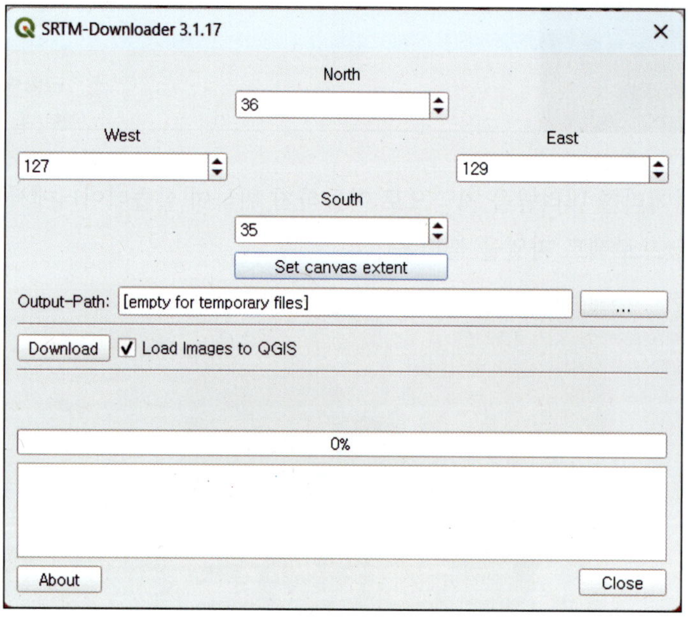

• SRTM Downloader을 이용하여 DEM 데이터를 내려받기 위해서는 Earthdata 로그인 프로필이 필요

- EARTHDATA(https://urs.earthdata.nasa.gov//users/new)에서 무료가입

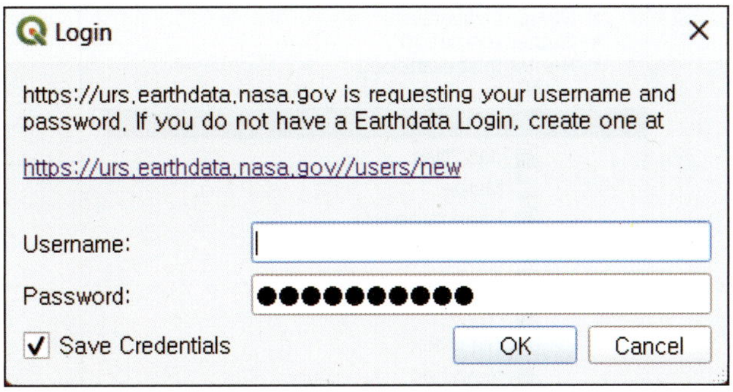

• 진주시에 해당하는 DEM 파일을 내려받음(N35E127.hgt, N35E128.hgt)

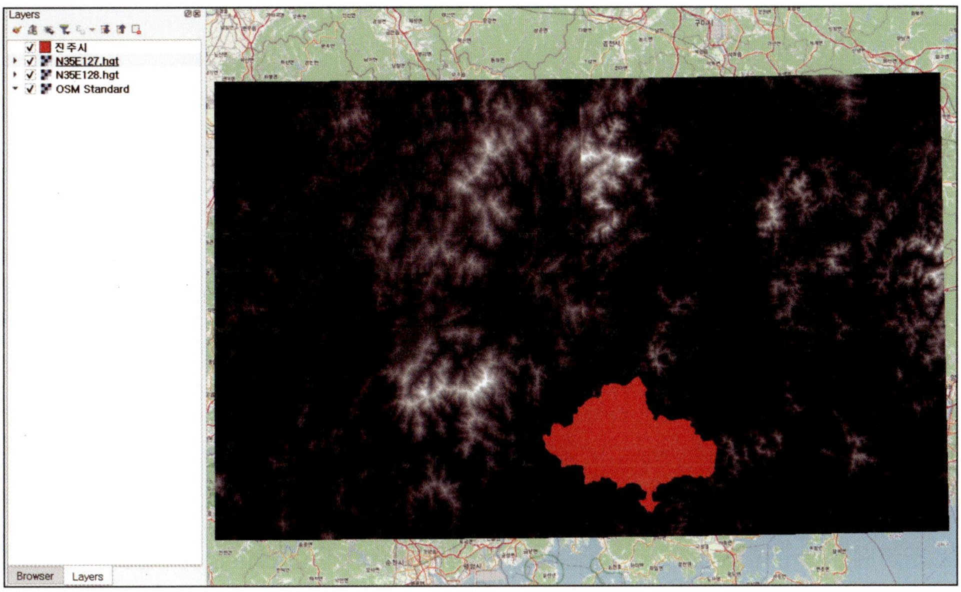

- DEM 데이터 셀을 하나로 합치기 위하여 Processing Toolbox에서 GDAL 〉 Raster miscellaneous 〉 Build Virtual Raster 실행

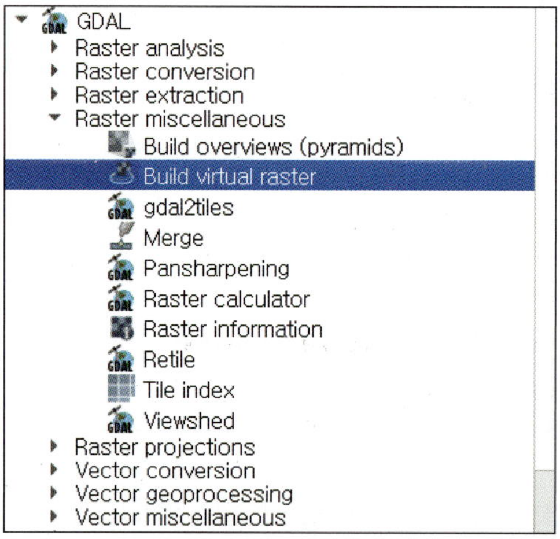

- Build Virtual Raster가 실행되면 다음과 같이 파라미터 입력
  - Input Layer : DEM 데이터 선택
  - Resolution : Average
  - Place each input file into a separate band 체크 해제
  - Resampling algorithm : Bilinear
  - Virtual output : Save to temporary file

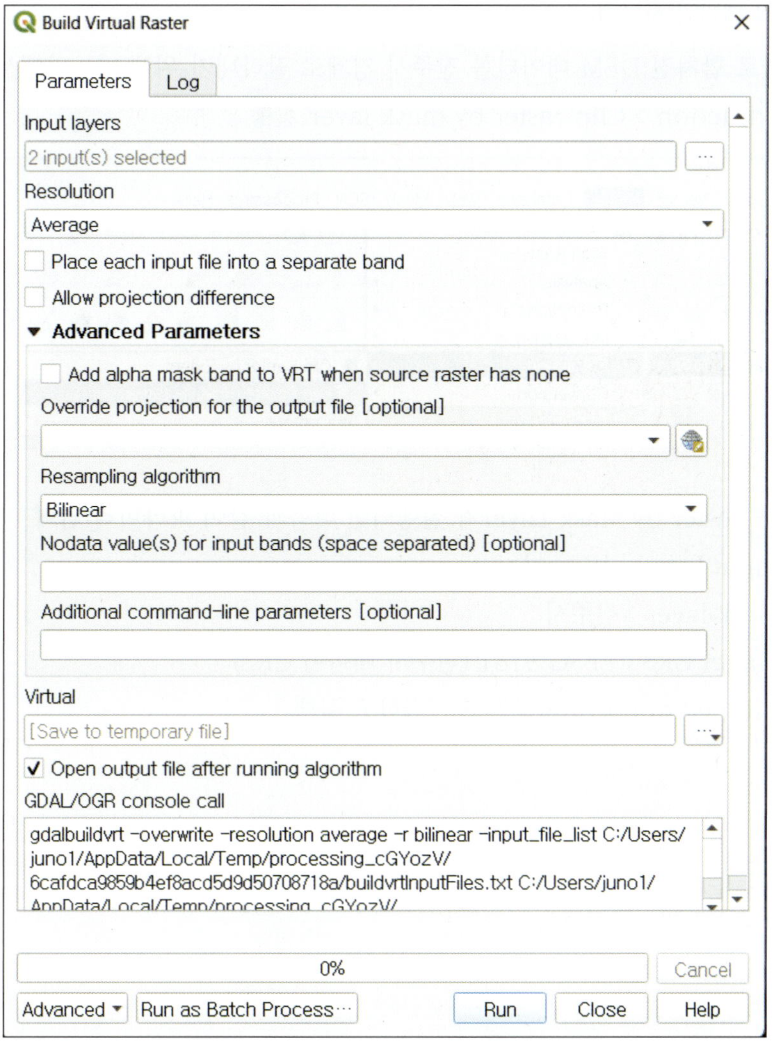
Build Virtual Raster
Parameters
Log
Input layers
2 input(s) selected
Resolution
Average
Place each input file into a separate band
Allow projection difference
Advanced Parameters
Add alpha mask band to VRT when source raster has none
Override projection for the output file [optional]
Resampling algorithm
Bilinear
Nodata value(s) for input bands (space separated) [optional]
Additional command-line parameters [optional]
Virtual
[Save to temporary file]
Open output file after running algorithm
GDAL/OGR console call
gdalbuildvrt -overwrite -resolution average -r bilinear -input_file_list C:/Users/
juno1/AppData/Local/Temp/processing_cGYozV/
6cafdca9859b4ef8acd5d9d50708718a/buildvrtInputFiles.txt C:/Users/juno1/
0%
Cancel
Advanced
Run as Batch Process…
Run
Close
Help

나. 마스크 레이어 자르기

- 하나로 합쳐진 DEM 데이터를 진주시 경계로 잘라내기 위해 메뉴바에서 Raster 〉 Extraction 〉 Clip raster by mask layer 실행

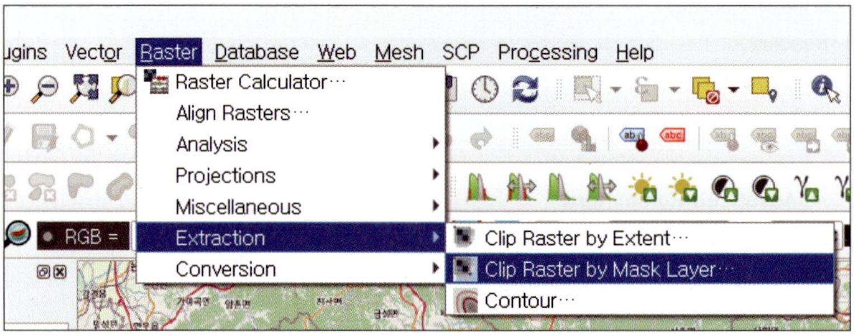

- Clip Raster by Mask Layer가 실행되면 다음과 같이 파라미터 입력
  - Input Layer : Virtual
  - Mask layer : 진주시
  - Target CRS : EPSG 5181 (진주시 레이어 CRS)
  - Clipped output : 저장경로 지정하고 실행

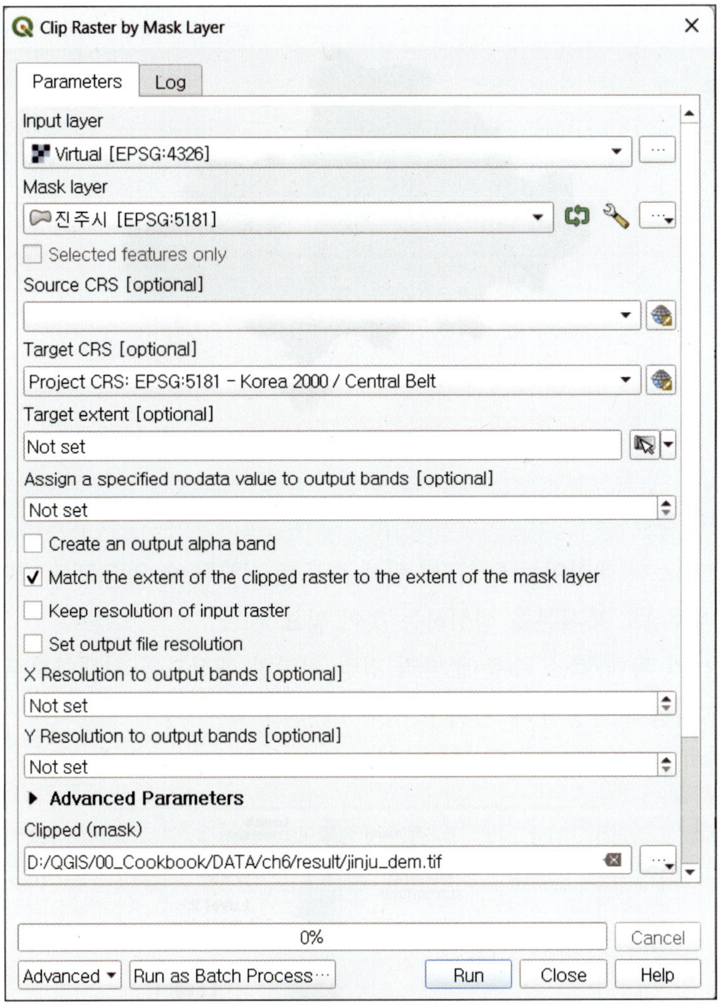
Clip Raster by Mask Layer
Parameters
Log
Input layer
Virtual [EPSG:4326]
Mask layer
진주시 [EPSG:5181]
Selected features only
Source CRS [optional]
Target CRS [optional]
Project CRS: EPSG:5181 - Korea 2000 / Central Belt
Target extent [optional]
Not set
Assign a specified nodata value to output bands [optional]
Not set
Create an output alpha band
Match the extent of the clipped raster to the extent of the mask layer
Keep resolution of input raster
Set output file resolution
X Resolution to output bands [optional]
Not set
Y Resolution to output bands [optional]
Not set
Advanced Parameters
Clipped (mask)
D:/QGIS/00_Cookbook/DATA/ch6/result/jinju_dem.tif
0%
Cancel
Advanced
Run as Batch Process…
Run
Close
Help

• 진주시 경계로 DEM 데이터가 잘림

다. Pyramids 생성

• 대용량 래스터 레이어는 QGIS의 탐색 속도를 저하할 수 있으므로 데이터(피라미드)의 저해상도 복사본을 생성하는 것이 필요 [7]

- QGIS가 확대/축소 수준에 따라 가장 적합한 해상도를 선택하므로 렌더링 성능을 상당히 향상할 수 있음
- 피라미드를 생성해도 분석도구에서는 원본데이터를 사용

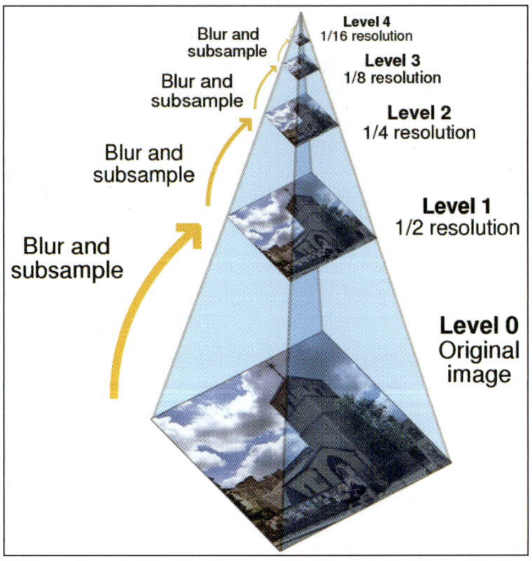

자료 : https://en.wikipedia.org/wiki/Pyramid_(image_processing)

7) https://docs.qgis.org/3.28/en/docs/user_manual/working_with_raster/raster_properties.html#pyramids-properties

- DEM 레이어의 Layer Properties를 열고 pyramids 탭 선택
- Resolution(해상도)목록에서 필요한 해상도를 선택하고, Overview format은 External, Resampling method는 Cubic 선택

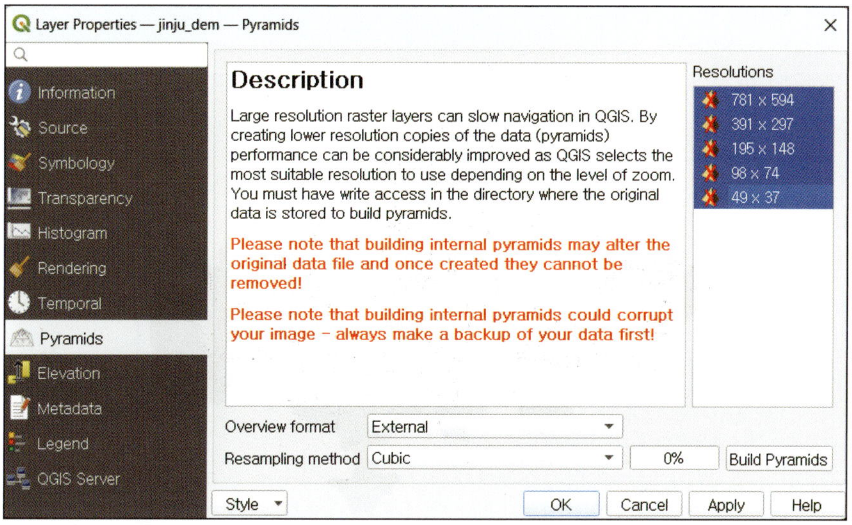

- Build Pyramids 버튼 클릭하면 원본 이름과 같은 ovr 확장자를 가진 피라미드가 생성
- 진주시는 면적이 작아서 별 차이가 없으나 한반도 전체 DEM을 대상으로 할 경우 빠른 렌더링 효과를 확인할 수 있음

3) 지표별 분석

가. 개요

- 진주시의 개발가능지역이면서 주거지역인 지역을 도출
- 진주시 조례에 의하면 개발행위허가 기준은 최종표고 75m, 최종경사는 12도로 나타남

시도명	시군구명	경사도 기준	표고기준	기준지반고	최종표고	최종경사도
경상남도	진주시	12도	기준지반고 50미터 미만	25	75	12

- 여기서는 최종표고 75m 이하이면서 최종경사 12도 미만인 지역에서 용도지역이 주거지역인 지역을 분석하도록 함
- 표고분석은 Jinju_dem 데이터를 이용하고 경사도는 Jinju_dem 레이어를 이용하여 slope 분석 수행

나. 벡터 데이터를 래스터 데이터로 변환(**Rasterize**)

- 래스터 데이터로 공간분석을 수행하기 위해서 벡터데이터를 래스터 데이터로 변환 필요
  - 래스터와 벡터 형식을 서로 변환하는 작업을 통해 GIS 문제 해결 시 래스터와 벡터 데이터를 동시에 사용할 수 있으며, 두 데이터 형식에 각각 특화된 다양한 분석 방법도 함께 사용할 수 있음
- 진주시 용도지역 벡터 데이터를 래스터 데이터로 변환
- 벡터 데이터를 래스터 데이터로 변환하기 위해서 속성값은 숫자로 이루어져야 함
- 진주시_용도지역 레이어에서 주거지역(UQA1**), 공업지역(UQA2**), 상업지역(UQA3**), 녹지지역(UQA4**)에 대해 각각 1, 2, 3, 4의 숫자코드로 변환

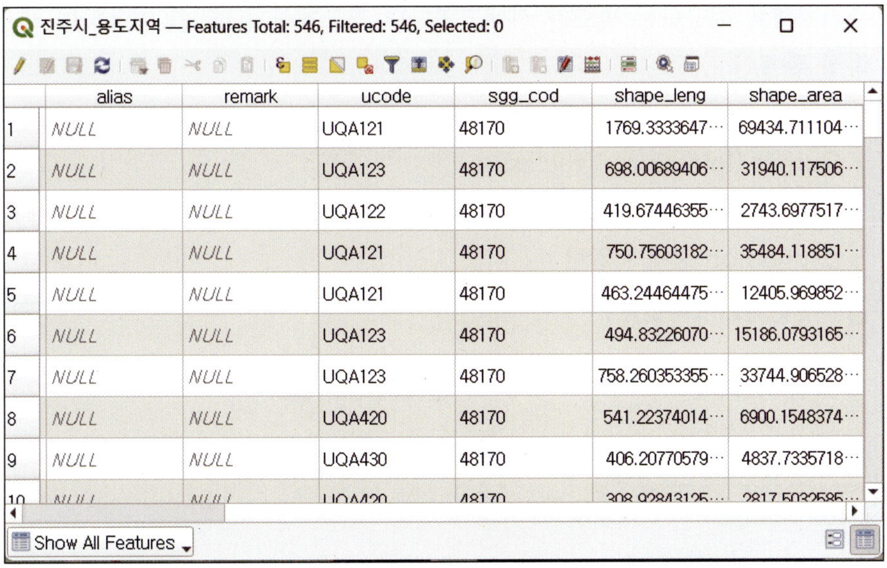

	alias	remark	ucode	sgg_cod	shape_leng	shape_area
1	NULL	NULL	UQA121	48170	1769.3333647…	69434.711104…
2	NULL	NULL	UQA123	48170	698.00689406…	31940.117506…
3	NULL	NULL	UQA122	48170	419.67446355…	2743.6977517…
4	NULL	NULL	UQA121	48170	750.75603182…	35484.118851…
5	NULL	NULL	UQA121	48170	463.24464475…	12405.969852…
6	NULL	NULL	UQA123	48170	494.83226070…	15186.0793165…
7	NULL	NULL	UQA123	48170	758.260353355…	33744.906528…
8	NULL	NULL	UQA420	48170	541.22374014…	6900.1548374…
9	NULL	NULL	UQA430	48170	406.20770579…	4837.7335718…

- 먼저 주거지역을 선택하기 위해 Select by Expression( )을 이용하여 'UQA1**'로 시작하는 ucode 선택
  - 표현식 창에 "ucode" like 'UQA1%' 입력하고 Select Features 클릭

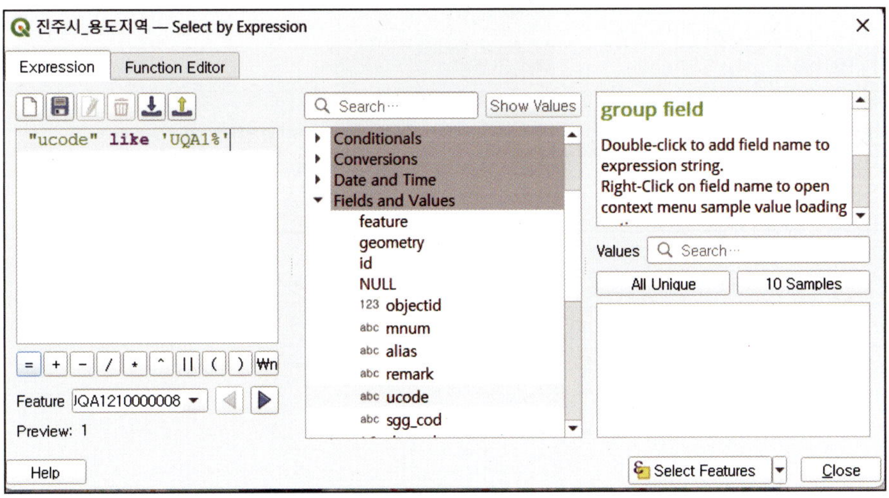

- 주거지역에 해당하는 필드가 선택되었다면 필드계산기( )를 이용하여 새로운 속성 부여
  - Create a new field 체크
  - Output field name : reclass
  - Output field type : Integer32
  - Expression 창에 1 입력

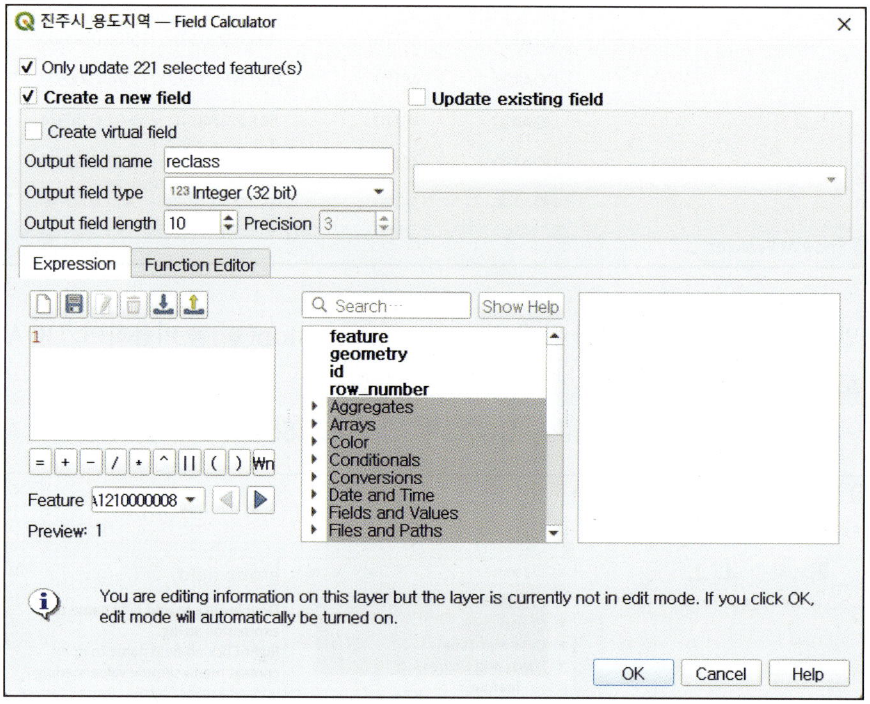

- 같은 방식으로 공업(UQA2**), 상업(UQA3**), 녹지지역(UQA4**)에 대한 숫자로 된 값을 부여
  - 속성을 새롭게 부여할 reclass 필드가 생성되어 있으므로 Update existing field를 체크하고 reclass 필드 선택

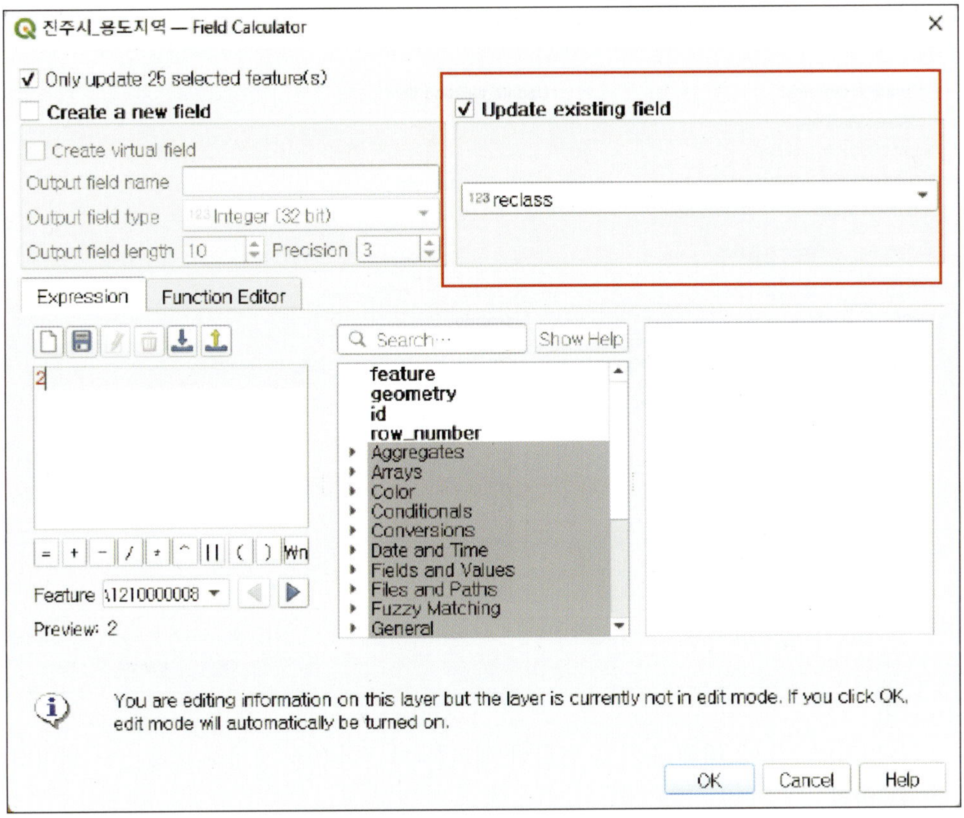

• 보다 효율적으로 작업하기 위해 필드계산기에서 CASE 구문을 이용하여 값을 채울 수 있음

- CASE 구문은 IF/THEN/ELSE 와 같은 SQL 로직을 사용하여 계산식을 작성하고 END로 종료

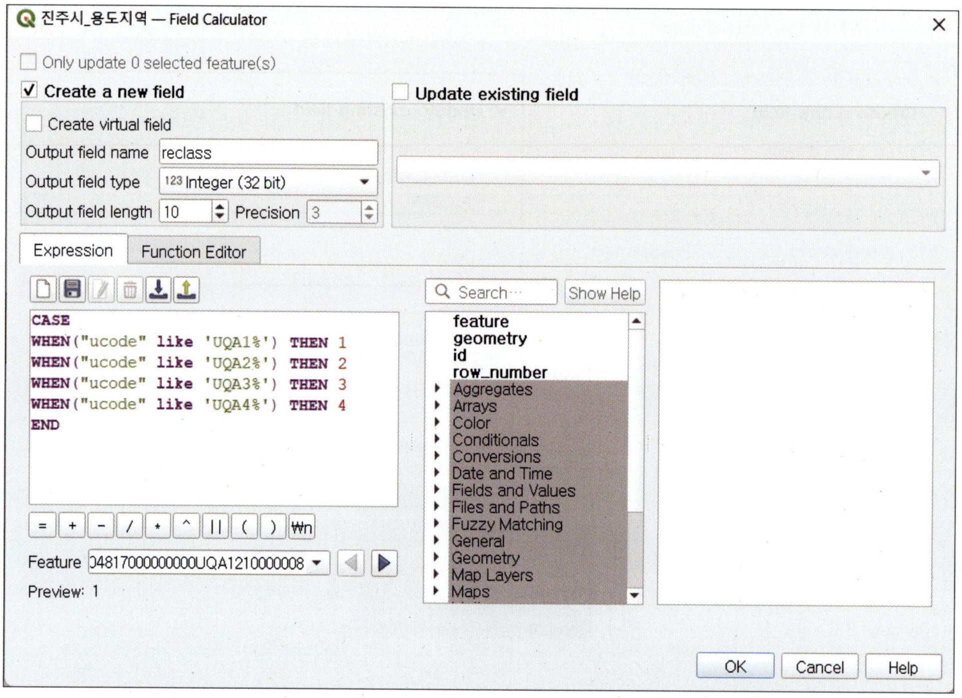

• 용도지역코드에 대해 숫자로 변환한 새로운 파생변수를 생성하고 래스터 데이터로 변환

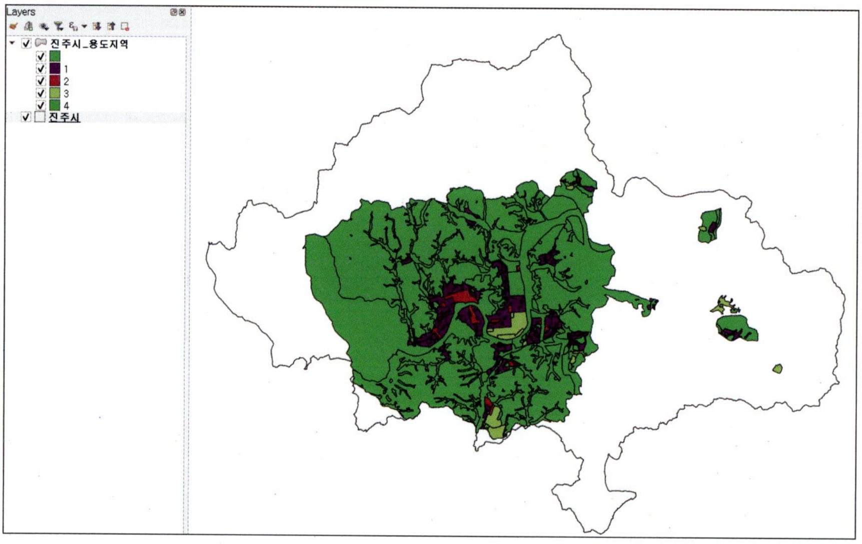

- 망고시스템 스크립트에서 Vector To Raster Conversion 실행하고 속성필드, 영역, 셀 사이즈 등을 지정
  - Input Vector layer : 진주시_용도지역
  - Attribute field : reclass
  - Extent : Calculate from layer 〉 진주시_용도지역 레이어 선택
  - Cell Size : 30
  - Raster Type : Float32

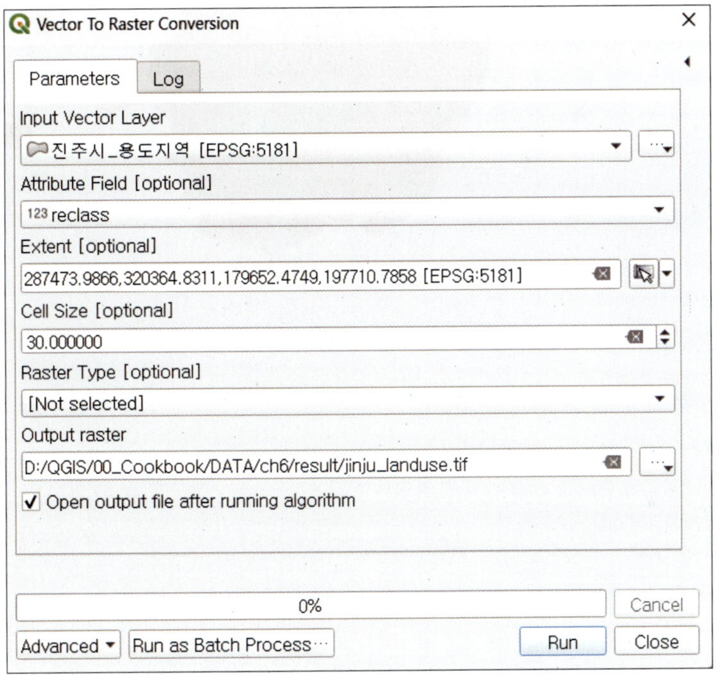

• 래스터로 변환된 값을 고윳값으로 나타내기 위하여 심볼에서 렌더링 유형을 Paletted/Unique values 선택하고 실행

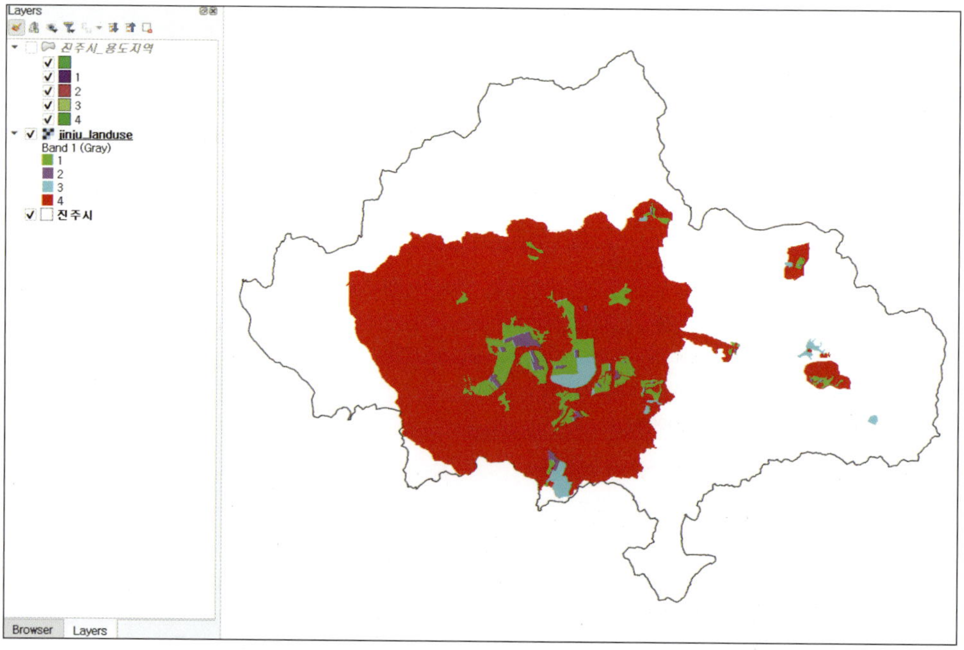

다. 개발가능지 추출

- 개발가능지를 추출하기 위하여 래스터 계산기를 이용하여 연산 수행
- 진주시 DEM 데이터를 이용하여 경사도 분석
- Raster 〉 Raster Calculator를 실행하여 표고(jinju_dem)가 75m 이하이고 경사(jinju_slope)가 12도 미만인 지역인 개발가능지(possible.tif) 추출

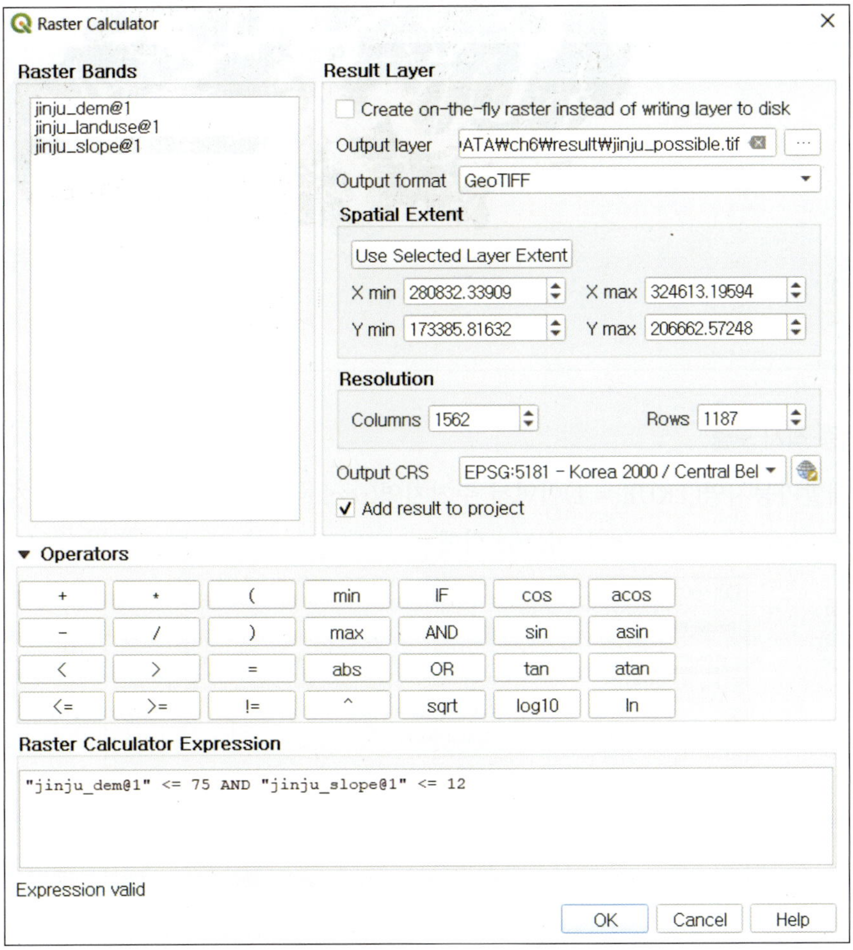

• 래스터 계산기를 통해 참인 지역은 1(흰색), 거짓인 지역은 0(검정색)으로 나타남

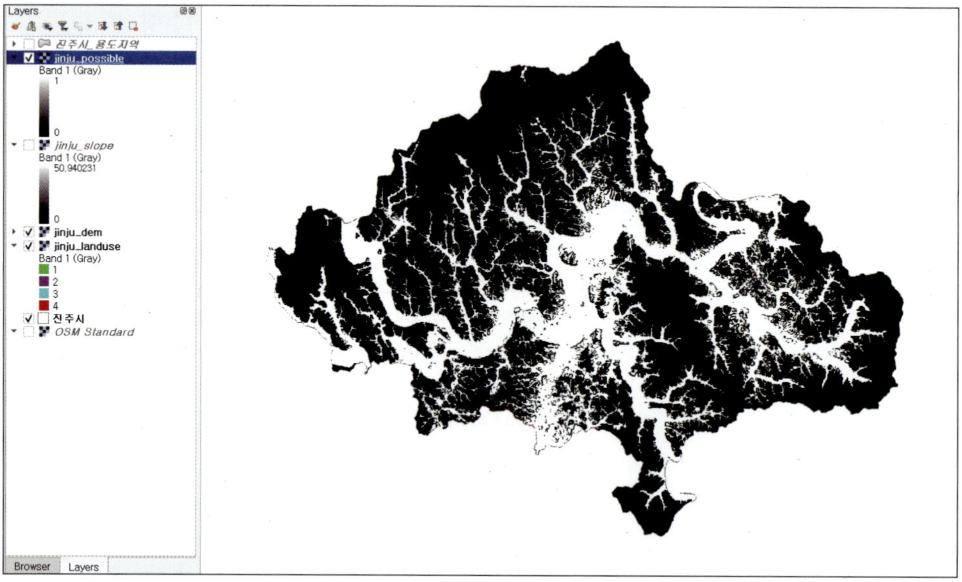

라. 최종 적지 도출

• 개발가능지역(TRUE = 1)이면서 주거지역(reclass = 1)인 지역을 도출하기 위하여 Raster 〉 Raster calculator 실행

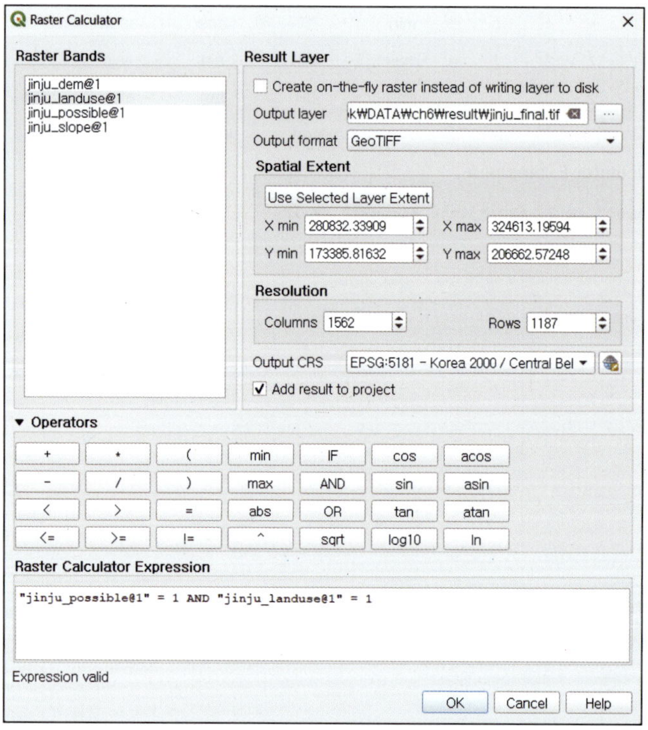

- 실행 결과 최종적지에 해당하는 지역(1)과 해당하지 않는 지역(0)으로 나타남

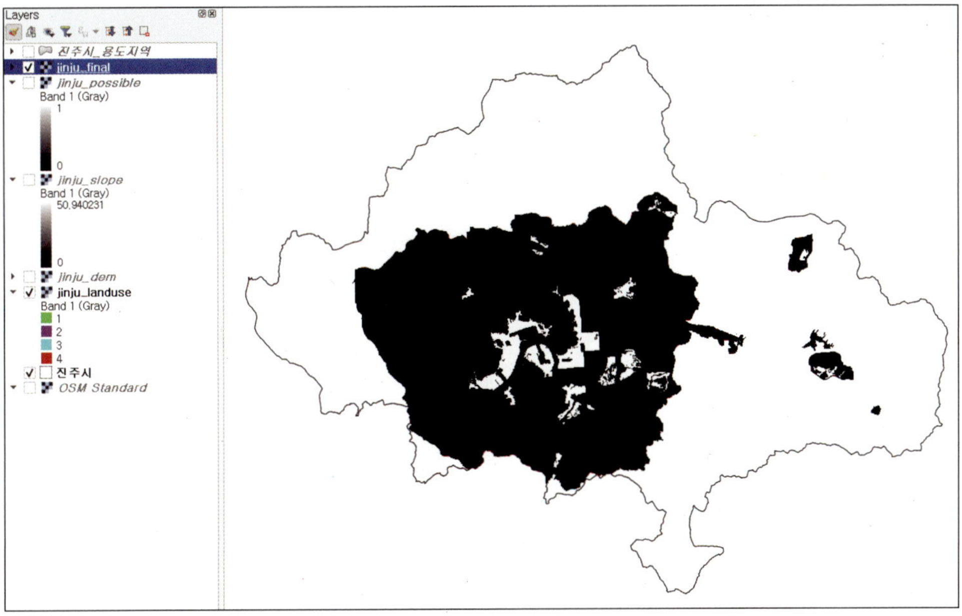

마. 래스터 데이터를 벡터 데이터로 변환(Polygonize)

- 래스터 데이터를 벡터 데이터로 변환
- 메뉴바에서 Raster 〉 Conversion 〉 Polygonize(Raster to Vector) 실행
- Polygonize 창이 나타나면 파라미터 값 입력하고 실행

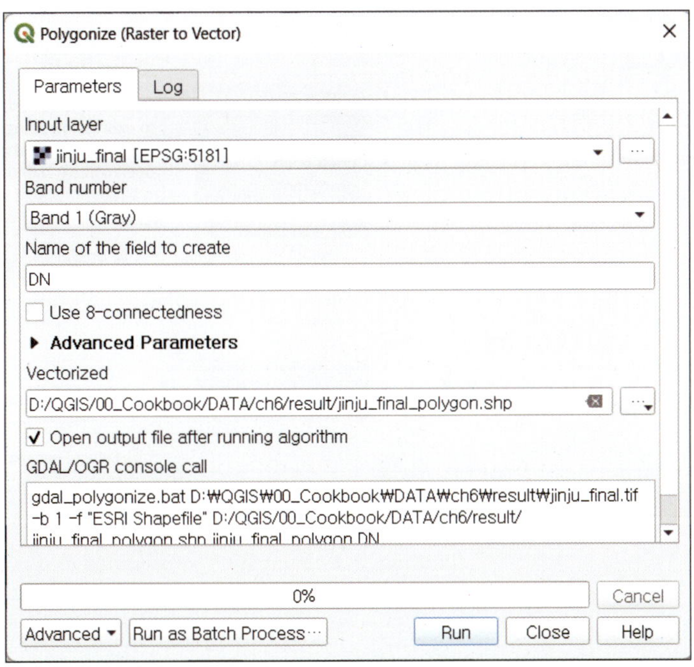

• 래스터 데이터가 벡터 데이터로 변환

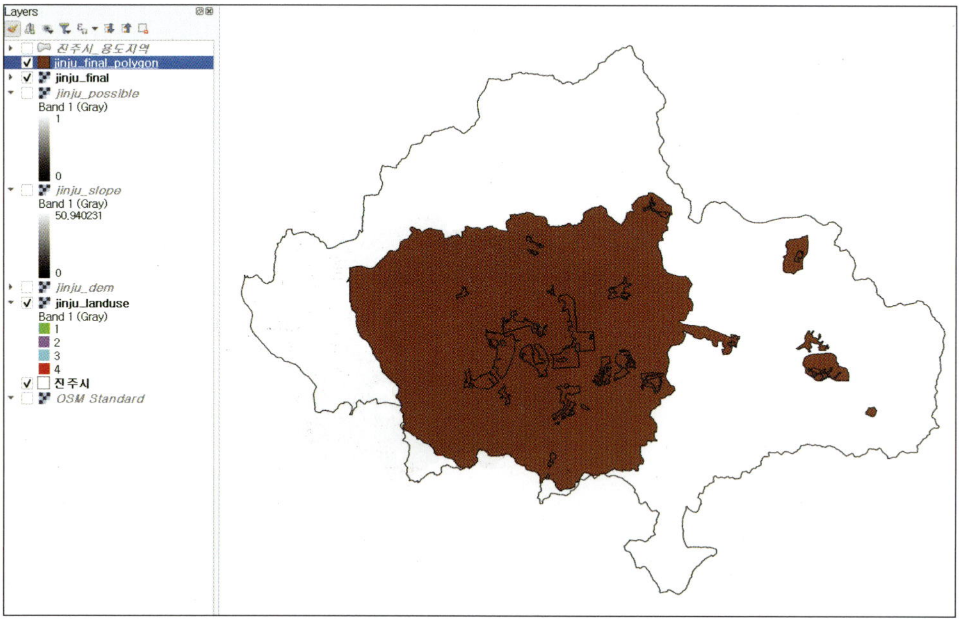

• 최종 적지만 추출하기 위해 속성테이블을 열고 Select features using an expression 클릭

- DN 필드에서 값이 '0'을 선택

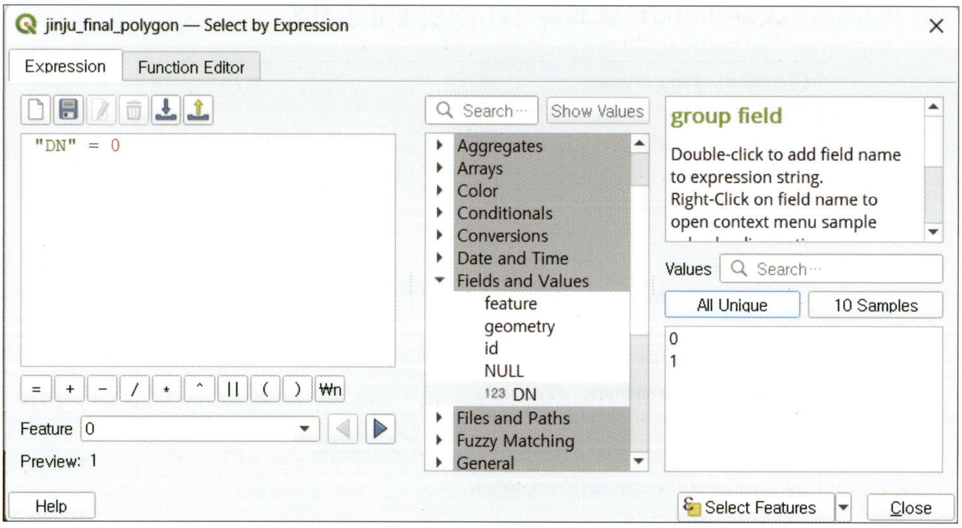

• 0 값이 선택되었다면 편집모드( )로 전환하고 선택된 객체를 삭제하기 위해 Delete selected features( ) 클릭하면 진주시 최종적지만 남음

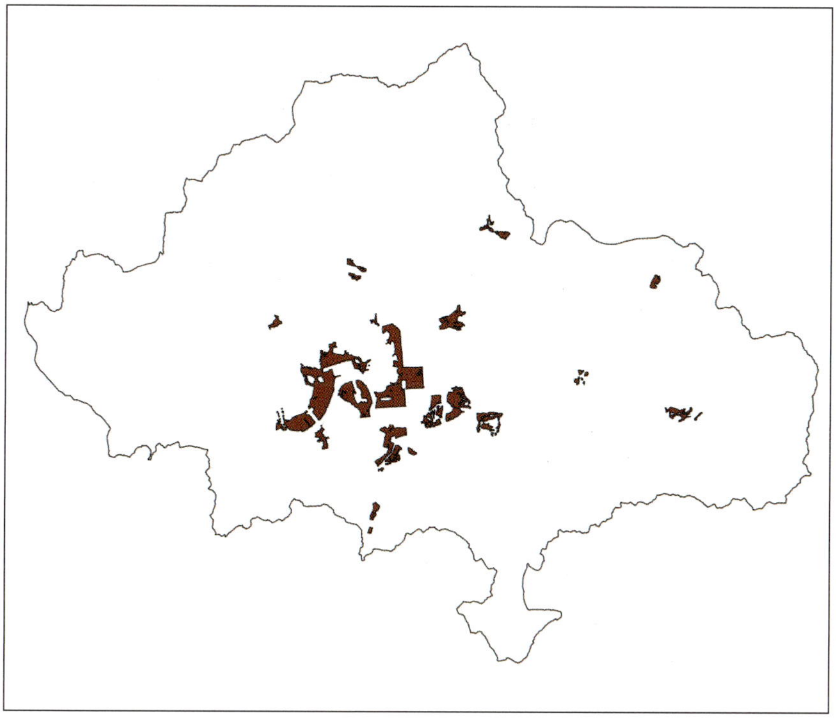

• 마지막으로 진주시만 나타나도록 스타일링 수행

• 진주시 레이어를 우클릭하고 Duplicate layer 선택하여 진주시 레이어 복제

• 진주시 복제 레이어의 심볼 유형을 Inverted Polygons 선택

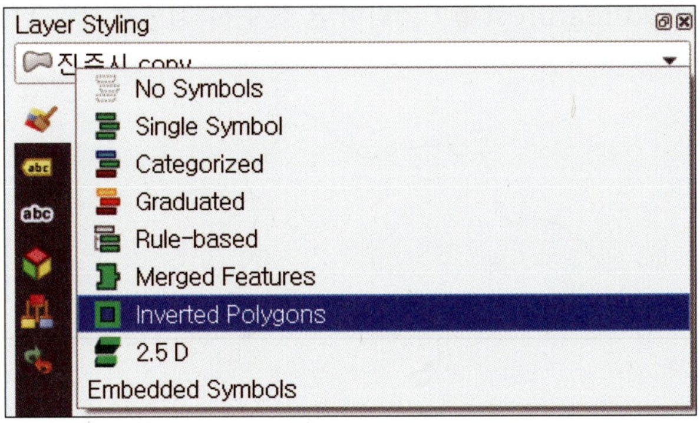

• Simple Fill의 Fill style을 Solid로 선택하고 Fill color는 흰색(#ffffff) 선택

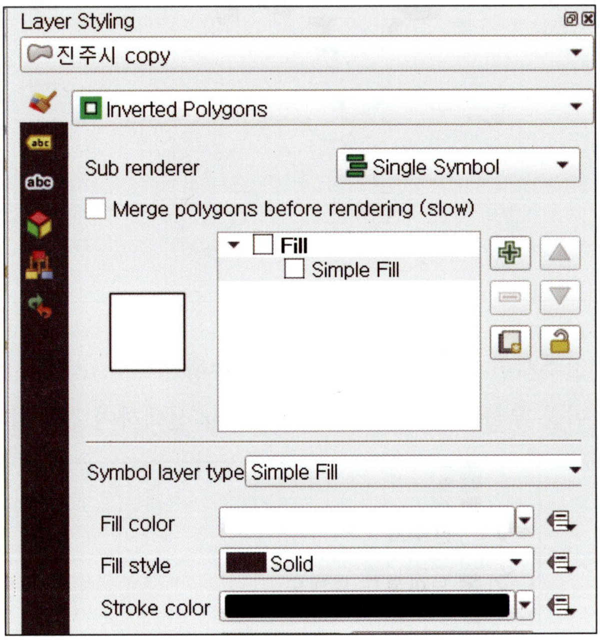

- 대상지만 배경지도가 나타나고 대상지 밖은 흰색으로 채워진 최종 도면을 완성

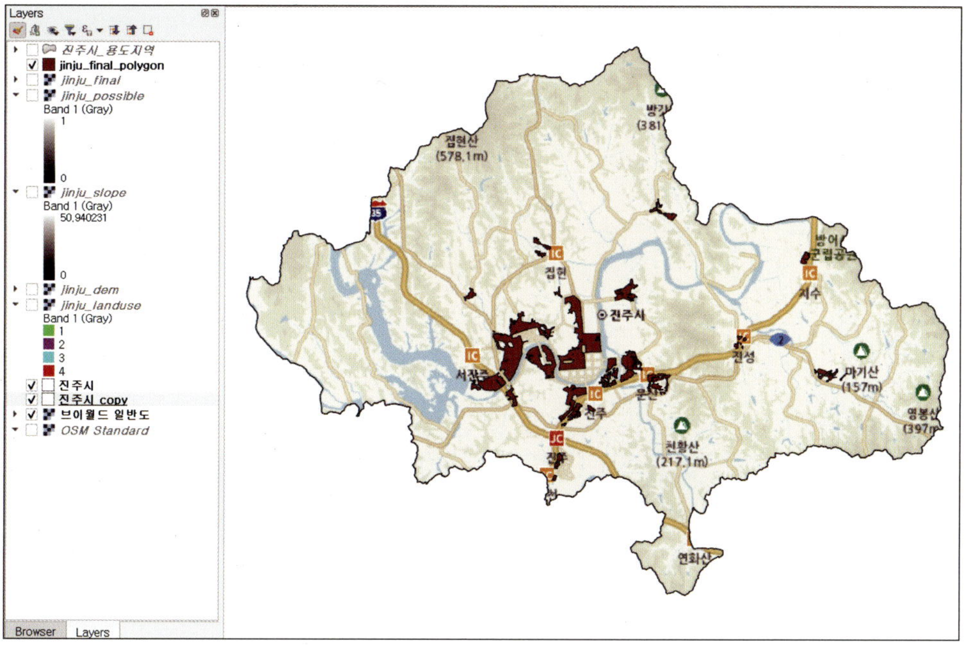

CHAPTER 07

구역통계 및 조판

CHAPTER 07

구역통계 및 조판

01. 그리드 분석

1) 그리드 생성

- 행정구역의 경우 하천, 산, 인구 등과 같은 자연적 혹은 인위적 정보를 토대로 구획하기 때문에 지역적 분석단위의 형태 및 크기가 달라질 수 있으며 정보를 표현하면서 왜곡을 가져올 수 있음 1)
- Grid를 기반으로 한 격자지도는 정밀도는 떨어지나, 지역적 분석단위(시군구)가 아닌 사용자가 원하는 형태로 지역적 분석단위를 구획하여 분석할 수 있으며, 쉽게 공간패턴을 이해할 수 있기 때문에 훌륭한 시각화 방법임
- 실습데이터에서 ex7_1 그리드.qgz 프로젝트 파일을 불러오면, 서울시 스타벅스 매장의 분포를 나타내고 있음

1) 염윤호, 최재훈, 2022, QGIS 활용과 지리공간분석, 윤성사

- 메뉴바에서 Vector 〉 Research Tools 〉 Create Grid 선택
- Create Grid 창이 나타나면 파라미터 입력
  - Grid Type : Hexagon
  - Grid extent : Calculate from layer에서 서울시 레이어 선택
  - Horizontal spacing : 1500m
  - Vertical spacing : 1500m
  - Grid CRS : EPSG 5181(다른 레이어들과 CRS 일치)
  - GRID output : 임시파일로 생성

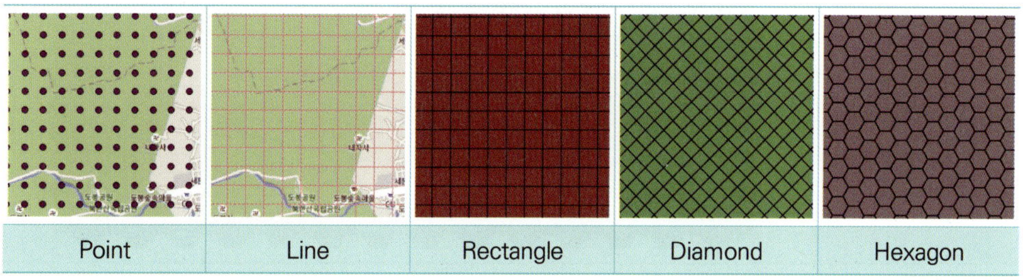

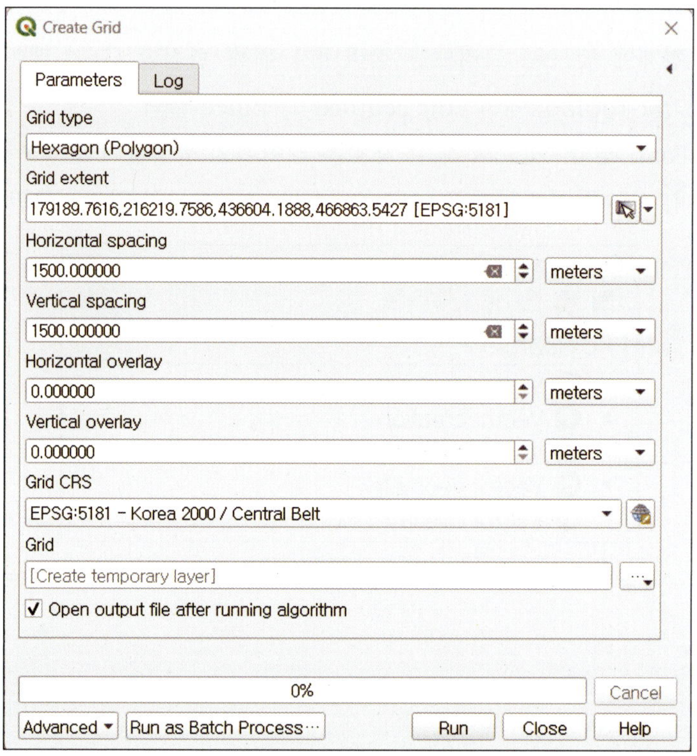

• 파라미터값을 지정한 후 실행하면 그리드가 생성된 것을 확인할 수 있음

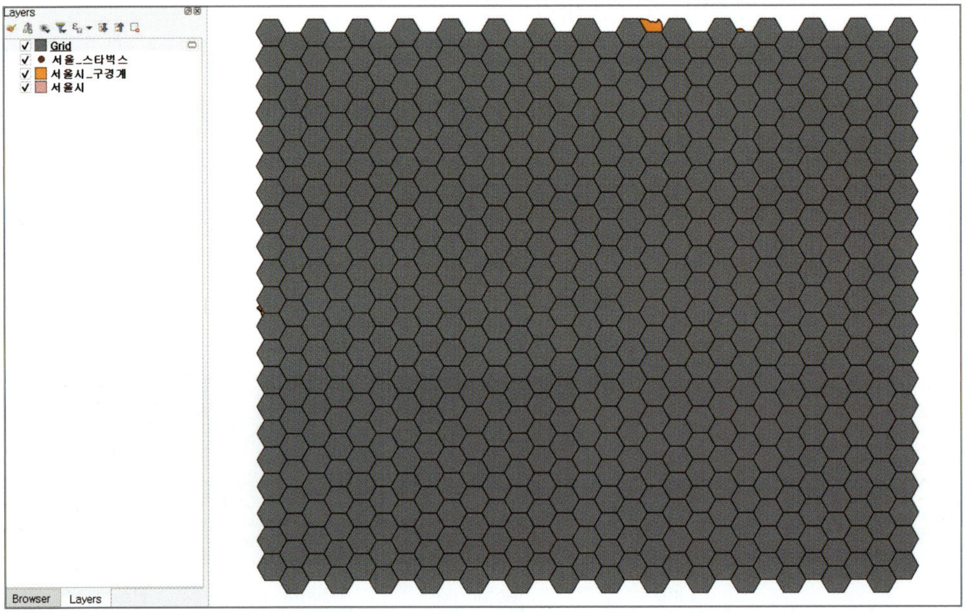

2) 그리드 자르기

• 서울시 경계에 맞도록 그리드를 잘라내기 위해 편집할 Grid 레이어 선택 후 Processing Toolbox에서 Edit Feature in-place 클릭
  - Edit Feature in-place( )는 새로운 레이어의 생성없이 도형편집 수행이 가능하며, 버튼을 클릭하면 Feature in-place가 가능한 알고리즘만 필터링됨

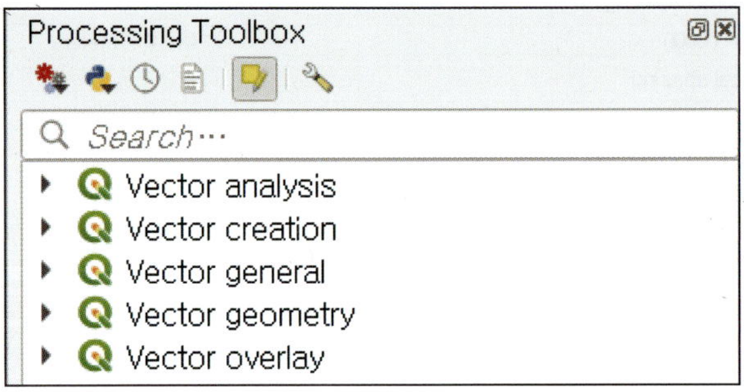

• 검색창에서 Clip을 검색하여 실행하고 서울시 레이어를 선택한 후 Modify All Features 실행

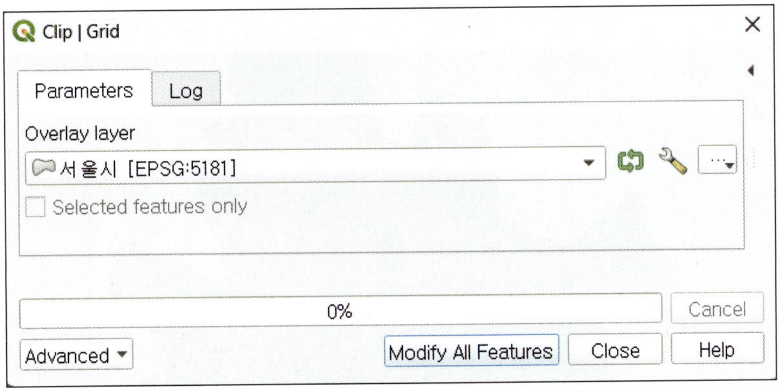

• 그리드 레이어가 입력레이어에 의해 서울시 경계로 바로 수정됨

- 수정이 완료되었으면 편집모드(✎) 종료

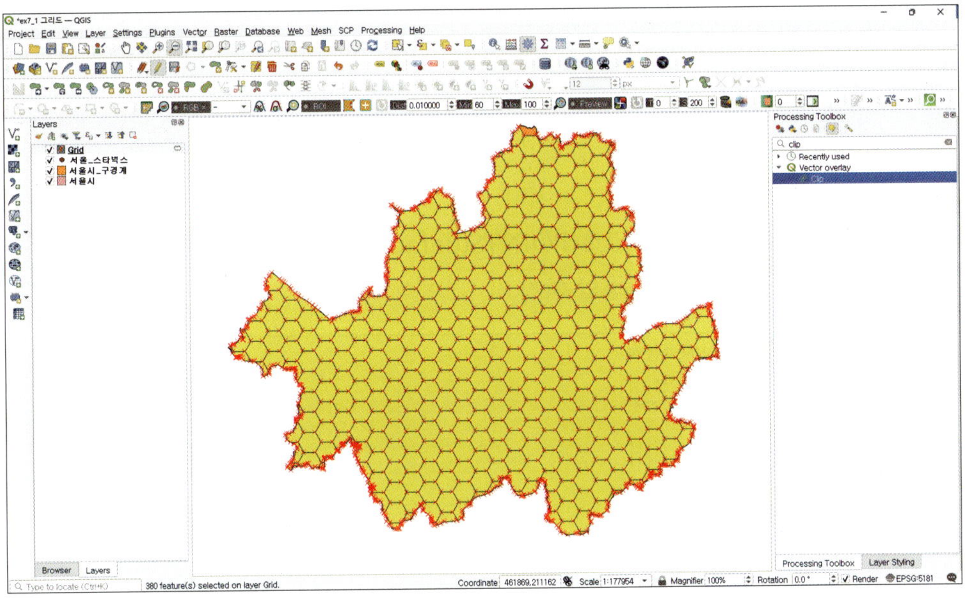

3) 그리드에 해당하는 포인트 수 세기

- 각 그리드 셀에 포함되는 스타벅스 매장 수를 산출하도록 함

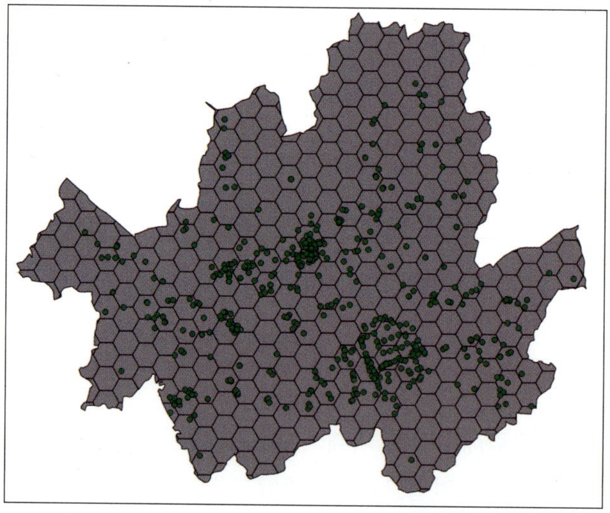

- Vector 〉 Analysis tools 〉 Count points in polygon 실행하고 패널이 나타나면 파라미터 설정
  - Polygons : Grid
  - Points : 서울_스타벅스
  - Count field name : NUMPOINTS(default)
  - Count output : 임시파일 저장

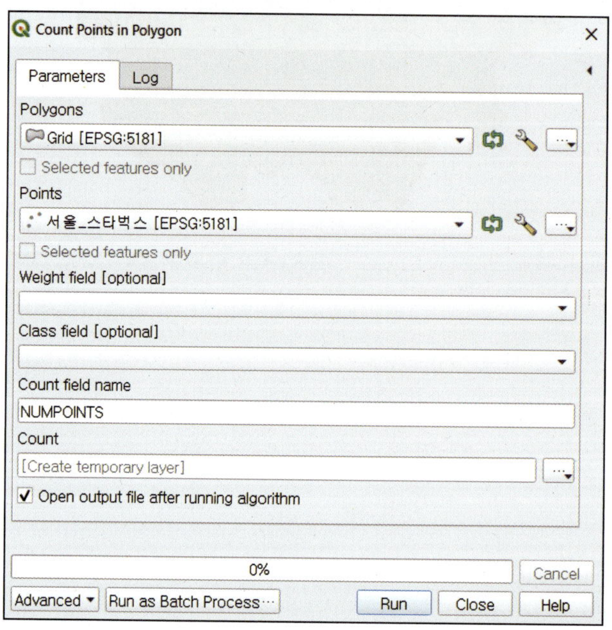

4) 시각화

- 포인트 개수에 따른 그리드의 심볼을 표현하기 위하여 심볼유형은 'Graduated'을 선택, Value는 NUMPOINTS, 단계 구분 방법(Mode)은 'Natural breaks' 선택하고 Classify 클릭

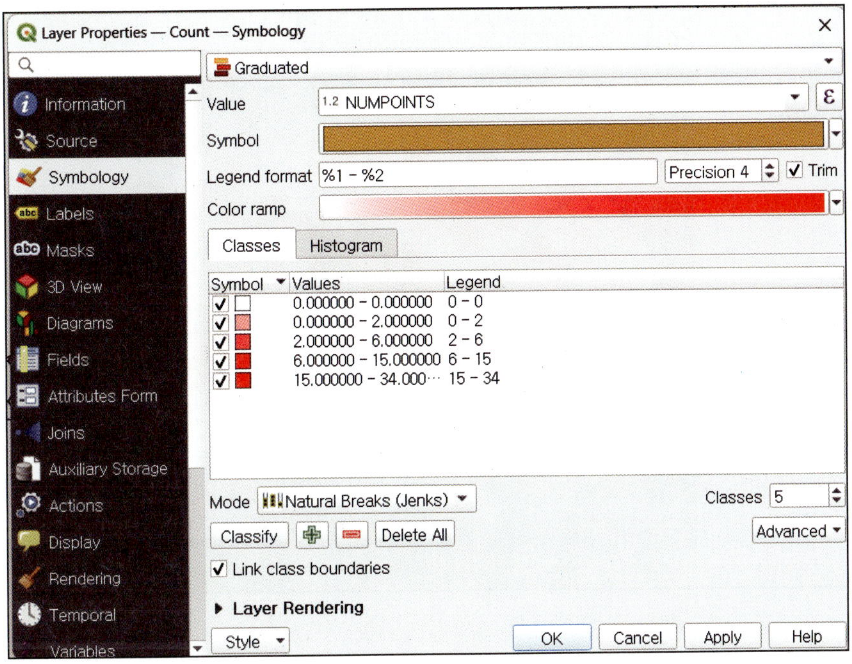

- 포인트 개수에 따라 그리드 색상이 바뀐 것을 확인할 수 있음

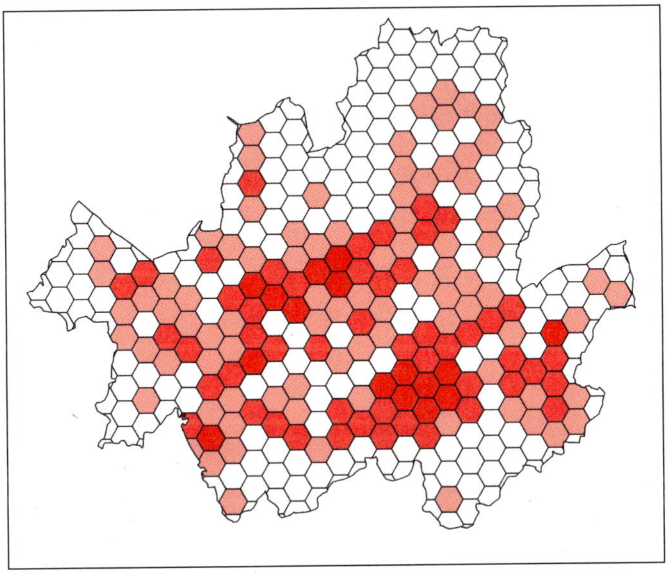

- 그리드 윤곽선(stroke) 색상을 조정하고 지역을 알아볼 수 있게 행정경계 레이어를 같이 불러와서 최종도면을 완성
- 최종 작업환경을 그리드분석_결과.qgz 프로젝트 파일로 저장

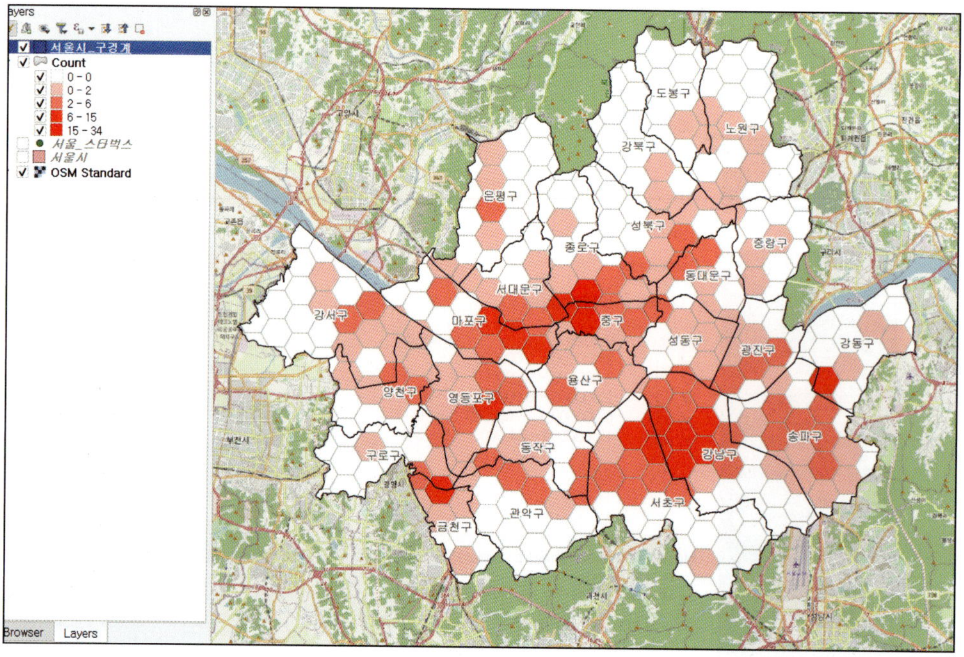

02. 열지도(heatmap) 분석

1) 개요

- 열지도는 밀집한 point 데이터를 가장 훌륭하게 시각화하는 도구 중의 하나로서, 활동이 가장 활발하게 집중되어있는 지역을 구분하여 쉽게 찾는데 사용

- cluster analysis 혹은 hotspot analysis를 수행하는 데 유용

- 동대문구 지역의 노후 주택을 검색하고 히트맵을 작성해 보도록 함
- 실습데이터에서 ex7_2 열지도.qgz 프로젝트 파일을 불러오면, 동대문구_건축물, 동대문구, 동대문구_행정동 인구 레이어를 확인할 수 있음

2) 노후건축물 추출

- 건물통합정보에서 제공하는 서울시 건축물 중에서 동대문구 노후건축물[2] 을 추출하기 위해 Select Features using an Expression(속성으로 선택) 버튼 클릭
  - 2022년 12월 31일 기준으로 30년 이상된 건축물을 추출하기 위해 필드명 A13을 다음과 같이 입력

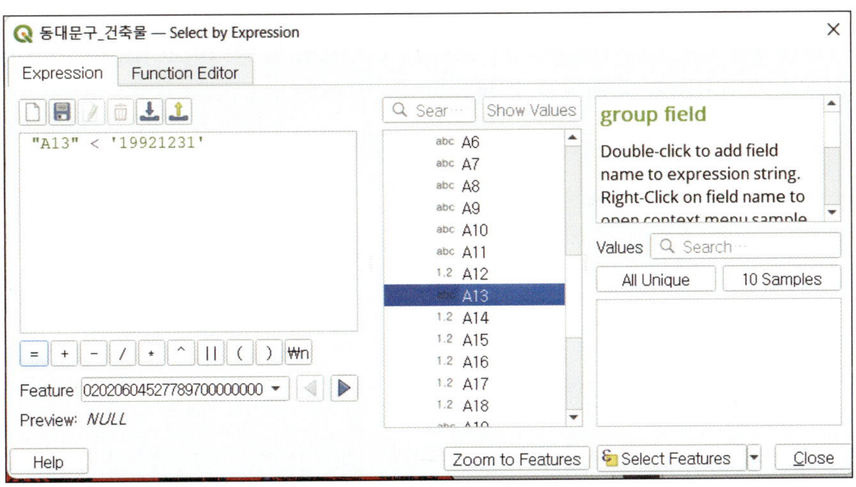

2) 「도시 및 주거환경정비법」 제2조제3호라목에 따라 시·도 조례로 정할 수 있는 건축물은 "준공된 후 20년 이상 30년 이하의 범위에서 조례로 정하는 기간이 지난 건축물"을 말한다고 규정

• 건축물 레이어에서 우클릭하여 선택된 객체를 Export 〉 Save Select Features As를 선택하여 노후건축물.shp로 저장

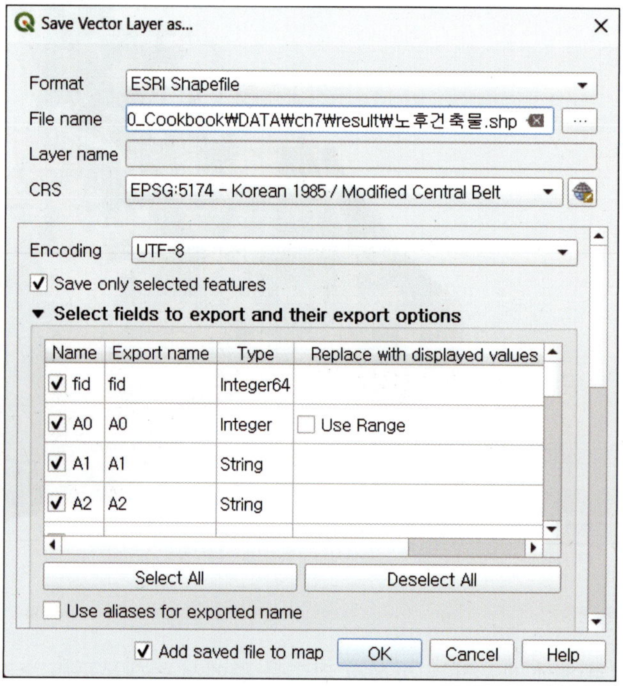

3) 포인트 레이어 생성(Centroid)

• 폴리곤으로 구성된 노후건축물에 대해 히트맵 분석을 위하여 새로운 포인트 레이어를 생성

• 메뉴바에서 Vector 〉 Geometry tools 〉 Centroids 선택하고 Input Layer에 노후건축물 레이어를 선택하고 실행

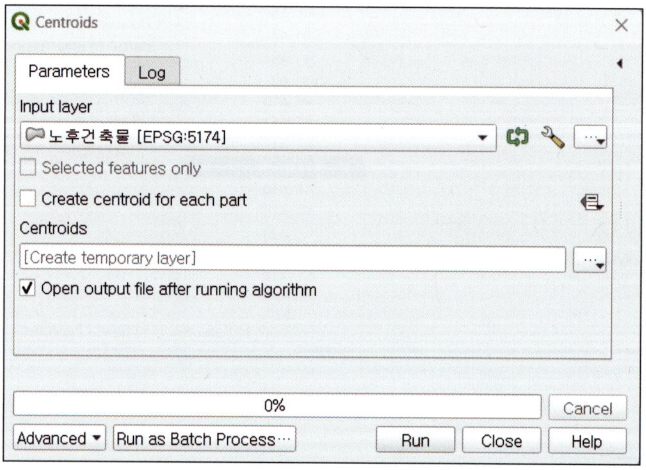

• 동대문구 노후건축물에 대한 건물 중심에 포인트 레이어(Centroids) 생성

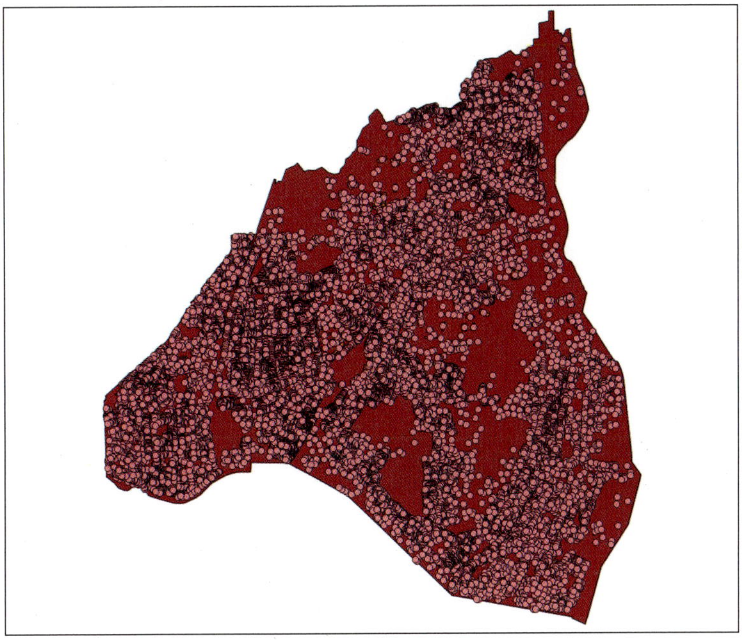

4) 열지도

가. 심볼을 이용한 열지도

• Centroids 레이어 속성(Layer Properties)에서 Symbology 탭 선택

- 심볼유형 : Heatmap
- Color ramp : Spectral 선택하고 Invert color ramp
- Radius : 100, 단위는 Map unit

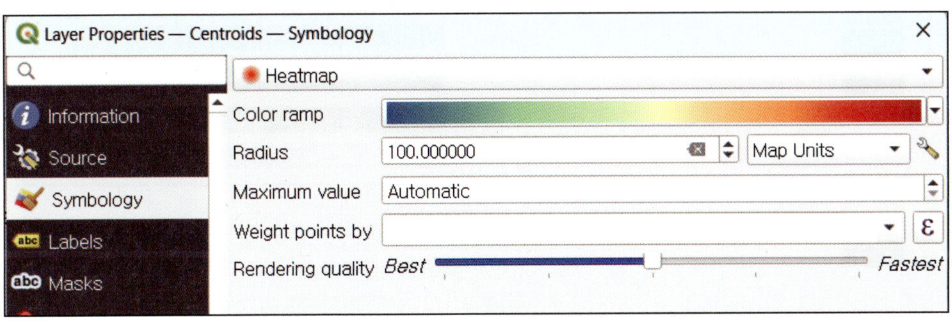

QGIS COOKBOOK 254 255

• 다음과 같이 노후건축물에 대한 열지도(Heatmap)가 생성됨

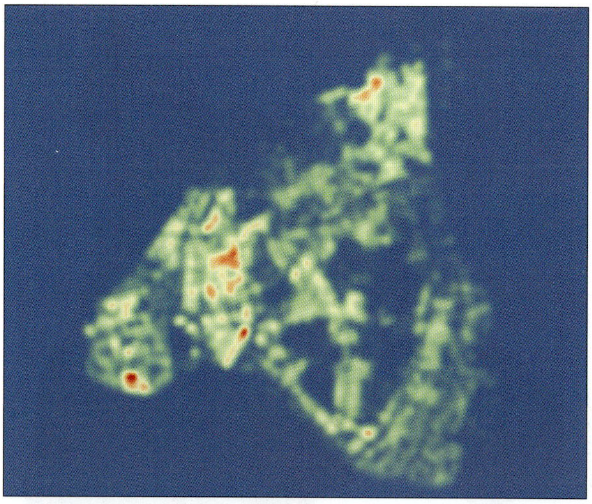

• Layer Properties에서 Symbology 탭의 Color ramp의 색상을 클릭하고 투명도(Opacity) 조절

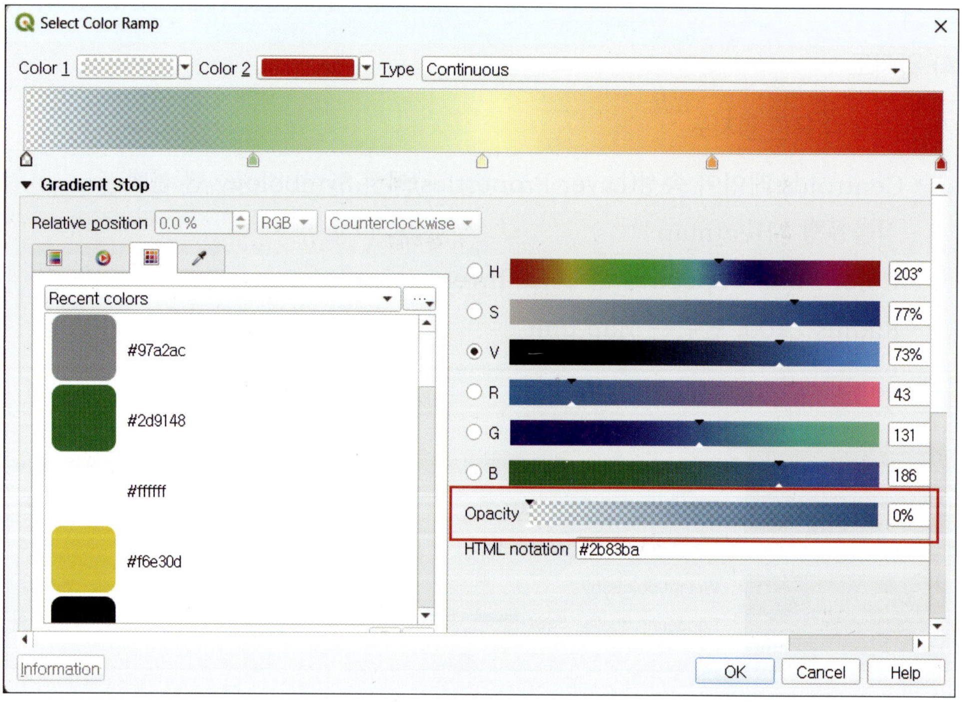

- 불투명한 레이어가 투명해지면서 노후건축물이 밀집되어있는 지역을 확인해 볼 수 있음

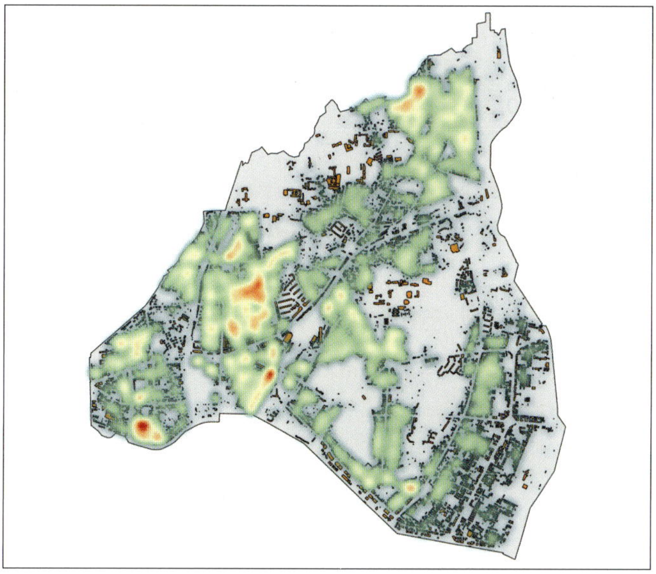

나. Kernal Density

- 심볼에 의한 히트맵은 폴리곤 데이터를 시각화 한 것이므로 래스터 데이터에서 수행되는 분석을 할 수 없음
- 공간처리 툴박스(Processing Toolbox)에서 제공하는 Heatmap (Kernal Density Estimation)을 수행
  - KDE는 각 좌표(각 셀이 아님) 주위에 원형 이웃(circular neighborhood)을 그린 다음, 좌표 위치의 1에서 이웃 경계(neighborhood boundary)의 0으로 이동하는 수학 함수를 적용 [3)]
  - 밀도 계산에서 커널의 크기는 샘플 포인트를 중심으로 하는 검색 반경의 크기에 의해 결정되며, 검색 반경이 클수록 커널이 더 평평해짐 [4)]

3) https://foss4g.tistory.com/1557
4) http://www.geography.hunter.cuny.edu/~jochen/GTECH361/lectures/lecture11/concepts/Kernel%20density%20calculations.htm

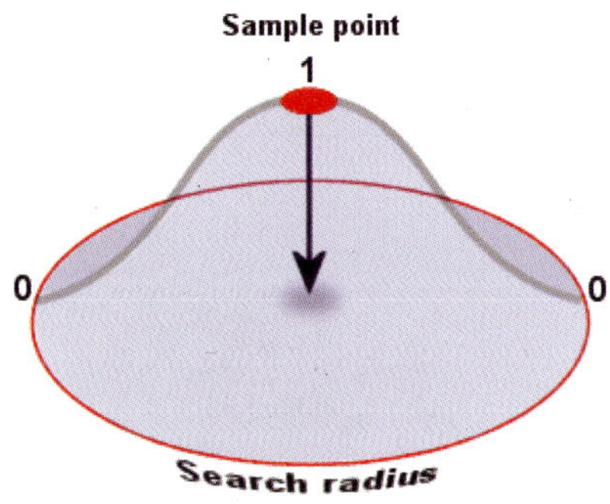

- 두 개 이상의 커널이 셀 중심에서 겹치는 경우 해당 셀의 값은 겹치는 커널 값의 합계를 검색 반경 영역으로 나눈 값이며, 밀도 값은 제곱킬로미터와 같은 지정된 단위로 나타남

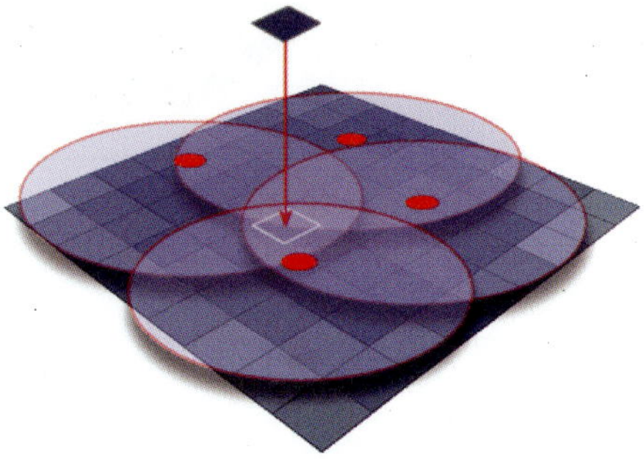

- Processing Toolbox에서 Interpolation 〉 Heatmap (Kernal Density Estimation) 실행하고 파라미터 입력
  - Point layer : Centroids
  - Radius : 100m
  - Output Raster size : Pixcel size 10
  - Advanced Parameters : Quartic, Epanechnikov 등 커널밀도 함수 선택 [5]

5) https://en.wikipedia.org/wiki/Kernel_(statistics)

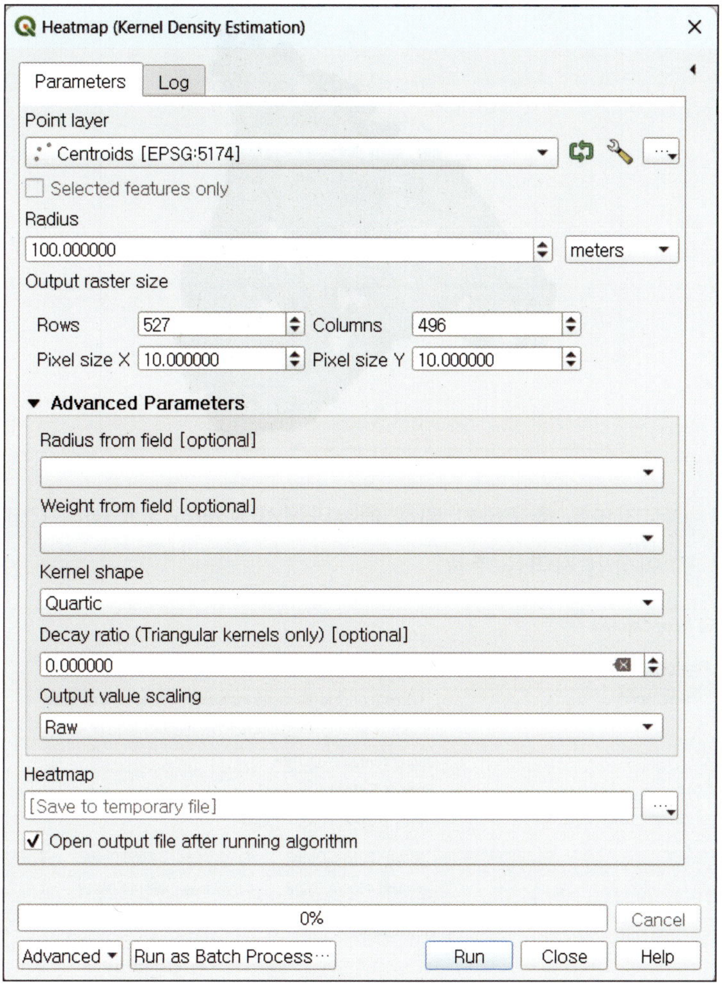

- 실행 결과 나타난 히트맵은 기본적으로 그레이 색상으로 렌더링되며 색이 밝을수록 밀집되어있다는 것을 나타냄

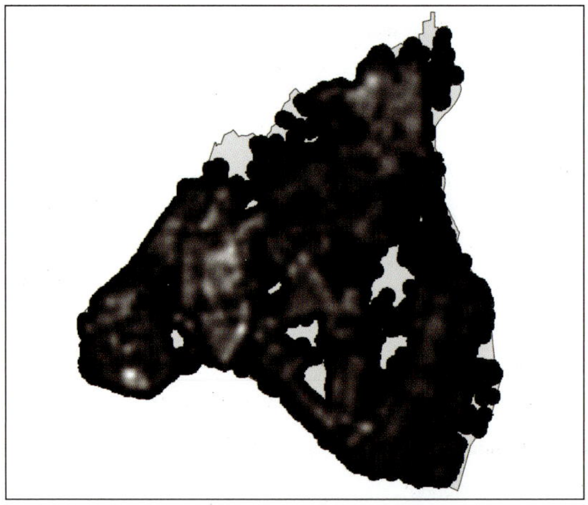

• 밀도가 높은 지역을 추출하기 위해 메뉴바에서 Raster 〉 Raster Calculator 실행하고 30 이상인 지역을 추출

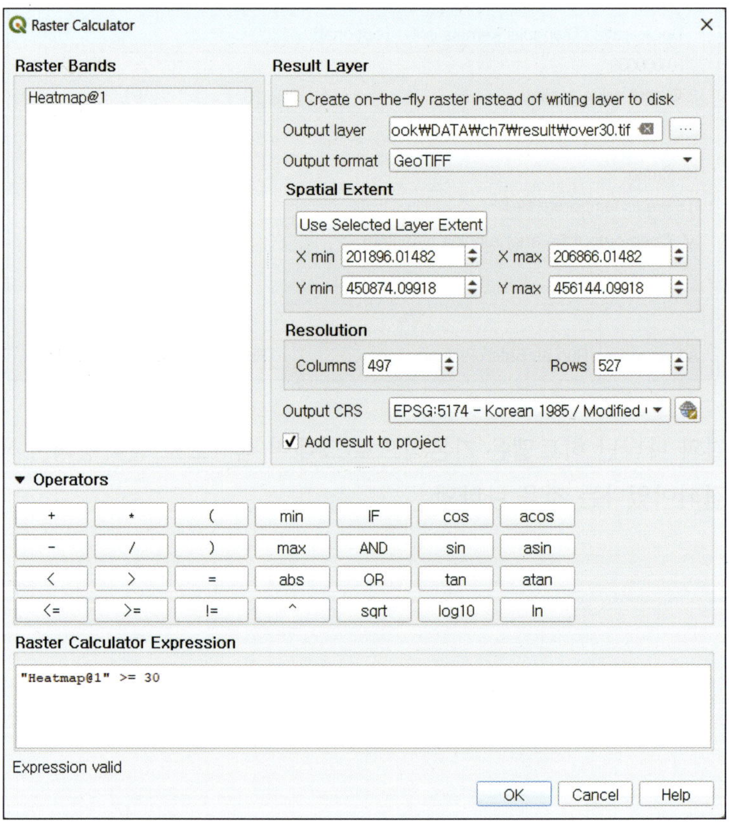

• 실행결과 30 이상에 해당하는 지역은 흰색으로 나타남

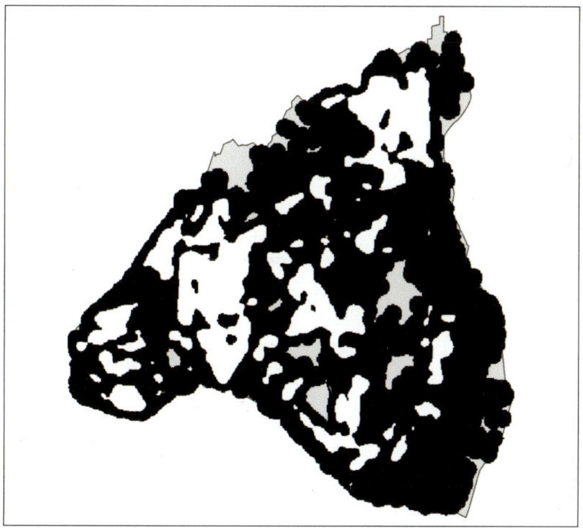

• 래스터 데이터를 폴리곤으로 변환하기 위하여 메뉴바에서 Raster 〉 Conversion 〉 Polygonize 실행

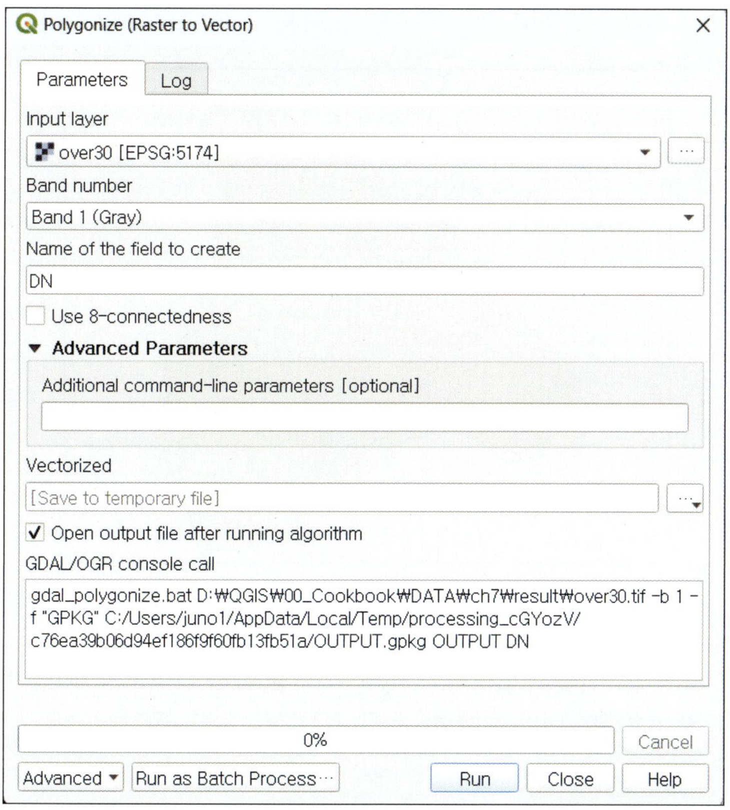

• 벡터로 변환된 레이어가 생성되면 Select Feature using Expression을 이용하여 DN값이 0인 지역을 선택하여 삭제

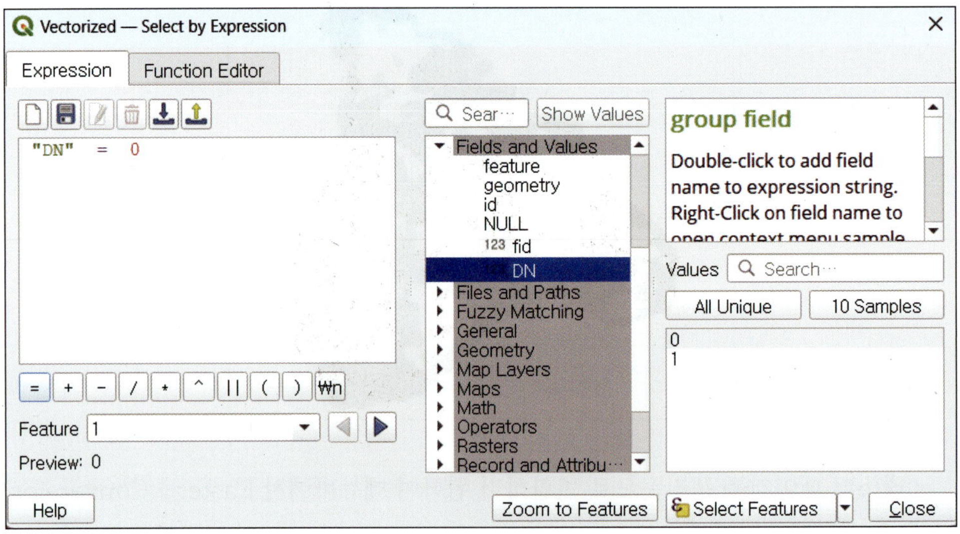

• DN = 0인 객체가 선택된 것을 확인할 수 있음

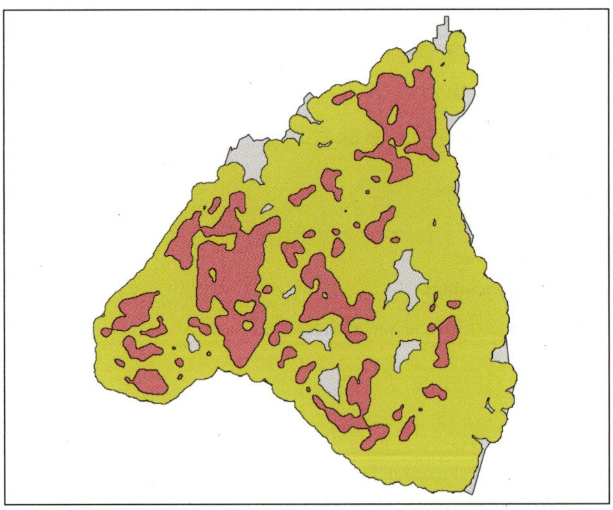

• 편집모드( )로 전환하여 선택된 객체 삭제( )하면 밀집도가 30인 이상인 지역에 대한 폴리곤 레이어가 생성됨

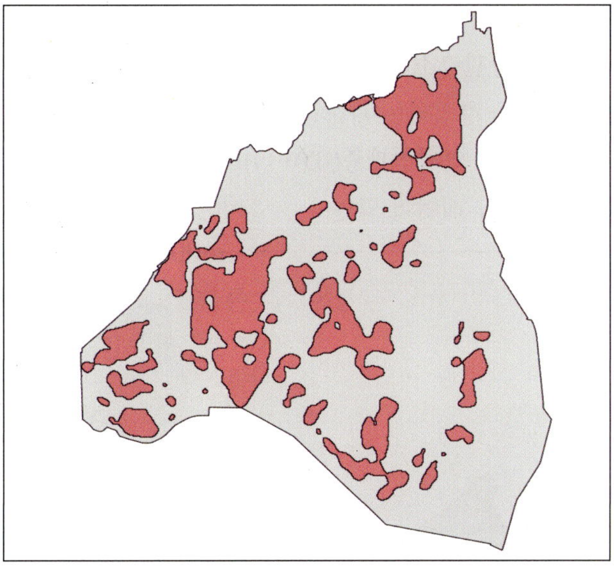

03. IDW(Inverse Distance Weighting)

가. 개요

- IDW(역거리가중) 보간은 이미 알려진 값을 가진 포인트들을 이용해서 알려지지 않는 포인트의 값을 거리에 반비례하여 추정하는 방법
  - 어떤 포인트가 사용자가 생성하고자 하는 알려지지 않은 포인트로부터 멀어질수록 해당 포인트의 영향력이 상대적으로 낮아지도록 가중치 부여

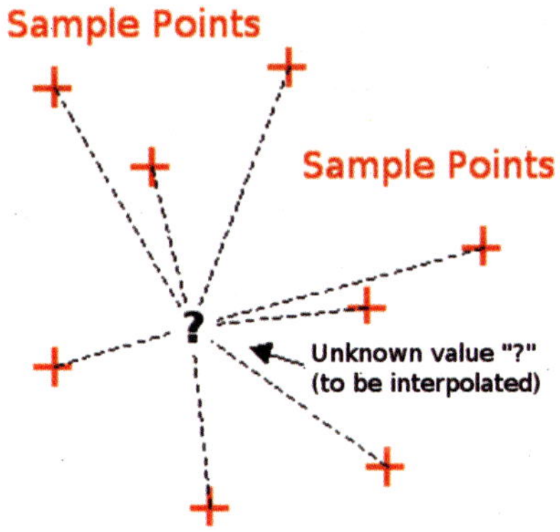

자료:https://docs.qgis.org/3.22/ko/docs/gentle_gis_introduction/spatial_analysis_interpolation.html

나. IDW 보간

- 여기서는 서울시 기상관측소에서 측정된 연평균강수량 값을 이용하여 데이터가 없는 위치의 강수량을 추정하는 과정을 실습해보도록 함
- 실습데이터에서 ex7_3 역거리가중(IDW).qgz 프로젝트 파일을 불러와서 서울시 구경계와 연평균강수량 레이어 확인

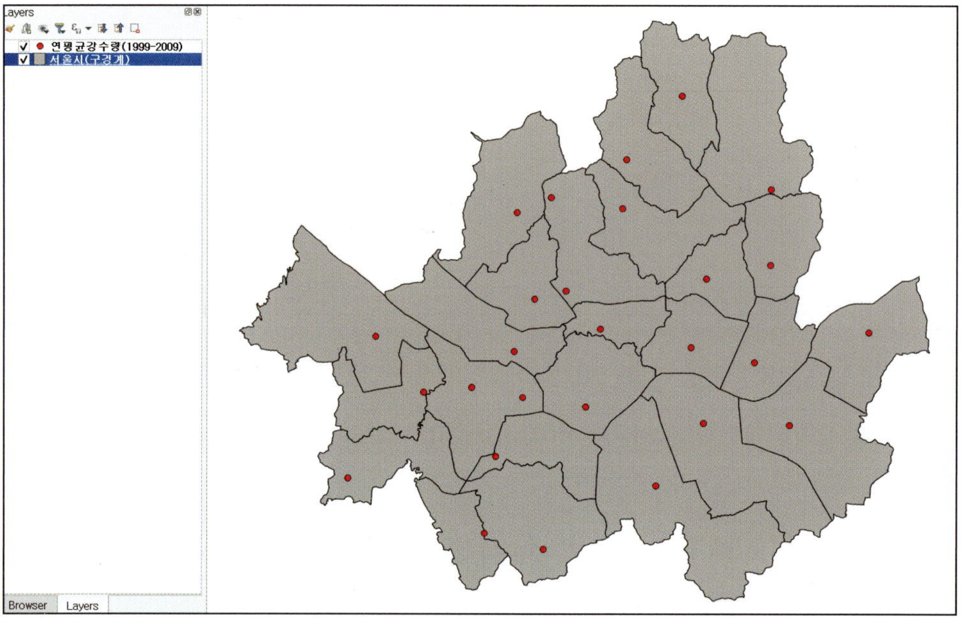

- Processing Toolbox에서 Interpolation 〉 IDW interpolation 실행

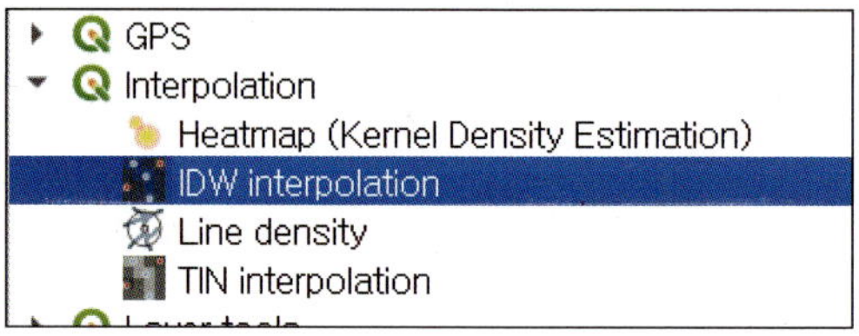

- IDW interpolation 패널이 나타나면 파라미터값 입력
  - Vector layer : 연평균강수량
  - Interpolation attribute : 평균강수량 선택하고 추가(⊕)
  - Extent : Calculate from layer에서 서울시(구경계) 레이어 선택
  - Output raster size : Pixel size를 30으로 선택하고 실행

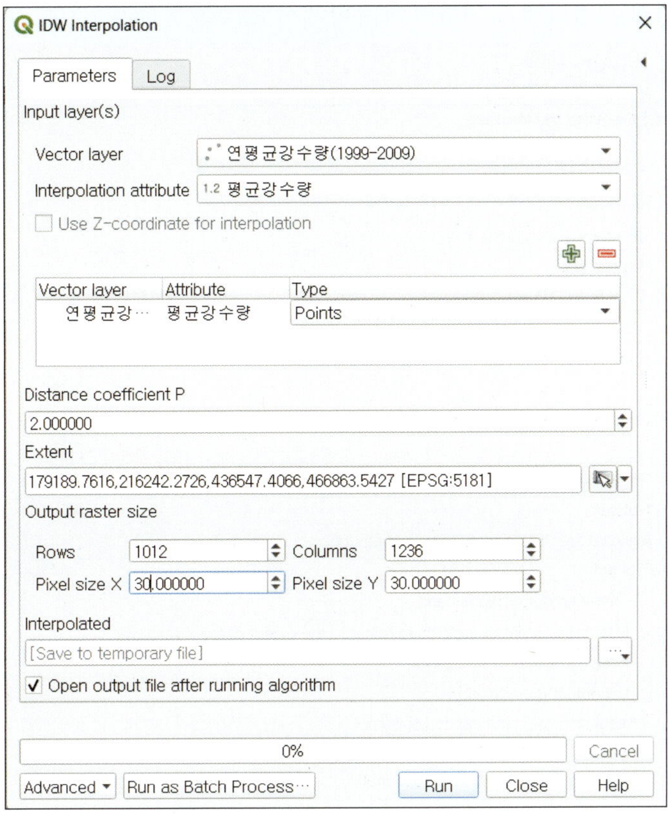

• 실행결과 IDW 보간 산출물을 확인

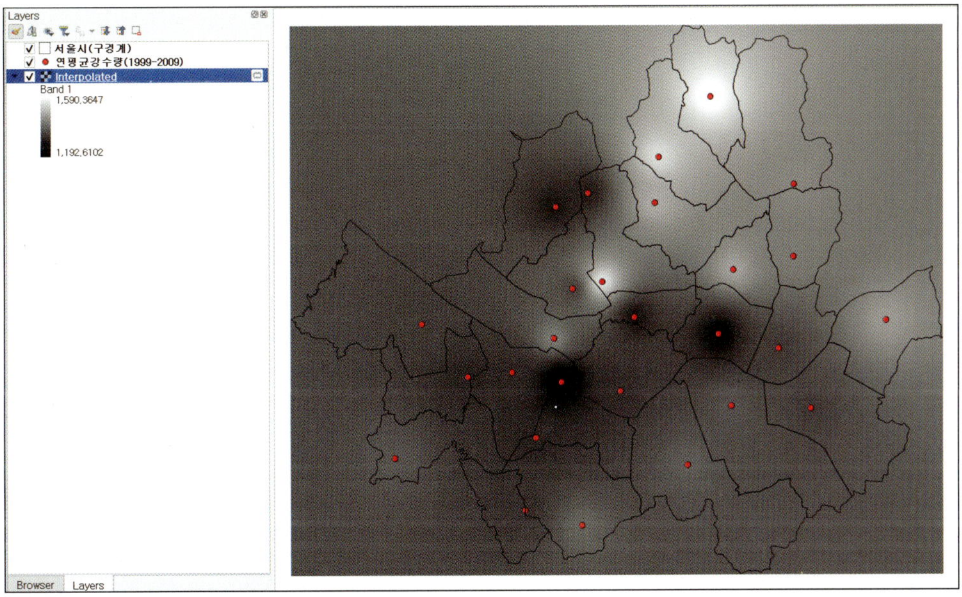

• 서울시 경계로 잘라내기 위하여 메뉴바에서 Raster 〉 Extraction 〉 Clip Raster by Mask Layer 실행

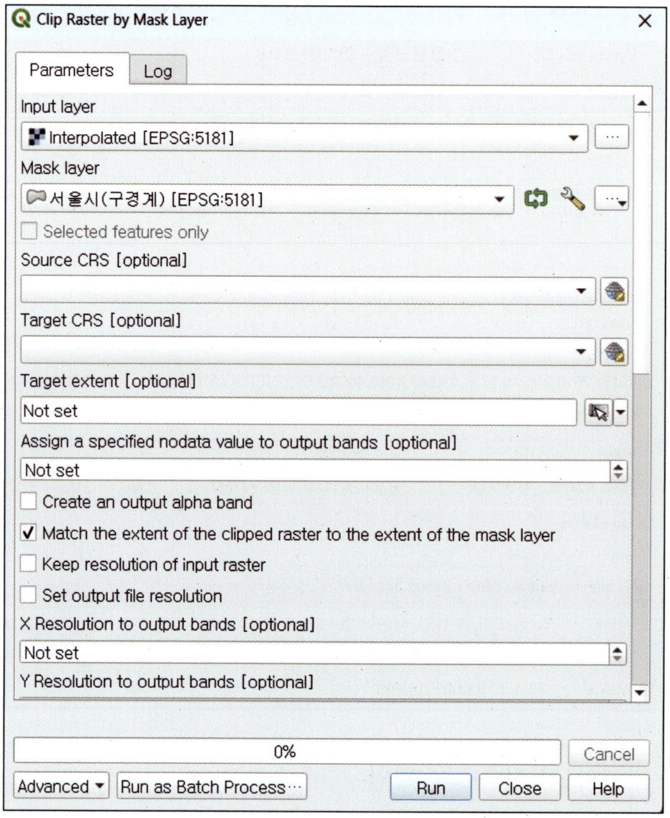

• 실행결과 서울시 경계로 산출물을 잘라냄

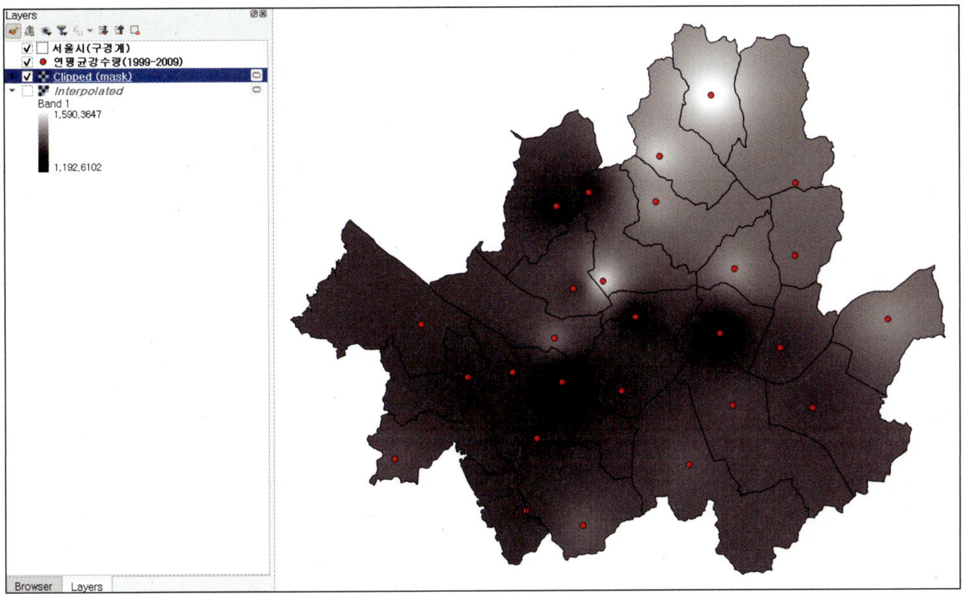

• Clipped(Mask)레이어의 심볼유형을 Singleband pseudocolor를 선택
  - Color ramp : Spectral, Invert Color Ramp

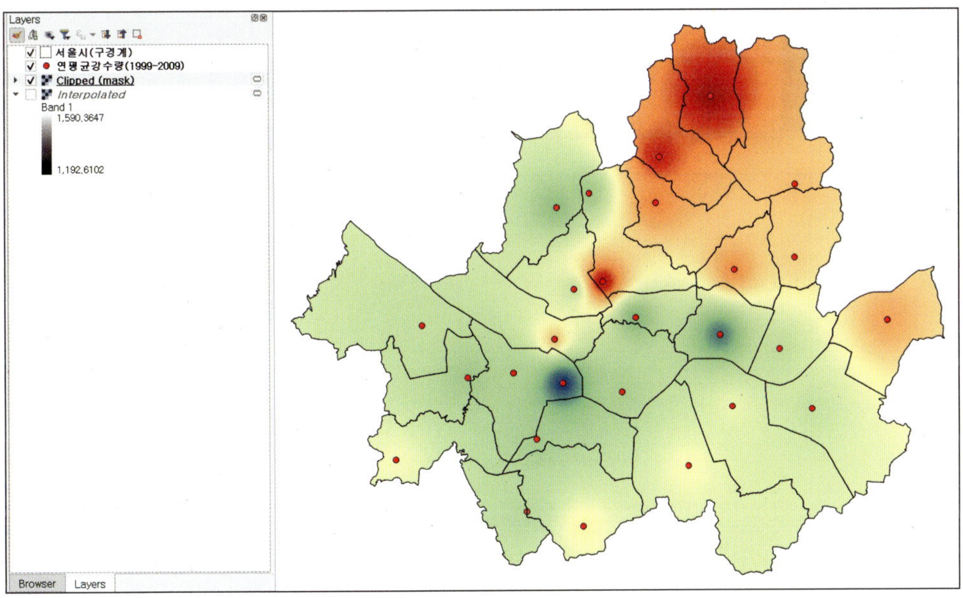

다. 라벨

- 연평균강수량 레이어에서 Labels 〉 Single Labels 선택하고 Value는 평균강수량, Buffer 탭에서 Draw text buffer 체크

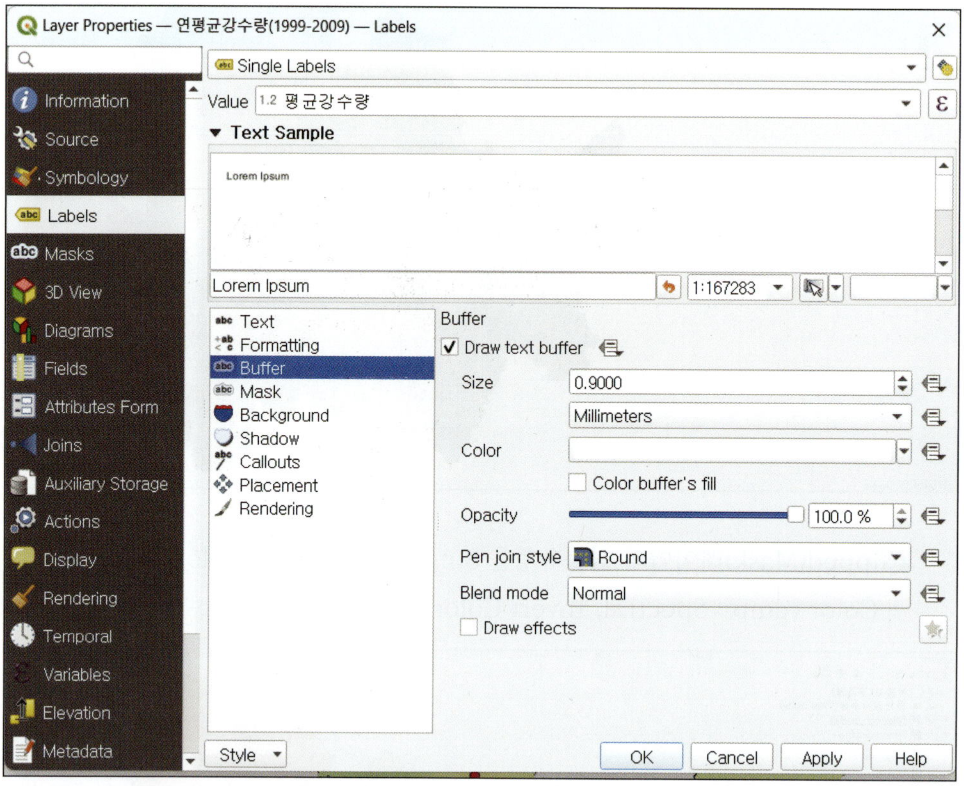

• 각 관측소에 연평균강수량이 표시되어 나타남

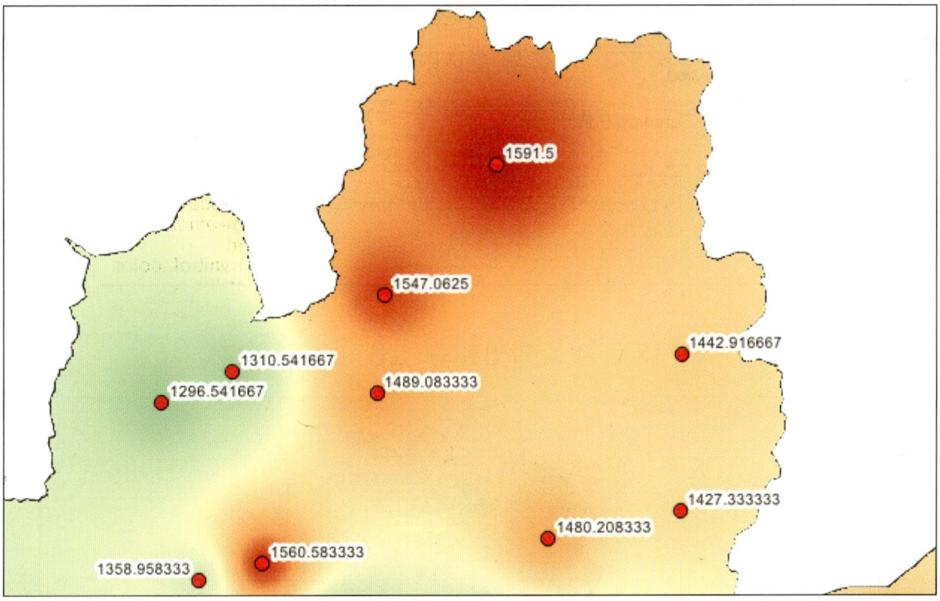

• 강수량 라벨의 소숫점 자리를 제거하고 천단위 구분 쉼표를 붙여주기 위해 표현식 (ε) 사용

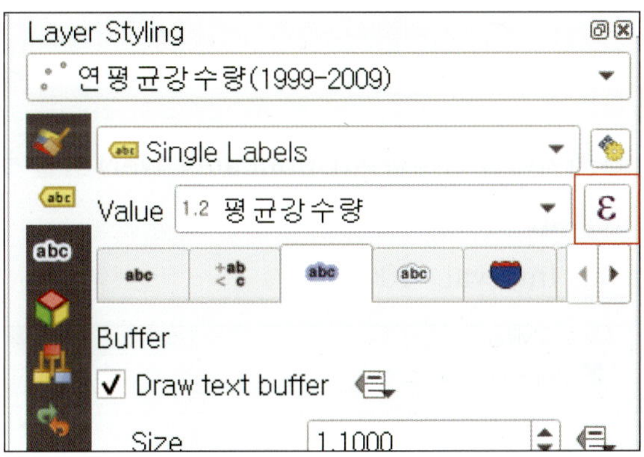

• 표현식 클릭하고 입력창이 나타나면 다음과 같이 입력

- '||' 는 문자를 연결해 주는 오퍼레이터로 강수량 단위(mm)를 표현

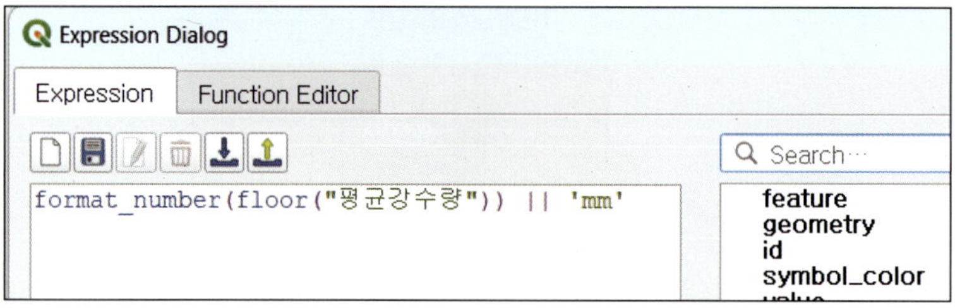

• 라벨이 정리되어 표시되는 것을 확인할 수 있음

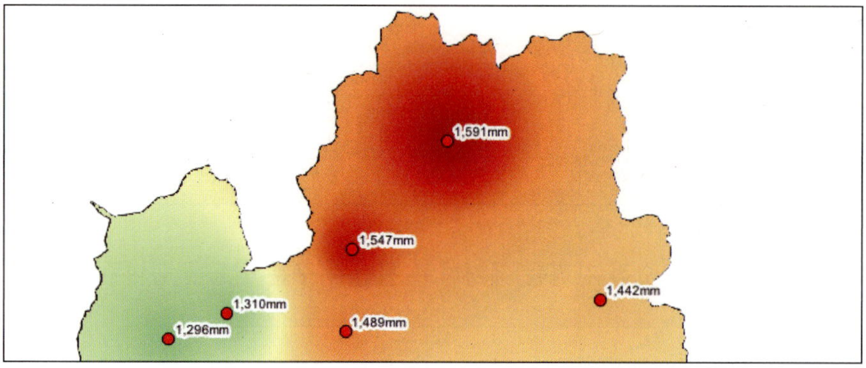

라. Contours 생성

• Clipped(mask) 레이어를 복제하여(Duplicate Layer) 심볼에서 Contours 적용

- Contour Interval : 10
- Index Contour Interval : 100

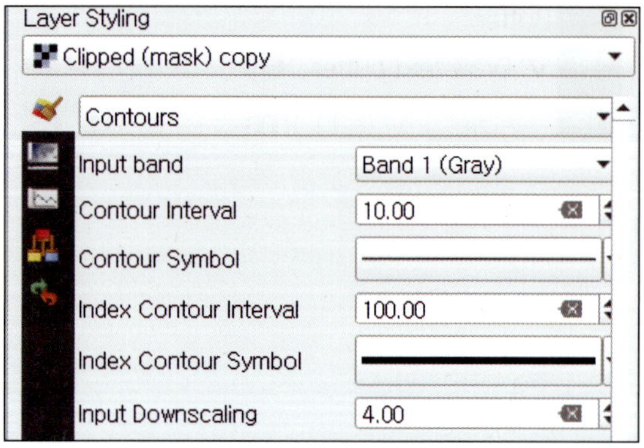

• 최종적으로 IDW보간 산출물과 등고선, 라벨이 표시된 도면 생성

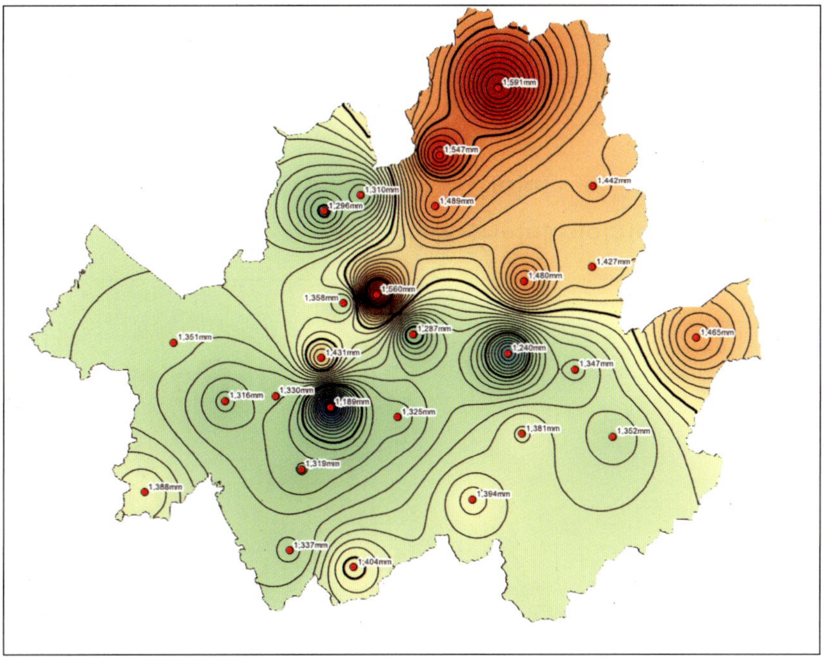

04. 다이어그램(Diagrams Properties)

가. 개요

- 도표다이어그램( ) 탭을 사용하면 벡터 레이어에 그래픽 오버레이를 추가 할 수 있음
- 실습데이터에서 ex7_4 다이어그램.qgz 프로젝트 파일을 불러오면 스타벅스_이디야, 스타벅스, 이디야 레이어를 확인할 수 있음

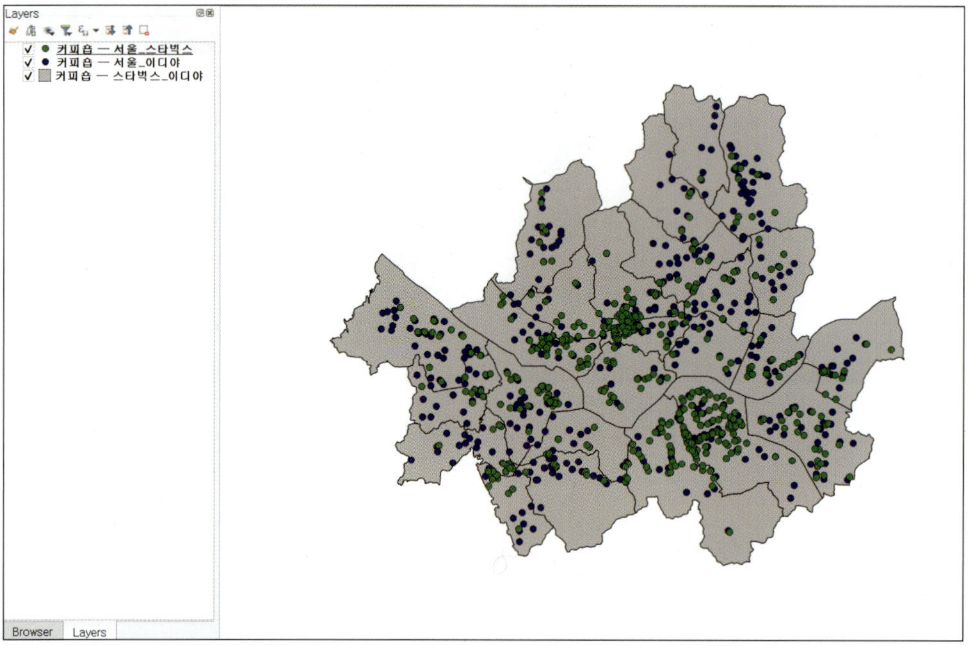

나. 파이챠트(Pie Chart)

- 스타벅스_이디야 레이어에서 Layer Properties를 열고 도표 다이어그램 탭에서 다이어그램 종류는 Pie Chart 선택, Attribute에서 스타벅스와 이디야 추가

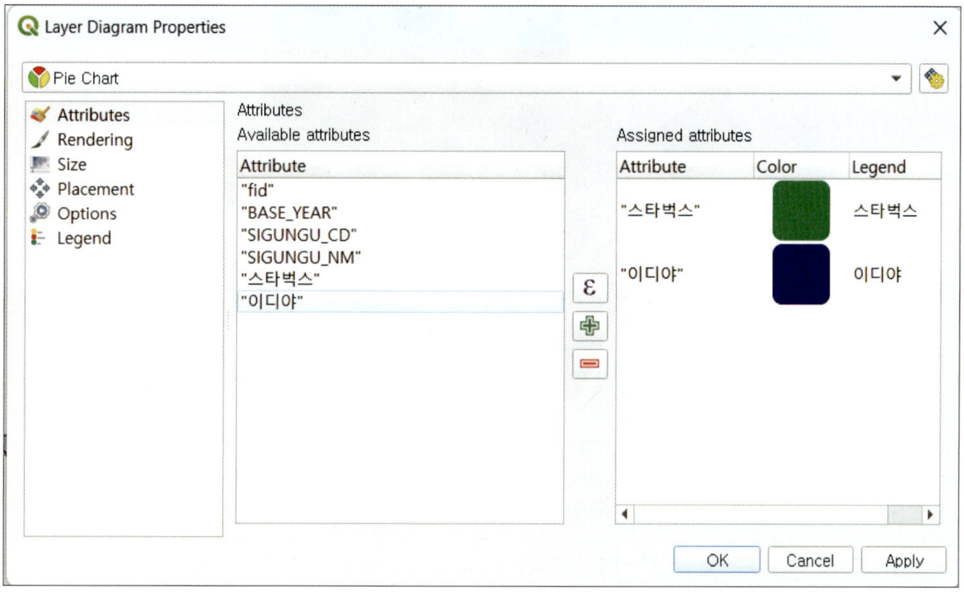

- Rendering에서 다이어그램 유형에 따른 모양을 설정
  - 그래픽의 불투명도, 윤곽 너비 및 색상, 막대너비, 배경색, 글꼴 등 다이어그램 유형에 따른 렌더링 속성 설정
- Size는 선택한 필드 값을 나타내는 방법을 설정. Pie Chart의 경우 원의 크기를 속성값의 크기에 따라 차등을 주어 나타낼 수 있음
- Fixed size는 다이어그램의 크기를 고정값으로 표현

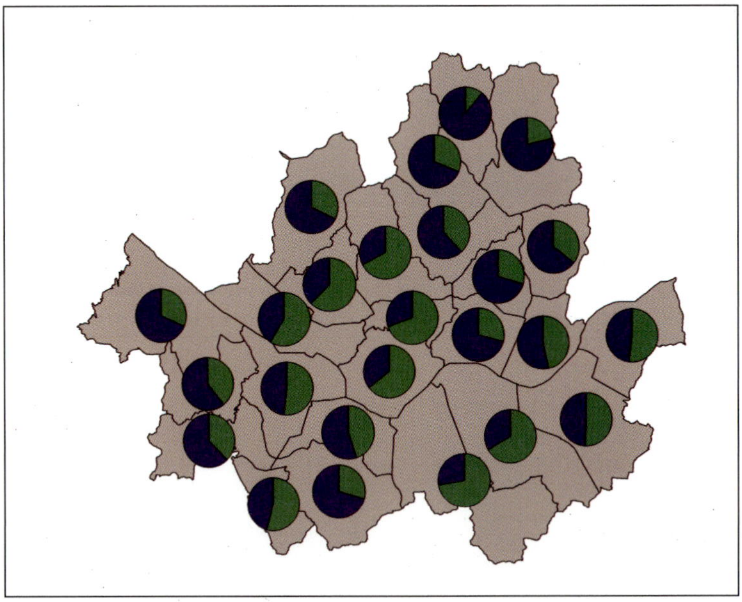

- Scaled size는 Attribute(속성)와 Maximum value(최대값), Size(크기) 등을 조정하여 다이어그램의 크기를 조정
  - Maximum value는 Find를 클릭하면 자동으로 입력되며, 최댓값을 기준으로 다른 다이어그램의 크기를 상대적으로 조정

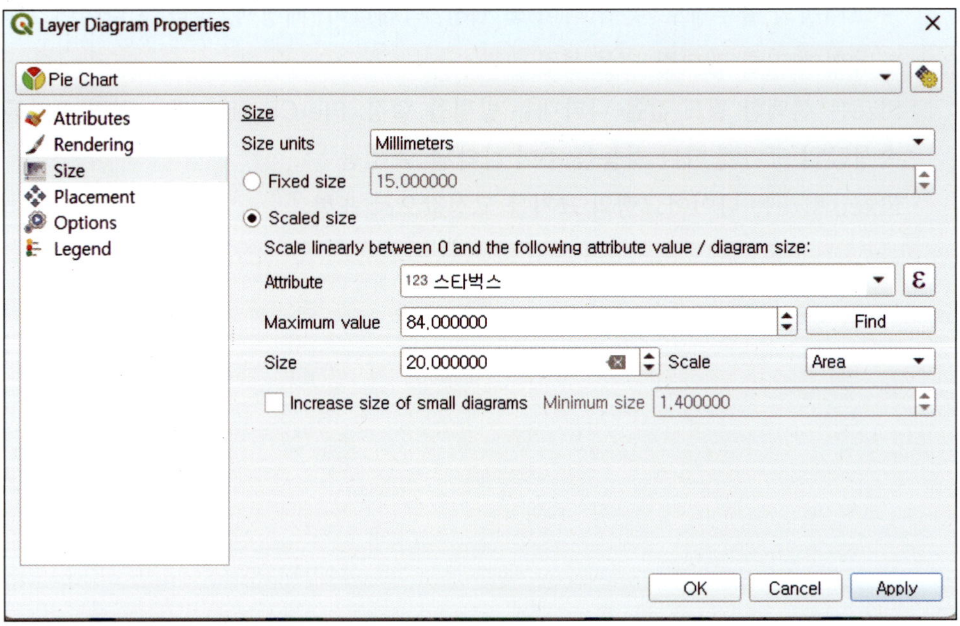

- 속성값의 크기에 따라 다이어그램의 크기가 조정되어 나타남
  - 만약 크기가 작아서 다이어그램이 안보일 경우 최솟값을 고정 사이즈로 키울 수 있도록 Increase size of small diagram 체크하고 최소크기 입력

- Placement는 폴리곤에서 다이어그램의 위치를 중심점 주변, 폴리곤 내부, 중심점 위, 파리미터 사용 등을 통해 조정

다. 히스토그램(Histogram)

- 막대그래프를 이용하여 다이어그램 표현

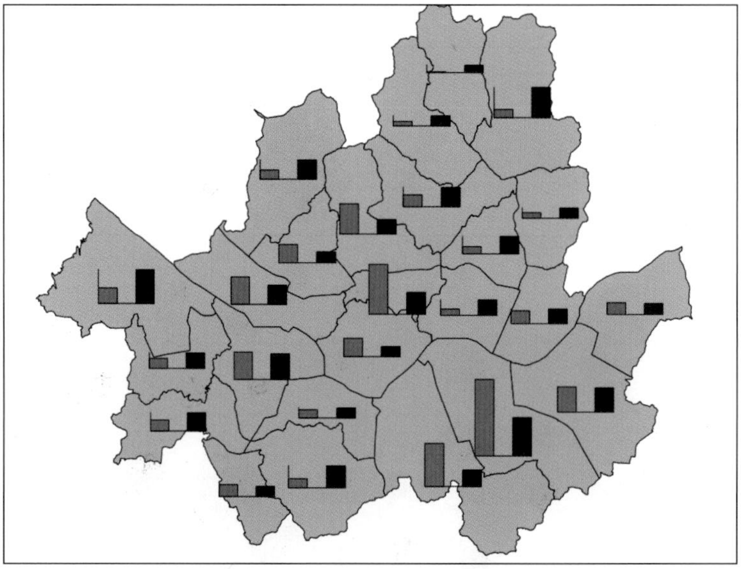

라. 텍스트 다이어그램(Text Diagram)

- 가로로 나누어진 원 내부에 통계를 표현

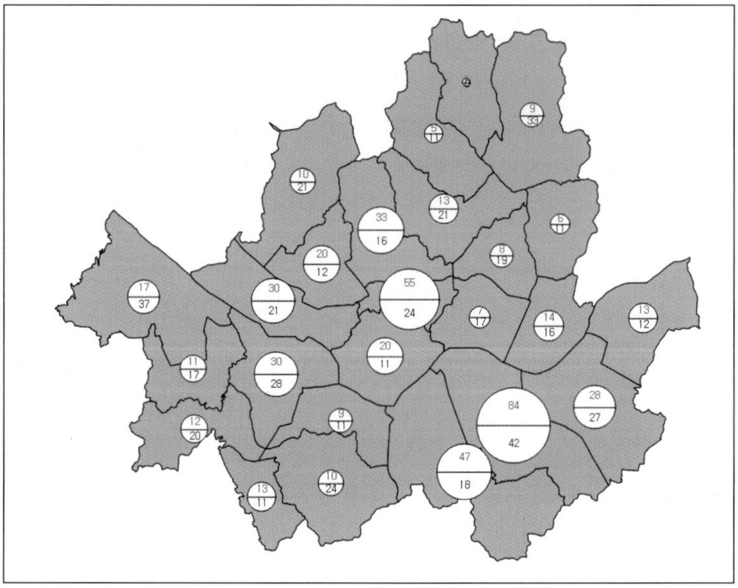

마. 누적막대(Stacked Bars)

- 각 속성에 대한 막대를 가로 또는 수평으로 쌓아서 표현

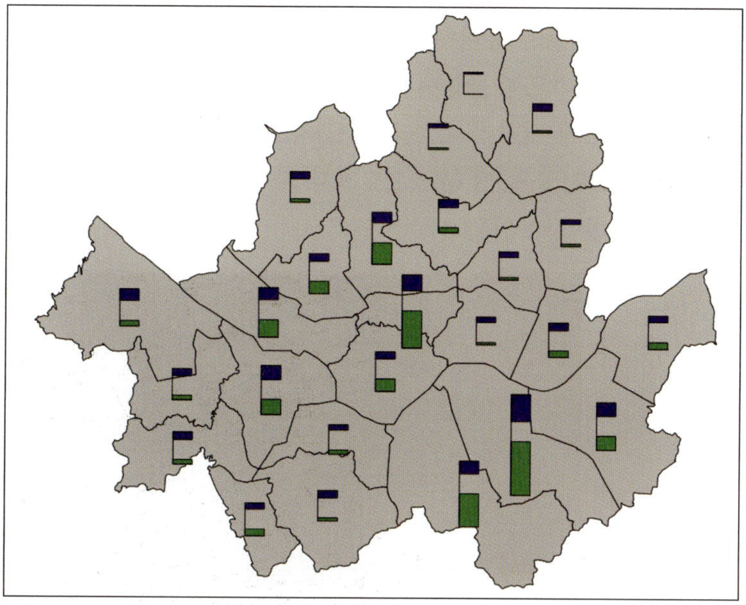

05. 3D맵

가. 지형

- QGIS는 DEM데이터를 이용하여 3차원 공간정보로 시각화할 수 있으며, 높이값을 갖는 객체를 입체적으로 돌출시킬 수 있음
  - 심볼에서의 2.5D가 시각적 효과라면 3D지도는 실질적인 3차원 맵임
- 실습데이터에서 ex7_5 3D맵.qgz 프로젝트 파일을 불러오면 DEM 레이어와 아파트 레이어를 확인할 수 있음

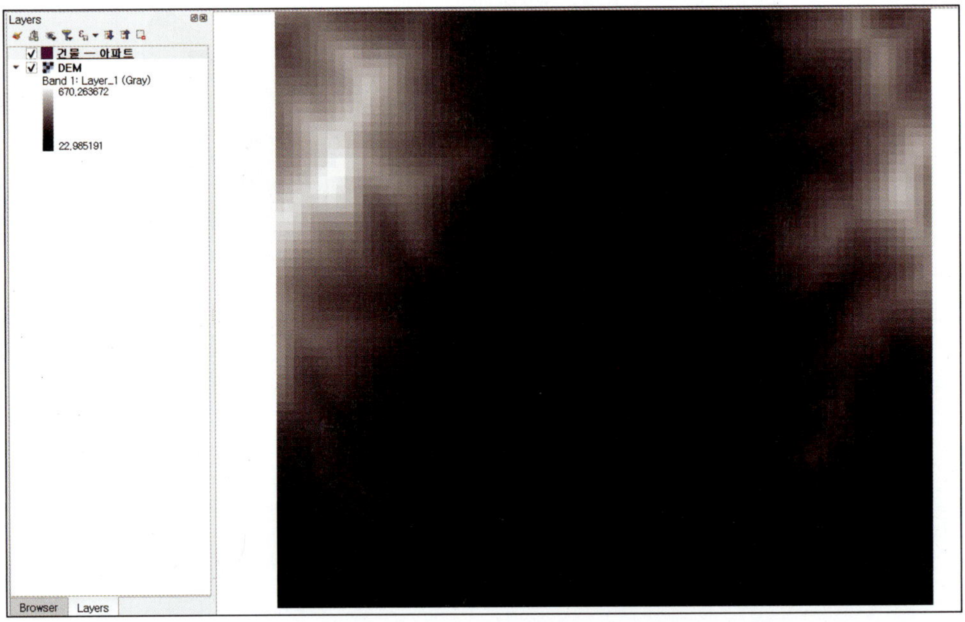

- 메뉴바에서 View 〉 3D Map Views 〉 New 3D Map View 실행

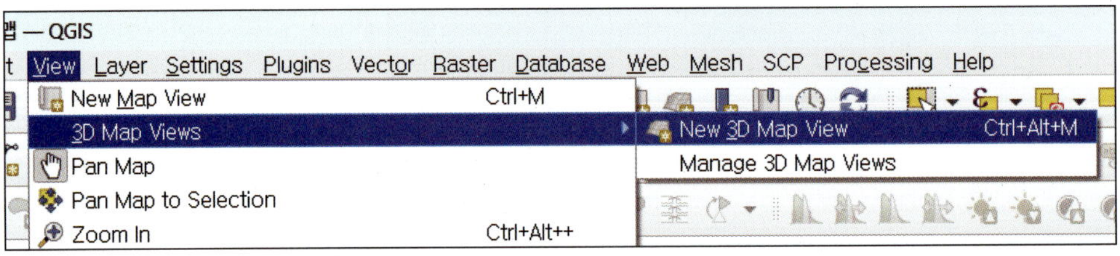

• 3D Map 창이 나타남

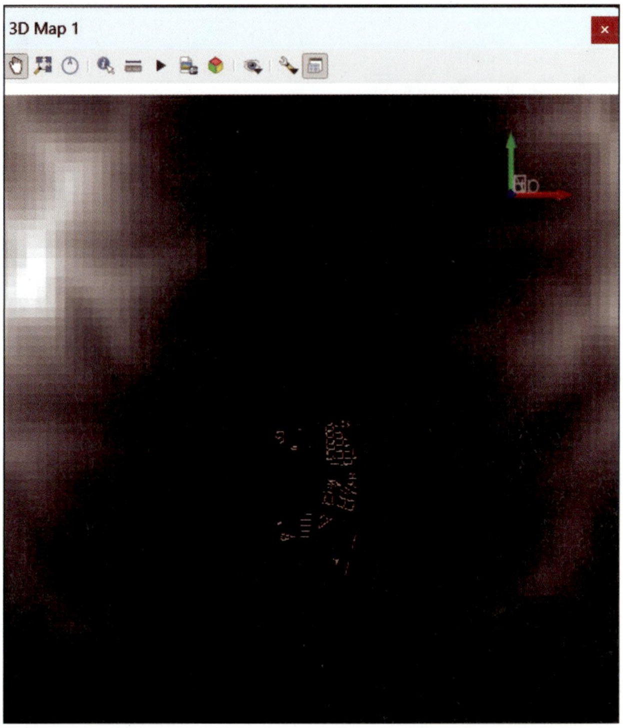

• shift 키와 마우스 왼쪽 버튼 또는 Ctrl 키와 마우스 왼쪽 버튼을 함께 누른 상태에서 마우스를 이동하여 보는 각도를 조절해 보면 아직 입체적으로 표현되지 않은 것을 확인할 수 있음

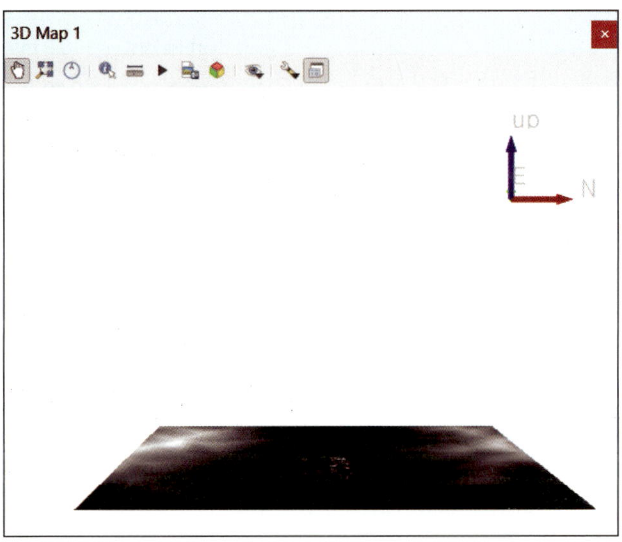

• 3차원으로 변환하기 위해 옵션( )에서 Configure (환경설정)을 변경

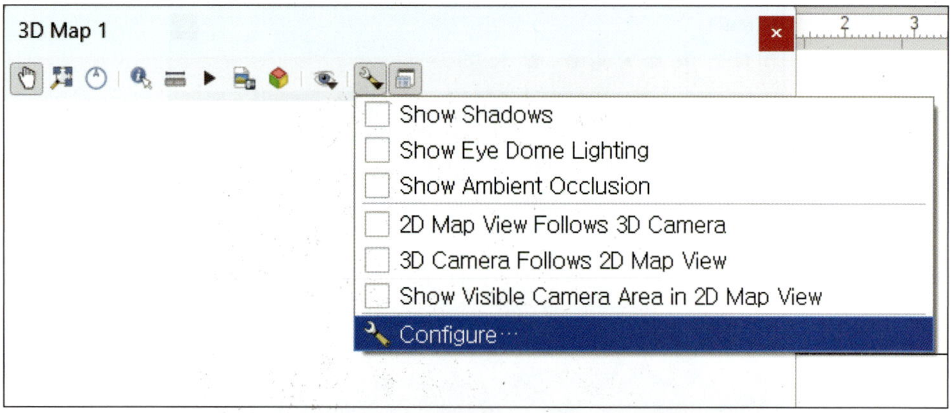

• 3D Configuration 창이 나타나면 Terrain에서 파라미터 설정
- Type = DEM(Raster Layer)
- Elevation = DEM
- Vertical scale = 고도 변화를 명확히 볼 수 있도록 값을 2로 조정

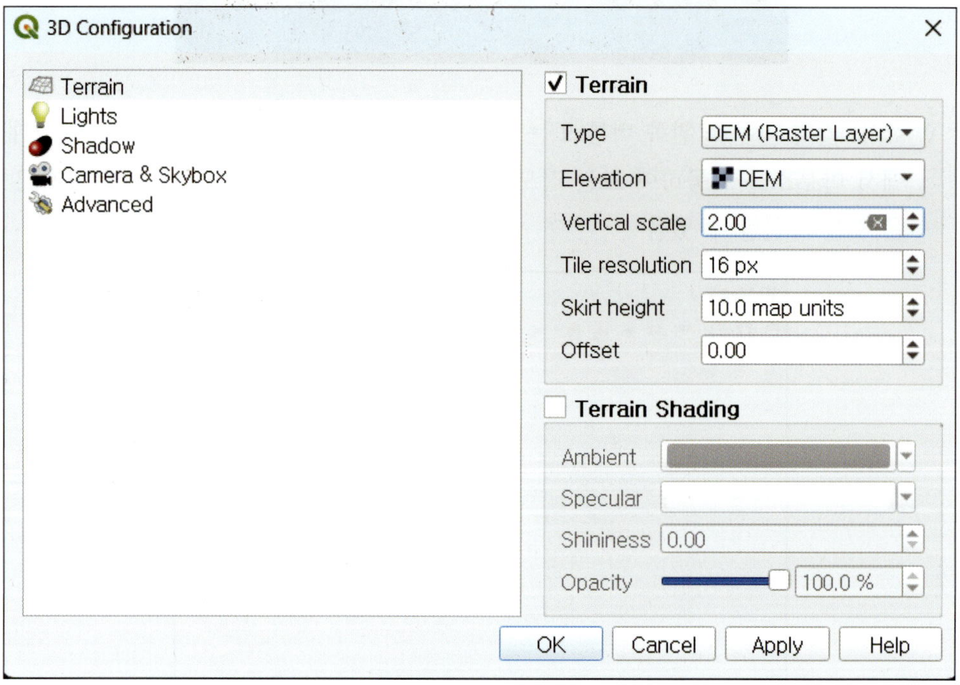

• 다음과 같이 3D로 표현됨. 수직축척(Vertical scale)에 따라 높낮이의 차이가 있음

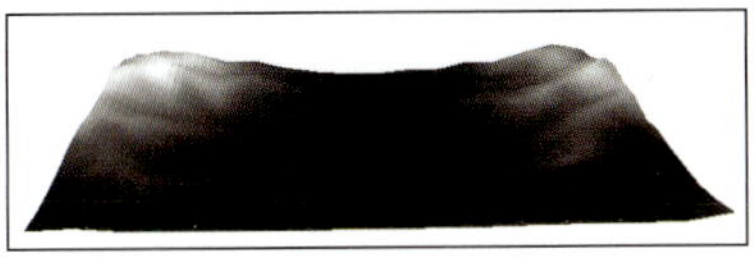

Vertical scale = 1

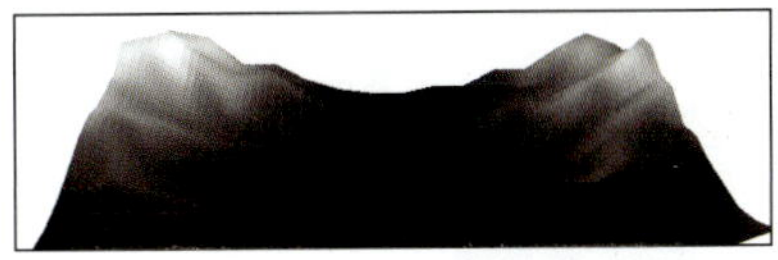

Vertical scale = 2

• 배경지도를 같이 레이어로 불러온 후 3D맵을 생성하면 DEM 데이터에 배경지도가 표시되어 나타남

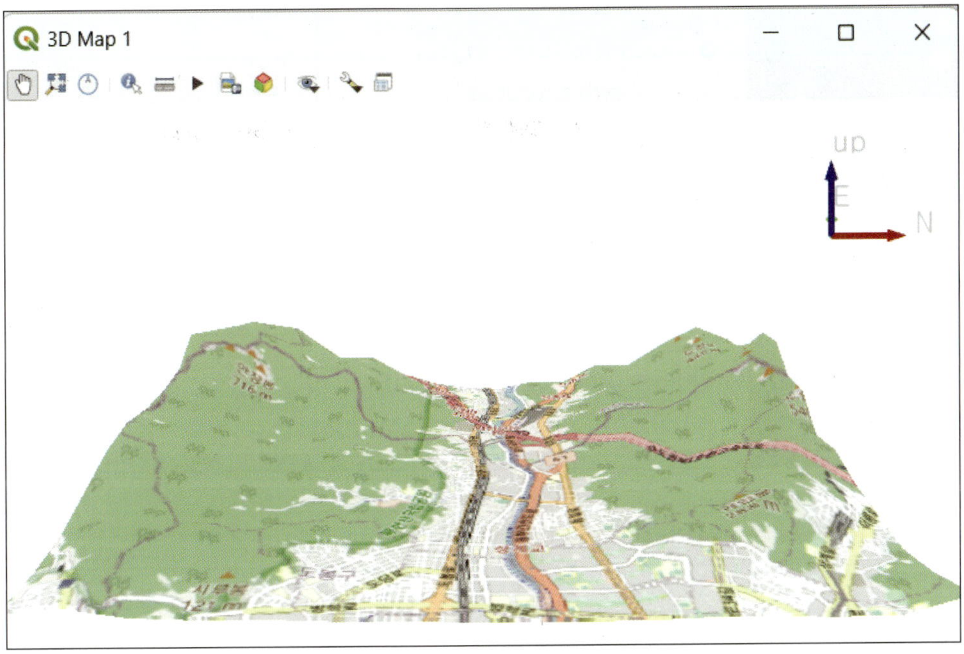

나. 건물레이어의 입체화

• 건물레이어도 입체적으로 돌출하기 위하여 필드값에 포함되어 있는 높이값 이용
• 건물레이어를 더블클릭하여 Layer Properties 창을 열고 3D View 탭에서 Single Symbols 선택

• Extrusion에서 필드유형을 높이값에 해당하는 height 필드 선택

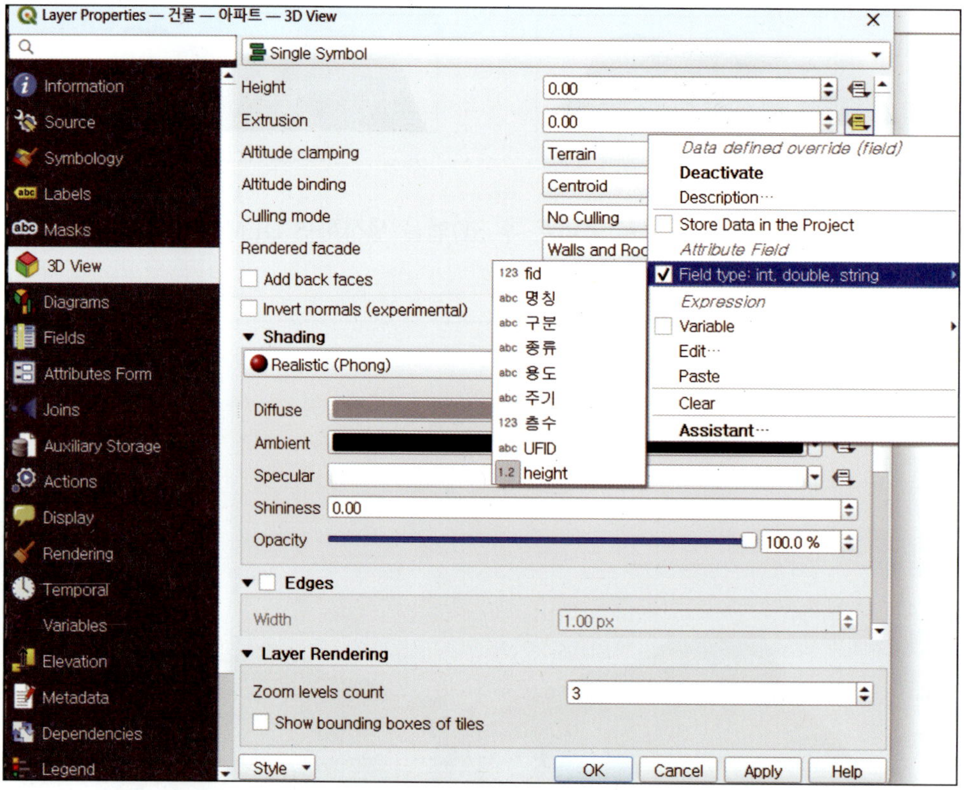

• 3D Map View에 건물이 돌출되어 나타남 [6]

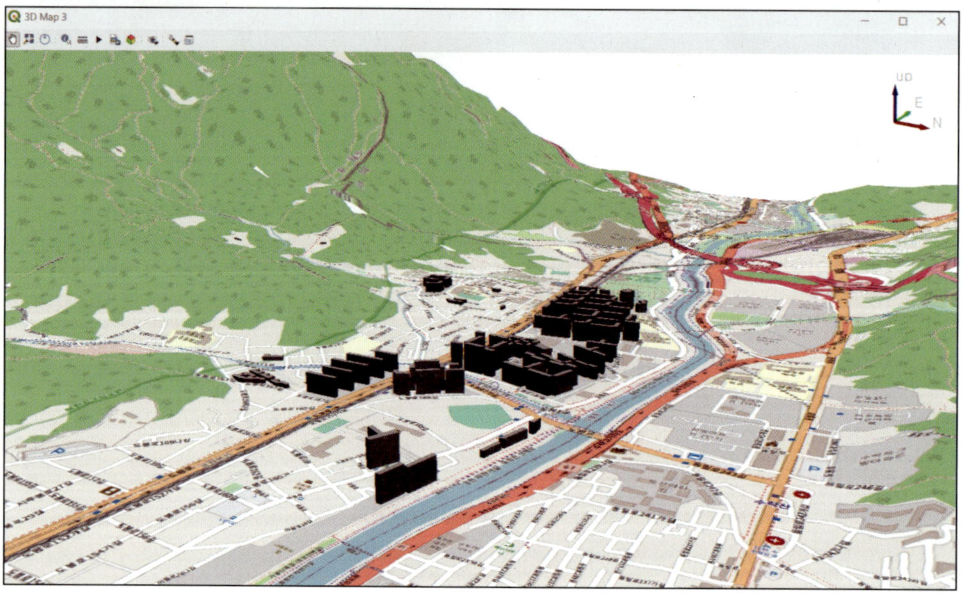

6) 건물이 하늘에 떠 있는 경우 프로젝트 좌표계와 레이어 좌표계를 일치시킨 후 다시 3D map 생성

06. 조판(Print layout)

1) 개요

- 분석 또는 시각화한 도면은 인쇄 또는 출판할 수 있는 지도를 만드는 과정이 필요하며, QGIS에서는 GIS 레이어를 가공하여 지도를 만들 수 있는 '인쇄 조판(print layout)' 기능이 있음
- 실습데이터에서 ex7_6 조판.qgz 프로젝트 파일을 불러오면 앞에서 실습한 그리드 분석 결과를 확인할 수 있음

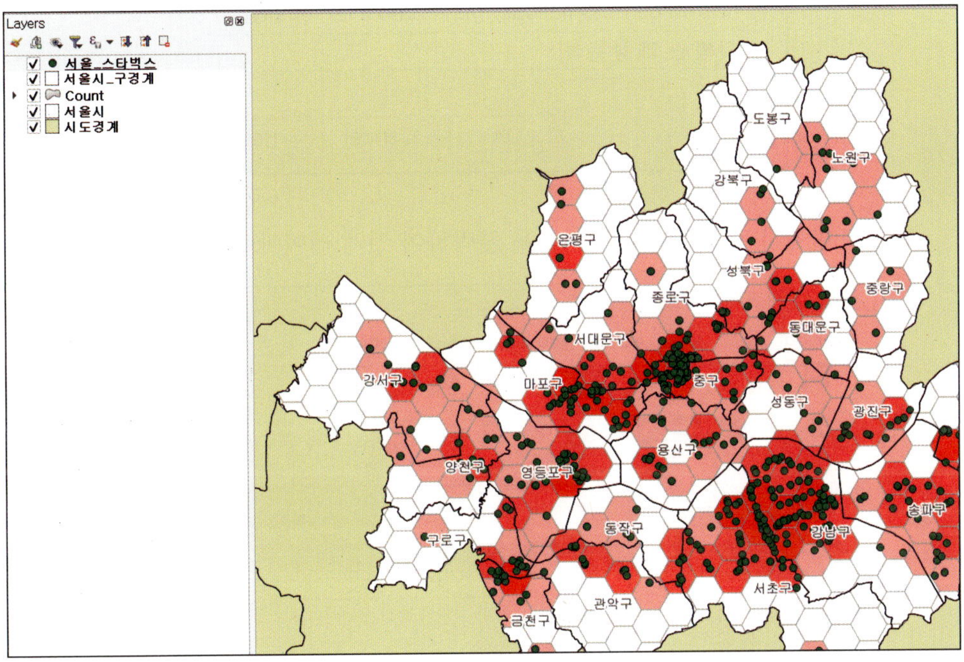

- 시도경계 레이어를 제외한 4개 레이어를 선택하고 레이어 툴바에서 Add Group() 실행한 후 그룹명은 '그리드맵' 입력
- 레이어를 그룹으로 관리하면 쉽게 레이어를 숨기고 나타낼 수 있음
- 그룹에서 특정 레이어를 제외하려면 마우스로 끌어 그룹 밖으로 옮기거나 팝업메뉴에서 Move Out of Group 선택

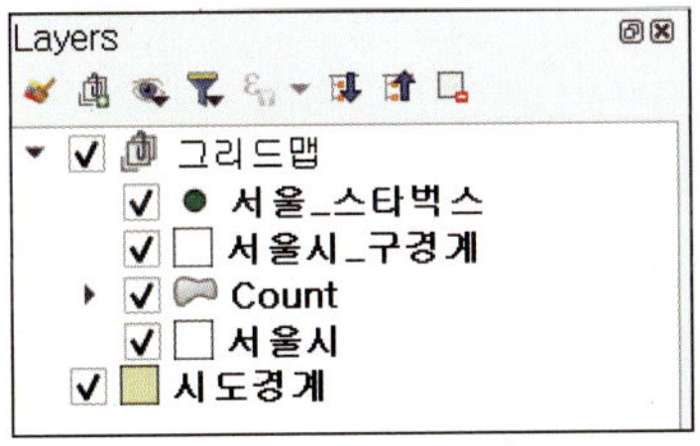

2) 조판만들기

가. 새로운 조판 만들기

- 인쇄조판을 만들기 위하여 메뉴바에서 Project 〉 New Print Layout( )을 실행하고 조판제목을 '스타벅스 매장 분석' 입력하고 OK를 클릭하면 새 인쇄조판이 열림

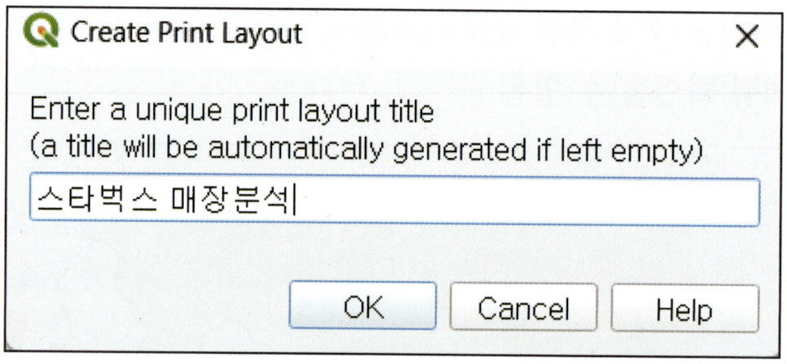

- 인쇄조판에서 전체확대( ) 버튼을 클릭하여 전체 레이아웃을 표시

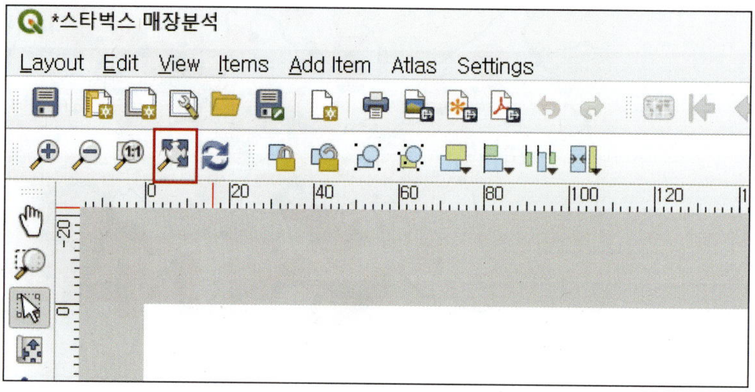

나. 지도 추가

- QGIS에서 분석한 지도를 조판(Layout)으로 가져오기 위하여 툴바의 Add Map( ) 을 실행하고 마우스로 크기를 지정하면 해당 위치에 지도가 렌더링 됨

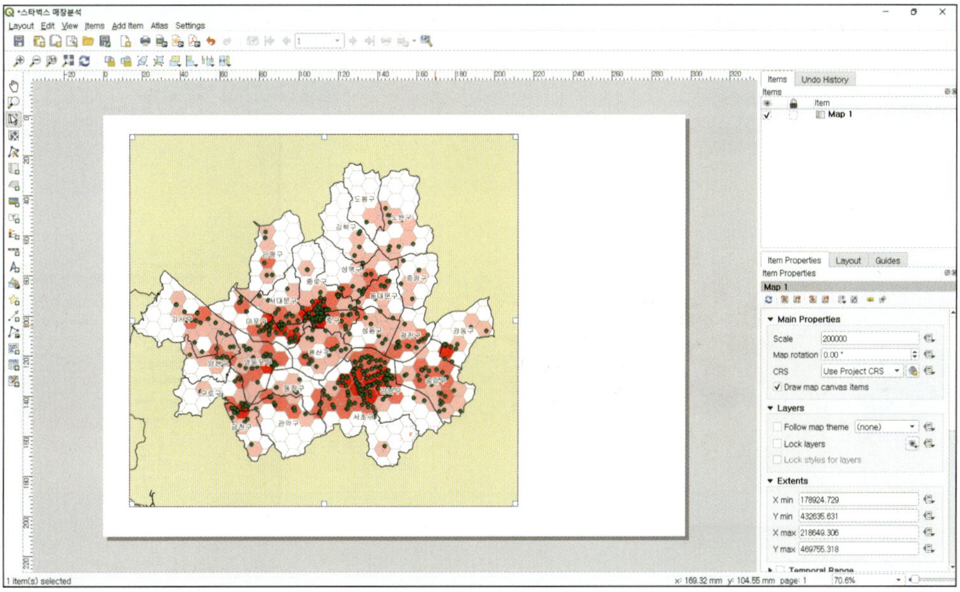

- 지도의 크기를 조정하기 위하여 해당 맵 요소를 선택
- Item Properties 탭에서 scale은 200,000을 입력, Frame 체크

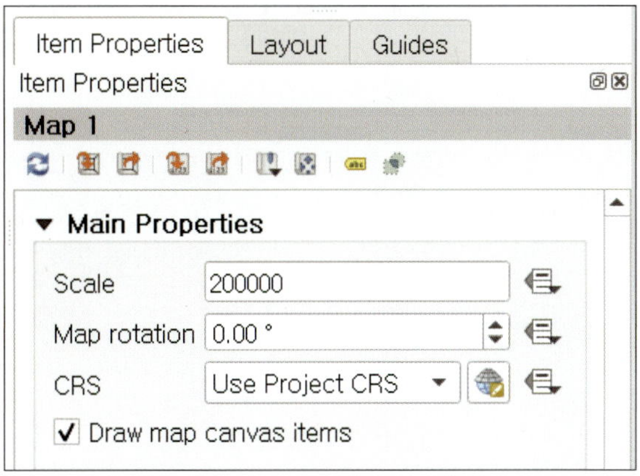

- 렌더링된 지도의 위치를 조정하기 위하여 툴바에서 Move Content( )을 이용해 지도의 위치 및 크기 조정
- 맵 아이템의 위치를 조정하려면 Select/Move Item( ) 이용

다. 범례 추가

- 지도에 범례를 추가하기 위하여 툴바의 Add Legend( )'를 클릭하고 마우스로 크기를 조정하여 범례 삽입

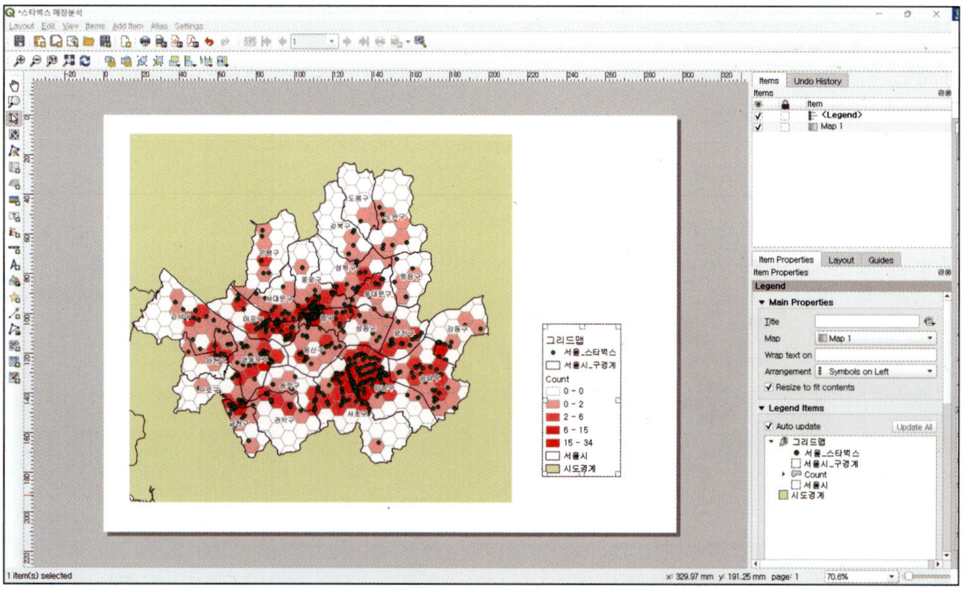

- Title 항목에 제목을 입력하고 불필요한 레이어를 정리하기 위하여 Auto Update 체크박스 해제하면 레이어의 편집이 가능
  - 불필요한 레이어 삭제 및 레이어 이름 수정

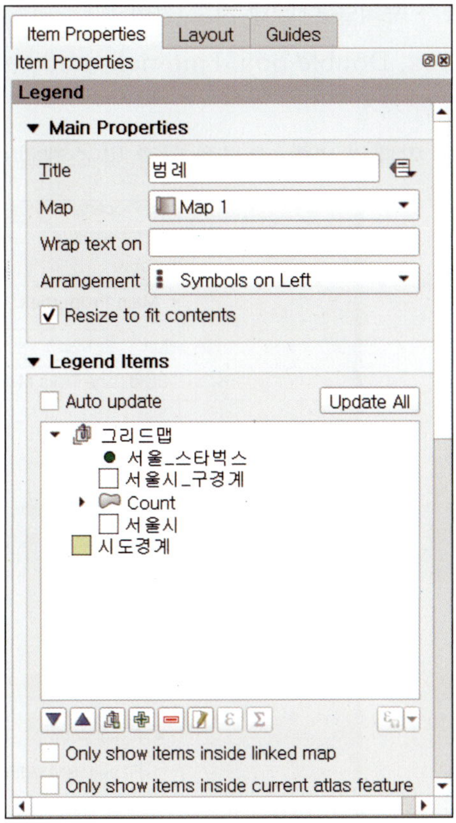

- 그룹명을 범례 항목에서 숨기기 위해 우클릭하고 팝업메뉴에서 Hidden 체크

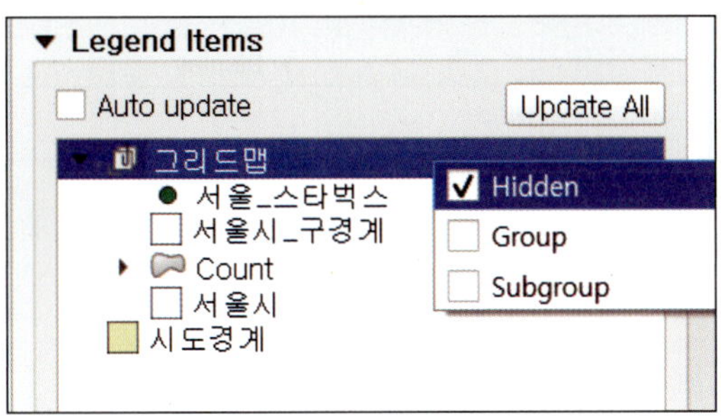

라. 스케일 바 추가

- 축척막대(Scale Bar)를 추가하기 위하여 툴바에서 Add scale bar( ) 클릭하고 마우스로 크기 조정하여 삽입
- Map Properties

- Map : 스케일바가 축척을 나타낼 지도 선택
- Style : Single box, Double box, Line ticks middle etc

- Unit : 스케일바 단위 지정
- Segments : 스케일 막대의 왼쪽, 오른쪽 단락 및 스케일 높이 조정

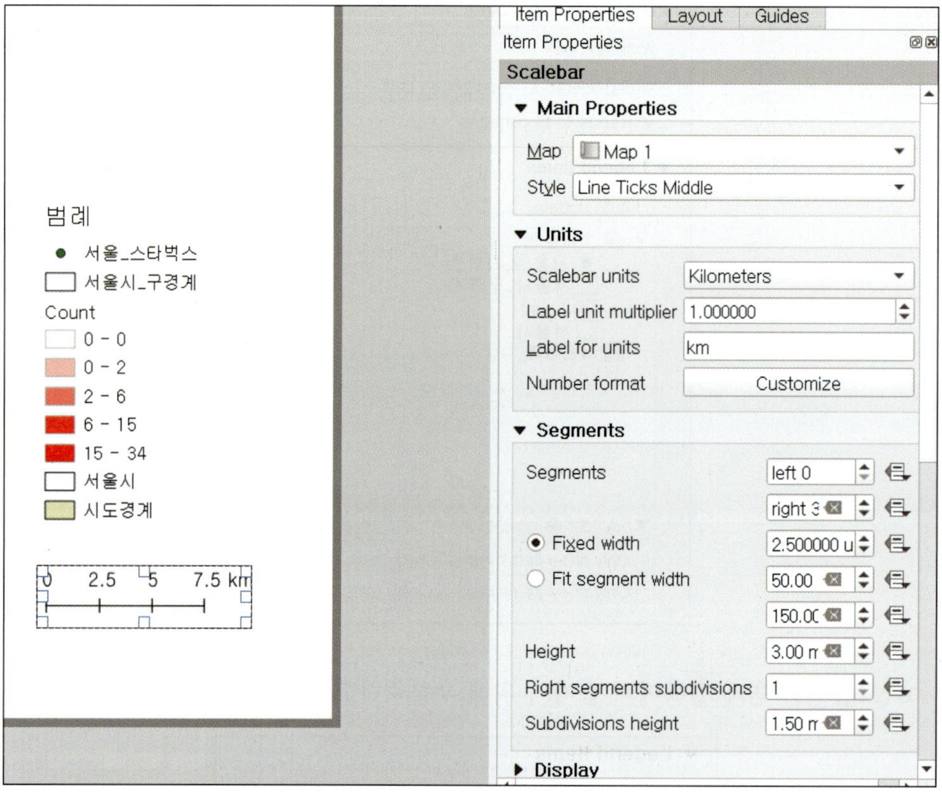

마. 방위표 추가

- 지도에 방위표를 추가하기 위하여 툴바의 Add North Arrow( ) 클릭하고 마우스로 크기를 지정하여 삽입

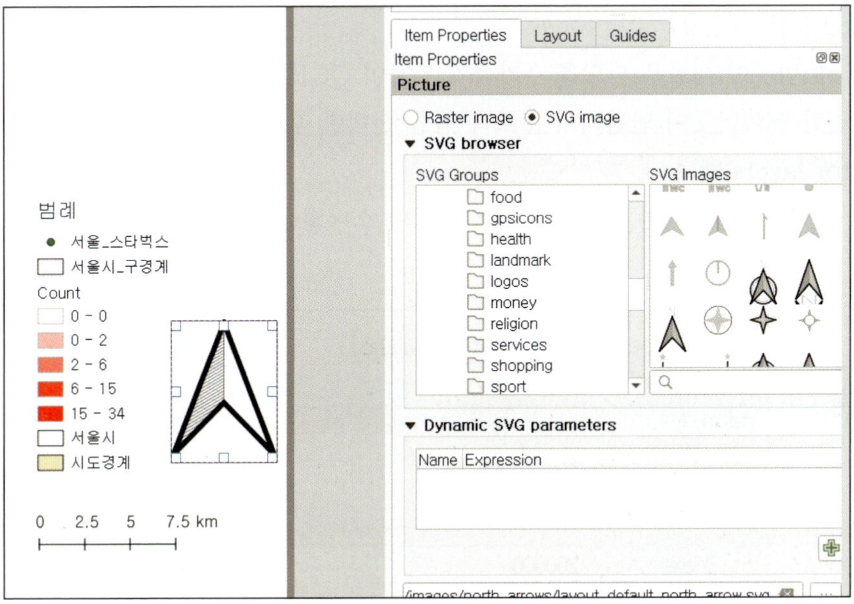

바. 지도제목 추가

- 지도에 제목을 추가하기 위하여 툴바에서 Add Label( )을 클릭하고 마우스로 크기를 지정하여 삽입
- Main Properties : 지도 제목 입력
- Appearance : Font 클릭하고 폰트, 스타일, 크기, 색상 등 선택
- Position and Size
  - 수평(Left, Center, Right, Justify), 수직(Top, Middle, Bottom)
- 이외에도 글자회전(Rotation), 테두리(Frame), 글상자 배경(Background) 등 선택 가능

3) 지도 삽입

가. 레이아웃 잠그기

- 서울시의 위치를 나타내기 위하여 우리나라 전국 지도를 Key map으로 삽입하고자 함
- 레이아웃에 새로운 지도를 추가하기 위하여 QGIS의 레이어를 변경하기 전에 작업한 레이아웃이 변경되지 않도록 맵을 선택한 후 Lock layers 및 Lock styles for layers 체크
  - 잠금을 설정하면 일부 레이어를 끄거나 스타일을 변경해도 레이아웃이 변경되지 않음

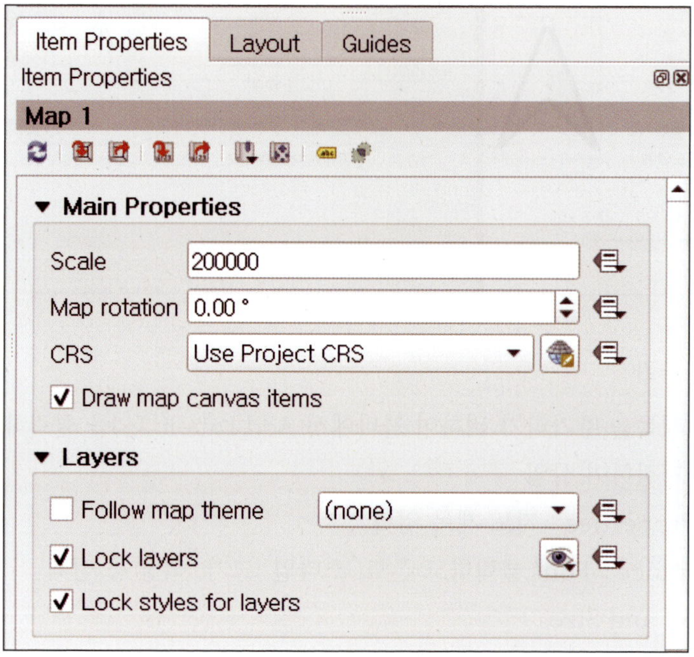

나. 지도 작업

- QGIS로 돌아가서 그리드맵 그룹은 숨기고 시도경계 레이어를 확대하여 나타냄

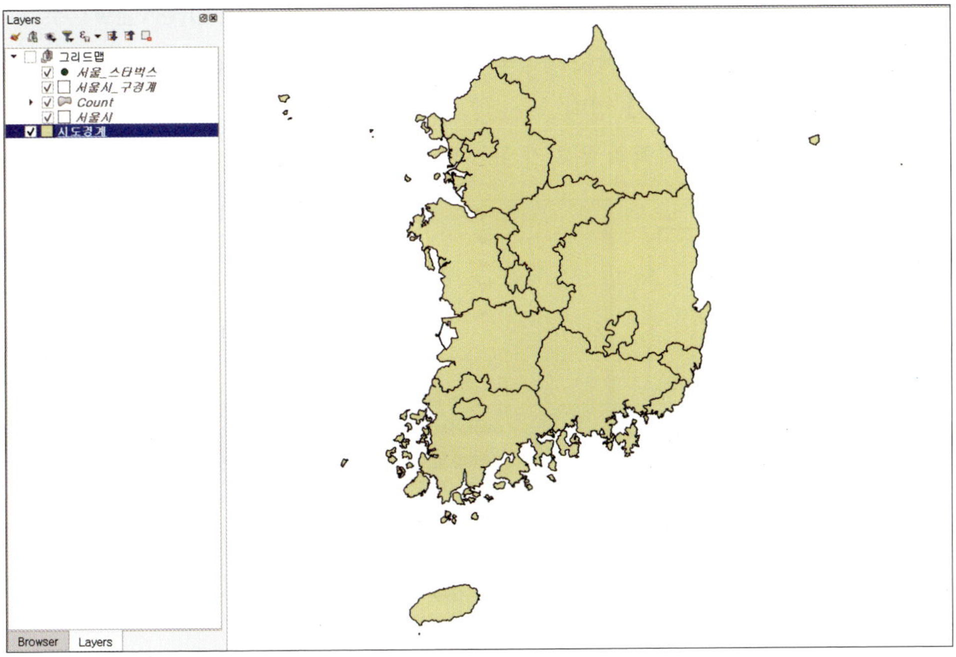

다. 새로운 지도 삽입

- Layout 패널의 툴바에서 Add Map( )을 클릭하여 시도경계 맵 추가
- Move Content( )을 이용해 맵의 위치 및 크기 조정
- Item Properties에서 Scale 8,000,000을 입력하고, Frame 항목 체크하여 지도프레임 표시

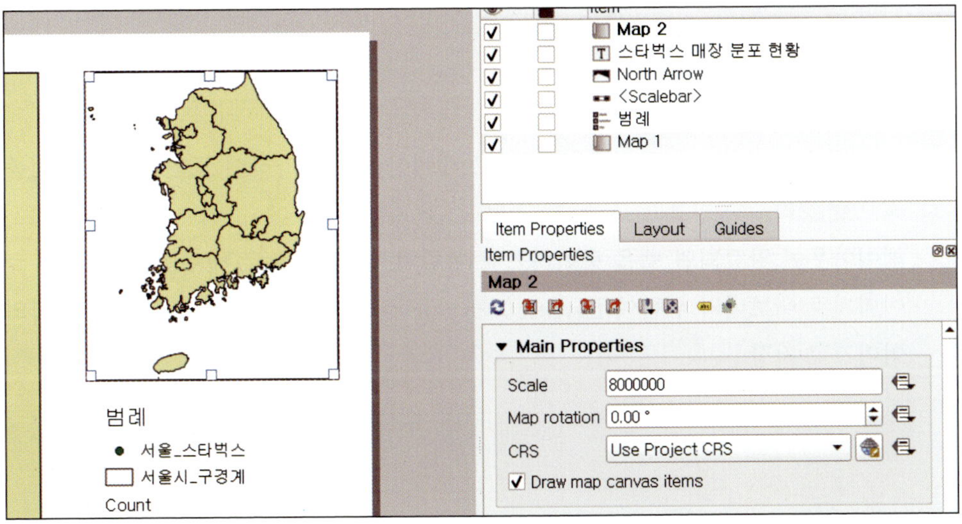

QGIS COOKBOOK 290 291

라. 지도 강조

- Overviews 기능을 이용하여 지도에 삽입된 영역을 자동으로 강조표시할 수 있음
- Item Properties에서 Overviews 〉 추가버튼(+) 클릭하여 Overview1 추가
- Draw "Overview1" overview 항목에서 Map frame은 Overview로 표시할 지도 선택. 여기서는 Map1 선택
- Key map에서 서울지역의 위치가 표시된 것을 확인할 수 있음

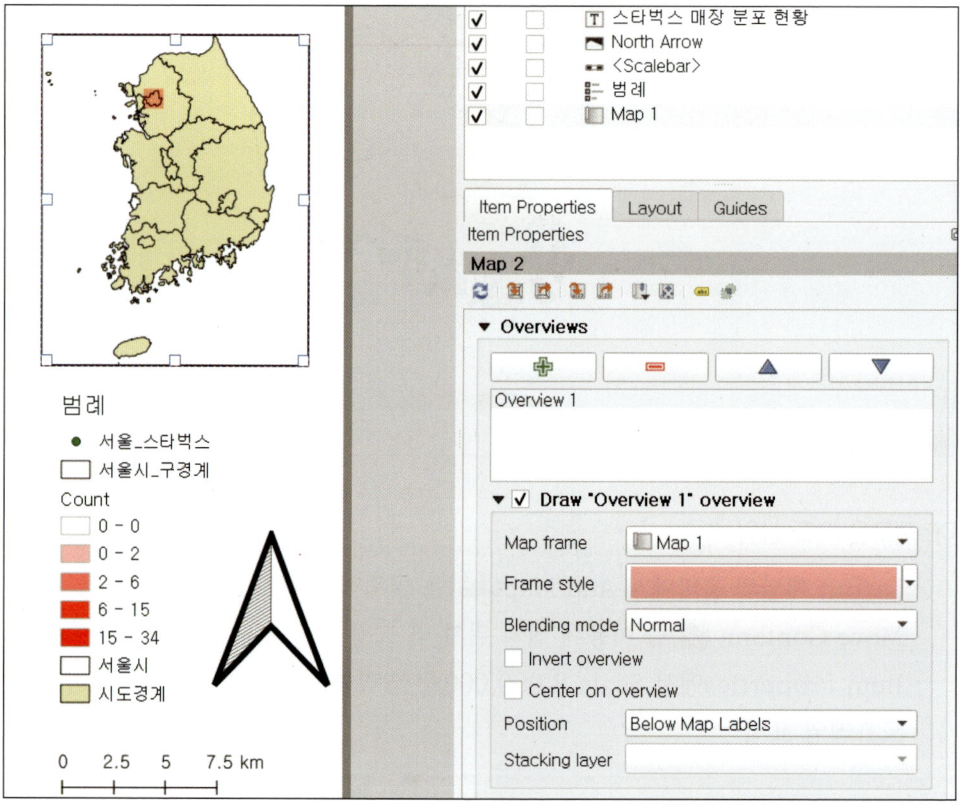

마. 도면정리 및 출력

- 툴바에서 Add Shape( )을 클릭하고 레이아웃을 추가하여 도면디자인을 최종적으로 정리
- 레이아웃이 완료되면 맵을 출력하거나 이미지, PDF 등으로 내보낼 수 있음
- 이미지로 내보내기 위하여 Layout 〉 Export as Image 클릭하고 원하는 형식의 이미지로 저장

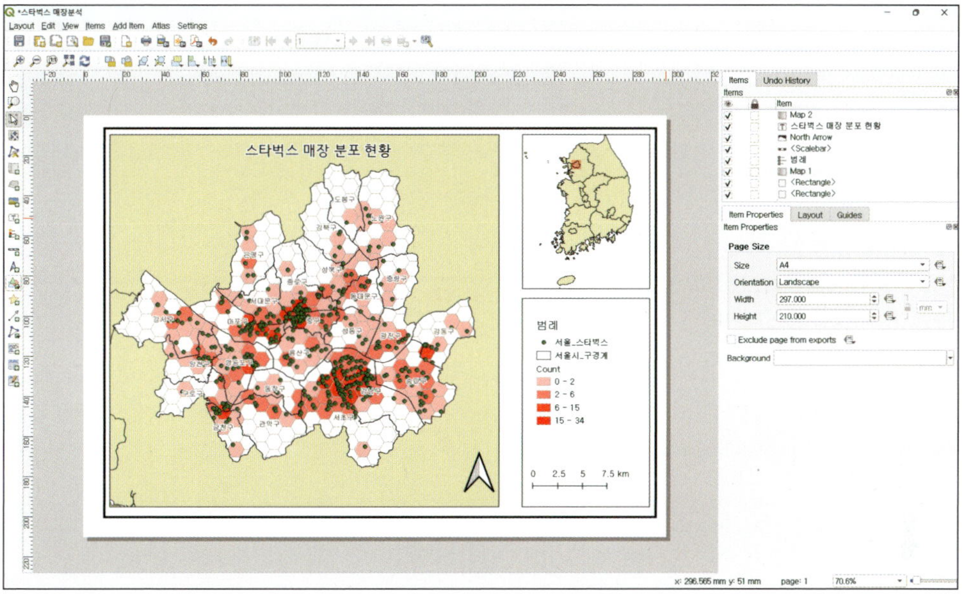

4) Map showcase

- https://www.flickr.com/groups/qgis/pool 을 방문하면 다양한 공간 시각화에 대한 영감을 얻을 수 있음

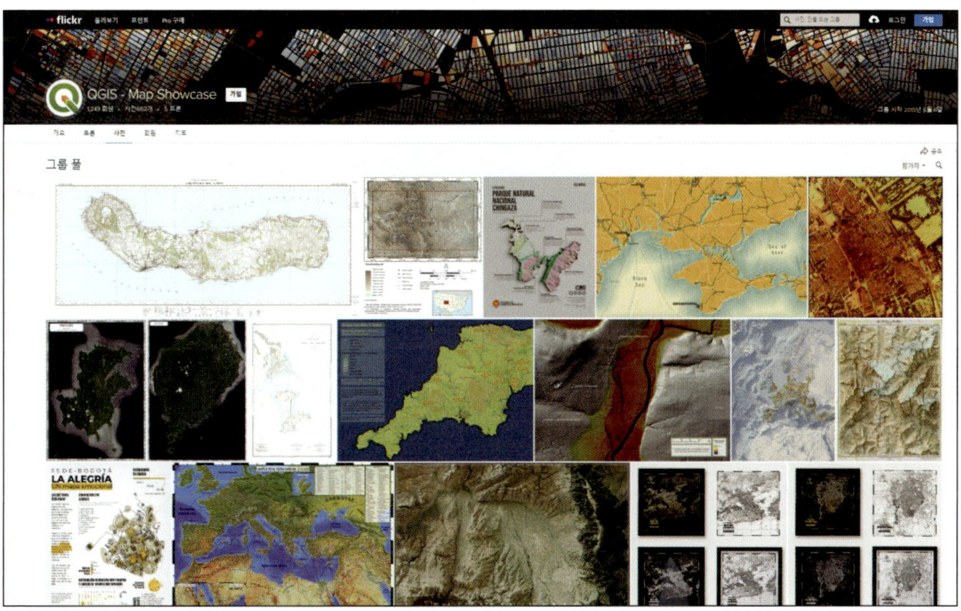

CHAPTER 08

오픈데이터를 이용한 공간분석

CHAPTER 08

오픈데이터를 이용한 공간분석

01. 공간정보 수집

1) 개요

- 해외사업 및 남북협력 사업 등 접근이 어려운 지역에 대한 사업을 추진하는 경우 부족한 자료를 수집하기 위해서는 다양한 오픈데이터의 활용이 필요
- 본 장에서는 접근불능지역에 대한 공간분석을 위해 다양한 오픈데이터를 활용하여 분석하는 과정을 살펴보도록 함

2) 행정경계 정보 수집

- 전 세계 행정경계는 GADM사이트(https://gadm.org)에서 제공받을 수 있음

• GADM 사이트에서 DATA를 선택하고 Country를 클릭

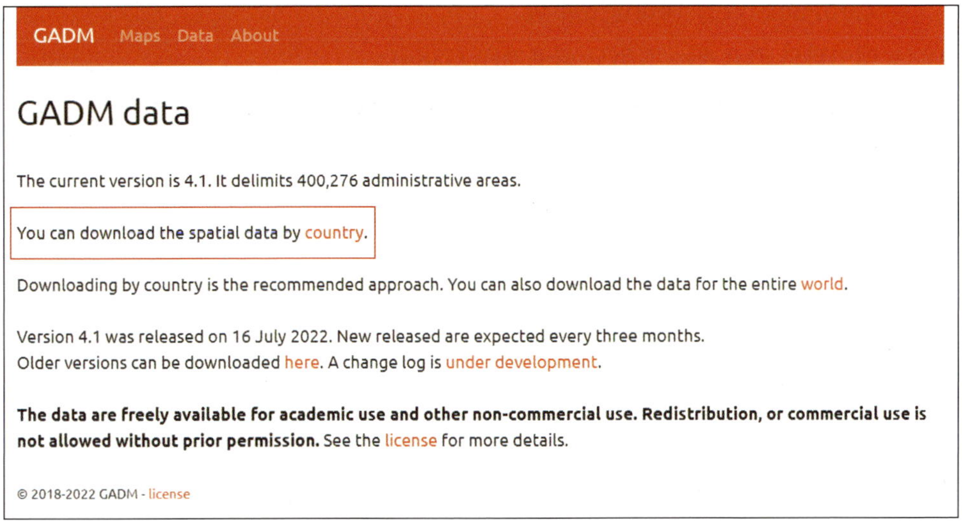

• Download GADM data 페이지가 나타나면 North Korea 선택

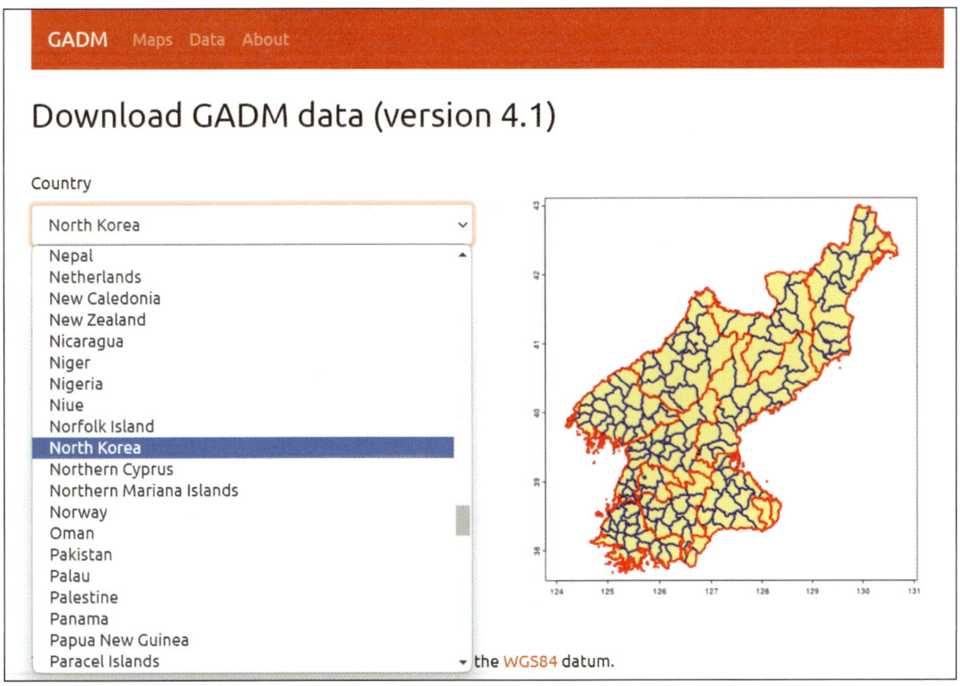

- GeoPackage, shpefile, GeoJSON, KMZ 파일을 내려받을 수 있으며, 여기서는 GeoPackage를 내려받도록 함
  - 데이터의 좌표계는 경위도 좌표계(WGS84)

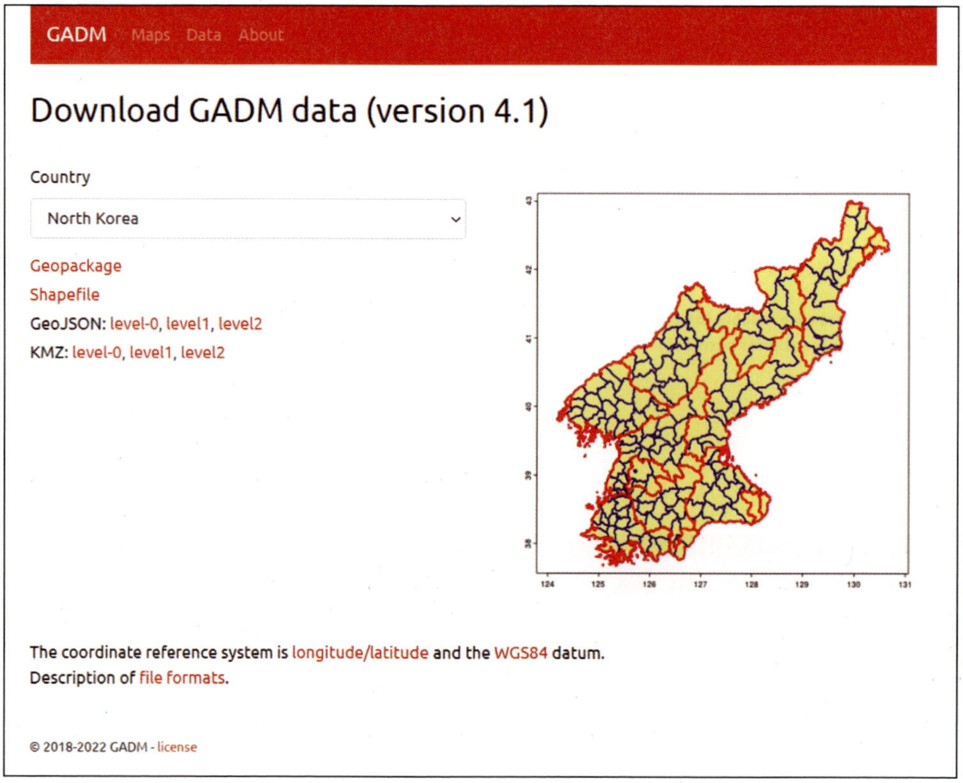

- 행정경계를 국가-시도-시군구 레벨로 데이터를 제공하고 있어 용도에 맞게 활용이 가능

Level 0	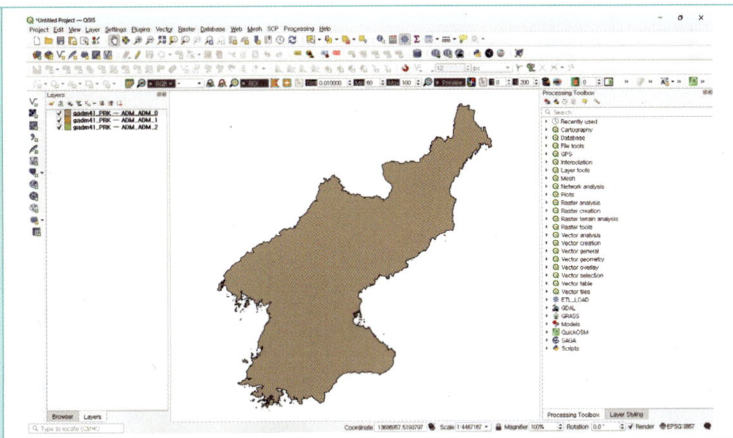
Level 1	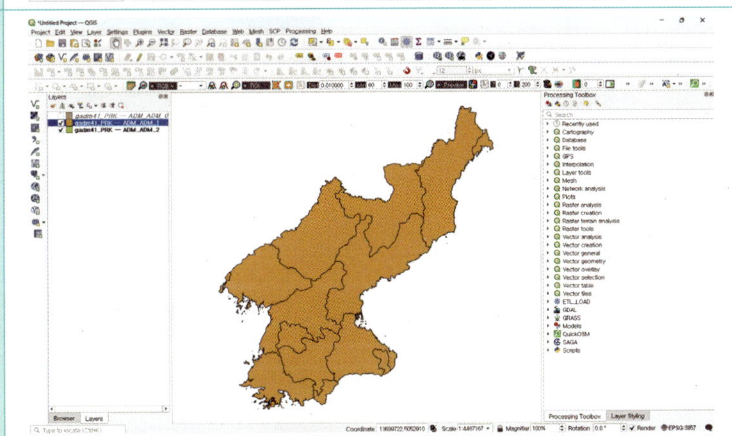
Level 2	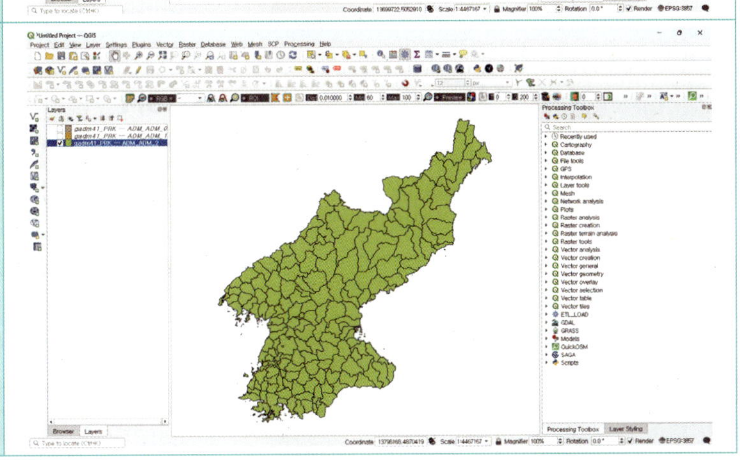

- Level 1 레이어에서 평양시를 선택하고 Export 〉 Save Select Feature As를 새로운 평양시 레이어로 저장

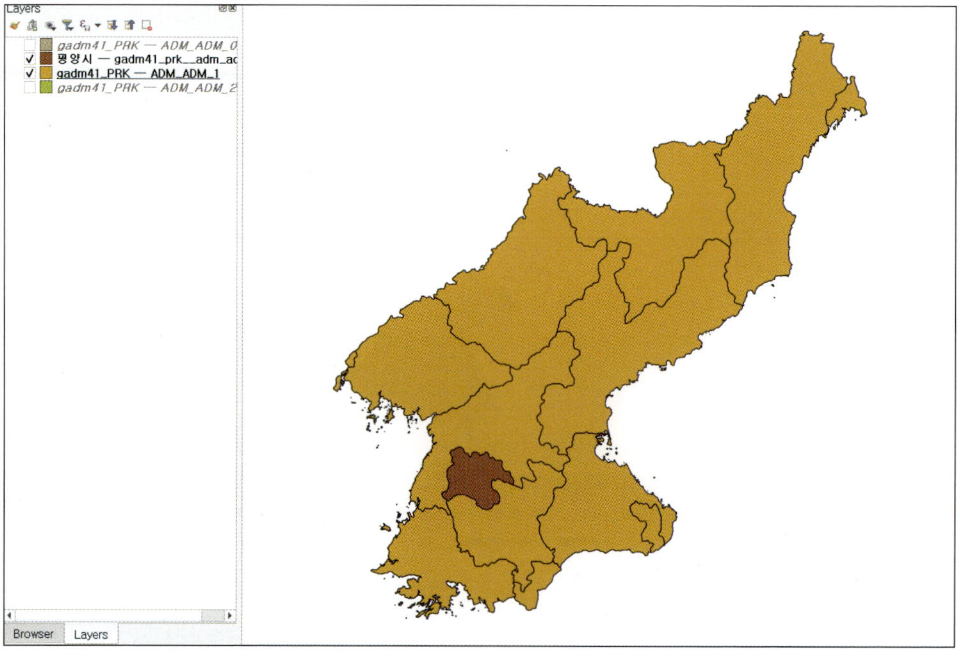

3) 오픈 스트리트맵 정보 수집

가. 플러그인 설치

- 오픈스트리트맵 [1]의 공간정보를 내려받기 위해 QuickOSM 플러그인 설치

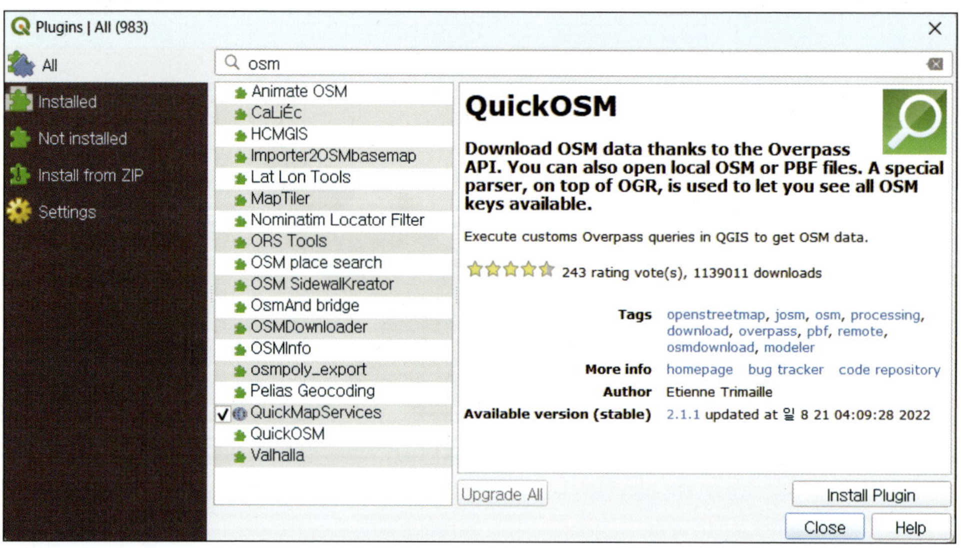

1) 2005년 영국에서 출범한 오픈소스 지도서비스

• 플러그인 설치가 완료되면 메뉴바에서 Vector 〉 QuickOSM 〉 QuickOSM 실행

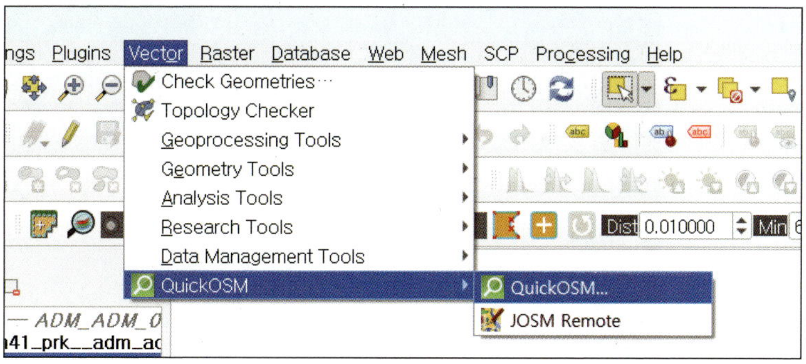

• QuickOSM 창이 나타나면 key 값에서 추출할 레이어를 선택하고, 추출할 범위를 설정하기 위해 Layer Extent를 선택하고 평양시 레이어 선택 후 Run query 실행

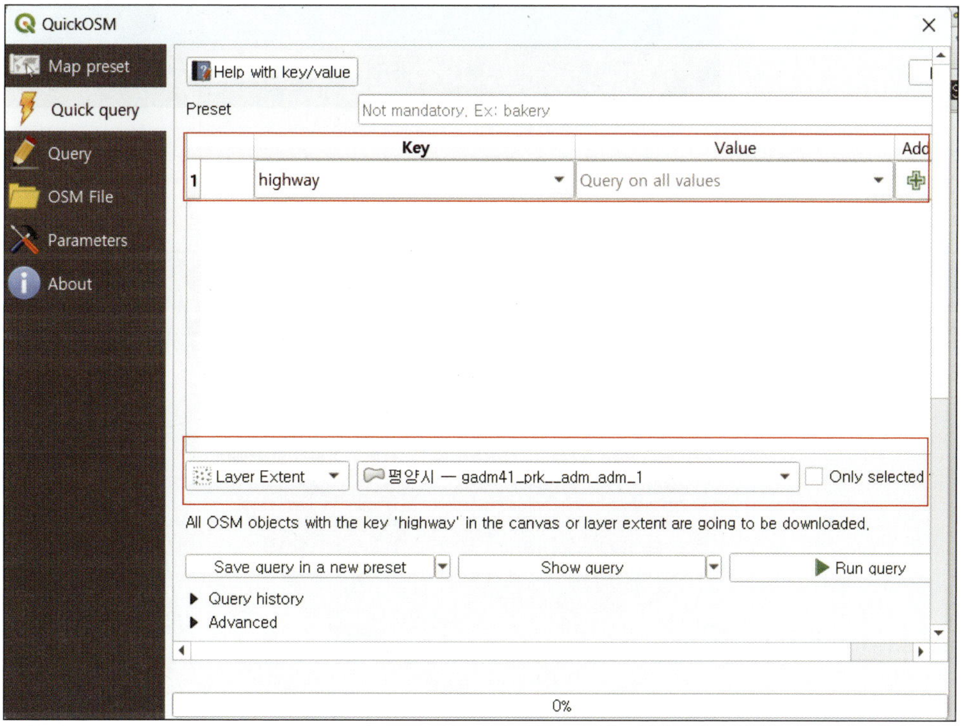

- 평양시에 해당하는 고속도로망이 추출된 것을 확인할 수 있음

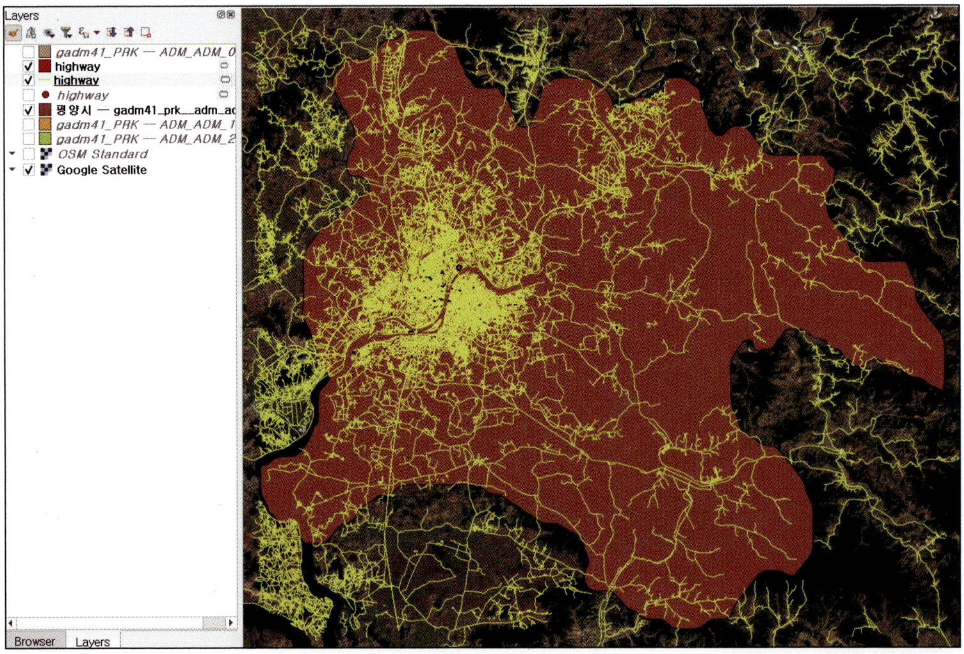

- 고속도로 외에도 key 값을 변경하여 building(건물), boundary(경계) 등 다양한 공간정보를 벡터 형태로 내려받을 수 있음

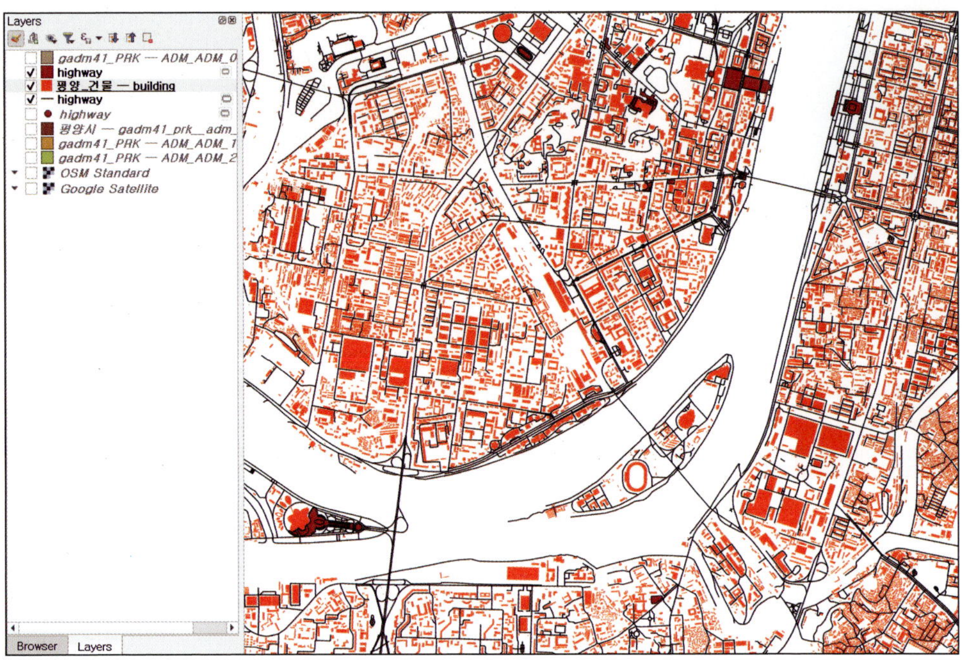

02. 위성영상 획득 [2)]

1) 개요

- 위성영상 자료는 아마존 웹 서비스에서 제공하는 Land viewer와 미국 지질조사소(USGS)에서 획득할 수 있음
  - 랜드뷰어 홈페이지 : https://lv.eosda.com/
  - USGS 홈페이지 : https://earthexplorer.usgs.gov/
- 랜드뷰어는 랜드셋 8호 영상과 센티널 2호 위성영상을 손쉽게 탐색하고 자료를 제공받을 수 있음

2) 랜드뷰어를 이용한 위성영상 획득

가. 랜드뷰어 영상 탐색

- 랜드뷰어 공식 홈페이지(https://lv.eosda.com)에 접속

2) 유병혁 외, 2016, 해외도시개발지원을 위한 GIS 오픈소스/오픈데이터 활용교육, LH

• 위성영상 탐색을 위하여 검색창에서 pyongyang을 검색하여 이동

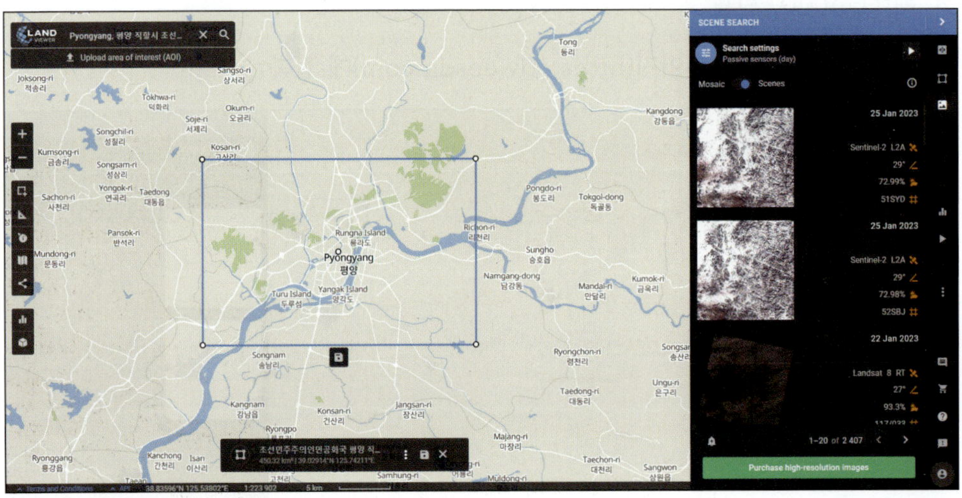

- 영상촬영시기, 구름의 양, 태양 고도와 위성 종류를 선택하기 위하여 Search settings 클릭

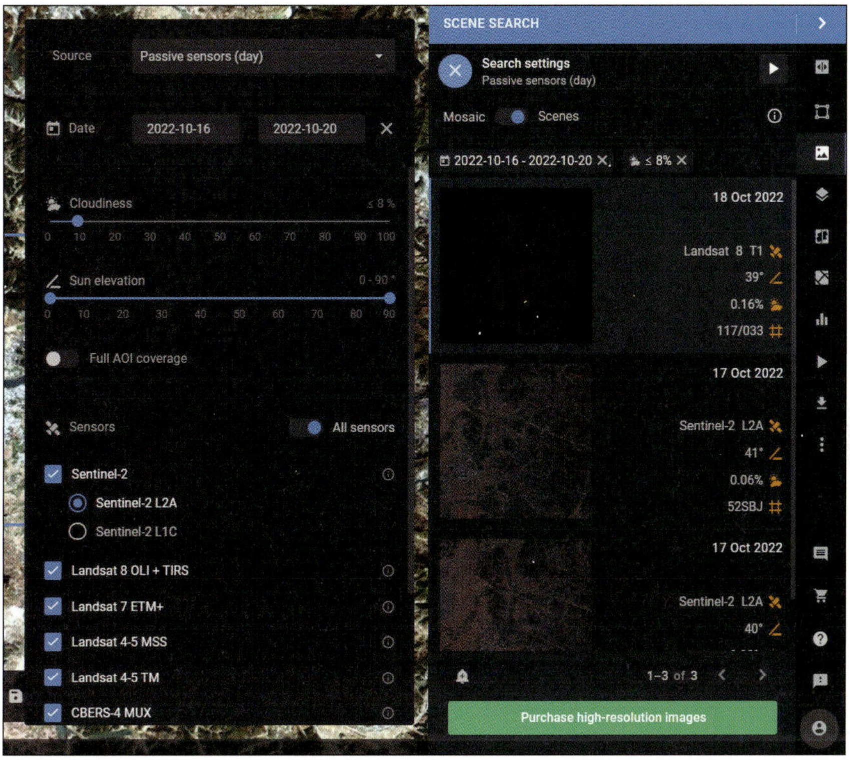

- 조건에 맞는 영상목록이 나타나고 이중 조건에 맞는 영상을 선택하면 화면에서 영상을 확인할 수 있음
  - 하루에 무료로 10개의 영상만 볼 수 있음

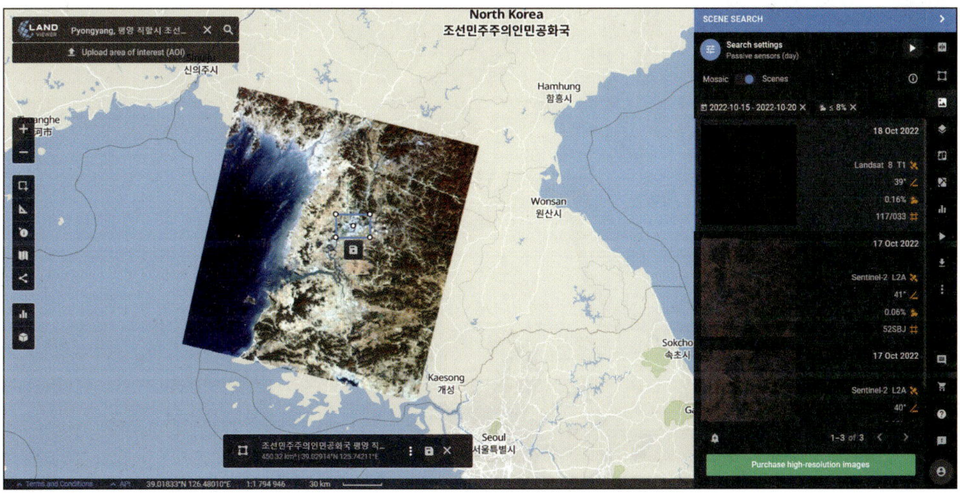

나. Band Combination

- 랜드뷰어는 다양한 밴드조합과 분광지수를 제공하며, 밴드조합( )버튼을 통해 필요한 밴드조합을 선택할 수 있음

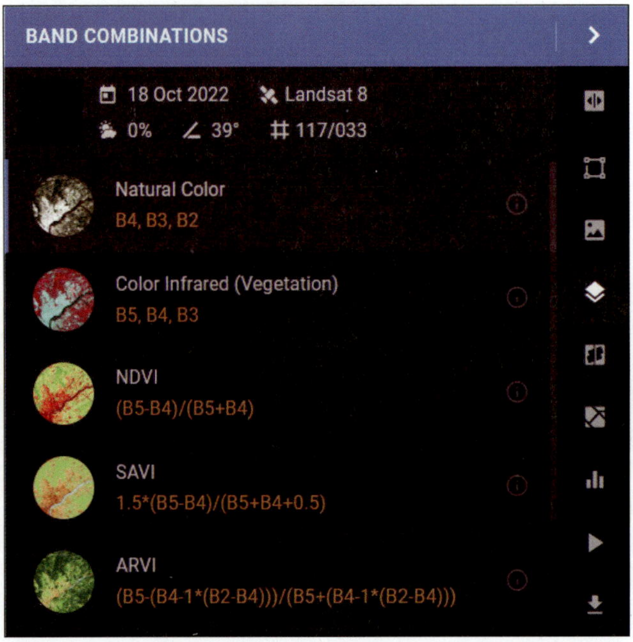

- Natural Color
  - RGB 밴드 조합을 자연색인 B4, B3, B2번 밴드로 설정하고 8번 밴드를 이용하여 팬 샤프닝(pan-sharpening) 하였으며, 공간해상도는 RGB 30m에서 향상된 15m임

- False Color(Urban)
  - B7, B6, B4밴드 조합에서는 자연색에 비해 도심지역이 밝게 표현되며 식생과 하천의 대비가 뚜렷해지는 것을 볼 수 있음

• 밴드 조합 우측에 있는 'i'버튼을 클릭하면 해당 조합에서 색상 의미에 관한 정보를 확인할 수 있음

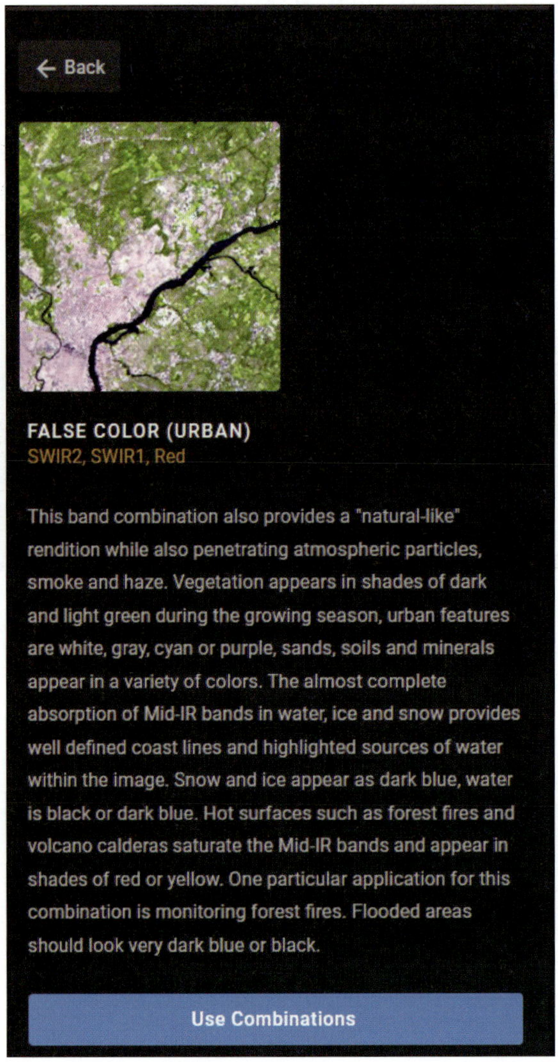

• Color Infrared(Vegetation)
  - 식생이 강조되는 B5, B4, B3 밴드 조합에서는 식생이 적색으로 나타나며, 침엽수가 활엽수보다 어둡게 나타나는 특성이 있음

- 이외에도 랜드뷰어에서는 정규식생지수(NDVI), 정규수분지수(NDWI), 정규적설지수(NDSI) 등을 제공하고 있음

다. 영상 내려받기

- 영상을 선택했으면 Scene downloading(⬇) 클릭하고 해상도, 포맷, 이미지 자르기 등 설정하고 Download 클릭
  - Resolution : 영상해상도
  - Format : GeoTIFF 선택
  - Crop image : 이미지 사이즈 잘라서 내려받기

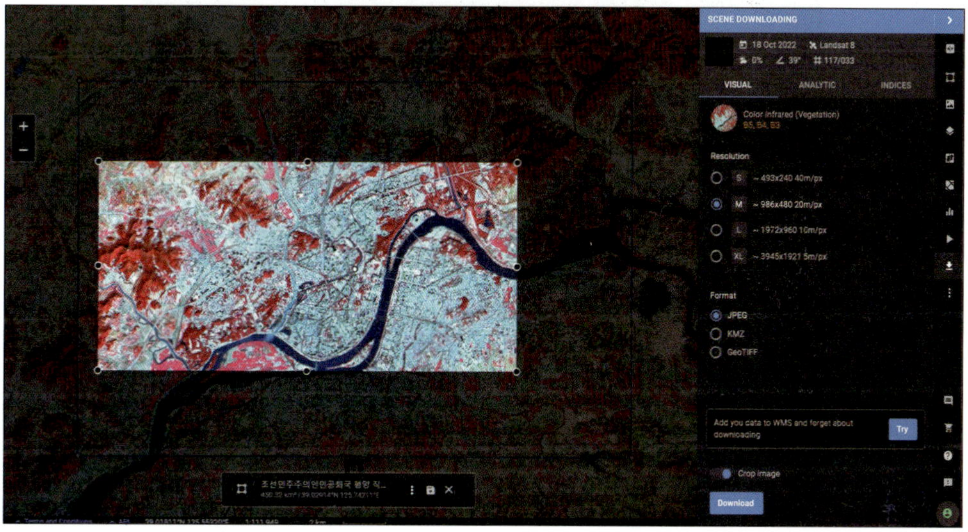

• ANALYTIC 탭에서 필요한 밴드만 선택하여 제공받을 수 있음

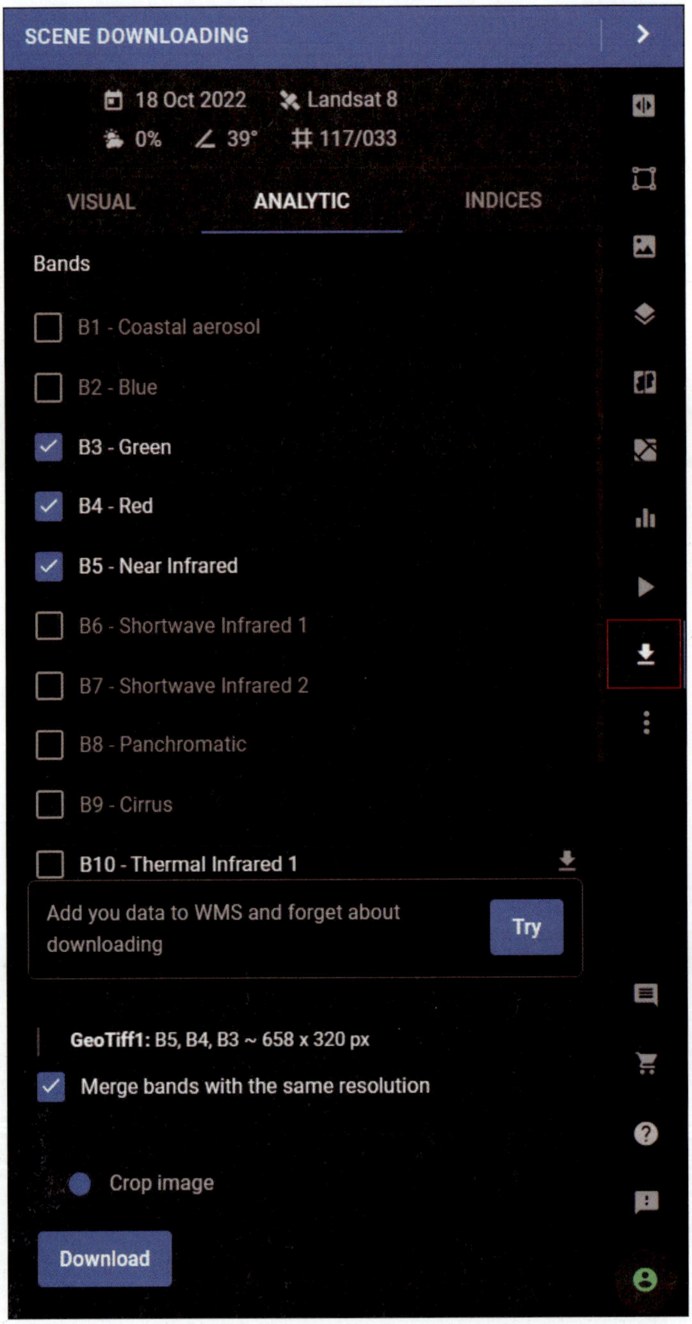

3) USGS의 EarthExplorer를 이용한 위성영상 획득

- 미국 지질조사국(USGS)은 지형과 지질, 천연자원, 자연재해 등을 연구하는 미국 내무부 산하의 연구기관
  - NASA와 USGS의 조인트 벤처로 1972년 Landsat 1 위성부터 현재까지 Landsat 9 위성을 운영중
  - Landsat 데이터는 무료로 공개되어 있음

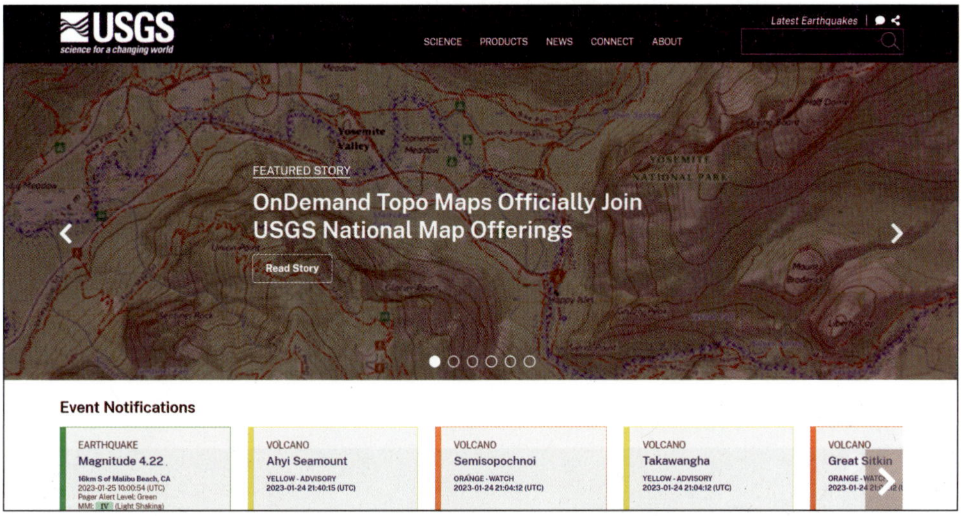

- Landsat 위성의 영상촬영 위치를 확인하기 위해 실습데이터에서 ex8_2 landsat 경로.qgz 프로젝트 파일을 불러와서 평양의 path와 row 확인 [3)]
- 평양지역의 Path/Row를 확인한 결과 117/33임을 알 수 있음

3) https://www.usgs.gov/landsat-missions/landsat-shapefiles-and-kml-files

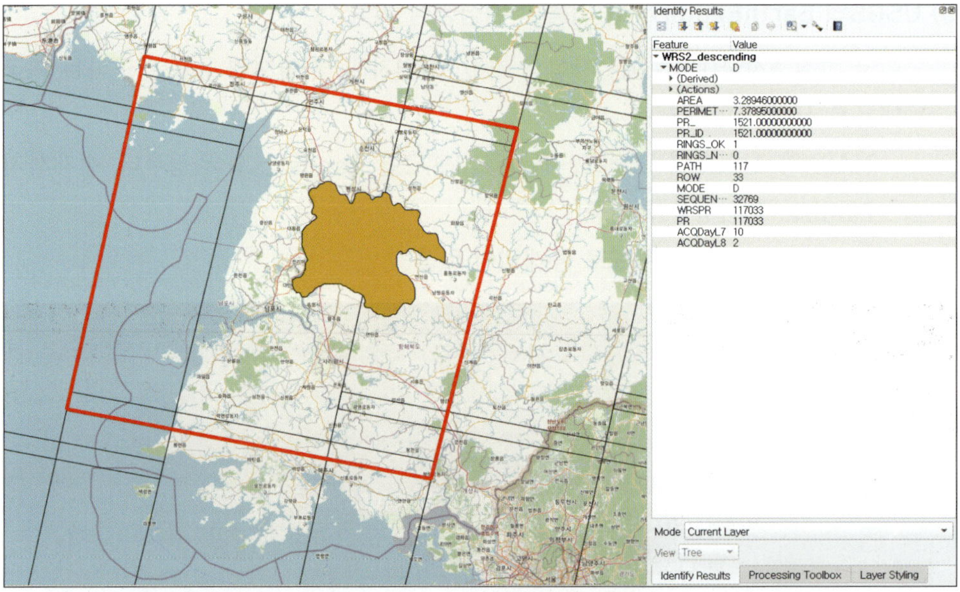

- USGS의 earth explorer(http://earthexplorer.usgs.gov)에 접속
  - 데이터를 내려받기 위해서는 사전에 회원등록(Register) 필요

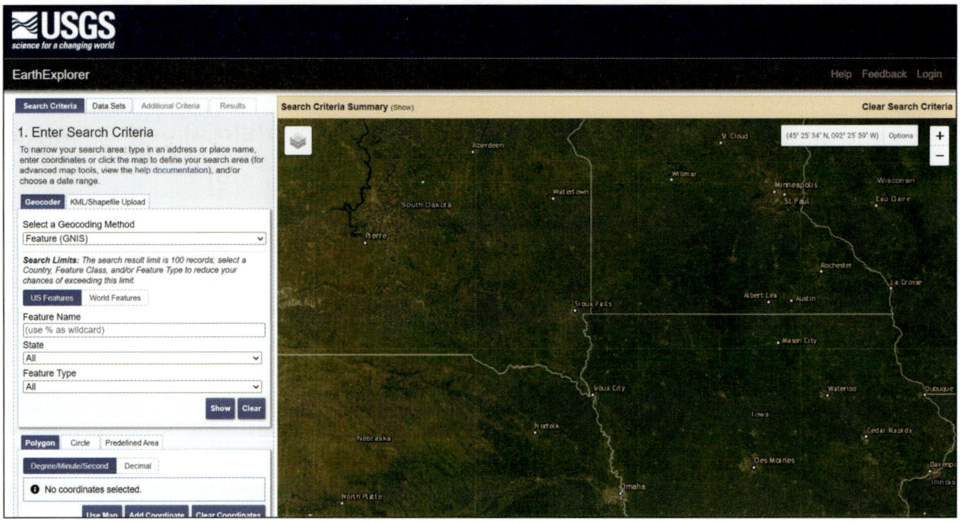

- Select a Geocoding Method에서 드롭다운 메뉴를 열고 Path/Row를 선택한 후평양지역에 해당하는 Path 117, Row 33 입력하고 Show 클릭

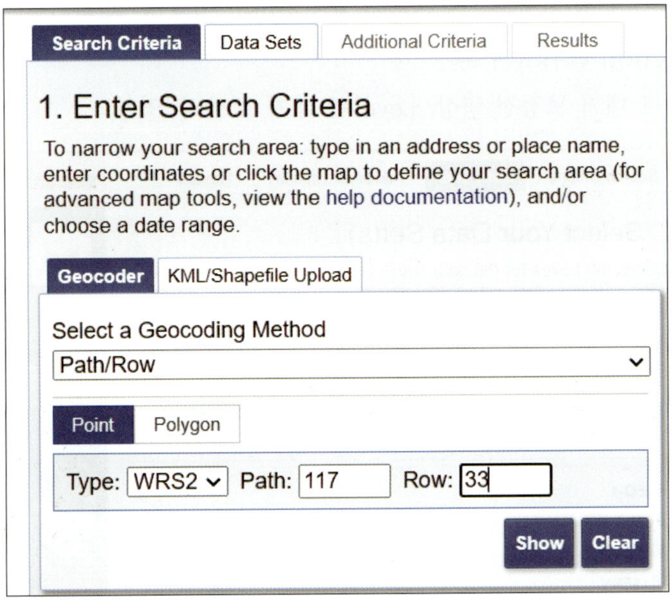

- 데이터 검색기간 선택

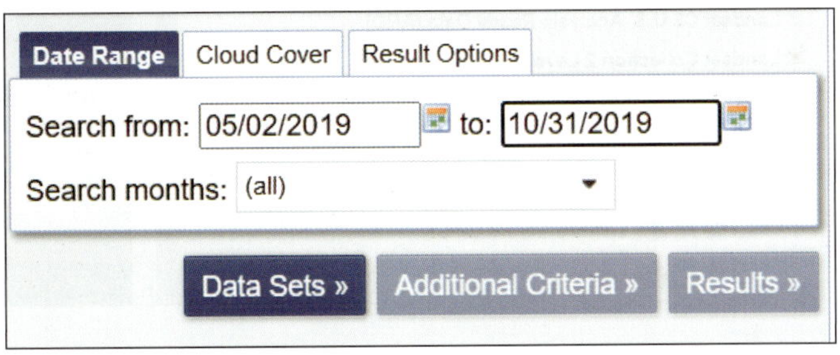

- 구름피복량 조정

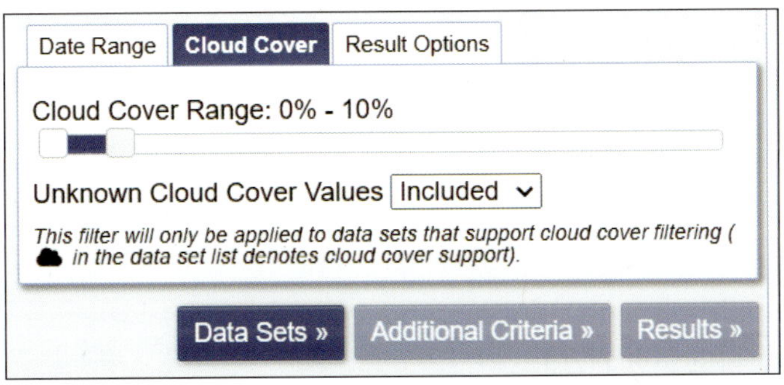

- 검색기준(Search Criteria) 설정이 완료되었다면 Data Sets 클릭
  - Landsat Collection 2 Level-1 선택
  - 모든 Landsat 영상은 USGS에서 재처리하고 있으며, 재처리 작업을 기준으로 Collection 단위로 구분 [4)]
  - Level-1 대기 보정전 영상, Level-2 대기 보정 후 영상

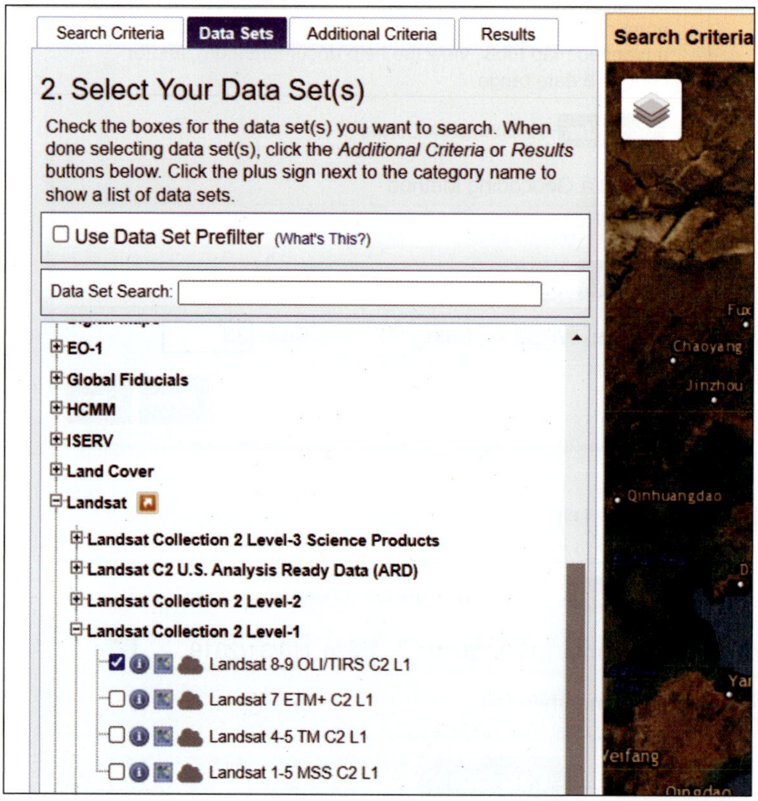

4) https://foss4g.tistory.com/1753

• Data Set 선택이 완료되면 Result 탭으로 이동하여 영상리스트를 확인

 - Additional Criteria에서 추가적인 옵션 선택 가능

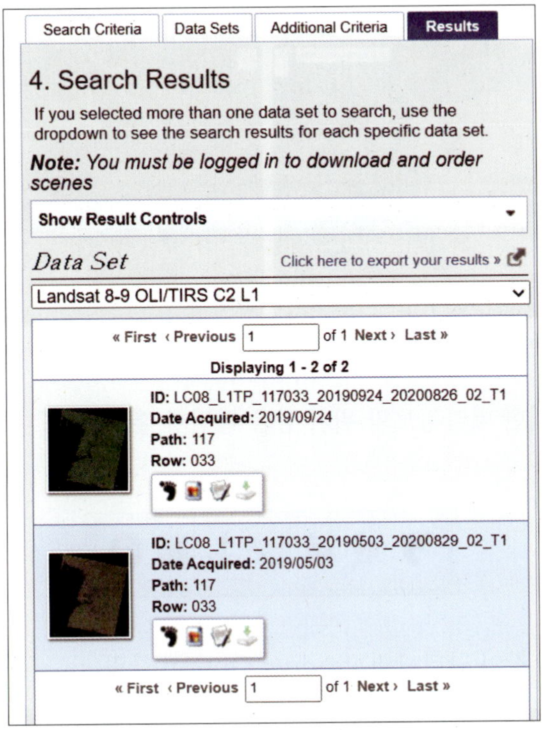

• 영상목록에서 작은 썸네일의 이미지를 클릭하여 해당 영상과 메타정보 확인

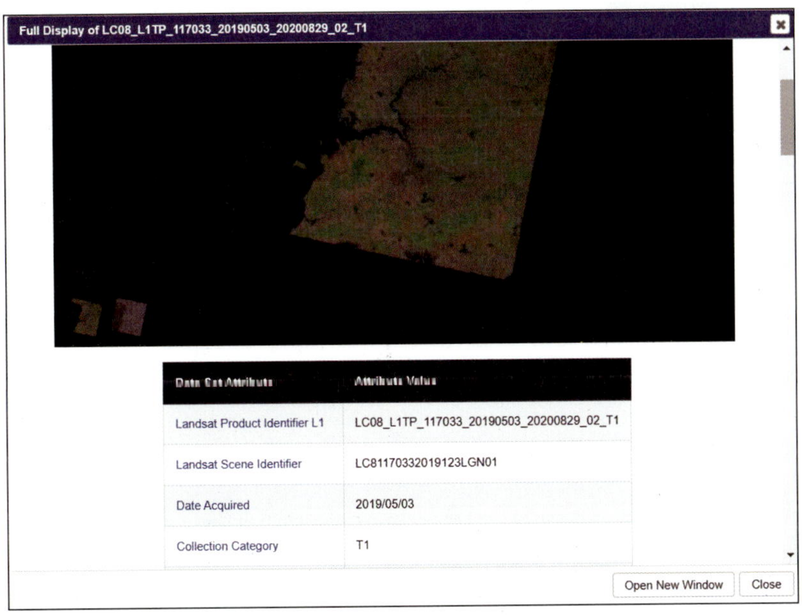

- 발바닥 아이콘( )을 클릭하여 해당 영상의 위치를 확인할 수 있으며, 사진 아이콘( )으로 영상을 중첩하여 확인

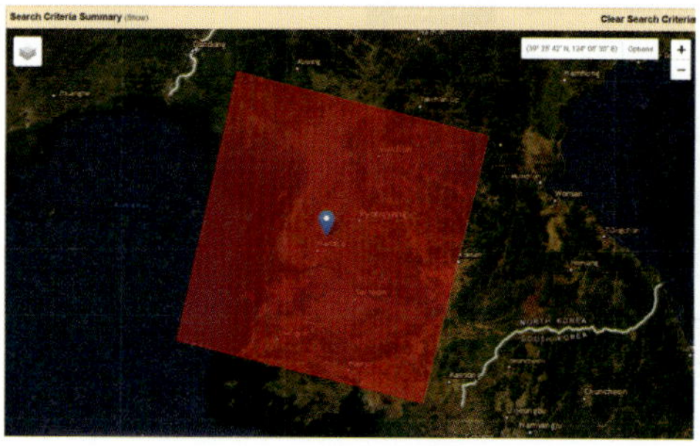

Show footprint( )

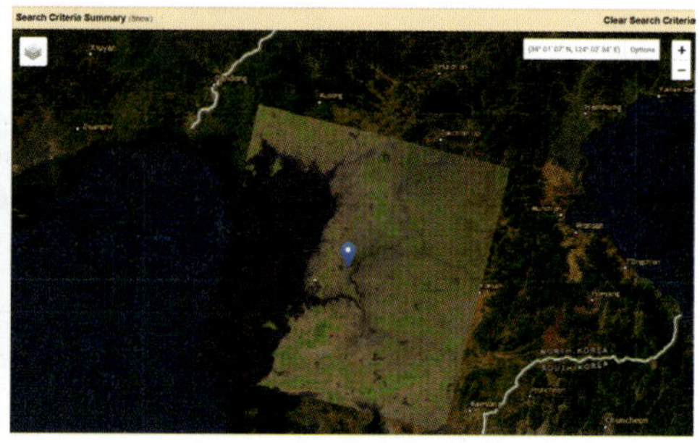

Show Browse Overlay( )

- 해당 영상에 대한 메타정보와 위치 등을 확인한 후 영상을 내려받기 위해 다운로드 옵션 클릭

- 다운로드 옵션 창이 나타나면 Product Option 클릭

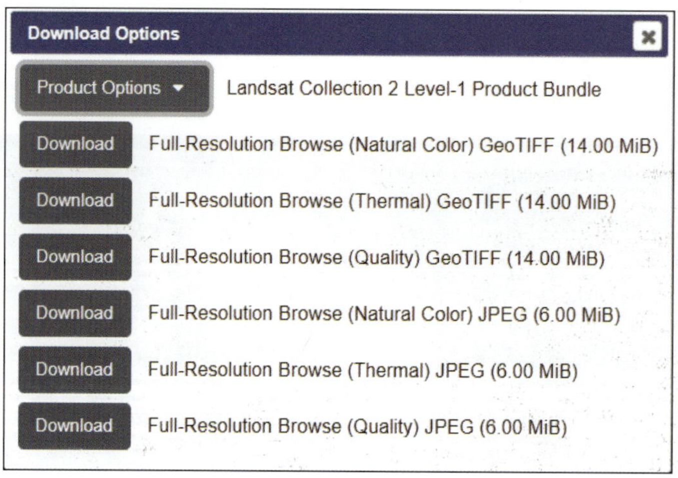

• 전체 또는 필요한 밴드만 선택하여 내려받음

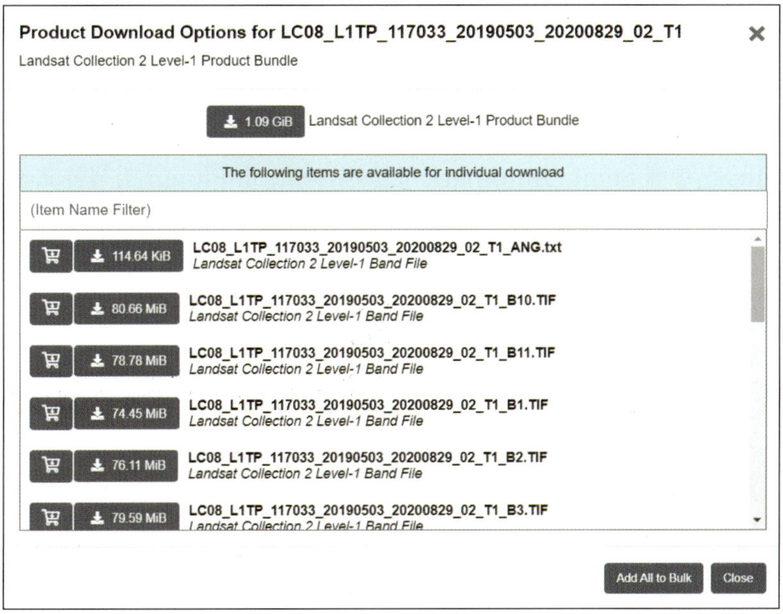

4) SCP플러그인을 이용

가. SCP 플러그인 설치

- SCP(Semi-Automatic Classification Plugin)는 원격탐사를 위한 영상 다운로드, 전처리 및 후처리 등을 위한 플러그인 [5]
- Plugins을 통해 Semi -Automatic Classification Plugin 검색하고 설치

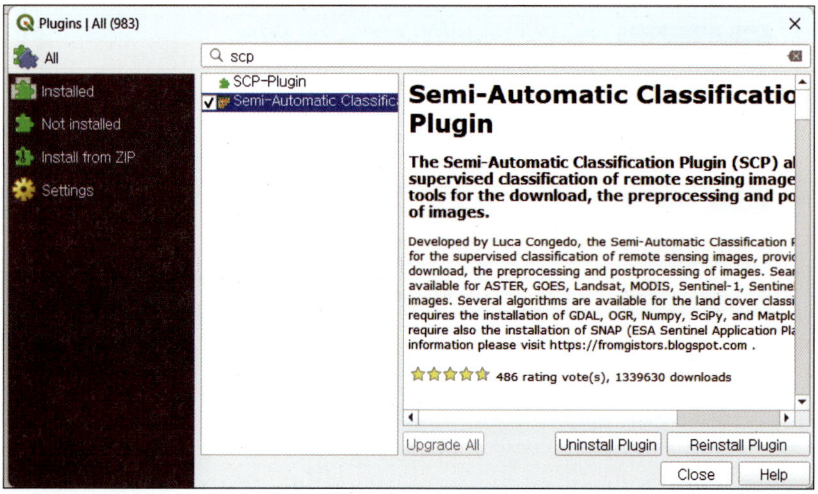

나. 위성영상 조회

- 평양지역에 대한 위성영상을 조회하고 내려받기 위하여 메뉴바에서 SCP 〉 Download 선택

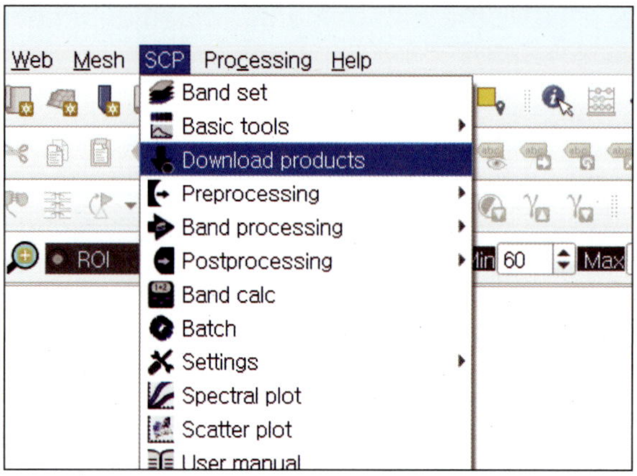

5) https://readthedocs.org/projects/semiautomaticclassificationmanual/downloads/pdf/latest/

- Semi-Automatic Classification Plugin 창이 나타남
  - Landsat 영상 외에도 유럽 ESA의 센티넬 영상, NASA와 일본 경제산업성이 협력한 ASTER 영상을 내려받을 수 있음

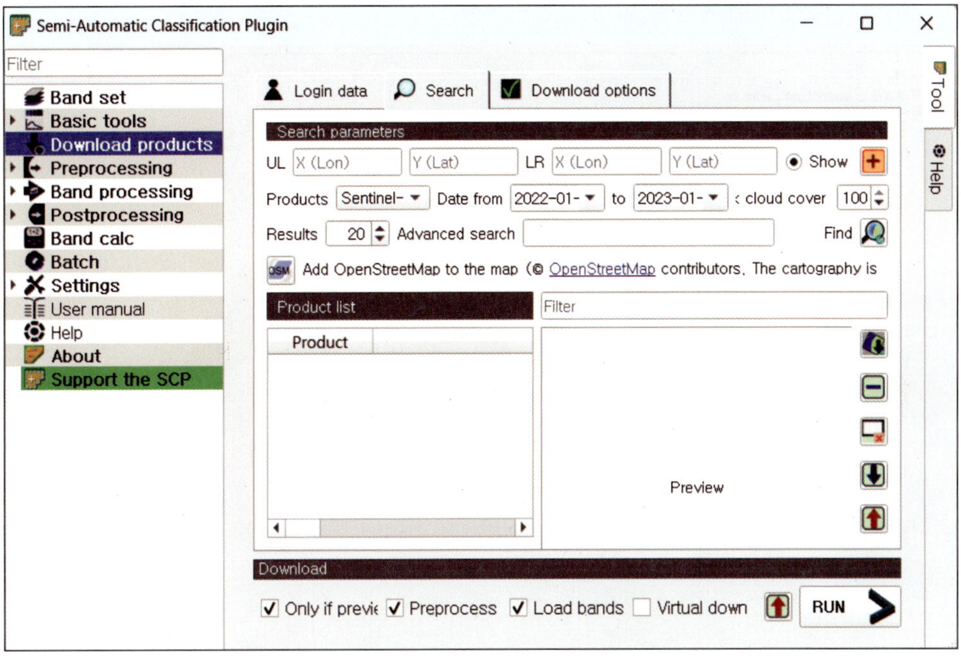

- Login data 탭에서 내려받기 위한 위성영상의 공식 사이트 계정을 등록

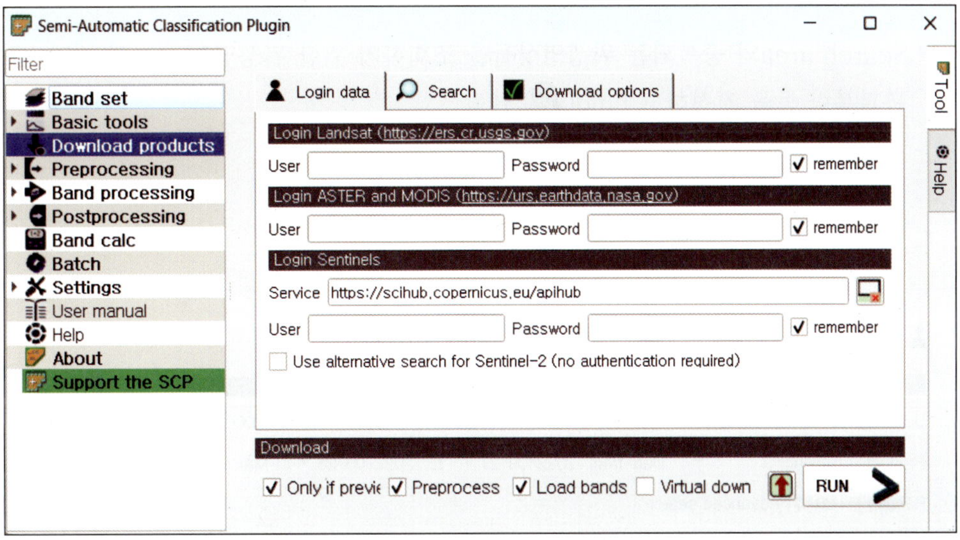

• Search 탭에서 버튼을 클릭한 후 QGIS 화면상에서 좌상단(UL : Upper Left)은 마우스 좌클릭, 우하단(LR: Lower Right)은 마우스 우클릭으로 좌표 입력

- 위치를 찾기 위한 배경지도 등록을 위하여클릭하여 오픈 스트리트맵을 추가하고 평양지역에서 검색영역 설정

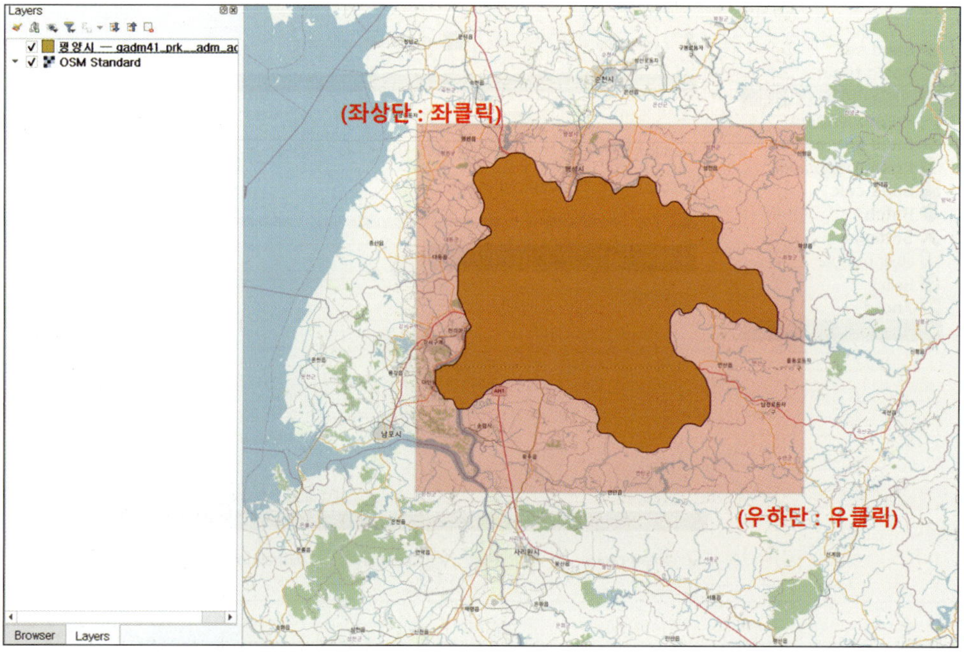

• Search area와 중복되는 위성영상들을 조회하기 위한 위성영상 종류와 기간, 구름피복량 등을 지정하고 Find( ) 클릭

- Products : 위성 종류. 여기서는 센티넬-2호 위성 선택
- Date from : 시작일 to : 종료일
- Max cloud cover(%) : 구름 피복량. 10% 설정

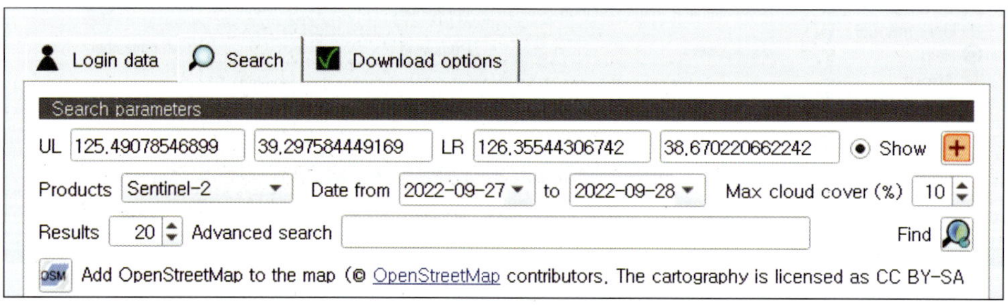

- 검색결과가 조회되면 구름 피복량(CloudCover) 순으로 정렬하고 구름피복량이 적은 영상을 선택

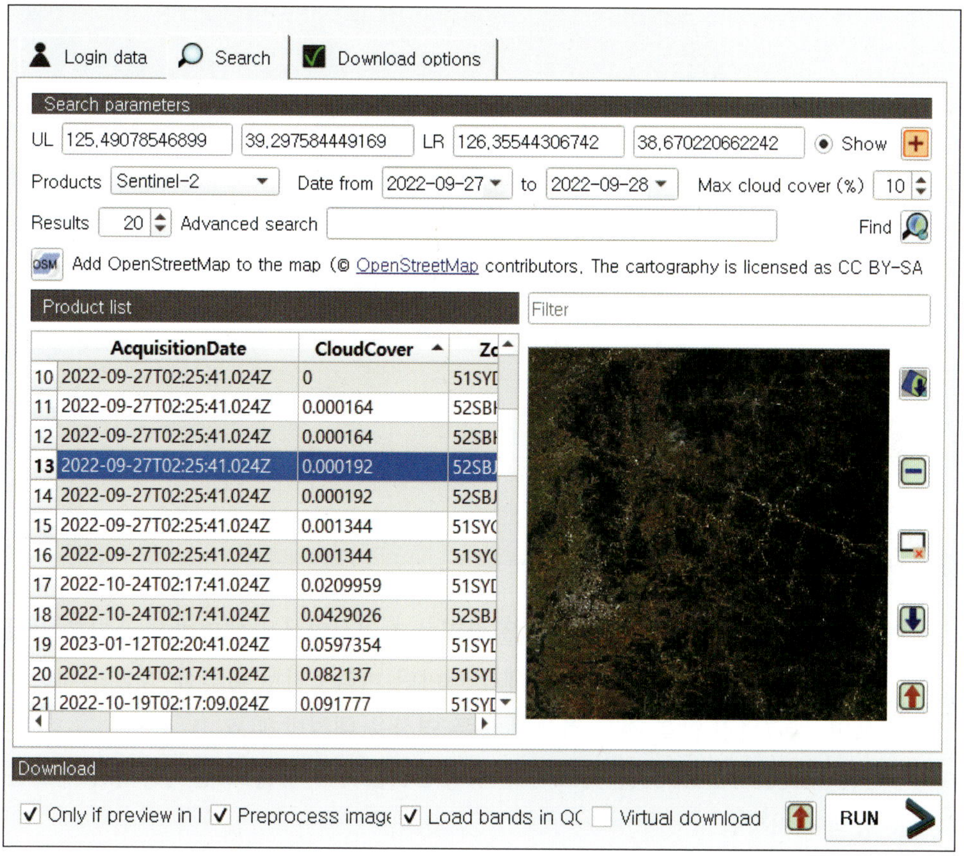

- 화면 우측에 3개 버튼은 위로부터 미리보기( ), 선택된 행 삭제( ), 리셋( ) 기능임
- 미리보기( )를 클릭하면 QGIS 상에 저해상도 영상 레이어가 추가되며, 선택한 위성영상을 미리 확인할 수 있음

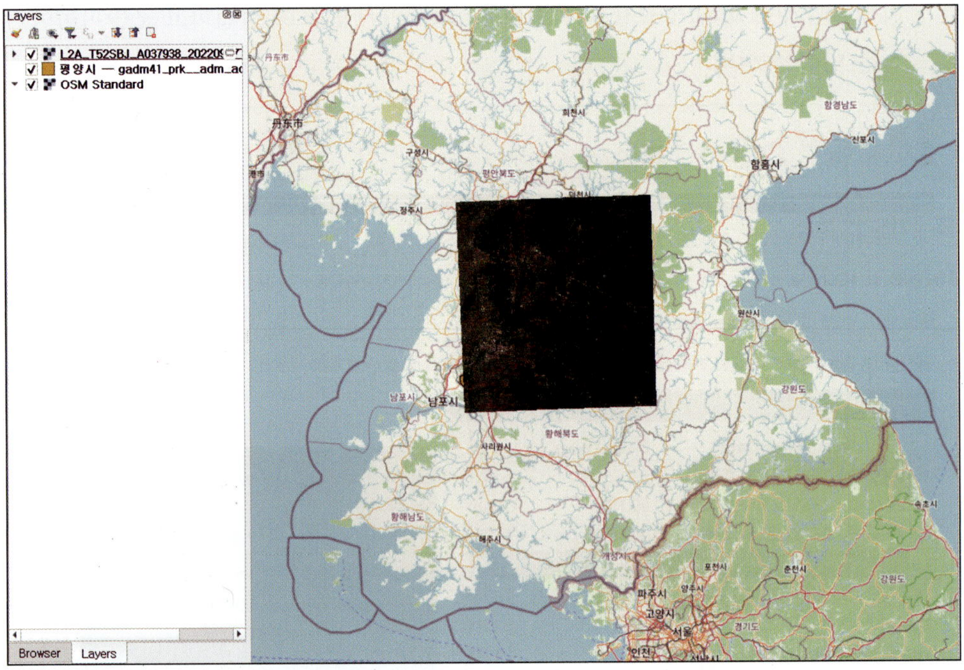

- 영상을 내려받기 위하여 Run 버튼을 클릭하고 위성영상을 내려받을 폴더를 지정
  - Only if preview in Layers를 체크 해야만 미리보기로 확인한 영상만 내려받으며, 체크하지 않을 경우 검색된 모든 영상을 내려받게 됨
  - Preprocess images를 체크하면 영상 DN값이 반사율로 전처리되어 새로운 폴더에 저장됨

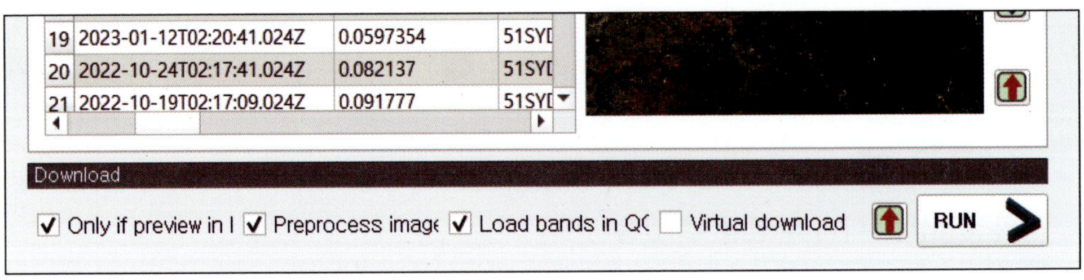

- QGIS에 Executing Bar가 추가되며 작업 진행 상태를 알려줌

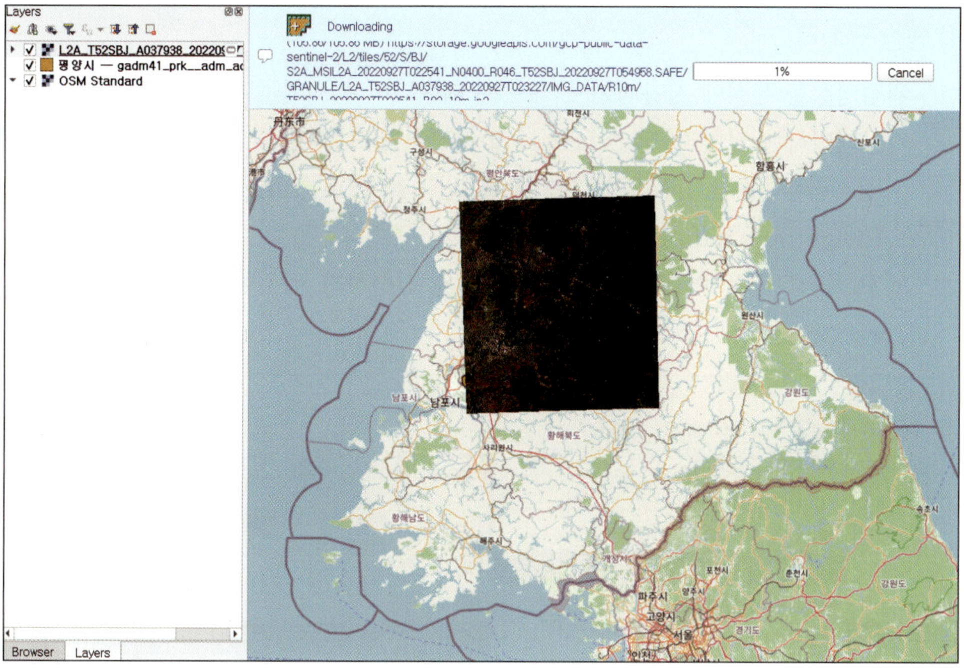

- 내려받기가 완료되면 QGIS 레이어에 등록됨(Load bands in QGIS)
- 내려받은 위치에 보면 전처리 영상(Preprocess image)을 체크했기 때문에 원본 영상과 전처리 영상의 두 개 폴더가 생성되어 있음

L2A_T52SBJ_A037938_20220927T023227_2022-09-27 (원본 영상)

L2A_T52SBJ_A037938_20220927T023227_2022-09-27_con (전처리 영상)

03. SCP를 이용한 Landsat 영상 전처리

1) 영상 전처리

- 위성영상을 분석에 사용하기 위해서는 데이터의 분석환경에 적합하도록 영상을 가공처리하는 전처리(Preprocessing)과정이 필요함
  - 전처리를 통해 DN값을 대기상부 반사율(TOA reflectance)과 밝기온도(Brightness temperature)로 변환
- SCP 플러그인을 이용하여 전처리 과정을 진행하기 위하여 메뉴바에서 SCP 〉 Preprocessing 〉 Landsat 선택

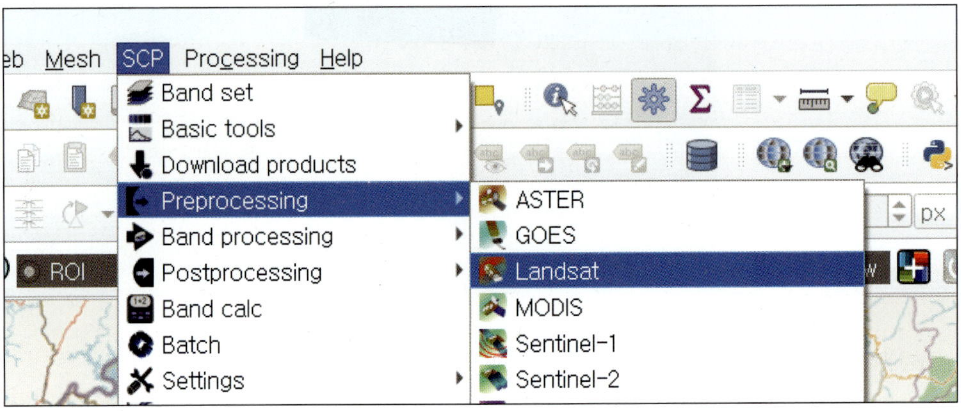

- SCP 창에서 Landsat 영상이 있는 폴더 지정( )하고 전처리 항목 선택
- 실습데이터 : LC08_L1TP_117033_20190503_20200829_02_T1 (2019년 5월 3일 Level1 영상 사용, Path/Row 117/33)
- 대기온도를 섭씨온도로 변환(Brightness temperature in Celsius)
- 대기보정을 적용(Apply DOS1 atmospheric correction)
- 팬샤프닝(Pan sharpening) 적용

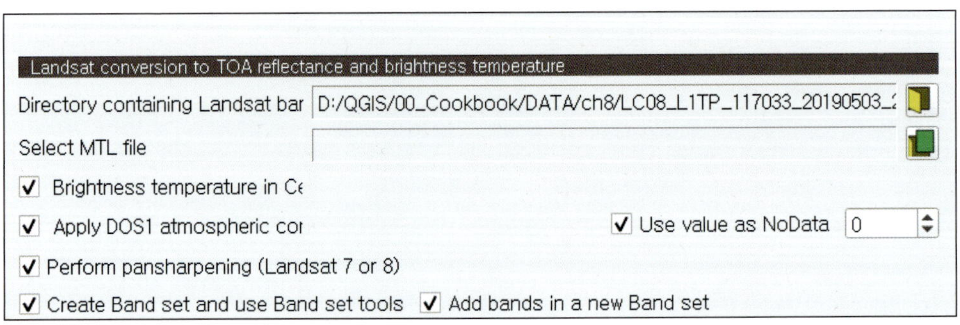

- 폴더가 지정되면 메타데이터에 폴더에 있는 영상의 정보들이 들어옴
  - 만약 메타데이터가 불러와지지 않는다면 MTL 파일 경로(■)를 직접 지정

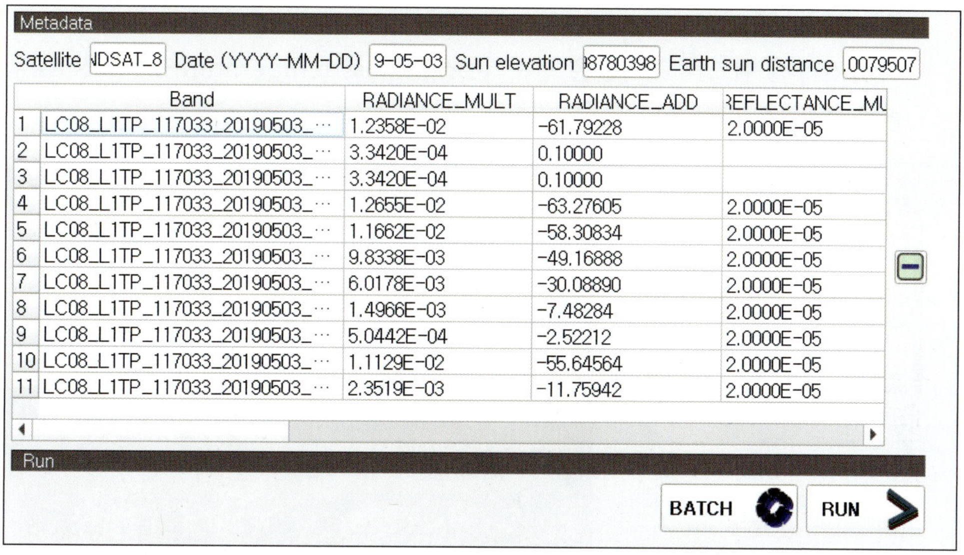

- 설정이 완료되면 RUN 버튼을 클릭하고 전처리 결과가 저장될 폴더 지정하면 QGIS를 통해 진행상태를 확인할 수 있음

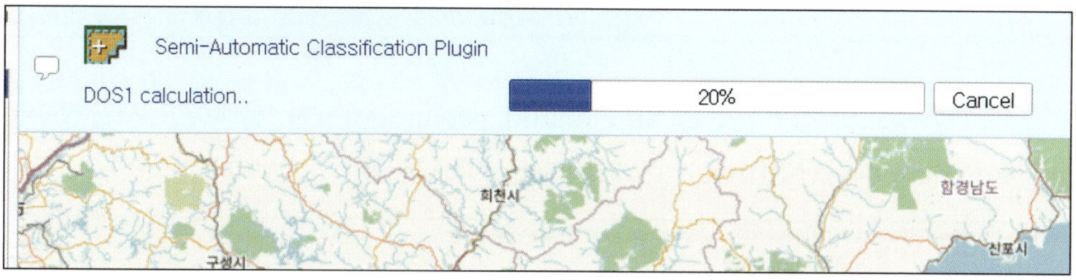

- 전처리 작업이 완료되면 팬샤프닝 처리결과는 'PAN', 반사율 처리결과는 'RT'로 표시

2) 온도지도

- Landsat 8 영상에서 TIRS 센서를 이용한 온도측정은 B10, B11 밴드이며 해상도는 100m임
- B10, B11번 밴드의 결과값은 전처리(Brightness temperature in Celsius)를 통해 섭씨온도로 변경됨

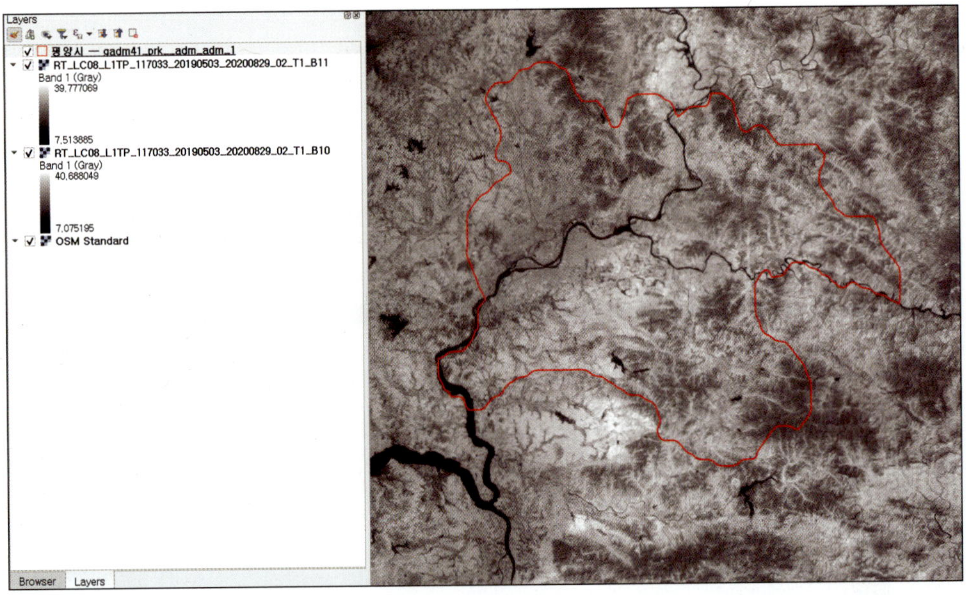

- B11번 밴드의 심볼유형을 Singleband pseudocolor를 선택하고 색상램프는 RdYBu을 색상반전(Invert Color Ramp)하도록 함

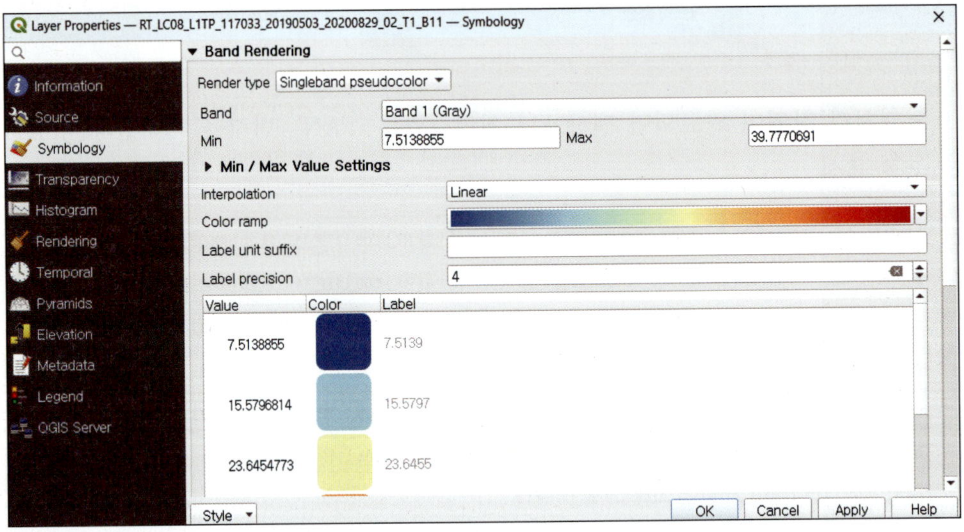

• 섭씨온도로 변환된 분석결과를 확인할 수 있음

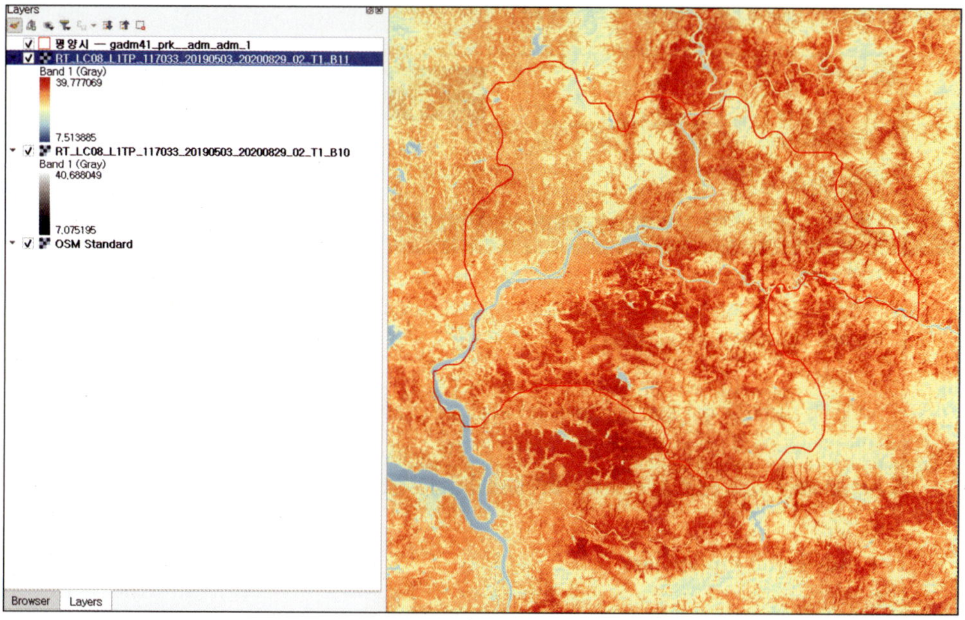

• 메뉴바에서 Raster 〉 Extraction 〉 Contour 선택

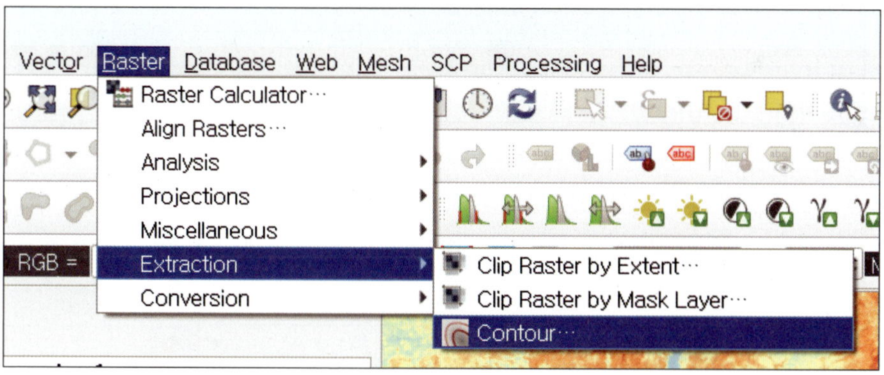

• 등온선 작성을 위해 Contour에서 등고선 간격(Interval between contour lines)은 2를 입력, 속성은 ELEV 선택

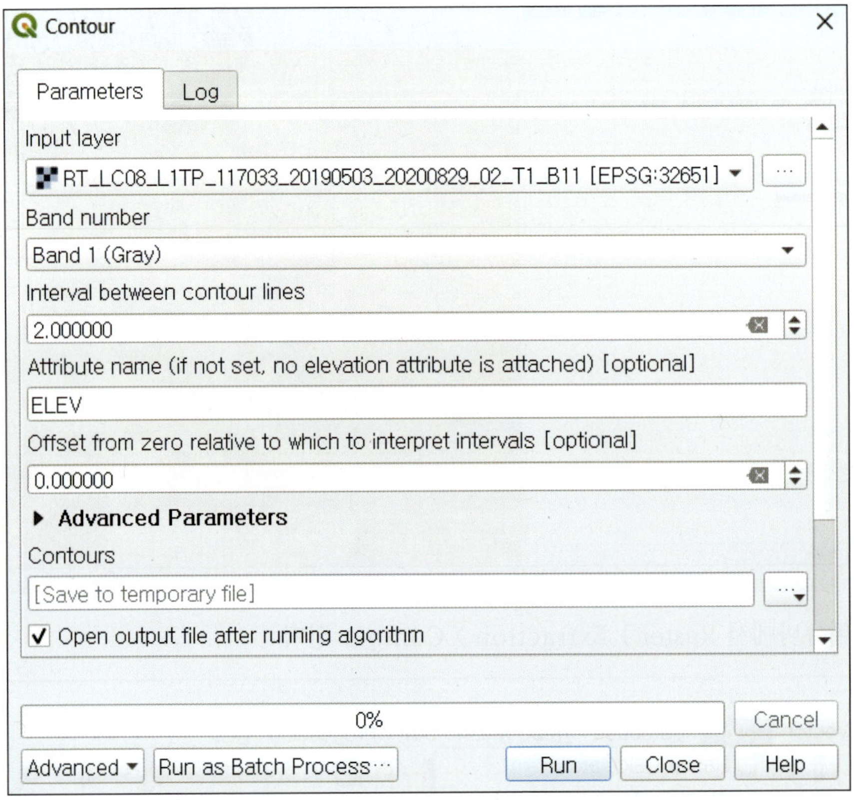

• 툴바에서 라벨(abc) 클릭하고 Value는 ELEV 선택

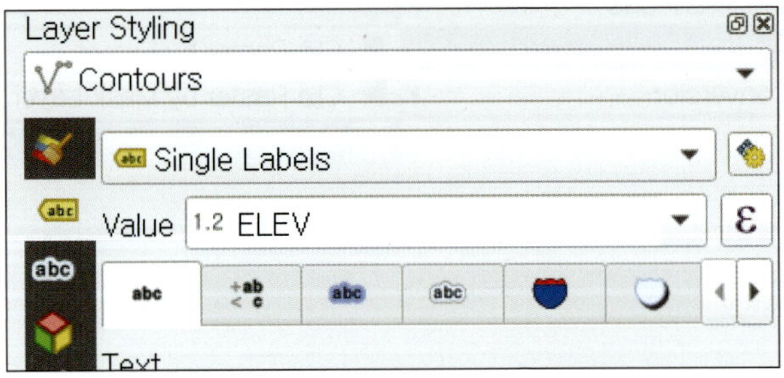

- 등온선과 온도라벨이 표시되어 맵에 나타남

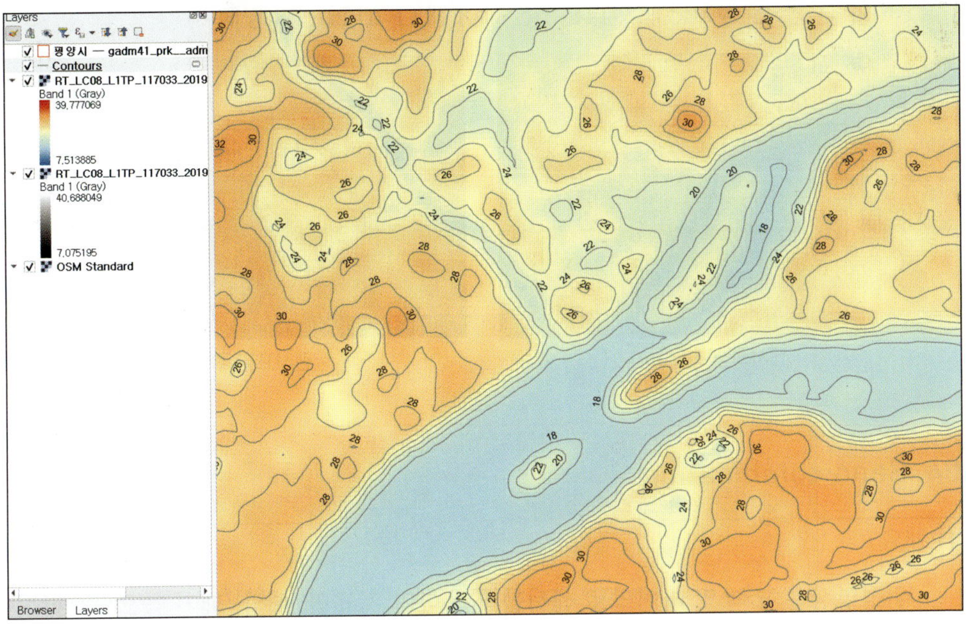

3) 팬샤프닝(Pan-sharpening)

- 팬샤프닝은 높은 해상도의 팬크로매틱(PAN) 이미지와 낮은 공간해상도의 다중 스펙트럼(MS) 이미지를 융합하여 더 높은 공간해상도의 다중 스펙트럼 이미지를 생성하는 프로세스
- Landsat 7과 Landsat 8의 스펙트럼 대역은 픽셀당 30m의 해상도를 가지고 있는 반면 팬크로매틱 밴드는 픽셀당 15m의 해상도를 가지고 있음
- 전처리를 통한 팬샤프닝 결과 B2(Blue), B3(Green), B4(Red)밴드의 해상도가 30m에서 15m로 정밀해짐
- B2 밴드를 이용해 팬샤프닝 결과를 확인해 보면 해상도가 30m에서 15m로 향상된 것을 확인할 수 있음

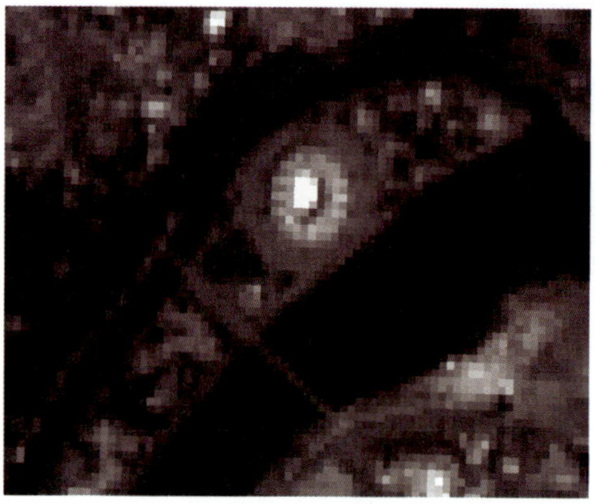

팬샤프닝 전(30m)

팬샤프닝 후(15m)

04. Band combination

1) 개요

- 위성영상은 광학 및 마이크로 센서를 활용하여 지표면, 해양, 대기 등으로부터 반사 또는 복사되어오는 전자파 에너지를 측정함으로써 지표면, 해양, 대기의 환경 특성에 대한 정보를 알 수 있음

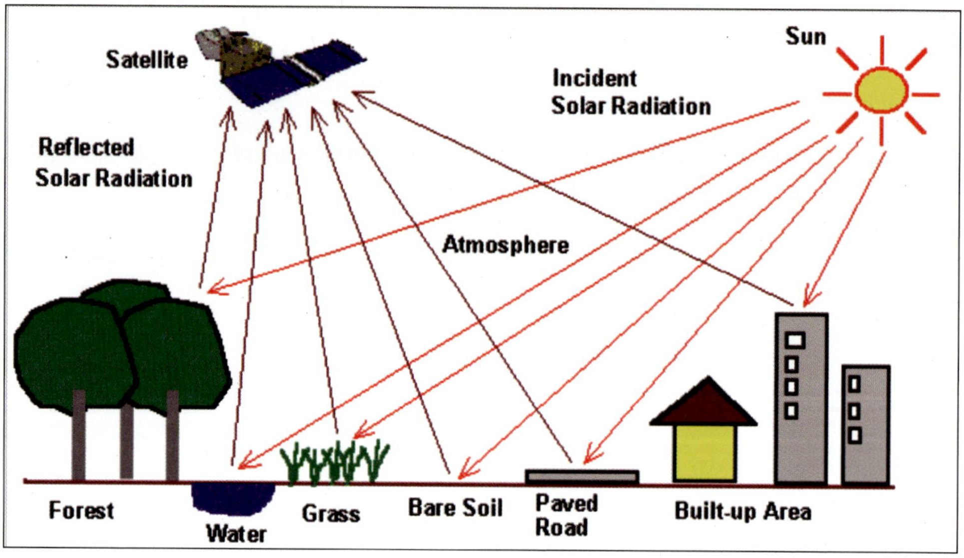

자료 : https://scienceaid.net/Photogrammetry_and_Remote_Sensing

• 태양과 같은 에너지원으로부터 입사된 전자기파 에너지가 대상 표면으로부터 반사 또는 산란되는 세기가 물체에 따라 다름

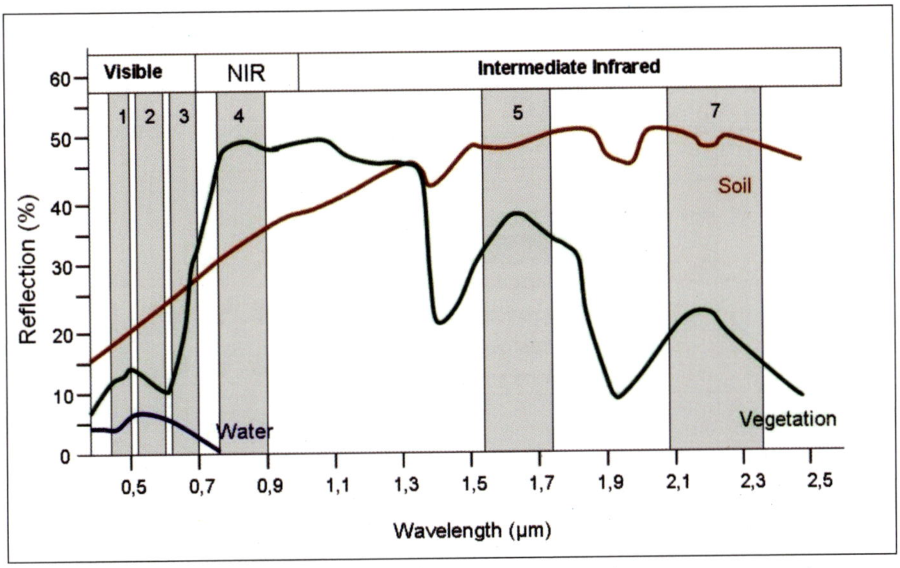

자료 : https://seos-project.eu/remotesensing/remotesensing-c01-p06.html

• Landsat 8의 밴드별 특성은 다음과 같음

Landsat 8 Bands	Wavelength(micrometers)	Resolution(meters)
Band1 – Coastal aerosol	0.43 - 0.45	30
Band2 - Blue	0.45 - 0.51	30
Band3 - Green	0.53 - 0.59	30
Band4 - Red	0.64 - 0.67	30
Band5 – Near Infrared(NIR)	0.85 - 0.88	30
Band6 – SWIR 1	1.57 - 1.65	30
Band7 – SWIR 2	2.11 - 2.29	30
Band8 - Panchromatic	0.50 - 0.68	15
Band9 - Cirrus	1.36 - 1.38	30
Band10 – Thermal Infrared(TIRS)1	10.60 - 11.19	100
Band11- Thermal Infrared(TIRS)2	11.50 - 12.51	100

- Band Combination은 물체에 반사되는 밴드의 파장대를 이용하여 연구의 목적에 따라 적절한 밴드를 선정하고 조합하는 과정임.

2) SCP를 이용한 밴드조합

- SCP 플러그인을 이용하여 밴드조합을 생성하기 위하여 SCP 〉 Band set 선택

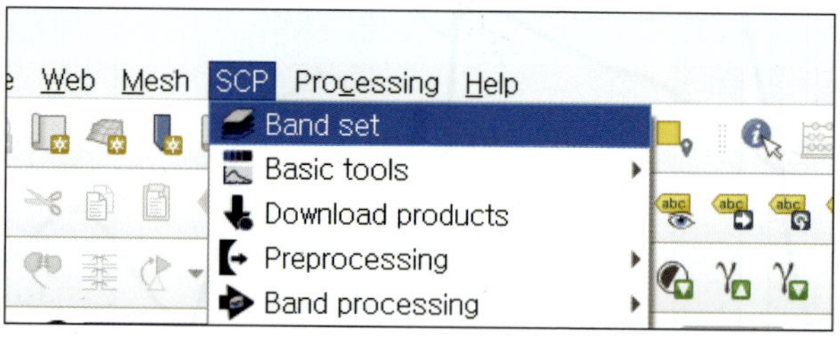

- Semi-Automatic Classification Plugin 창이 열리면 Band set 선택

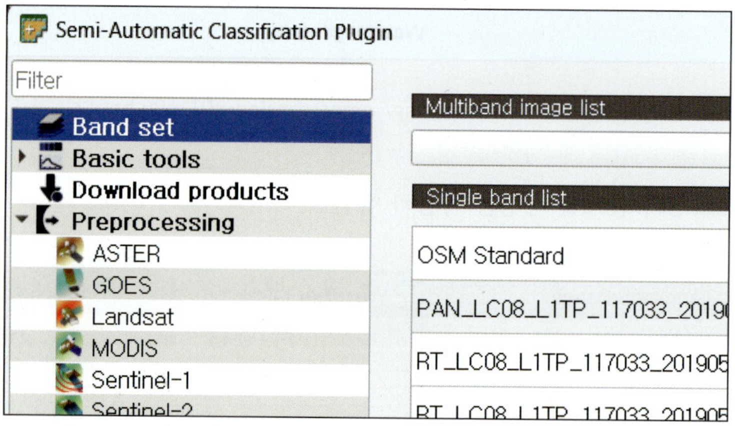

- Open a file( )버튼을 클릭하고 Band set을 생성할 밴드들을 선택함
  - 여기서는 앞에서 전처리한 Landsat 8 위성영상의 B1번 부터 B7번 밴드를 하나의 밴드셋으로 구성

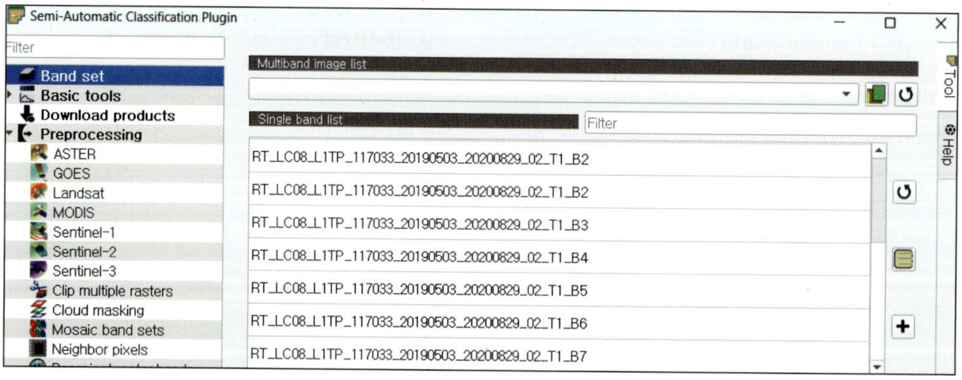

- Single Band list에 추가된 리스트 중 B1번부터 B7번 밴드를 선택하고 밴드셋 추가 버튼(+)을 클릭하여 Band set definition에 밴드 추가
- 밴드 순서를 이름순( )으로 정렬하고 잘못 추가된 밴드는 삭제( )
- Wavelength Quick settings에서 'Landsat 8 OLI[bands 1, 2, 3, 4, 5, 6, 7]'를 선택
- Band set tools에서 'Create virtual raster of band set' 체크

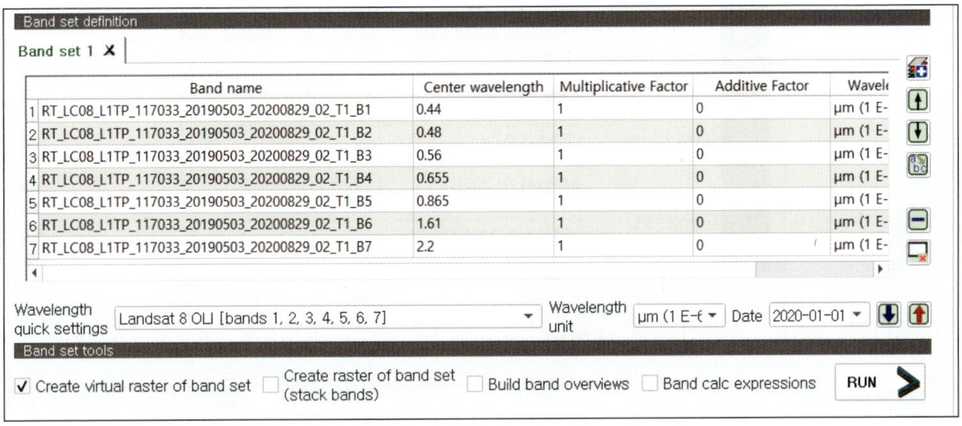

- Run버튼을 클릭하고 가상 래스터가 저장될 폴더를 선택하면 아래와 같이 vrt 확장자를 가진 밴드셋이 생성되며 레이어에 추가

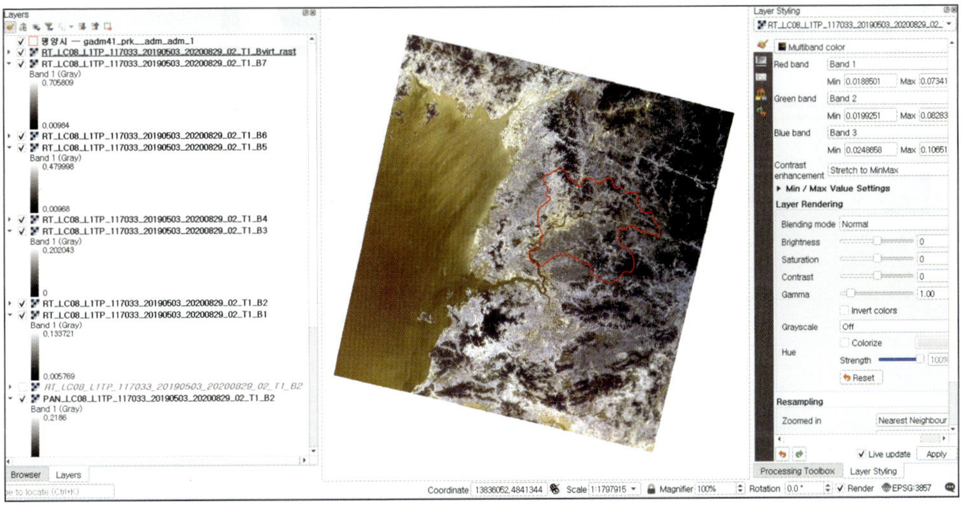

• 밴드셋 레이어의 심볼을 확인해 보면 RGB 밴드조합이 1-2-3으로 설정되어 있으므로 Landsat 영상의 밴드 색상에 맞게 RGB를 4-3-2로 변경

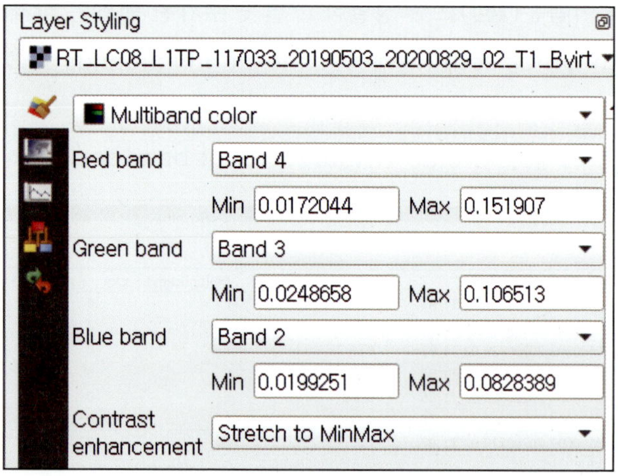

• 영상이 Natural Color로 표현됨

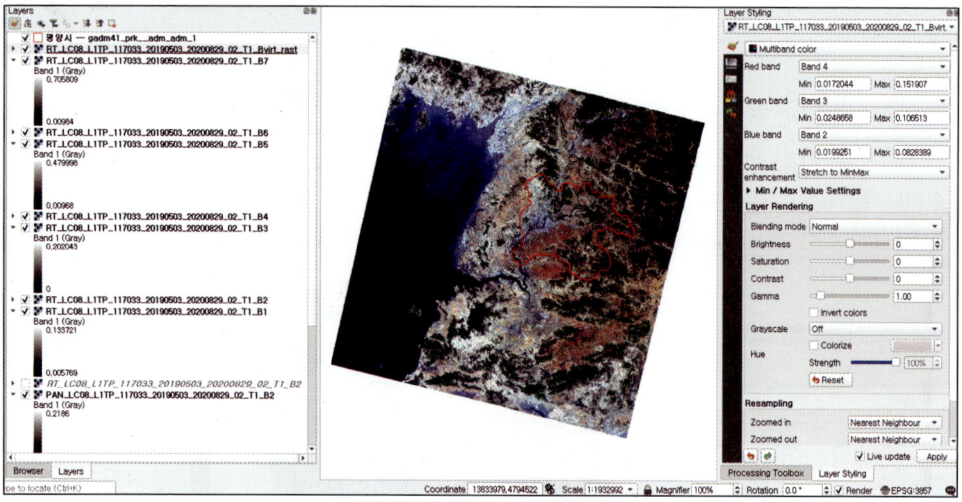

3) Band Combination

Name	RGB	Use	Example
Natural Color	4 3 2	인간이 자연스럽게 보는 방식. 건강한 수목은 녹색으로 나타남	
Color Infrared	5 4 3	식생 분석에 유용. 건강한 녹색 식생의 엽록소는 NIR 대역을 반영함. 건강한 녹색 식생은 밝은 빨간색으로 보이는 반면, 죽거나 손상된 식생은 덜 밝거나 녹색으로 보임	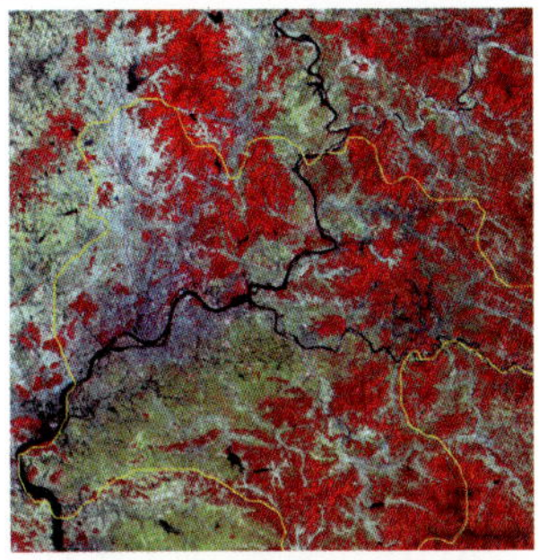
SWIR (Short Wave Infrared)	7 5 4	단파 적외선 대역은 습기에 민감. 건강한 초목은 수분 스트레스를 받는 동안 밝은 녹색으로 나타나거나 죽은 초목은 더 옅은 녹색 또는 회색으로 보임	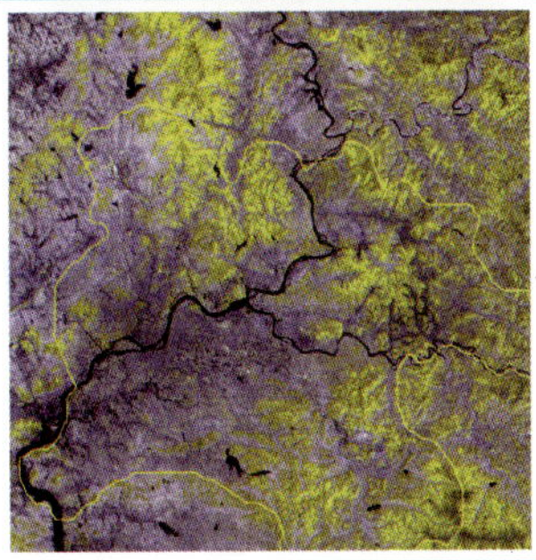

• 이외에도 물체에 반사되는 전자기파의 특징을 조합함으로써 환경의 특징을 식별할 수 있으며 일반적으로 사용되는 Landsat 8의 밴드조합은 다음과 같음

구분	밴드조합(RGB)
Natural Color	4 3 2
False Color (urban)	7 6 4
Color Infrared (vegetation)	5 4 3
Agriculture	6 5 2
Atmospheric Penetration	7 6 5
Healthy Vegetation	5 6 2
Land/Water	5 6 4
Natural With Atmospheric Removal	7 5 3
Shortwave Infrared	7 5 4
Vegetation Analysis	6 5 4

• RGB 조합은 SCP 〉 Basic tools 〉 RGB list에서 관리할 수 있음

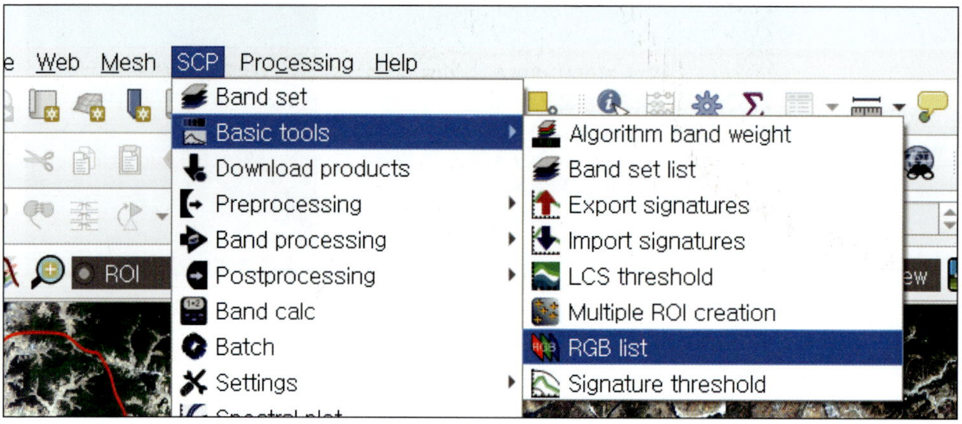

05. SCP를 이용한 감독 분류

1) 개요

- SCP(Semi-Automatic Classification Plugin)의 핵심 기능은 감독 분류임
  - 감독분류(Supervised Classification)란 분류 항목 및 각 분류 항목별 훈련 데이터(training data)를 분석자가 지정하고, 훈련 데이터의 특징을 기준으로 영상 자료를 분류하는 방법
  - 반대로 무감독분류(Unsupervised Classification)란 컴퓨터가 자동으로 통계적 분리 기법에 따라 밴드를 추출하여 분류하는 방법
- SCP 플러그인의 감독분류 절차는 다음과 같음

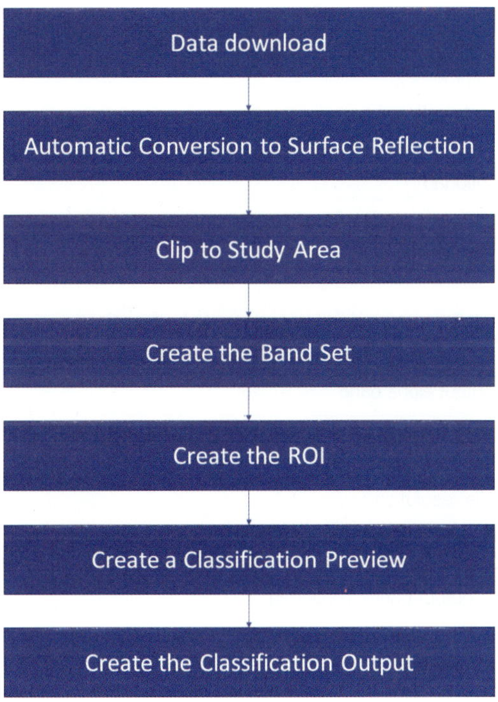

감독분류 절차

2) Clip to Study Area

- 지금까지 실습한 밴드조합을 이용하여 감독분류 실습을 진행해보도록 함
- 평양을 대상지역으로 분석하기 위해 메뉴바에서 Raster 〉 Extraction 〉 Clip Raster by Mask Layer 실행하여 잘라냄
  - Input Layer에 SCP를 이용해 만든 band set 파일, Mask layer는 평양시, Clipped(mask)output은 study_area.tif로 저장

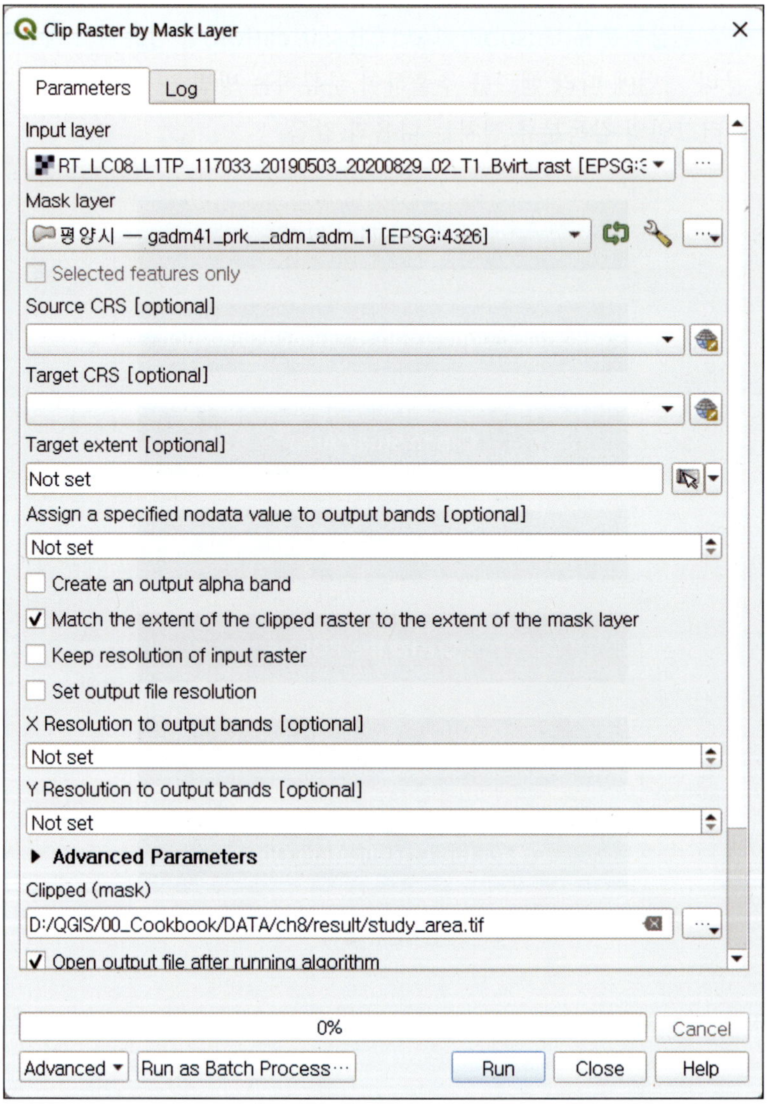

- 전체 영상 중 평양시만 잘라내어 대상지역(study_area.tif) 생성

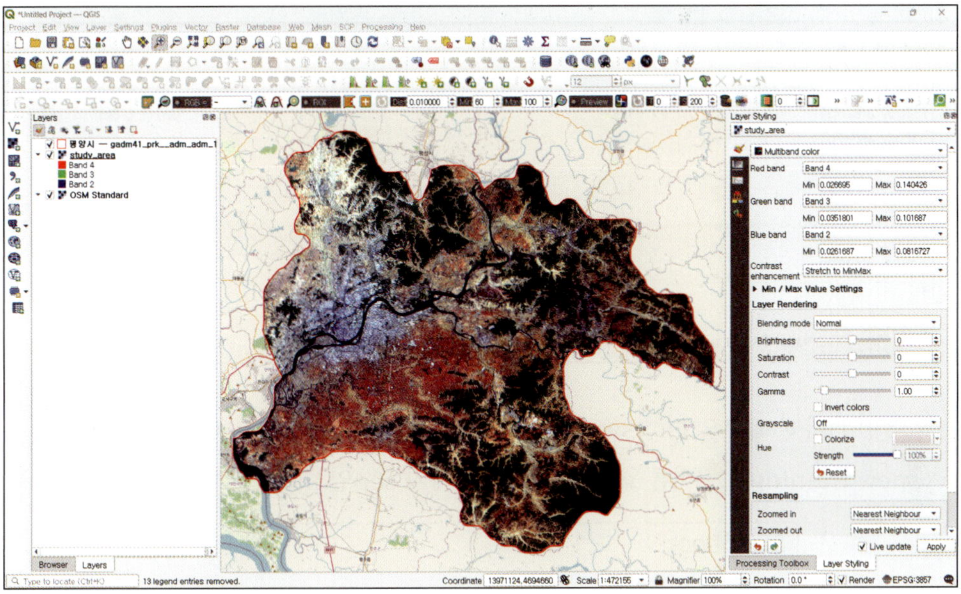

3) Create the ROI

- 감독분류에서는 분류를 위한 학습집합인 Training input 데이터를 필요로 하며 ROI (Regions of Interest: 관심지역)를 통해 영상분류를 위한 기준지역을 설정하게 됨
- SCP 〉 Band set에서 Multiband image list에서 study_area.tif 불러옴

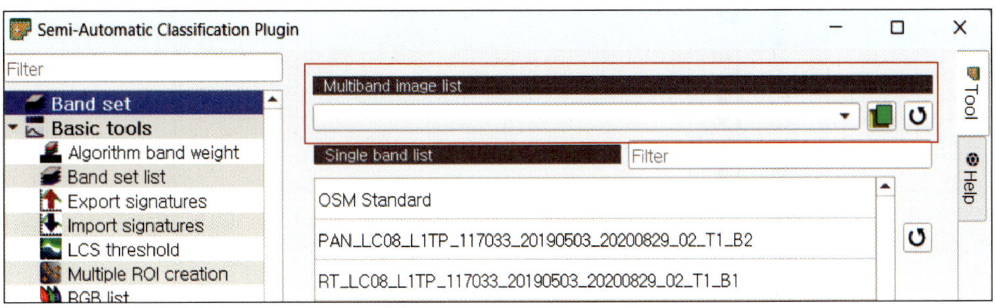

• Band set에서 study_area 밴드 목록이 등록됨

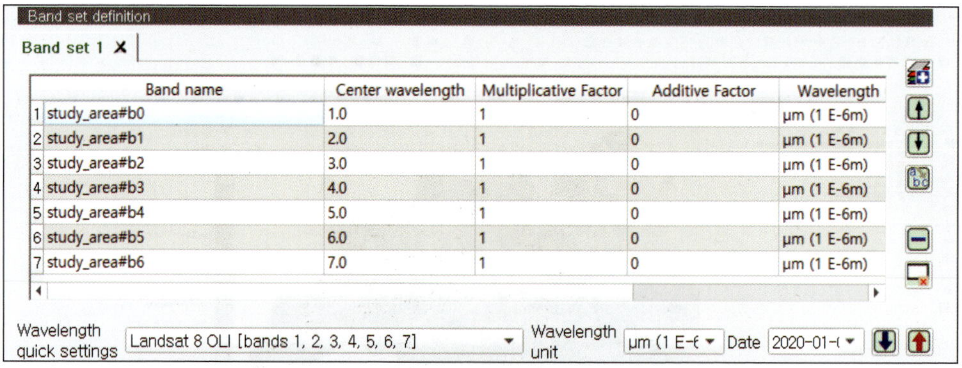

• SCP Dock 패널을 QGIS에 부착( )하고 Training input 탭에서 Creating a new training( )버튼을 클릭하고 확장자가 scp인 input 파일을 생성하고 저장

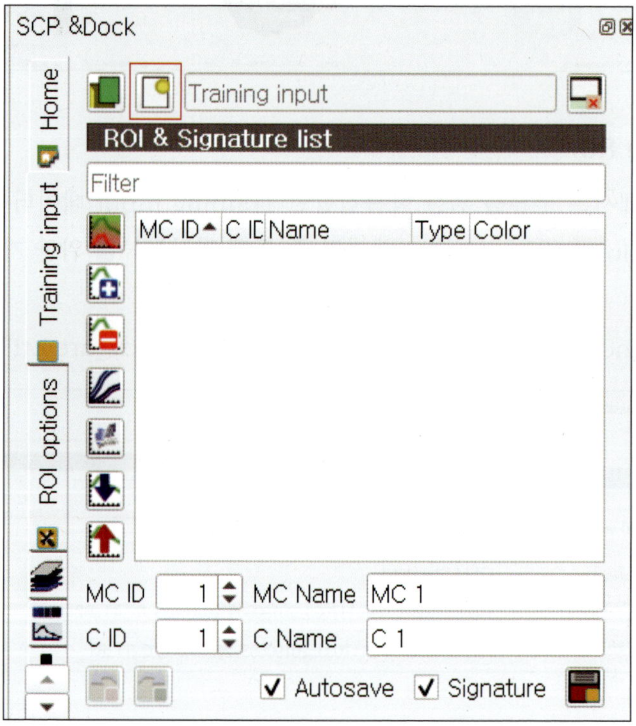

- 아래와 같이 레이어 패널에 ROI를 입력하기 위한 input 레이어 추가

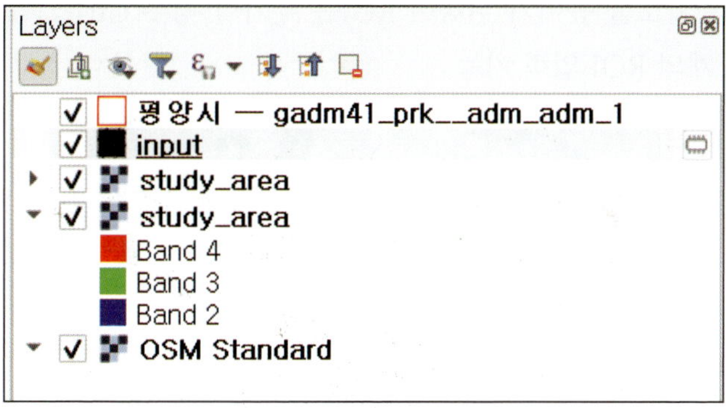

- ROI를 수행하기 위해 영상을 분류할 목록(MacroClass list) 작성
  - 대분류(MC:Macro Class)는 수체(water), 식생(vegetation), 시가지(built-up), 나지(bare-soil) 등으로 분류하고, 소분류(C:Class)는 각각 하천(river), 호수(lake), 수목(trees), 건물(buildings), 공사장(construction site) 등으로 세분
- 현재 사용 중인 Landsat 영상의 공간해상도는 30m이므로 해상도가 높은 구글영상 등의 배경지도를 활용하여 분류기준을 정하는데 참조하도록 함
- ROI 는 SCP Working Toolbar에서 제공하고 있음

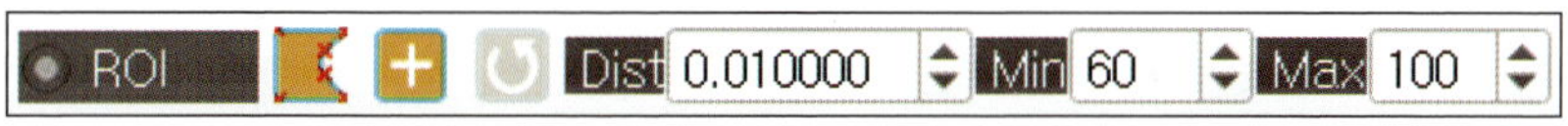

- ROI는 두 가지 방법으로 지정할 수 있음
- ROI 포인트 지정방식( ) : 포인트를 지정하면 영역성장(region growing) 알고리즘이 적용되는 방식으로 Dist의 숫자를 조정하여 영역성장 범위를 조정
- ROI 폴리곤 생성 방식( ) : 마우스 좌클릭으로 동일한 영역에 대한 폴리곤을 구획하고 우클릭으로 폴리곤을 폐합하여 영역 지정
- 하천에 대한 ROI 영역을 지정하기 위하여 하천이 잘 보이도록 SCP 툴바에서 RGB조합을 4-5-3으로 변경

- 하천에 대한 ROI 입력
  - 분류의 정확도를 높이기 위하여 ROI를 추가할 경우 Ctrl 키를 누르고 작성하면 복수 개의 ROI 입력 가능

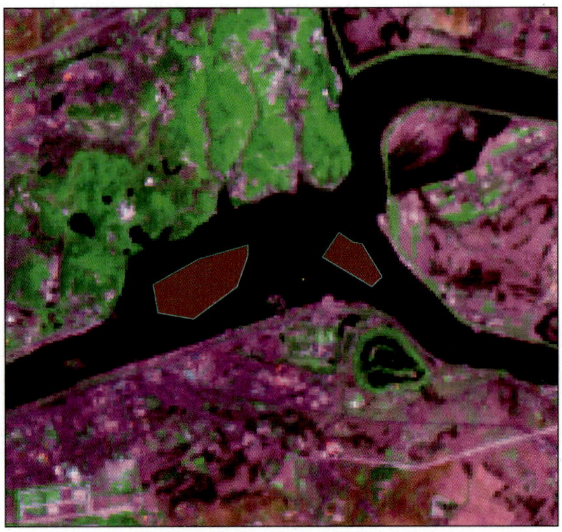

- ROI & Signature list에서 MC Name은 water를 입력하고, C Name은 river 입력하고 save temporary ROI to training 버튼(■) 클릭

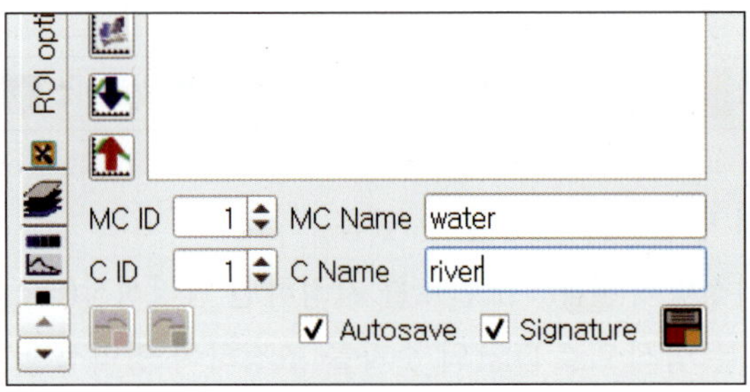

- ROI & Signature list에 water와 river가 등록되면 색상 변경

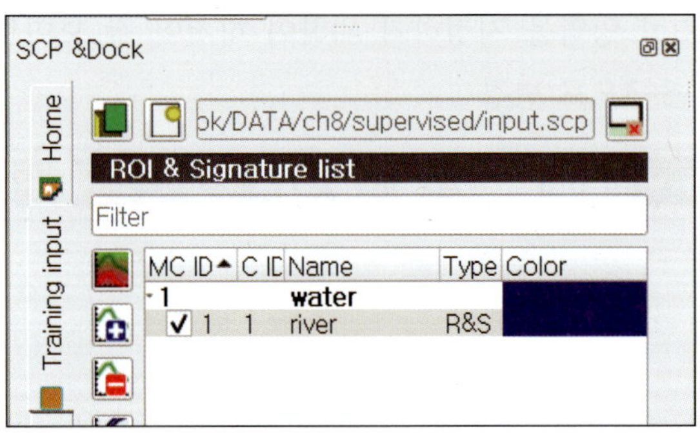

• 식생에 대한 ROI를 입력하기 위해서 RGB를 4-2-1로 변경

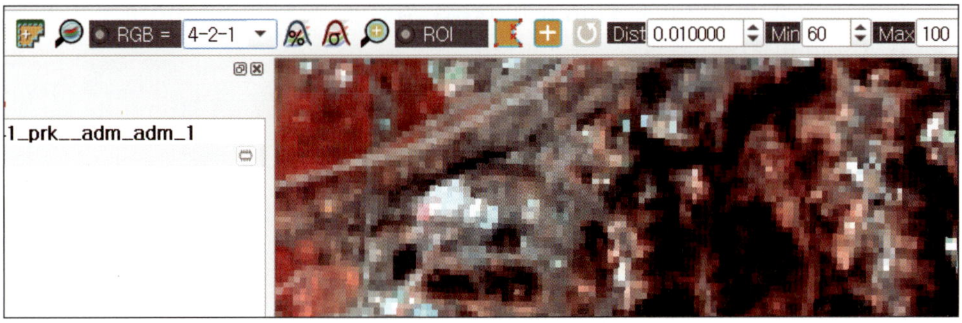

• 식생에 해당하는 지역에 ROI 영역 입력

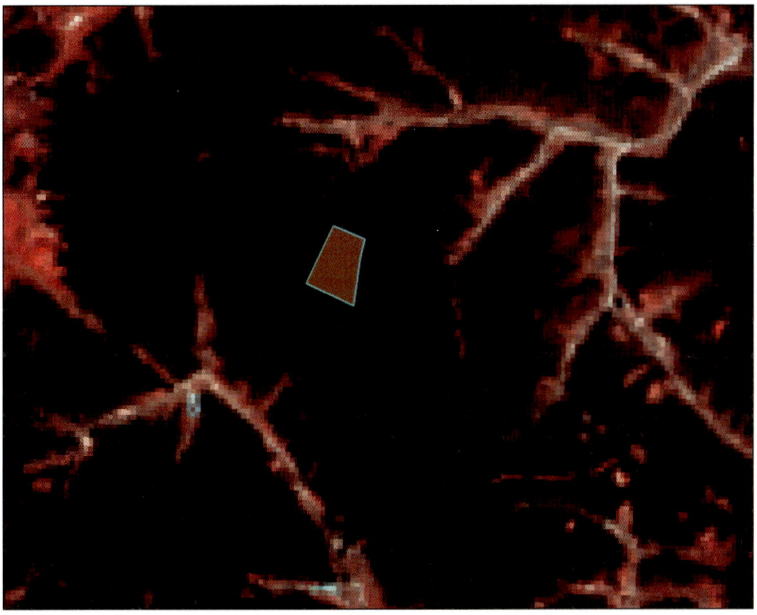

- ROI 영역이 선택되었으면 MC ID를 2로 변경하고 MC Name에 vegetation, C ID를 2로 변경하고 C Name에 tree를 입력한 후 save temporary ROI to training 버튼( ) 클릭

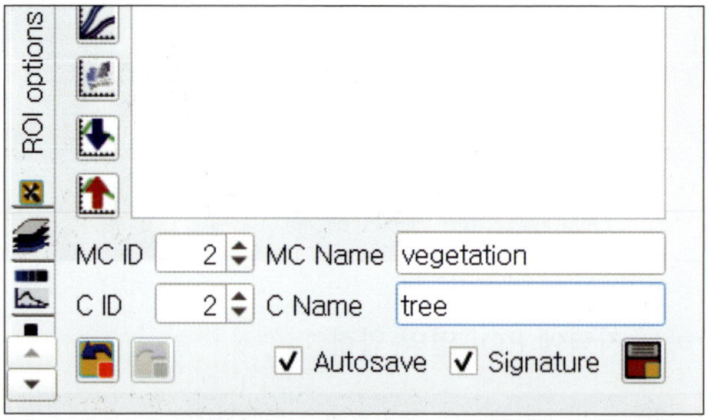

- ROI signature list에 해당 ROI가 등록됨. 같은 방식으로 각각의 클래스를 대분류(MC ID)와 소분류(C ID)로 구분하여 순차적으로 등록하고 색상 지정

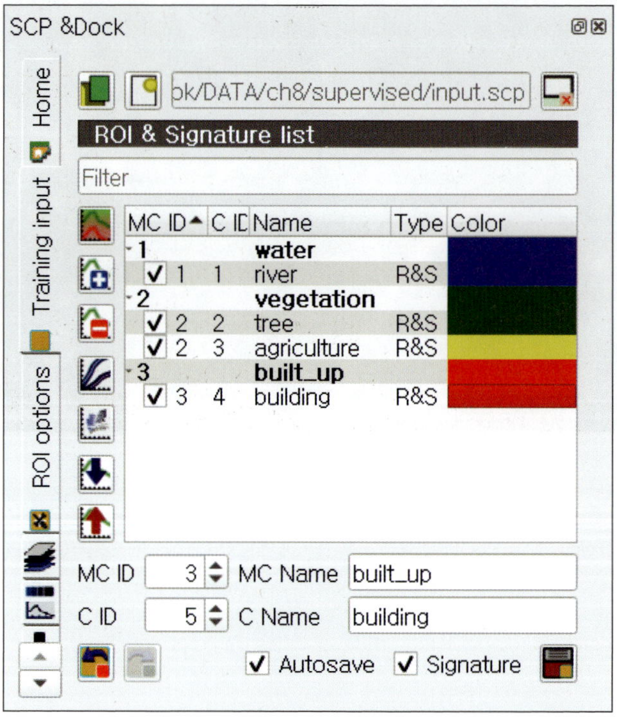

4) Create a Classification Preview

- SCP 플러그인은 영상 전체에 분류를 적용하기에 앞서 소규모 영역의 분류 결과를 미리 볼 수 있는 Preview 기능을 제공함
- Activate classification preview point 버튼( )을 클릭

- 포인트를 중심으로 지정된 영역의 분류결과를 미리 확인할 수 있음
  - 미리보기 크기(S)는 숫자를 변경하여 조정 가능

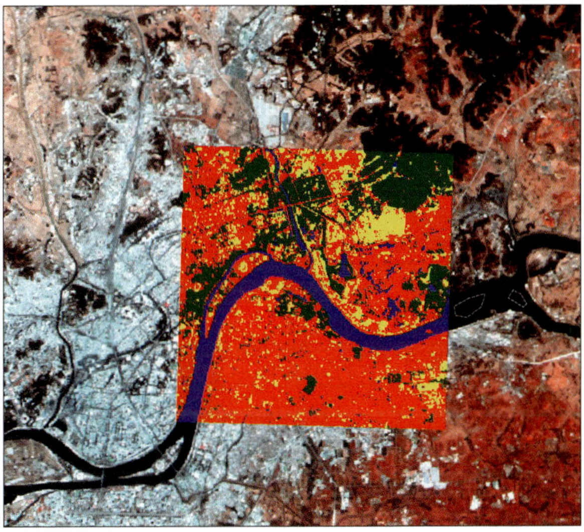

- 감독분류 방법은 SCP 〉 Band processing 〉 Classification에서 변경할 수 있음

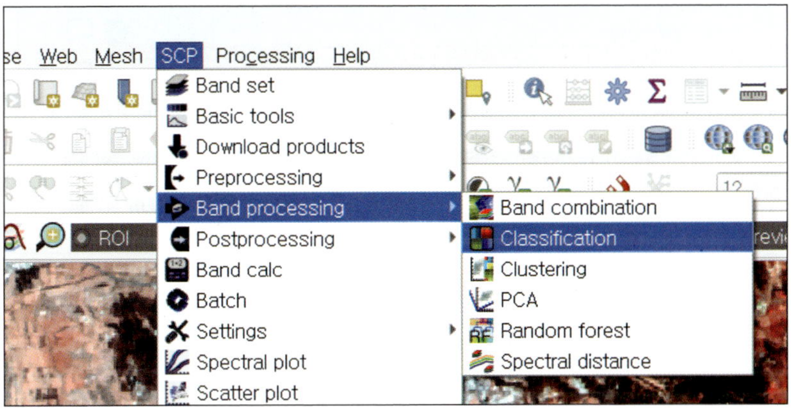

• 분류에 사용할 클래스를 Macro class ID와 Class ID 중에서 선택

• 분류방법(Algorithm)은 최소거리(Minimum Distance), 최대우도(Maximum Likelihood) [6], 분광각매핑(Spectral Angle Mapping)에서 선택

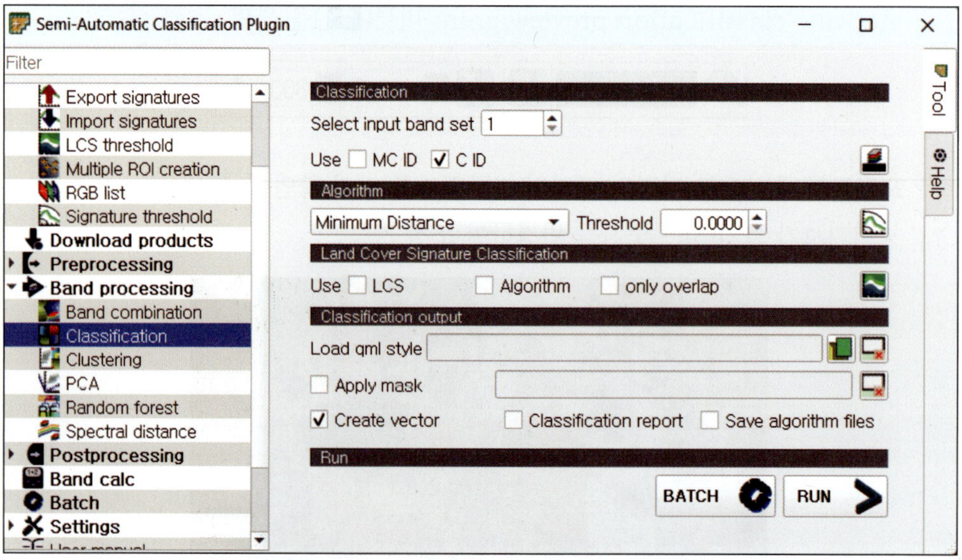

• 분류방법을 변경해가며 분류결과를 확인하고 최적의 방법 선택

5) Create the Classification Output

• 미리보기로 확인한 감독분류 결과가 만족스럽다면 최종적으로 RUN 버튼을 클릭하고 파일이름을 지정한 후 감독분류를 진행

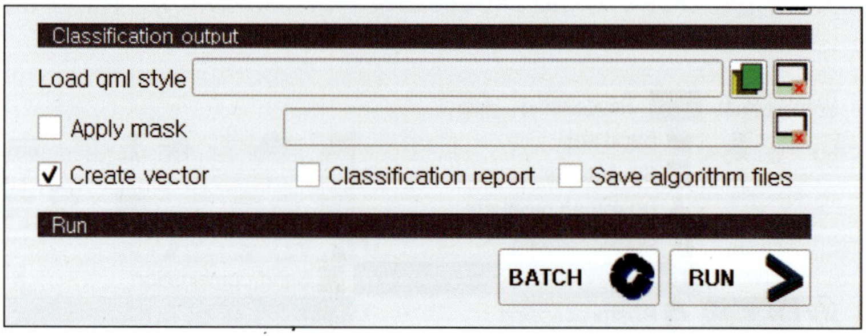

6) 최대우도: 관측치가 관찰될 가능성을 우도라고 하고, 우도가 가장 높아지게 하여 모수를 추정하는 방법

• 'Create vector'를 체크하면 결과값이 래스터와 벡터로 모두 계산됨

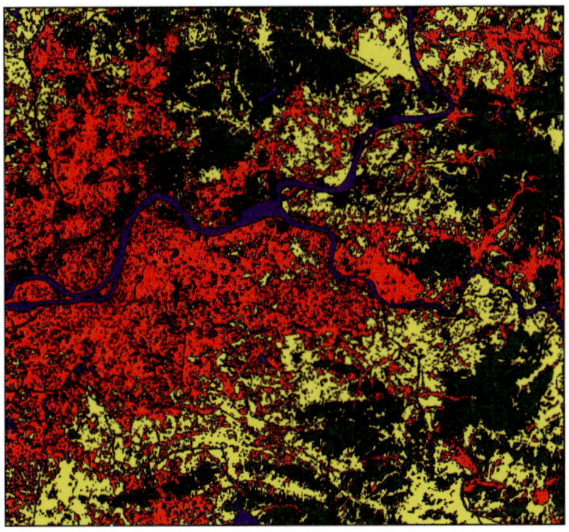

벡터 분류 결과

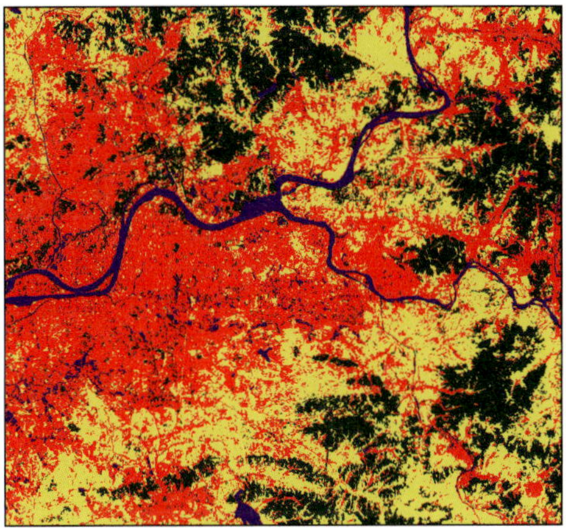

래스터 분류 결과

• 감독분류를 통해 위성영상에서 도심, 산지, 농지, 하천 등을 분류하고 각각의 분포를 확인할 수 있음
• 다음 그림은 RGB 밴드조합에 의한 도심지역과 감독분류에 의한 도심지역 분포를 비교해 보고 감독분류 결과를 확인함

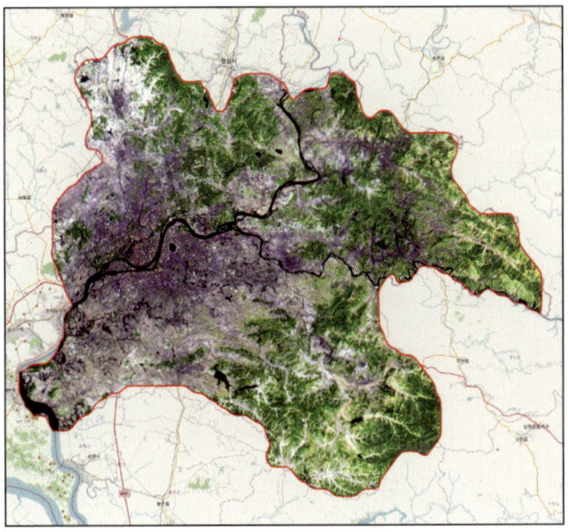

RGB 밴드 조합(7-6-4)

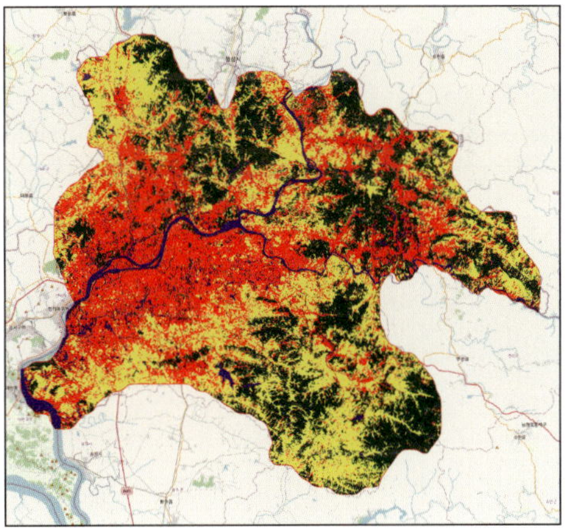

감독분류

APPENDIX

부록

APPENDIX

부록

01. 수치지형도 준비하기

1) 국토정보플랫폼

- 수치지도, 항공사진, 공개 DEM, 고지도 등 국토지리정보원에서 구축한 공간정보 온라인 다운로드 서비스 제공
- 공식홈페이지 : http://map.ngii.go.kr

2) 데이터 검색

- 통합지도 검색 〉 북한산생태탐방원 검색 〉 수치지도〉 수지지형도 ver2.0 (1:5,000) 다운로드

3) SHP파일

- 국토정보플랫폼에서 내려받은 파일의 압축을 해제하면 shp파일을 확인할 수 있음

N3A_A0053326.dbf

N3A_A0053326.prj

N3A_A0053326.shp

N3A_A0053326.shx

dbf : 속성 저장

shp : 위치 저장

shx : 색인 저장

prj : 좌표정보 저장

레이어 명명 규칙

N①②_③xxxxxxx, N①②_③xxxxxxx, N①②_③xxxxxxx ...

① : 레이어의 축척

1/1,000 -> 1
1/5,000 -> 3
1/25,000 -> 4

② : 레이어의 공간형태

점형 -> P
선형 -> L
면형 -> A

③ : 통합코드 8자리 (지형지물 분류 + 코드번호)

교통 -> A
건물 -> B
시설 -> C
식생 -> D
수계 -> E
지형 -> F
경계 -> G
주기 -> H

02. 프로젝트 파일

1) 개요

- 프로젝트란 사용자의 QGIS 작업상태를 말함
- QGIS는 한번에 프로젝트 하나에서만 작업 가능
- QGIS의 프로젝트 파일(*.qgz)은 작업환경(workspace)을 저장하며, 공간데이터를 직접 저장하고 있지 않음
  - 즉, 공간데이터의 경로만 저장

- 메뉴바에서 Project > Save 또는 Project > Save As를 통해 작업공간(Workspace)을 프로젝트 파일로 저장할 수 있음

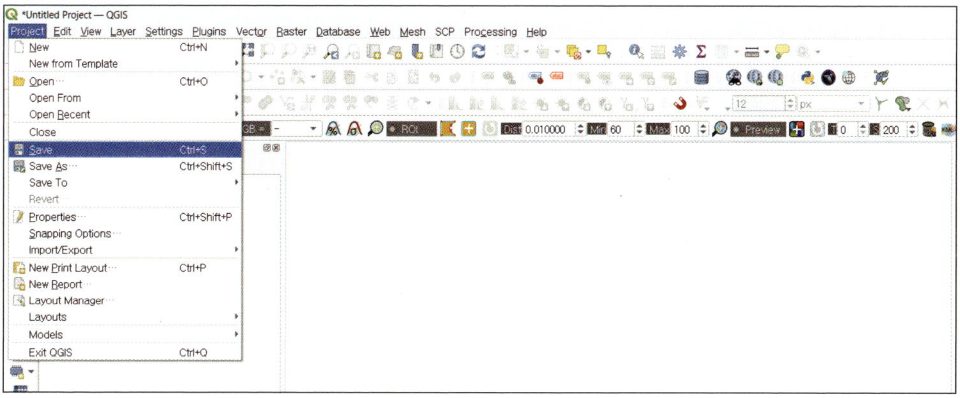

- 프로젝트가 작업중 변경됐다면 창의 제목막대에 * 심볼이 나타나고 QGIS가 기본적으로 프로젝트 파일에 변경 사항을 덮어쓸지 물어봄
- 기존 프로젝트를 QGIS로 불러오려면 탐색기 패널에서 프로젝트 파일을 선택하거나, Project 〉 fileOpen Open…, Project 〉 New from template 또는 Project 〉 Open Recent 메뉴를 이용

2) 주요내용

- 프로젝트 파일이 저장하는 정보는 다음과 같음
  - 추가된 레이어
  - 레이어 별 쿼리 가능 여부
  - 심볼 및 스타일을 포함한 레이어 속성
  - 맵 뷰의 투영법
  - 마지막 뷰의 영역
  - 인쇄 조판
  - 설정을 포함한 인쇄 조판의 구성요소들
  - 인쇄 조판의 지도 설정
  - 디지타이즈 작업 설정
  - 테이블 관계
  - 프로젝트 매크로
  - 프로젝트 기본 스타일
  - 플러그인 설정
  - 프로젝트 속성의 OWS 설정 탭에서 지정한 QGIS 서버 설정
  - DB 관리자에 저장된 쿼리들
- 프로젝트 파일(*.qgz)만으로 도면을 생성할 수 없으며 프로젝트에 사용한 레이어와 프로젝트 파일이 함께 있어야 함
- 프로젝트 파일만 다른 PC에서 열게 되거나, 해당 레이어를 다른 폴더로 이동한 경우 오류 발생
  - 이 경우 각각의 레이어를 선택하고 Browse를 통해 해당 레이어를 검색하여 선택해주어야 함

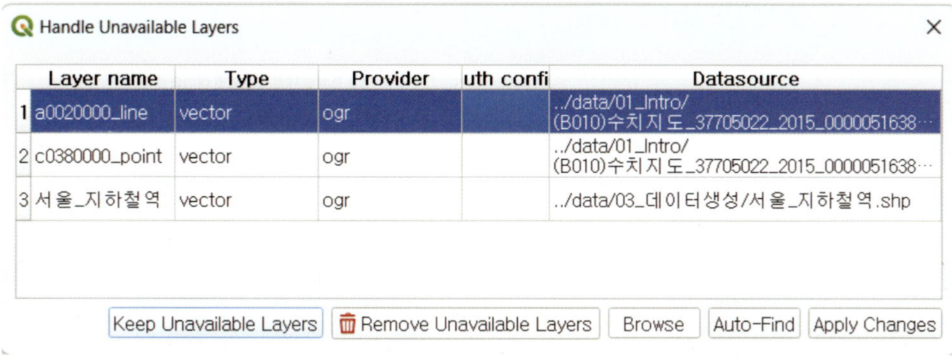

3) 상대경로 저장

- 프로젝트 파일은 상대경로를 지정할 수 있으므로 같은 폴더에 레이어와 프로젝트 파일을 저장하여 폴더를 같이 이동하면 별도의 경로를 지정하지 않더라도 파일을 불러올 수 있음

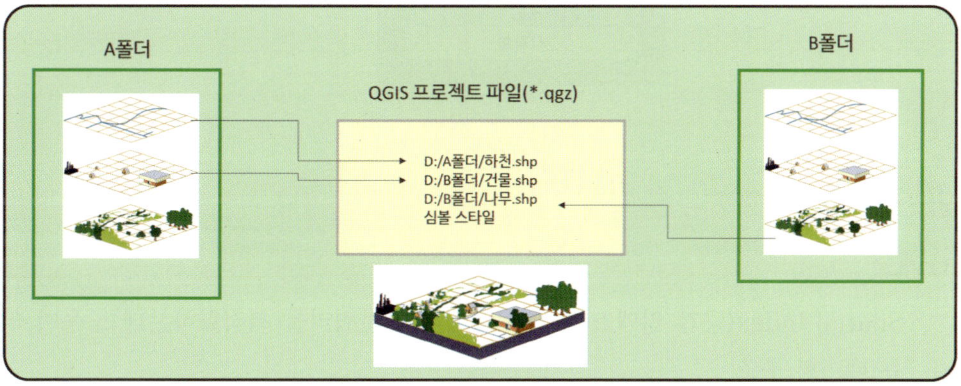

03. 그리드 분석 Cheat Sheet

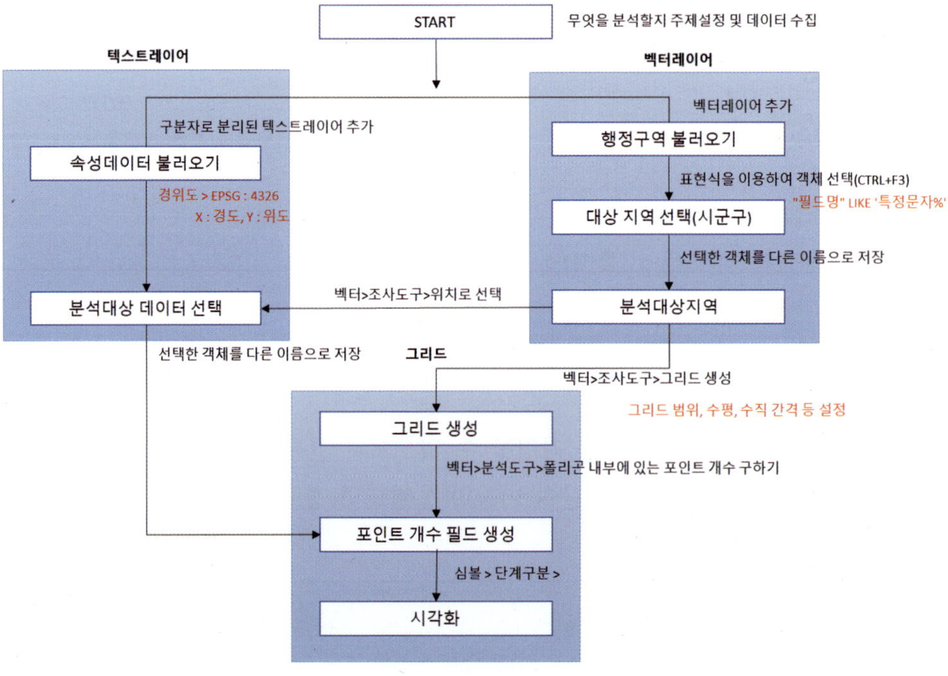

04. Spatial Index(공간 인덱스)

1) 개요

- Spatial Index(공간 인덱스)는 레이어에서 공간쿼리를 최적화하는데 도움이 되는 데이터 구조
- 레이어의 피쳐를 공간적으로 정의된 더 작은 영역으로 나누어 각 영역에 대한 인덱스를 생성하는 방식으로 작동
- 레이어의 모든 피쳐를 평가하지 않고 주어진 공간범위 또는 지오메트리와 교차하는 레이어의 피쳐를 빠르게 식별함으로써 쿼리를 훨씬 빠르게 실행하고 지도 렌더링 속도를 높일 수 있음

2) 주요내용

- 서울시 연속지적도 레이어는 약 91만개의 레코드가 있음

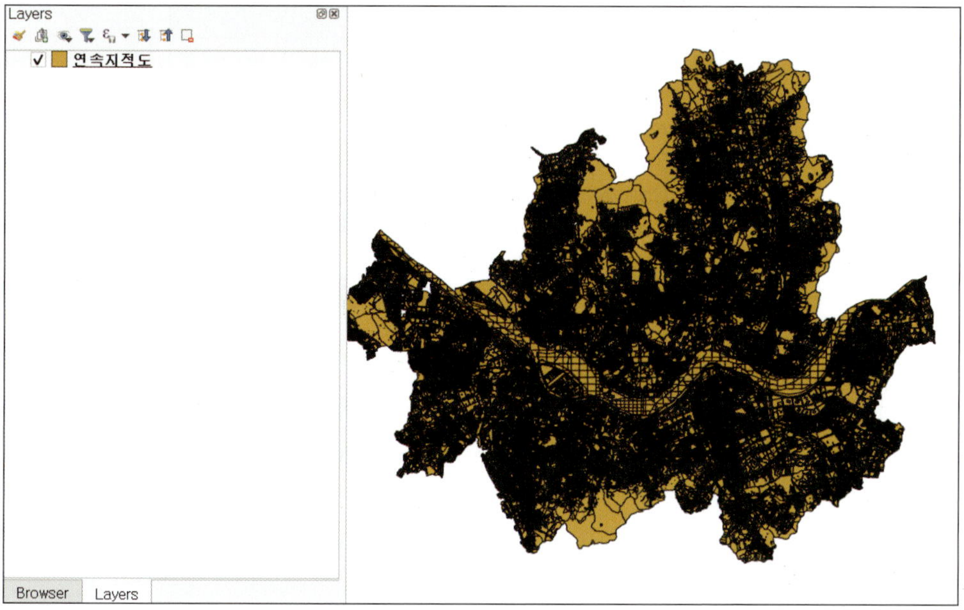

- 파일탐색기에서 Shapefile을 보면 Spatial Index 파일이 없음

연속지적도.cpg	2023-02-18 오후 11:45	CPG 파일	1KB
연속지적도.dbf	2023-02-18 오후 11:46	DBF 파일	1,023,750KB
연속지적도.prj	2023-02-18 오후 11:45	PRJ 파일	1KB
연속지적도.qmd	2023-02-18 오후 11:46	QMD 파일	2KB
연속지적도.shp	2023-02-18 오후 11:46	SHP 파일	196,523KB
연속지적도.shx	2023-02-18 오후 11:46	SHX 파일	7,116KB

- Processing Toolbox에서 Vector general 〉 Create spatial index 실행

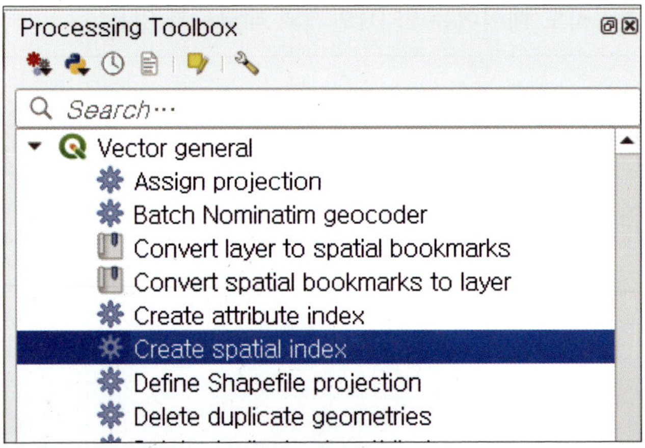

- Create Spatial Index 창이 열리면 Input layer에서 연속지적도 레이어 선택하고 실행

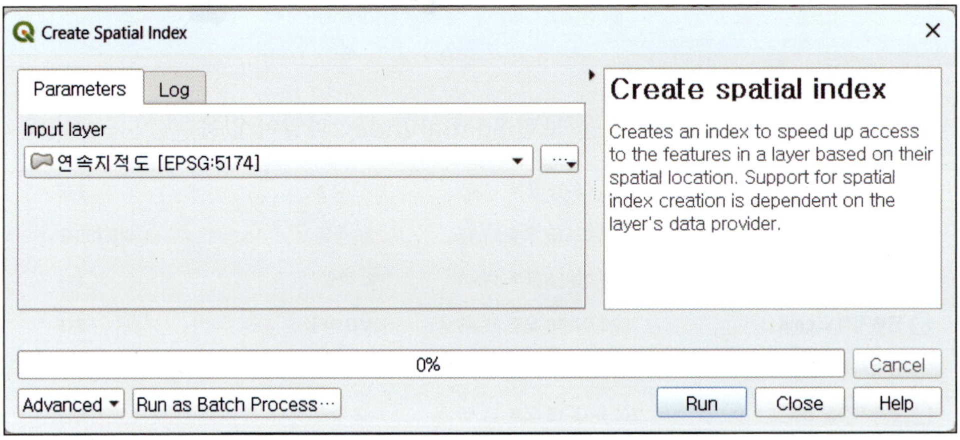

- 파일탐색기를 다시 살펴보면 공간인덱스인 *.qix 라는 파일이 생성된 것을 확인할 수 있음

이름	수정한 날짜	유형	크기
연속지적도.cpg	2023-02-18 오후 11:45	CPG 파일	1KB
연속지적도.dbf	2023-02-18 오후 11:46	DBF 파일	1,023,750KB
연속지적도.prj	2023-02-18 오후 11:45	PRJ 파일	1KB
연속지적도.qix	2023-02-18 오후 11:58	QIX 파일	8,766KB
연속지적도.qmd	2023-02-18 오후 11:46	QMD 파일	2KB
연속지적도.shp	2023-02-18 오후 11:46	SHP 파일	196,523KB
연속지적도.shx	2023-02-18 오후 11:46	SHX 파일	7,116KB

REFERENCE

참고문헌

유병혁, 2018, 오픈소스를 활용한 GIS 분석가 입문, 2018 공간정보아카데미 교육과정

유병혁 외, 2016, 해외도시개발 지원을 위한 GIS 오픈소스/오픈데이터 활용교육, LH

한국토지주택공사, 2014, 쉽게 업무에 적용할 수 있는 GIS 길라잡이, 내부교재

함형건, 2015, 데이터 분석과 저널리즘, 컴원미디어

염윤호, 최재훈, 2021, QGIS활용과 지리공간 분석, 윤성사

한국공간정보학회, 2016, 공간정보학 실습, 푸른길

Andrew Cutts & Anita Graser, 2018, Learn QGIS-Fourth Edition, Packt

Kurt Menke, 2019, Discover QGIS 3.X, locate PRESS

■ QGIS 관련 정보 얻기

① 공식 페이지

- QGIS 홈: http://www.qgis.org
- QGIS 매뉴얼 : https://docs.qgis.org/3.4/ko/docs/
- QGIS Planet : http://planet.qgis.org/planet/

② 블로그 및 사이트

- 하버드 대학교 QGIS Workshop : http://maps.cga.harvard.edu/qgis/
- UC Davis QGIS Tutorial Labs : http://www.plantsciences.ucdavis.edu/plant/qgislabs.htm
- Nathan's QGIS Blog : http://nathanw.net/
- Free and Open Source GIS Ramblings : http://anitagraser.com/
- Spatial Galaxy : http://spatialgalaxy.net/

- Spatial Thoughts QGIS Tutorials : http://qgis.spatialthoughts.com/
- Misanthrope's Thoughts : http://ssrebelious.blogspot.com/
- 유병혁님 블로그 : https://foss4g.tistory.com/
- 김성훈 교수님 QGIS 강의 : https://www.youtube.com/@monotaxism
- 강동진 박사님 QGIS 강의 : https://www.youtube.com/@dongjinkang8598

③ 커뮤니티

- OSGeo 한국어 지부 : http://www.osgeo.kr
- OSGeo 한국어 지부 메일링 리스트 : http://groups.google.com/group/osgeo-kr
- 연구교육용 공간정보플랫폼 : http://geeps.krihs.re.kr/
- 망고시스템 QGIS Scripts : https://github.com/mapplus/qgis-scripts
- QGIS 한국어지부 페이스북 : https://www.facebook.com/groups/OSGeoKR/

INDEX

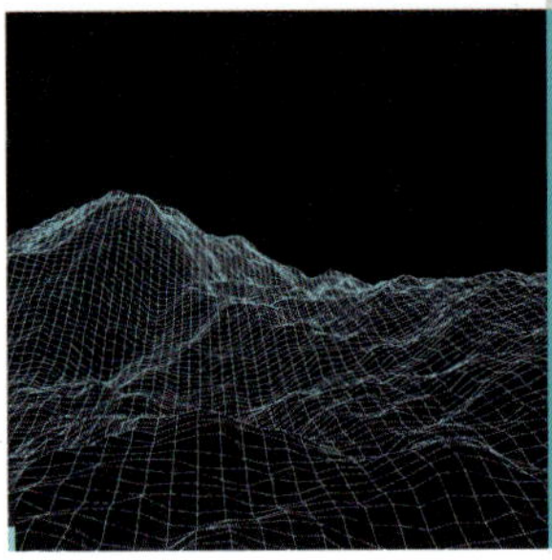

찾아보기

AUTHOR

저자소개

이 준 호

고려대학교 환경생태공학과 / 박사

한국토지주택공사 스마트시티개발단 / 부장

OSGeo 헌장회원

국토연구원 GIS연구센터 / 연구원('00~'02)

국토교통부 국가공간정보센터 파견('12~14)

https://blog.naver.com/juno1238

유 병 혁

서울시립대학교 공간정보공학과 / 박사수료

국립공원공단 ESG혁신실/ 과장

OSGeo 헌장회원

미국GIS인증원(GISCI) GIS전문가(GISP)

한국환경생태학회/기술혁신이사

행정안전부/정부혁신교육강사('19~'22)

https://foss4g.tistory.com/

김 태 훈

인천대학교 건설환경공학부 / 박사

공간정보품질관리원 품질연구실 / 실장

측량및지형공간정보기술사

산업표준심의회 공간정보분야 기술심의회 위원

국가철도공단 스마트기술/국토안전관리원 기반시설분과 위원

https://www.facebook.com/maverick.thkim

실습데이터 다운로드

이 책의 실습에 사용할 데이터는 각 챕터별로 압축하여 제공하고 있습니다.

- 구글 드라이브에서 다운받기

  http://bit.ly/qgis_cookbook

- 구미서관 홈페이지 자료실에서 다운받기

  https://goomibook.com → [자료실] → 도서명으로 검색

- 책에서 사용하는 QGIS 버전

  QGIS 3.28

QGIS Cookbook with 3.x 정가 25,000원

저자 : 이준호·유병혁·김태훈

발행인 : 임해진
발행처 : 도서출판 구미서관

발행 : 2023년 3월 7일 초판 1쇄
2023년 7월 12일 초판 2쇄

등록 : 1979년 6월 29일 No.9-6호

주소 : 서울시 마포구 신촌로2길 5-15
전화 : 02-333-1101
팩스 : 02-335-2201
http://www.goomibook.com

ISBN 979-11-6257-253-5 (93530)